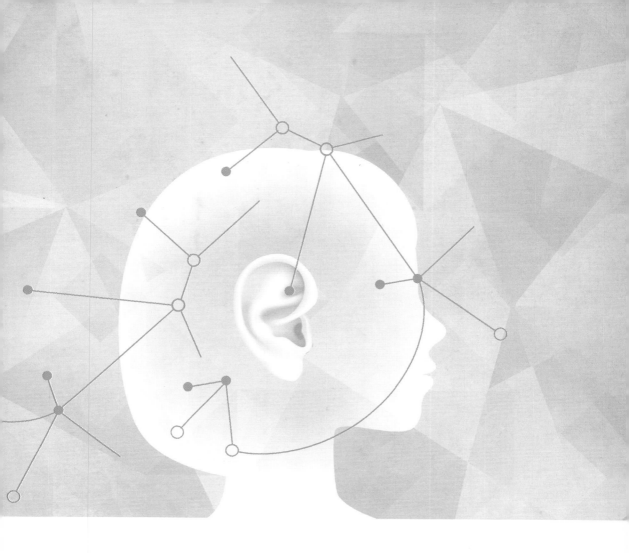

2판

# 청각장애아동교육의 이해

이필상 · 권순황 · 김수진 · 김시영 · 박미혜 · 박선희 · 정은희 공저

학지사

## 2판 머리말

　머물러 있는 것에서 벗어나 새로움을 추구한다는 것이 생각만으로 되지 않음을 잘 알고 있으면서도 정작 행동으로 옮기는 일은 결코 쉽지가 않다. 변화를 두려워하는 사람은 발전할 수 없다는 말 역시 늘 되뇌는 말이지만 그 변화를 꾀하는 일에는 주저하게 되는 것 같다. 2015년에 1판이 출간된 이후 계속해서 내용의 부족함을 채워야 한다는 생각이 마음 한 구석에 늘 자리하고 있지만 차일피일하면서 부끄럽게도 지금에 이르게 되었다. 그나마 다행인 것은 많은 분이 이 책을 긍정적으로 평가해 주었으며, 청각장애아동을 이해하고 교육하는 데 큰 도움이 되고 있다는 격려가 개정판 작업을 더 이상 미루지 못하게 하는 이유가 되어 주었다는 점이다.

　1판을 출간할 당시 가졌던 관점은 청각장애를 가진 학습자의 교육과 재활을 담당하게 될 특수교육과 학부생이나 특수학교(급) 교사, 통합교육 환경의 일반교사, 그리고 특수교육관련서비스에 종사하는 전문가들이 반드시 알아야 하는 주요 내용에 초점을 두자는 것이었다. 따라서 개정판 작업에 있어서 어느 선까지 내용을 개정할 것인가 하는 점은 당연히 가장 큰 고민이 될 수밖에 없었다. 이는 특수교사 임용시험을 의식하여 대폭적인 내용 추가에 대한 요구 역시 컸기 때문이었다. 그러나 특수교사 임용시험에서 출제되는 청각장애와 관련된 문항들이 특수교사가 가져야 하는 지식의 폭을 넘어서는 내용을 담고 있는 현실은 개선되어야 할 부분으로 인식되고 있다. 따라서 이 책의 집필진 모두는 1판 출간 시 가졌던 관점을 유지하는 것에 동의하였고, 청각사 등의 전문가보다는 특수교사가 익혀야 하는 내용 위주의 입장을 고수하기로 하였다. 특수교육에서 장애 영역 중 청각장애 영역이 공부하기에 가장 어렵다는 이야기를 자주 듣고 있으며, 가르치는 교수님들 역시 같은 말을 자주 한다. 이는 청각장애 영역에는 의학, 청각학 등 전문 영역의 내용이 많이 포함되어 있고 전문용어 역시 많이 사용되고 있기 때문일 것이다. 이 점 역시 이 책의 집필내용을 특수교사의 입장에서 충실히 하고자 하는 이유다.

새로이 출간되는 2판의 내용은 1판의 내용을 대부분 그대로 유지하면서 내용의 변화가 불가피한 것은 수정하였으며 독자의 이해를 돕기 위한 내용을 보완하는 방식으로 구성하였다. 수정 및 보완을 위한 집필에 1판의 저자들이 모두 참여하였으며, 담당한 각 장들도 1판과 동일하다.

항상 좋은 책을 출간하기 위해 애쓰시는 김진환 사장님과 항상 응원해 주시는 유명원 부장님, 그리고 편집부의 모든 분께 깊은 감사의 인사 말씀을 드린다.

이 책의 1판 머리말에서도 밝혔듯이 한 분의 은사님 아래에서 동문수학한 집필자들은 은사님의 가르침에 부끄럽지 않은 제자가 되기 위해 늘 노력할 것이라는 약속과 함께 은사님의 건강하고도 행복한 여생을 기원드린다.

부디 이 책이 청각장애아동의 교육과 재활을 담당하는 모든 분에게 희망적인 안내서가 되기를 바란다.

2020년 8월
대표 저자 이필상

# **1**판 머리말

청각장애아동의 교육을 현재 특수교육의 주류라 할 수 있는 통합교육 환경에서 접근해야 할지 아니면 기존의 분리교육적 입장에서 특수학교를 중심으로 접근해야 할지에 대한 고민은 청각장애아동교육 또는 특수교육의 정체성에 대한 의문과 연결된다. 또한 청각장애아동교육에 있어서 방법론적 측면에서의 수화나 구화의 자리매김에 대한 명확한 구분 역시 많은 담론이 여전히 필요하다. 그러나 분명한 것은 다른 장애영역에 비해 특히 청각장애는 조기발견에 의한 조기교육을 통해 장애극복 혹은 사회로의 통합이 비교적 용이하다는 점이다.

따라서 이 책은 특정한 관점에 강조점을 두기보다는 청각장애를 가진 학습자의 교육과 재활을 담당하게 될 특수교육과 학부생이나 특수학교(급) 교사, 통합교육 환경의 일반교사 그리고 특수교육 관련 서비스에 종사하는 전문가들을 위해 청각장애아동교육에서 다루어야 하는 대부분의 중요한 내용을 담고자 하였다.

아직도 학문적 깊이는 일천하지만 우리가 집필한 교재를 가지고 후학을 가르치고 싶다는 마음으로 쉽게 의기투합하여 이 책의 집필에 참여한 교수님들은 이 책의 각 장별 해당 분야의 전문가들인데, 서로의 관계가 길고도 깊게 연결되어 있다. 특수교육에 입문하여 한 분의 은사님 아래에서 수학하였으며, 은사님의 울림 깊은 가르침 속에서 청각장애아동교육에 대한 수많은 고민과 경험을 같이 나누었던 인연인 것이다. 지금은 전국의 여러 대학교에 흩어져 특수교육 혹은 관련 학과에서 후학을 가르치고 있는 입장이지만, 은사님의 청각장애아동교육에 대한 남다른 열정과 연구심 그리고 높은 인격을 닮기 위해 노력하고 있다는 점은 동일하다고 자부한다.

집필 방향을 의논하고 각자 전문 분야에 맞는 집필진을 구성하여 은사님의 가르침에 부끄럽지 않은 책을 만들고자 하였지만, 막상 세상에 이 책이 나오는 이 순간 만족스럽지 못하며 부족한 부분이 많이 보인다. 교학상장(敎學相長)이라는 말처럼 가르치면서 동시에 배우게 됨을 실감한다. 집필진은 미흡한 부분에 대해 앞으로 계속 보완과 수정을 하겠다는 다짐을 약속한다.

이 책은 모두 13장으로, 제1부는 청각장애아동의 이해, 제2부는 청각장애아동의 교육적 중재, 제3부는 청각장애아동교육의 실제로 구성하였다. 제1부의 제1장은 김수진, 제2장은 권순황, 제3장은 이필상이 집필하였다. 제2부의 제4장은 박미혜, 제5장, 제6장은 박미혜, 김수진, 제7장은 김시영, 제8장, 제9장은 박선희가 집필하였다. 그리고 제3부의 제10장, 제11장은 정은희, 제12장은 권순황, 제13장은 이필상이 집필하였다. 장마다 첫 부분에 학습 목표를 두어 이 책을 읽으면서 어떠한 내용을 반드시 학습하여야 하는지에 대한 방향을 제시하였으며, 그 장의 마지막에는 연구 과제를 실어 학습자 스스로가 학습 내용을 심화시킬 수 있도록 하였다.

바쁜 일정 가운데서도 같은 마음으로 함께 집필하신 엄사출고도(嚴師出高徒)의 여러 교수님, 이 책의 출간을 기꺼이 맡아 주신 학지사 김진환 사장님, 늦어지는 원고에도 기다리며 격려해 주신 유명원 부장님과 관련된 모든 직원 여러분 그리고 원고 정리에 도움을 준 신한별 양에게 깊은 감사를 드린다.

이 책이 모든 사람에게 청각장애아동교육에 대한 길을 발견하는 안내서가 되기를 바라며, 끝으로 은사 이규식 박사님의 행복한 여생과 건강한 장수를 진심으로 기원한다.

2015년 8월
대표 저자 이필상

# 차례

## 제1부 청각장애아동의 이해

제1장
청각장애 개관
·
17

## 제2부 청각장애아동의 특수교육적 중재

# 제3부 청각장애아동교육의 실제

제**1**부

# 청각장애아동의 이해

#  제1장 청각장애 개관

**학습 목표**

1. 청각장애 관련 용어를 법적 근거와 교육적 관점에서 정의한다.
2. 청각장애를 청력손실의 정도와 청각기관 손상 부위에 따라 분류한다.
3. 청각장애의 원인을 유전적인 것과 비유전적인 것으로 나누어 열거한다.
4. 청각장애의 우성 유전과 열성 유전의 출현율을 산출한다.

이 장에서는 청각장애의 정의, 원인, 분류에 대하여 개괄하고자 한다. 청각장애와 관련된 용어는 교육적 관점과 생리학적 관점으로 나누어 정의할 수 있다. 먼저 청각장애의 정의에 관한 법적 근거를 살펴보고 교육적 관점과 생리학적 관점에서 정리하였다. 청각장애의 분류에서는 청력손실 시기, 청력손실의 정도, 청각기관의 손상 부위에 따른 분류를 제시하였다. 청각장애의 원인 및 출현율에서는 구체적 요인들이 잘 알려지지 않고 있으나 가능한 선천적 원인과 후천적 원인을 유전적인 것과 비유전적인 것으로 나누고 그에 따른 출현율을 제시하였다.

## ⠿ 제1절 청각장애의 정의

청각장애에 대한 정의는 학자마다 조금씩 다르지만 모든 청력손실의 유형, 원인,

정도를 언급할 때 청각장애라는 용어를 사용한다. 또한 청각장애는 손실 정도와 상관없이 청력손실이라는 용어로도 언급된다. 청각장애와 가장 밀접하게 관련되어 흔히 사용되는 용어로 농과 난청이 있다.

## 1. 농과 난청

청각장애를 분류하고 정의할 때 가장 보편적으로 사용되는 용어는 농과 난청이다. 농은 어떤 소리도 들을 수 없음을, 난청은 약간 들을 수 있음을 의미한다고 생각하는 사람들이 있지만 사실은 농일지라도 대부분 잔존청력을 가지고 있다. 이처럼 생리학적 관점에서는 일정 크기 이상의 소리를 들을 수 없는 경우를 농이라고 하며 청각장애를 가진 경우를 난청이라 한다. 청감각의 민감도는 데시벨(decibels: dB)이라는 소리 크기의 단위로 측정한다. 정상 청력을 가진 사람은 희미하게 들리는 소리도 감지할 수 있는데, 이는 0dB을 의미한다. 데시벨 수치는 어떤 소리의 일정 크기 이상을 감지하지 못하는 청각장애의 정도를 의미한다. 약 90dB 이상의 청력손실이 있는 경우를 농이라고 하며 그보다 낮은 데시벨 수준의 청력손실이 있는 경우를 난청이라고 한다.

## 2. 청각장애의 법적 정의

우리나라 현행법에서 청각장애의 정의에 대한 근거를 살펴보면 「장애인복지법 시행령」 제2조(2014. 6. 30.)에서는 청각장애인의 기준을 다음과 같이 정하고 있다.

가. 두 귀의 청력손실이 각각 60dB 이상인 사람
나. 한 귀의 청력손실이 80dB 이상, 다른 귀의 청력손실이 40dB 이상인 사람
다. 두 귀에 들리는 보통 말소리의 명료도가 50% 이하인 사람
라. 평형 기능에 상당한 장애가 있는 사람

## 3. 교육적 관점에서의 정의

교육적 관점에서는 청각장애가 아동의 말하기 능력과 언어 발달에 얼마나 영향을 미치는가에 초점을 둔다. 청각장애와 언어 발달 지체 간의 밀접한 인과적 관계로 인하여 교육학자들은 청각장애를 청력손실과 구어 능력에 기초를 두고 분류한다. 청각장애는 경도에서 최고도의 청각장애를 아우르는 광의의 용어로서 농과 난청이 포함된다. 농은 보조기구를 사용하든 사용하지 않든 듣기로는 언어적 정보를 성공적으로 처리하지 못하는 경우를 말한다. 난청은 듣기로 언어적 정보를 성공적으로 처리할 수 있을 만큼 충분한 잔존청력을 사용할 수 있는 경우를 말한다. 농은 90dB 이상의 고도 청력손실에 주로 사용되며 구어와 언어의 심한 지체를 초래하고 청력을 통한 구어의 이해를 방해한다. 고도 청력손실이 있는 아동이 보청기를 사용한다면 말소리의 리듬, 자신의 목소리, 환경음 정도만 들을 수 있다(Northern & Downs, 2002). 농이나 고도 난청의 경우는 의사소통 수단으로 주로 수어를 사용한다. 난청은 25~70dB 정도의 청력손실이 있는 사람에게 주로 사용하는 용어다. 난청인은 보청기의 도움을 많이 받을 수 있으므로 주로 구어로 의사소통할 수 있다.

「장애인 등에 대한 특수교육법」 제15조(2019. 12. 10.)에 의한 「장애인 등에 대한 특수교육법 시행령」 제10조(2020. 1. 29.)에서는 청각장애를 지닌 특수교육대상자를 다음과 같이 정의하고 있다.

청력손실이 심하여 보청기를 착용해도 청각을 통한 의사소통이 불가능 또는 곤란한 상태이거나 청력이 남아 있어도 보청기를 착용해야 청각을 통한 의사소통이 가능하여 청각에 의한 교육적 성취가 어려운 사람

## ⁂ 제2절 청각장애의 분류

### 1. 청력손실 시기에 따른 분류

청각장애를 갖게 된 시기는 청각장애아동의 언어 습득 정도를 예측하는 중요한

지표가 된다. 청각장애가 조기에 발생할수록 아동은 언어를 발달시키는 데 어려움이 있다. 이러한 이유로 선천성 혹은 후천성이라는 용어를 사용하기도 한다. 또한 결정적 시기(critical period)의 중요성을 반영하는 용어를 사용하기도 한다. 말과 언어가 발달하기 전에 청력손실을 갖게 된 경우를 언어 습득 전 청각장애라고 하며, 말과 언어의 발달이 이루어진 후에 청력손실을 갖게 된 경우를 언어 습득 후 청각장애라고 한다. 언어 습득 전과 후를 나누는 경계시기에 대하여 전문가들의 의견이 각각 다르지만 진단적으로는 주로 4세를 기준으로 나눈다.

## 2. 청력손실 정도에 따른 분류

생리학적 관점에 기초하여 진단적으로 매우 유용하게 사용되는 분류는 청력손실의 정도에 따라 나누는 것이다. 청력손실은 한쪽 귀(편측) 또는 양쪽 귀(양측)에서 발생할 수 있다. 청력손실이 경미할지라도 양측 청력손실은 아동의 의사소통, 사람들과의 상호작용, 학업성취에 상당한 영향을 미칠 수 있다. 진행성 청력손실은 조기에 인지하기 어렵고 잠행성일 수 있다(Levi, Tell, & Feinwesser, 1993).

노던과 다운즈(Northern & Downs, 2002), 턴불 등(Turnbull et al., 2004)의 자료를 토대로 청력손실 정도와 말소리의 관계를 간단히 요약하면 〈표 1-1〉과 같다. 청력

**표 1-1　청력손실이 언어와 말에 미치는 영향**

| 친숙한 소리 | 청력 수준 (dB) | 청력 손실 정도 (dB) | 분류 | 언어와 말에 미치는 영향 |
|---|---|---|---|---|
| 바람에 나뭇잎 살랑이는 소리 | 0 | 0~25 | 정상 | 15~25dB 정도 손실이 있을 경우 소음이 있는 환경에서 희미한 말소리를 이해하기 어려움. |
| 수도꼭지에서 작은 물방울이 떨어지는 소리 | 10 | | | |
| 속삭이는 말소리 | 20 | 26~40 | 경도 | 조용한 환경에서조차 희미하거나 원거리에서 들려오는 말소리는 듣기 어려움. 교실에서 진행되는 토론을 따라가기 위해서는 노력이 요구됨. |
| 손목시계의 재깍거리는 소리 | 30 | | | |

| 일상대화 말소리 | 40 | 41~55 | 중도 | 일상 대화 말소리는 듣기 어려우나 아주 가까운 거리에서는 들을 수 있음. 교실에서의 집단 활동은 상당한 노력이 요구됨. |
| 약간 큰 말소리 | 50 | | | |
| 아주 큰 말소리 | 60 | 56~70 | 중고도 | 크고 명백한 말소리도 가끔 듣기 어려우며 집단 상황에서는 상당한 어려움이 있음. 말소리 명료도는 알아들을 수 있는 정도지만 두드러지게 손상됨. |
| 개 짖는 소리 | 70 | 71~90 | 고도 | 큰 말소리도 들리지 않음. 따라서 많은 단어가 인지되지 않음. 환경음을 감지할 수 있으나 무슨 소리인지 정확하게 알 수 없음. 말소리 명료도는 알아들을 수 없을 정도임. |
| 피아노 소리 | 80 | | | |
| 오토바이 소리 | 90 | 91 이상 | 최고도/농 | 대화 말소리를 들을 수 없음. 일부 큰 환경음을 들을 수도 있음. 말소리 명료도는 이해하기 어려울 정도거나 전혀 발달되지 않음. |
| 대형 트럭 지나가는 소리 | 100 | | | |
| 록 콘서트장의 음악소리 | 110 | | | |
| 이륙하는 비행기 소리(통증 유발) | 120 | | | |

출처: 김수진(2012)에서 재인용.

손실의 정도는 아동의 언어와 말에 상당한 영향을 미치기 때문에 〈표 1-1〉에 제시된 바와 같이 청력손실 정도에 따라 경도, 중도, 중고도, 고도, 최고도 혹은 농으로 분류된다. 〈표 1-1〉은 청력 수준보다는 청력손실 정도가 언어와 말에 미치는 영향에 초점을 두었다.

## 3. 손상 부위에 따른 분류

청각장애의 유형을 쉽게 이해하기 위해서는 청각기관의 구조와 생리를 알아야 하므로 제4장 청각장애아동의 평가에서 청각기관의 구조(제1절 참조)를 먼저 읽어 볼 것을 추천한다. 청각기관은 해부학적으로 매우 복잡한 기관으로 크게 외이에서 시작하여 청각신경에서 끝나는 말초 청각기관과 청각신경에서 뇌로 뻗어 있는 중추 청각기관으로 나뉜다. 말초 청각기관의 장애는 청력손실을 일으키고, 중추 청각기관에 장애가 있으면 들은 것을 해석하지 못한다. 이처럼 청각기관의 손상에 따라 청각장애의 유형은 말초 청각기관의 문제로 나타나는 전음성 청각장애, 감각신경성 청각장애, 혼합성 청각장애가 있으며, 중추 청각기관의 문제로 나타나는 청각처리장애가 있다. 청각장애 유형의 내용은 도일(Doyle, 1998)에서 발췌·수정하였다.

### 1) 전음성 청각장애

외이 혹은 중이의 기능장애는 전음성 청력손실을 유발한다. 전음성이라는 용어는 외이와 중이 또는 외이나 중이가 소리를 전달하는 역할을 제대로 수행하지 못하는 청력손실을 의미한다. 단순히 전음성 청각장애일 경우 내이는 정상이나 귓바퀴, 외이도, 중이의 선천성 기형, 외이도를 메운 귀지, 외이나 중이의 감염, 고막이나 이소골의 손상, 이소골의 석회화 등으로 인해 소리 전달을 방해받을 수 있다. 그러나 대부분의 전음성 청각장애는 의료적 처치로 정상이나 거의 정상에 가까운 수준의 청력으로 회복될 수 있다.

귓바퀴와 외이도의 선천성 기형의 경우 소리 전달에 있어 외이의 깔때기 효과(집음 및 증폭)를 얻을 수 없다. 두개안면기형을 가진 일부의 경우 외이도폐쇄중이나 소이증을 갖기도 한다. 이 경우 심하게는 중이가 기형이거나 중이가 아예 없을 수도 있다. 다운증후군의 경우 좁은 외이도를 보이고 일부 유전적 증후군 중에 알포트 증후군과 트리처 콜린스 증후군의 경우 중이가 석회화로 고정되었거나 발달이 완전히 이루어지지 않아 전음성 청각장애를 동반한다(Fritsch & Sommer, 1991).

귀지가 외이도를 막을 경우 전음성 청력손실을 보이나 그 정도는 경미하다. 그러나 다른 원인으로 이미 청력손실을 가지고 있는 경우 귀지로 인한 추가적인 소리감쇄는 비록 적을지라도 듣기에 심각한 문제를 유발할 수 있다. 귀를 청소하기 위하여 주로 사용하는 면봉은 귀지분비샘을 자극하고 귀지를 증가시키는 원인이 될 뿐만 아니라 외이도의 피부를 손상시키고 귀지를 외이도 안쪽으로 밀어 넣으며 심지어 고막천공을 유발할 수도 있기 때문에 자제하는 것이 좋다. 외부 이물질이 외이도에 들어가 상주할 경우 전음성 청력손실이 유발될 수 있다.

외이염이라고도 하는 외이도 감염은 엄청난 통증과 함께 외이도 피부선을 붓게 만들고 외이도 협착으로 전음성 청력손실이 생기게 된다. 보청기, 이어폰 등과 유사한 기구를 규칙적으로 사용하는 사람의 경우 외이염으로 이러한 기구를 사용할 수 없게 될 때 의사소통, 직업 등과 관련된 문제를 갖게 될 수 있다.

두부외상으로 인한 고막과 중이의 손상은 전음성 청력손실을 일으킬 수 있다. 이소골의 손상은 편측 청력손실을 유발하므로 이차적 손상이 즉각적으로 드러나지 않을 수 있다. 두부외상으로 인하여 안면신경이 손상될 수도 있다.

중이염은 주로 중이강의 염증으로 중이 안에 액체를 동반하고 이로 인해 평균 20~30dB HL의 경도 청력손실을 주로 보인다. 그러나 이 정도의 청력손실만으로도 아동은 의사소통의 어려움을 겪으며 장기간의 치료가 요구될 경우 구어 능력을 심각하게 악화시키기 때문에 중이염을 이해하고 관리하는 것이 매우 중요하다. 중이염의 영향에 대하여는 청각장애의 원인에서 자세히 설명하였다.

이경화증은 진행성 전음성 청력손실을 보이고 일부의 경우에선 달팽이관이 석회화되면서 혼합성 청각장애로 발전할 수 있다. 이경화증은 중이염과는 달리 자연적으로 해결되지 않으며 치료하지 않는다면 지속적으로 심한 청력손실로 진전된다. 이경화증은 등골 족판이 정상적인 뼈보다 두꺼워지고 연장되면서 고착된다. 이로 인해 중이의 기능이 감소되고 소리 전달이 효과적으로 이루어지지 못하게 된다(Booth, 1981).

## 2) 감각신경성 청각장애

감각신경성이라는 용어는 달팽이관과 관련이 있는 감각적 청력손실이라는 용어와 청신경과 관련된 신경적 청력손실이라는 용어를 합친 것이다. 달팽이관이나 청신경에 기능부전이 존재한다면 감각신경성 청력손실을 초래하나 외이와 중이의 기능은 정상이다. 감각신경성 청력손실은 편측 또는 양측 손실을 보일 수 있고, 청력손실 정도는 경도부터 전농에 이르며, 말소리 인지 또한 경미한 것에서부터 높은 강도에 이르기까지 방해받을 수 있다. 청력손실을 정상적으로 회복시키기 위해 의료적 처치나 수술은 효과적이지 못하다. 감각신경성 청각장애의 원인으로는 유전, 신생아 질병, 모계 풍진, 혈액형 부적합, 소음에 노출, 달팽이관의 노화, 두부 손상, 메니에르병, 신경장애 등이 있다.

### 3) 혼합성 청각장애

혼합성 청각장애는 전음성 청력손실과 감각신경성 청력손실이 함께 나타남을 말한다. 중이와 내이 모두 손상을 입히는 여러 가지 외상, 내이까지 진행되는 중이염, 중이와 달팽이관 구조에까지 진전되는 이경화증 등에 의해 발생될 수 있다. 감각신경성 청력손실이 먼저 생기고 전음성 청력손실이 더해지거나 그 반대가 되기도 한다.

### 4) 청각처리장애

청각처리장애(auditory processing disorders)는 후미로성 청각문제로서 말초청각장애로 기인하는 청력손실을 넘어 소리 중에서 특히 말소리에 비정상적인 반응을 보인다. 지금까지 청각처리장애의 진단에 사용된 용어들로는 아동실어증, 중추청각처리장애, 청각처리장애 등과 함께 몇 년 전까지는 중추청각처리장애라는 용어가 사용되어 왔지만 '중추'와 '정보처리'라는 유사한 의미를 가진 단어를 함께 사용하는 것을 꺼려 하기 때문에 명료함을 위하여 '청각처리장애'라는 용어를 사용하도록 권장되어 왔다(Jerger & Musiek, 2000). 청각처리장애를 가진 경우 순음청력검사 결과 정상적인 청력역치를 보이면서도 청각적 정보를 사용하는 데는 어려움을 보인다. 이들은 종종 말초 청각 기능을 평가하는 선별검사를 통과하고 정상 청력도를 보인다. 그리고 조용한 상황에서는 소리를 잘 들을 수 있으나 소음이 많은 환경에서는 청각장애처럼 행동한다.

청각처리장애의 문제는 아동이 3~4세쯤 될 때 나타나기 시작한다. 그러나 이 정도의 어린 나이에서는 중추신경계의 관련 기능 미성숙으로 아동의 청각행동은 매우 다양하여 이에 대한 검사의 표준편차가 크고 신뢰도 또한 떨어진다. 예를 들면, 청각기억기간과 조음기억의 시연과 같은 특징은 아동마다 아주 다르고 초기 아동기에는 잘 발달되지 않으나(Henry, 1991), 아동이 성숙해 감에 따라 해마다 향상된다. 명백히 중추청각체계가 계속해서 유연해지는 반면, 중추청각체계의 그러한 특성을 정확하고 안정적으로 측정하기는 어렵다(Bench, 1992). 그러므로 청각처리장애가 어린 나이에 나타난다고 하더라도 7~8세에 읽기의 진전이 나타나지 않는 것과 관련해서 학령기가 시작되는 때에서야 비로소 부모의 관심을 끌게 된다. 청각처리장애는 학업성취가 낮고 정상 이상의 지적 능력을 가지고 있는 남아에게 나타나는 경향이 있다. 그리고 말초 청력손실은 거의 없다. 대체로 이들의 대근육과 소근육 운동 기술은 정확하게 선을 긋고 그림을 그릴 수 있을 정도로 양호하다. 비교적 간단한 문법과 의미적으로 바른 구조를 가진 일대일 대화는 잘 수행하지만 좀 복잡하고 연속적인 구문이나 의미를 포함하는 대화에서는 어려움을 가진다. 이런 아동은 종종 소음 속에서 대화나 지시를 따를 때 문제를 경험한다. 이런 아동의 청각기억기간은 또래에 비해 매우 짧다(Page, 1985). 그리고 읽기 이해 문제를 가지며 일반적으로 언어학습에 어려움을 보인다. 이러한 문제의 원인은 아직 분명히 밝혀지지 않고 있으며 학습장애, 두뇌외상, 대뇌혈관 사고, 상위 청각로의 성숙 과정에서 복합적 경화와 지체 등과 함께 발생할 수 있다(Baren & Musiek, 1995). 일부의 경우에 만성중이염과 관련이 있을 수 있다(Hart et al., 1989).

앞에서 언급한 청각장애 유형과는 별개로 청각처리장애는 달팽이관 이후의 청각 문제로서 청각신호의 처리 과정에 결함을 보인다. 특히 청각장애나 지적장애가 없음에도 말소리에 비정상적인 반응을 보이는 것이 특징이다. 이러한 듣기 문제로 유발되는 행동은 청각처리장애의 존재 가능성에 대한 단서를 제공해 준다. 다음에 제시된 내용은 청각처리장애를 가진 아동에게서 주로 관찰되는 행동 특성이다 (English, 2002).

- 청각 자극에 대하여 비일관적으로 반응한다. 예를 들면, 아동은 때때로 몇 가지 지시를 성공적으로 따르나 또 다른 때는 똑같은 과제를 혼란스러워한다.
- 비교적 짧은 주의집중 주기를 보이거나 길고 복잡한 듣기 활동을 할 때면 쉽게 피곤해 한다.
- 청각과 시각 자극 모두로부터 과도하게 방해를 받는 것으로 보인다. 청각처리장애를 가진 일부 아동은 자신이 듣고 보고 만지는 모든 것에 대하여 즉각적으로 그리고 완전하게 반응하는 것에 무리가 있음을 느끼며, 관련이 있는 자극에서 관련이 없는 자극을 무시하지 못한다. 예를 들면, 교실의 컴퓨터 소음과 어항의 보글거리는 소음은 교사의 음성만큼이나 주의를 빼앗고 아동은 관련이 없는 배경소음을 무시하지 못한다. 이러한 행동은 주의력 결핍 및 과잉행동장애와도 일치하기 때문에 진단을 내리는 데 어려움을 초래할 수 있다.
- 다른 아동들보다 더 자주 '뭐라고?'라고 말하면서 정보를 자주 반복하도록 요구한다.

• 계산하기, 자 · 모음, 날짜, 요일 이름 등의 암기하기, 집주소나 전화번호 기억
하기와 같은 장 · 단기 기억 기술의 문제를 가진다.

## 제3절  청각장애의 원인

청력손실의 원인은 구체적인 기여 요인이 잘 알려지지 않았기 때문에 단정하기
는 어렵다. 출생 시에 드러난 청력손실은 원인과 상관없이 선천성이라 하며 출생 후
진전된 청력손실은 후천성이라고 한다. 선천성이라도 유전의 원인은 이후에도 밝
혀지지 않을 수 있다. 아동의 청력손실은 태내 상해, 주산기 환경, 출생 후 발병 같
은 유전 요인으로 발생할 수 있다(Parving & Hauch, 1994). 펙햄(Peckham, 1986)은 청
력손실의 원인을 대략 1/3은 유전, 1/3은 후천성, 1/3은 알려지지 않은 것으로 보고
하였다. 최근의 보고에 따르면 아동의 청력손실 중 최소한 절반은 증후군이 없는
경우와 상염색체 열성 유전에 기인하는 경우가 약 80%로, 유전 요인으로 초래된다
(Cohn et al., 1999). 유전적 원인을 가진 몇몇 아동은 신체적이고 발달적인 장애 범
주의 일부로 청력손실이 나타난다. 비유전적 원인으로 청력손실이 있는 아동의 경
우 약 1/3이 중복장애를 가진 것으로 추정된다. 선천성 혹은 후천성의 비유전적 청
력손실은 출산 전후의 감염, 산소 결핍, 조산, 출산 전후 특정 항생제와 같은 내이신
경독성에 노출, 신체적 외상 등이 원인이 될 수 있다. 중이가 감염되면 후천성 전음
성 청력손실이 많이 발생한다(Bluestone & Klein, 1995). 청각장애의 원인에 대한 내
용은 헤렐(Herer)에서 발췌 및 수정하였다.

### 1. 유전적 원인

유전적 청력손실은 약 2,000명당 1명 정도로 발생한다. 유전적 청력손실이 있는
아동의 80%는 상염색체 열성 유전에 따른 청력손실을 보이지만 증후군과는 관련이
없다. 나머지 유전적 장애로 농과 관련된 증후군은 일흔 가지가 넘는데 가장 흔한
유전적 장애를 요약하여 〈표 1-2〉에 제시하였다(Herer et al., 2002).

표 1-2 청력손실과 관련된 유전적 증후군

| 증후군 | 청력손실 유형 | 특징 |
|---|---|---|
| 알포트 증후군 (Alport syndrome) | 감각신경성, 진행성 | 신우신장염, 사구체신염, 안장애, 양측성 청각장애 |
| 펜드레드 증후군 (Pendred syndrome) | 전음성, 감각신경성, 혼합성 | 갑상선 비대증, 갑상선 대사장애 |
| 트리처 콜린스 증후군 (Trecher Collins syndrome) | 전음성 혹은 혼합성 | 안면기형, 귓바퀴기형, 외이도와 중이 감염 |
| 반 델 호이브 증후군 (Van der Hoeve syndrome) | 전음성, 감각신경성, 진행성 | 청색공막, 골형성 부전증, 이경화증 |
| 와덴버그 증후군 (Waardenburg syndrome) | 감각신경성, 지속성 | 홍채 색 다름, 안면 이상, 흰색 앞머리, 코르티기관의 부재 |
| 바르데-비들 증후군 (Bardet-Biedl syndrome) | 감각신경성, 진행성 | 색소성 망막염, 지적장애, 비만, 가외의 손가락 혹은 발가락 |
| 어셔 증후군 (Usher syndrome) | 감각신경성, 진행성 | 현기증, 후각손실, 지적장애, 간질을 포함한 중추신경계 영향, 색소성 망막염, 50%의 경우 정신이상을 보임. |
| CHARGE* 관련 | 혼합성, 진행성 | 눈, 위장, 다른 기형 |
| 다운 증후군 (Down syndrome) | 전음성, 때때로 감각신경성 | 소이, 좁은 외이도, 중이염의 높은 발생률 |
| 염색체 13, 염색체 18 (Trisomy 13, Trisomy 18) | 감각신경성 | 중추신경계 변형 |
| 구개열 | 전음성 | 구순열 |

* CHARGE: 결손증(coloboma), 만성심장질환(congenital heart defect), 후비공 폐쇄증(choanal atresia), 성장과 발달 지체(retarded growth and development), 생식기 이상(genital abnormalities), 귀기형(ear malformations)
출처: Herer et al. (2002)에서 발췌·수정함.

## 2. 태아기, 주산기, 출산 후 요인 및 조산

출산 전이나 출산에 이어 바이러스, 박테리아, 약물과 같은 독소에 노출될 경우 청력손실을 초래할 수 있다. 분만 중 또는 신생아기에 산소 결핍과 같은 많은 병발증은 청각기관, 특히 달팽이관에 손상을 줄 수 있다(Razi & Das, 1994). 신생아 과빌리루빈혈증(hyperbilirubinemia)과 두개출혈은 감각신경성 청력손실과 관련이 있다. 특히 몸무게가 1,500g 이하로 태어난 미숙아는 모든 유형의 청력손실을 보일 확률이 높다. 미숙아들 중 2~5%는 심한 청력손실을 보일 수 있다(Herregard et al., 1995).

## 3. 감염

태아기와 출생 후 이어지는 감염은 청력손실의 흔한 원인이 된다. 임신 3개월 이내에 풍진에 접촉된 산모의 경우 고도에서 최고도 감각신경성 청력손실, 소두증, 심장기형, 망막 이상, 그 외 다른 장애를 가진 아기를 낳을 위험이 약 30%다(Bale, 1992). 임신기에 주혈원충병, 헤르페-바이러스, 매독, 사이토메갈로바이러스(cytomegalovirus: CMV) 등의 감염은 청력손실의 원인이 될 수 있다(Henderson & Weiner, 1995). 가장 감염이 높은 CMV는 신생아 1,000명당 5~25명의 발병률을 보이고(Hanshaw, 1994), 출생 시 임상적으로 CMV가 검출된 아동 중 80%는 청력손실을 포함한 신경계 후유증을 보인다. CMV에 감염된 90%가 잠재적인 것으로 보고 있는데(Schildroth, 1994), 잠재적 CMV를 가진 아동 중 5~15%가 중추신경계 징후로 진전된다. 이 경우 청력손실은 주로 양측에 나타나며, 지속적으로 악화되는 후발성 청력손실의 위험에 처한다(Fowler et al., 1997). 아동기의 감염은 감각신경성 청력손실로 진전될 수 있다. 박테리아 뇌막염으로 단순한 손상에서 달팽이관에 이르는 청각장애를 갖게 될 위험은 약 10% 정도다(Fortnum & Davis, 1993). 약해진 달팽이관이 변질된다면 청력손실은 계속 진행될 수 있다. 아동기의 바이러스성 질병 중 풍진과 수두는 양측 청력손실을 일으키는 반면, 유행성 이하선염은 편측 청력손실을 유발한다(Nussinovitch, Volovitz, & Varsano, 1995).

## 4. 중이 질병

청각장애의 가장 흔한 유형은 만성 중이 질병 혹은 유출로 발생하는 경도 전음성 청력손실이다(Kessner, Snow, & Singer, 1974). 이러한 청력손실은 발견이 어렵고, 중이 조건에 따라 변동이 있지만 영구적인 청력손실을 초래하지는 않는다. 중이 감염(급성중이염)은 생후 2년 동안 최소한 한 번은 경험할 정도로 어린 아동에게 흔하게 발생한다(Shapiro & Bluestone, 1995). 일부 아동의 경우 중이염은 자각 증상이 없으나 대부분의 경우에서 열이나 과민성이 감염의 첫 신호로 나타난다. 나이 든 아동의 경우는 외이를 잡아당기거나 귀에서 액체가 유출될 수 있다. 또한 청력이 명백하게 감소되고 불안정한 걸음걸이가 나타나기도 한다. 이경검사에서 고막은 희고 투명하기보다는 붉고 불투명하게 보인다. 그 이유는 액체의 고임이나 유출이 주로 고막 뒤편 중이강 안에 존재하기 때문이다.

중이염은 주로 중이강의 염증으로 중이 안에 액체를 동반하며 성인보다 아동에게 더 많이 발생한다(Bess & Humes, 1990). 적어도 아동의 약 70%가 6세 이전에 최소한 한 번은 중이염을 경험하는 것으로 보인다(Northern & Downs, 2002). 그래서 초기 아동기에 중이염을 경험하는 것은 정상적이다. 이 중이염이 수개월 동안 지속되면 만성중이염이 된다. 중이염에 대한 정의적 모순 때문에(Daly, 1997) 중이염이 자주 재발하고 지속적인 경우 만성중이염 혹은 삼출성중이염이라는 용어로도 사용되고 있다(Roberts, Burchinal, & Campbell, 1994). 만성중이염은 흔히 고막의 큰 천공을 유발하고 일부의 경우 중이의 구조를 손상시키기도 한다. 이 상황은 시간이 지나면서 나아지지만 이런 사례의 50~70%는 평가나 치료 후 2주 정도, 20~40%는 4주, 10~20%는 8주, 10%는 12주, 5%는 12개월 이후까지 상태가 지속되기도 한다(Zielhuis, Rach, & Van den Broek, 1989). 약 3~4명 중 1명은 이런 만성중이염에 걸릴 수 있다. 중이염의 출현율은 생후 6~18개월째에 가장 높고, 두 번째로는 4세, 그다음은 6~7세다(Schilder et al., 1994).

만성중이염은 주로 경도 청력손실을 일으키기 때문에 말소리 처리와 언어 발달의 주요 기간에 발병한 만성중이염은 말인지를 방해할 수 있다. 또한 그 이후의 결과는 교육적 발달을 지체시킬 수 있다(Friel-Patti & Finitzo, 1990; Lee, 2005). 중이염으로 인한 평균 청력손실은 20~30dB HL이지만 이러한 손실이 양측으로 25dB HL 이상 되면 대화를 할 때, 특히 /s/, /p/, /t/와 같은 작은 강도의 음소를 변별하는 데 약간의 어려움을 겪는 상황이 생길 수 있다(Doyle & Wong, 1996). 예를 들면, 일정하지 않은 청각 입력과 관련하여 재발하는 중이염은 언어 발달과 학업성취에서 나타나는 후유증을 보일 수 있다(Bench, 1993). 이는 학습 문제가 있는 것으로 판별된 많은 아동이 청력검사를 받지 못했거나(Dwyer, 1993), 아동이 중이염을 앓고 있을 때 부모나 교사가 청력손실이나 중이 기능의 장애를 의심하지 않았기 때문일 수도 있다(Haggard & Hughes, 1991; Rosenfeld et al., 2004). 폴라드와 탄(Pollard & Tan, 1993)은 언어치료를 받고 있는 아동들이 다른 아동들보다 재발되는 중이염의 병력을 더 많이 갖고 있다고 보고하였다. 그리고 중이염의 경험이 있는 아동들은 소음 속에서 말소리를 이해하는 것과 같은 청각인지에 문제가 있었다(Schilder et al., 1994). 만성 중이염이 원인이 되는 경도 전음성 청력손실은 언어, 특히 어휘 발달의 지체 그리고 말소리 지각의 어려움과 관련이 있다(Doyle, 1998).

아동에게 나타나는 중이염으로 인한 평균 청력손실은 경도 정도이지만 이 정도의 청력손실만으로도 유아기의 언어 습득에 부정적인 영향을 미칠 수 있다(Lee, 2005). 반복되는 만성중이염으로 인한 장기간의 경도 청력손실이 언어 습득 후 청력손실을 입은 성인에게는 구어 문제를 야기하지 않으나 유아기 아동에게는 구어 습득의 일차 방해 요인으로 작용하여 학령기 전후 정확한 조음을 습득하는 데 어려움을 준다. 뿐만 아니라 외부에서 입력되는 청각정보를 처리하는 데 결함을 초래하고, 이와 밀접한 관계가 있는 인지 과정에서 문제를 일으키기 때문에 이후에 낮은 학업 성취력이나 주의력결핍과 같은 문제 행동 등을 유발한다(Bellis, 2002). 진커스와 고틀리엡(Zinkus & Gottlieb, 1980), 페이지(Page, 1985)도 초기 지속적이고 빈발하는 중이염이 청각처리 문제를 일으킬 수 있다고 주장한 바 있다.

## 5. 외상

두개골에 강타를 가하는 것과 같은 충격은 달팽이관에 외상을 초래하고 감각신경성 청력손실을 유발한다(Zimmerman et al., 1993). 또한 이러한 강타는 이소골을 손상시키거나 중이에 피가 흐르는 원인이 될 수도 있으며 이런 경우 전음성 청력손실이 나타난다. 외상을 입힐 수 있는 소음 수준의 예로서 아동기와 청소년기에 흔히 하는 폭죽, 불꽃놀이, 공기총 등의 과도한 충격 소음은 경도에서 중도 감각신경성 청력손실을 초래한다. 지속적으로 매우 큰 소리에 노출될 경우 일시적 혹은 영구적 감각신경성 청력손실이 있을 수 있다. 100~110dB을 초과하는 높은 강도에서 헤드폰이나 이어폰을 사용하거나 록 콘서트에 참석하는 것 또한 영구적이거나 일시적인 청력손실의 원인이 될 수 있다(Montgomery & Fujikawa, 1992). 90dB 이상의 소음 수준이 지속되면 달팽이관이 손상될 수 있으므로 피해야 한다. 화자와 청자의 거리가 1m 이내에서 상대에게 소리치거나, 소음 지역을 벗어난 이후에도 귀에서 벨이 울리는 것과 같은 이명이 들리거나, 소음에 노출된 뒤 약 한두 시간 동안 소음이나 아주 작은 소리만 들리는 것 등은 소음에 대한 위험 신호다.

## 6. 내이신경독성

악성 박테리아 감염을 치료하는 데 사용되는 일부 항생제(aminoglycosides 계통의 neomycin, kanamycin, vancomycin, tobramycin)는 달팽이관에 치명적이다(Aran, 1995). 이 항생제들은 달팽이관의 외유모세포를 파괴시킨다. 내이를 손상시킬 수 있는 다른 약물로는 이뇨제, 비스테로이드성의 항염증약, 화학요법약물 등이 있다.

## ⠃⠃ 제4절 청각장애의 출현율

아동 1,000명당 약 1명이 고도에서 최고도 청력손실 상태로 태어나며 유아기와 아동기 중의 발병률은 2배로 추정된다고 보고되었다(Kvaerner & Arnesen, 1994). 크밸너와 알네센(Kvaerner & Arnesen, 1994)은 자료마다 아동기 청각장애의 발병률이 다르게 나타나자 청각장애에 대한 명백한 요인과 정의가 부족하다는 결론을 내렸다. 한편, 청력손실의 조기 판별을 위한 최근 신생아 청각 선별 프로그램의 결과에 대한 몇몇 보고(Kanne, Schaefer, & Perkins, 1999)에 의하면, 감각신경성 청각장애와 전음성 청각장애를 모두 가진 신생아를 포함하여 1,000명당 1.4~3.1명 정도의 출현율을 보인다.

선천성 고도 감각신경성 청각장애의 경우는 약 60%가 유전적 원인을 갖고 있으나 나머지 40%는 원인을 정확히 알 수 없다. 유전적 원인을 갖고 있는 60% 중 40~50%는 열성 유전으로 유발된다. 가청부모가 청각장애의 보인자를 가진 경우, 다시 말해, 부와 모 각각 1개의 청각장애 유전자와 1개의 정상 유전자를 한 쌍으로 가지고 있다면 이들 부모가 청각장애를 가진 아동을 낳을 위험성은 25%다([그림 1-1] 참조). 유전적 원인을 가진 나머지 10%는 우성 유전이다. 청각장애 부가 청각장애 유전자를 가지고 있다면 모의 유전자와 상관없이 청각장애를 가진 아동을 낳을 위험성은 50%다([그림 1-1] 참조). 청각장애의 출현율에 대한 내용은 메스치노(Meschino, 1994)에서 발췌 및 수정하였다.

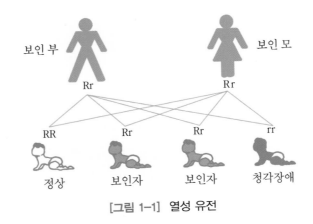

[그림 1-1] 열성 유전

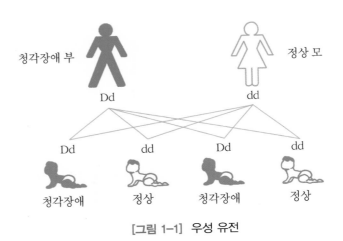

[그림 1-1] 우성 유전

출처: Meschino (1994).

**연구 과제**

1. 청각기관의 소리전달 과정을 이해하는 것이 청각장애를 이해하는 데 어떤 도움을 주는지 알아보자.

2. 언어 습득 측면에서 전음성 청각장애와 감각신경성 청각장애의 차이점을 말해 보자.

3. 청력손실 정도가 말-언어 인지력에 미치는 영향을 설명해 보자.

4. 청각장애의 유전적 출현율을 우성 유전과 열성 유전으로 나누어 설명해 보자.

# 참고문헌

김수진(2012). 교사와 부모를 위한 청각장애아동 교육. 서울: 학지사.

Aran, J. M. (1995). Current perspectives on inner ear toxicity. *Otolaryngology-Head and Neck Surgery, 112*, 133-144.

Bale, J. F., Jr. (1992). Congenital infections and the nervous system. *Pediatric Clinics of North America, 39*, 669-690.

Baran, J. A., & Musiek, F. E. (1995). Central auditory processing disorders in children and adults. In L. G. Wall (Ed.), *Hearing for the speech language therapist and health care professional* (pp. 415-440). Boston, M. A.: Butterworth-Heinemann.

Bellis, T. J. (2002). *When the brain can't hear: Unraveling the mystery of auditory processing disorder.* Atria Books.

Bench, R. J. (1992). *Communication skills in hearing impaired children.* London: Whurr Publishers.

Bench, R. J. (1993). *Sequelae of recurrent otitis media: Some issues of validity.* Proceedings of the first national conference on childhood fluctuating conductive deafness/otitis media (pp. 123-129). Parkville, Victoria.

Bess, F. H. (1988). *Hearing impairment in children.* Parkton, MD: York.

Bess, F. H., & Humes, L. E. (1990). *Audiology: The fundamentals.* Baltimore. MD: Williams & Wilkins.

Bluestone, C. D. & Klein, J. O. (1995). *Otitis media in infants and children* (2nd ed.). Philadelphia: W. B. Saunders.

Booth, J. B. (1981). Surgical management of deafness in adults: The external and middle ear. In H. A. Beagley (Ed.), *Audiology and audiological medicine, vol. 1* (pp. 482-505). Oxford University Press.

Cohn, L. S., Kelley, P. M., Fowler, T. W., Garga, M. P., Lefkowitz, D. M., Kuehn, H. J., Schaefer, G. B., Gobar, L. S., Hahn, F. J., Harris, D. J., & Kimberling, W. J. (1999). Clinical studies of families with hearing loss attributable to mutations in the connexin 26 gene(GJB2/DFNB1). *Pediatrics, 103*, 546-550.

Daly, K. A. (1997). Definition and epidemiology of otitis media. In J. E. Roverts, I. F. Wallace, & F. W. Henderson (Eds.), *Otitis media in young dhildren: Medical, developmental, and educational considerations* (pp. 3-41). Baltimore, MD: Paul H.

Brookes Publishing Co.

Doyle, J. (1998). *Practical audiology for speech-language therapists.* London, England: Whurr Publishers.

Doyle, J., & Wong, L. N. (1996). The mismatch between aspects of hearing impairment and hearing disability/handicap in adult/elderly Cantonese speakers: Some hypotheses concerning cultural and linguistic influences. *Journal of the American Academy of Audiology, 7*(6), 422–426.

Dwyer, J. (1993). Educational difficulties associated with childhood fluctuation conductive loss: A survey of 301 primary school children. Proceedings of the first national conference on childhood fluctuating conductive deafness/otitis media (pp. 163–169). Parkville, Victoria.

English, K. (2002). Audiologic rehabilitation services in the school setting. In R. L. Schow & M. A. Nerbonne (Eds.), *Introduction to audiologic rehabilitation* (pp. 247–276). Allyn and Bacon.

Fortnum, H., & Davis, A. (1993). Hearing impairment in children after bacterial meningitis: Incidence and resource implications. *British Journal of Audiology, 27*, 43–52.

Fowler, K. B., McCollister, F. P., Dahle, A. J., Boppana, S., Britt, W. J., & Pass, K. F. (1997). Progressive and fluctuating sensorineural hearing loss in children with asymptomatic congenital cytomegalovirus infection. *The Journal of Pediatrics, 130*, 624–630.

Friel-Patti, S., & Finitzo, T. (1990). Language learning in a prospective study of otitis media with effusion in the first 2 years of life. *Journal of Speech and Hearing Research, 33*, 188–194.

Fritsch, M. H., & Sommer, A. (1991). *Handbook of congenital and early onset hearing loss.* New York, NY: Igaku-Shoin.

Haggard, M. & Hughes, E. (1991). *Screening children's hearing: A review of the literature and the implications of otitis media.* London: HMSO.

Hanshaw, J. B. (1994). Congenital cytomegalovirus infection. *Pediatric Annals, 23*, 124–128.

Hart, C. W., Geltman-Cokely, C., Schupbach, J., Dal Canto, M. C., & Coppleson, L. W. (1989). Neurotologic findings in a patient with acquired immune deficiency syndrome. *Ear & Hearing, 10*, 68–76.

Henderson, J. L., & Weiner, C. P. (1995). Congenital infection. *Current Opinion in Obstetrics and Gynecology, 7*, 130–134.

Henry, L. A. (1991). Development of auditory memory span: the role of rehearsal. *British Journal of Developmental Psychology, 9*, 493-511.

Herer, G. R., Knightly, C. A., & Steinberg, A. G. (2002). Hearing: Sounds and silences. In M. L. Batshaw (Ed.), *Children with disabilities* (pp. 193-228). Paul H. Brookes Publishing Co.

Herregard, E., Karjalainen, S., Martikainen, A., & Heinnen, K. (1995). Hearing loss at the age of 5 years of children born preterm: A matter of definition. *Acta Paediatrica, 84*, 1160-1164.

Holmes, A. E. (2001). Cochlear implants and other rehabilitation areas. In R. L. Schow & M. A. Nerbonne (Eds.), *Introduction to audiologic rehabilitaion* (pp. 81-100). Allyn and Bacon.

Jerger, J., & Musiek, F. (2000). Report of the consensus conference on the diagnosis of auditory processing disorders in school-aged children. *Journal of the American Academy of audiology, 11*(9), 467-474.

Kanne, T. J., Schaefer, L., & Perkins, J. A. (1999). Potential pitfalls of initiating a newborn hearing screening program. *Archives of Otolaryngology-Head and Neck Surgery, 125*, 28-32.

Kessner, D. M., Snow, C. K., & Singer, J. (1974). *Assessment of medical care for children: Vol. 3. Contrasts in health status: An analysis of contrasting forms of delivery.* Washington, DC: National Academy Press.

Kvaerner, K. J., & Arnesen, A. R. (1994). Hearing impairment in Oslo born children 1989-1991: Incidence, etiology, and diagnostic delay. *Scandinavian Audiology, 23*, 233-239.

Lee, K. (2005). Language and children with auditory impairments. In V. A. Reed (Eds.), *An introduction to children with language disorders* (pp. 276-300). Allyn and Bacon.

Levi, H., Tell, L., & Feinwesser, M. (1993). Progressive hearing loss in hard-of-hearing children. *Audiology, 32*, 132-136.

Meschino, W. S. (1994). Genetic counselling and hearing loss: what is it and how can it help me. In W. Estabrooks (Ed.), *Auditory-verbal therapy for parents and professionals* (pp. 9-12). Washington, D. C.: Alexander Graham Bell Association for the Deaf.

Montgomery, J. K., & Fujikawa, S. (1992). Hearing thresholds of students in the second, eighth and twelfth grades. *Language, Speech, and Hearing Services in Schools, 23*, 61-63.

Northern, J. L., & Downs, M. P. (2002). *Hearing in children* (5th ed., p. 18). Philadelphia: Lippincott Williams.

Nussinovitch, M., Volovitz, B., & Varsano, I. (1995). Complications of mumps requiring hospitalization in children. *European Journal of Pediatrics, 154*, 732-734.

Page, J. M. (1985). Central auditory processing disorders in children. *Otolaryngologic Clinics of North America, 18,* 323-335.

Parving, A., & Hauch, A. M. (1994). The causes of profound hearing impairment in a school for the deaf: A longitudinal study. *British Journal of Audiology, 28,* 63-69.

Peckham, C. S. (1986). Hearing impairment in childhood. *British Medical Bulletin, 42,* 145-149.

Pollard, J. & Tan, L. (1993). They can't talk: Can they hear · Proceedings of the first national conference on childhood fluctuating conductive deafness/Otitis media (pp. 143-150). Parkville, Victoria.

Razi, M. S., & Das, V. K. (1994). Effects of adverse perinatal events on hearing. *International Journal of Pediatric Otorhinolaryngology, 30*, 29-40.

Roberts, J. E., Burchinal, M. R., & Campbell, F. (1994). Otitis media in early childhood and patterns of intellectual development and later academic performance. *Journal of Pediatric Psychology, 19*(3), 347-367.

Rosenfeld, R. M., Culpepper, L., Doyle, K. A., Grundfast, K. M., Hoberman, A., Kenna, M. A., Lieberthal, A. S., Mahoney, M., Wahl, R. A., Woods, C. R., & Yawn, B. (2004). Clinical practice guideline: Otitis media with effusion. *Otolaryngology-Head and Neck Surgery, 130*, S95-S118.

Schilder, A. G. M., Snik, A. F. M., Straatman, H., & Van den Broek, P. (1994). The effect of otitis media with effusion at preschool age on some aspects of auditory precessing: A transdisciplinary view. St Louis, MO: Mosby.

Schildroth, A. (1994). Congenital cytomegalovirus and deafness. *American Journal of Audiology, 3*, 27-38.

Shapiro, A. M., & Bluestone, C. D. (1995). Otitis media reassessed: Up-to-date answers to some basic questions. *Postgraduate Medicine, 97*, 73-76, 79-82.

Turnbull, R., Turnbull, A., Shank, M., & Smith, S. (2004). *Exceptional lives: special education in today's schools.* Upper Saddle River, New Jersey: Pearson Education, Inc.

Zielhuis, G. A., Rach, G. H., & Van den Broek, P. V. (1989). Screening for otitis media with effusion in preschool children. *Lancet, I*, 311-314.

Zimmerman, W. D., Ganzel, T. M., Windwill, I. M., Nazar, G. B., & Phillips, M. (1993). Peripheral hearing loss following head trauma in children. *Laryngoscope, 103*, 87–91.

Zinkus, P., & Gottlieb, M. (1980). Pattern of perceptual and academic deficits related to early chronic otitis media. *Pediatrics, 66*, 246–253.

Zwolan, T. A. (2000). Selection criteria and evaluation. In S. B. Waltzman & N. L. Cohen (Eds.), *Cochlear implants* (pp. 63–71). New York: Thieme.

# 제2장 청각장애교육의 역사

학습 목표

1. 외국의 청각장애교육의 역사를 이해한다.
2. 한국의 청각장애교육의 역사를 이해한다.
3. 청각장애교육의 방법론을 전망한다.

청각장애교육은 특수교육 장애 영역 가운데 가장 오래된 역사를 지니고 있다. 세계 최초의 특수교육기관이 1855년 레페(L'Épée)가 세운 파리농학교라는 것이 그 예다. 이처럼 청각장애교육은 장애 영역 가운데 가장 선구적으로 특수교육을 실시하였으나 언어 방법론에 치우친 지리한 논쟁과 공급자 중심의 독선으로 오늘날까지 교수·학습에서 주목할 만한 발전을 이루지 못하였다. 따라서 청각장애교육의 발전을 위해서는 과거의 역사적 사실을 살펴 미래를 올바르게 준비하는 안목이 필요할 것이다.

이 장의 제1절은 외국의 청각장애교육의 역사를 다루었는데, 무관심과 방치의 시대, 자선 보호의 시대(약 14~15세기), 농교육 성립의 준비기(16세기 후반~18세기 후반), 학교교육의 성립과 공교육의 확대 발전(18세기 후반~19세기 초반), 언어 지도 방법론적 논쟁(19~20세기), 농교육 방법론의 발전(20세기 이후)의 시대로 구분하여 소개하였으며, 제2절은 한국의 청각장애아 교육의 역사를 개화기 이전(19세기 이전),

개화기 및 일제 강점기, 광복 이후 농교육의 발전 과정, 앞으로의 전망으로 구분하여 기술하였고, 제3절 농교육 방법론의 전망에서는 이중문화 접근, 이중언어 접근, 이중언어 · 이중문화 접근 중심의 교수 전략을 다루었다.

## ⠿ 제1절　외국의 청각장애교육 역사

### 1. 무관심과 방치의 시대

과거 원시사회는 인간의 생산적 가치를 중요하게 인식하였다. 인간이 사회 속에서 공동생활을 영위하며 문화를 형성해 나가는 데 가장 기본적인 것 중의 하나가 언어다. 집단생활에서 언어는 개인과 개인을 결합하고 이미 얻은 지식은 언어에 의해 전달된다. 기원전 6세기경 헤로도토스의 기록에 따르면 리디아의 왕인 크로이소스에게 두 아들이 있었는데, 그중 한 아들이 선천 농인이었다. 크로이소스 왕은 나는 아들이 하나뿐이라고 하며 농아는 없다고 생각하였다. 그리스 시대의 철학자인 아리스토텔레스(B.C. 384~B.C. 322)는 "듣고 말하는 것은 교육작용에 있어 가장 유력한 도구다. 농인은 인간의 사상을 운반하는 언어를 갖지 못함으로 이성을 개발할 수 없다. 귀가 들리지 않는 자는 타인의 말을 이해할 수 없으므로 교육은 불가능하다."라고 하였다. 또한 로마의 시인이자 철학자인 카루스(T. L. Carus, B.C. 1세기)는 "농인은 어떤 방법으로도 가르칠 수 없으므로 그들에게 어떤 가르침을 통해 무엇을 개선해 본다는 것은 기본적으로 불가능한 일이다. 인간의 사고는 언어로서 가능한데 농인은 언어가 없으므로 사고할 수 없다."라고 농인의 교육불가론을 주장하였다.

이와 같은 주장이 제기된 것은 인간의 음성언어를 지나치게 중시하여 말을 하지 못하는 농인에게는 기본적으로 교육이 불가능하다고 믿었기 때문이다. 고대사회에서 농인은 노동력을 지니고 있으므로 생존 자체는 가능하여 함께 생활할 수 있었지만 사회 속에서 공존하기 위한 언어라는 도구를 지니지 못함으로 사회의 무관심 속에 방치되었다.

듣고 말하는 것은 교수 · 학습에 중요한 역할을 수행하지만 말을 못하는 것이 상징기호 체계로서의 언어를 습득할 수 없다는 주장은 오늘날 받아들이기 어렵다. 인간이 언어를 통해 사고한다는 관점은 오늘날에도 동의할 수 있으나 언어가 곧 말이라는 인식은 언어의 도구로써 말이나 수어 또는 문자가 있다는 인식으로 수정되어야 할 부분이다.

과거 철학자 아리스토텔레스와 같은 인식은 결국 청각장애교육을 태동시키는 데걸림돌이 되었다.

## 2. 자선 보호의 시대(약 14~15세기)

인류는 인간의 존엄성보다는 생산성을 우위의 가치로 인식한다. 인간은 자연이나 이민족들과 생존을 위해 치열한 투쟁을 벌여 나갔다. 따라서 부족의 구성원으로서 이러한 투쟁에 공헌하지 못하거나 투쟁을 저해할 수 있는 장애인은 방치되거나유기되었다.

반면, 국왕이나 종교인들에 의한 자선 보호가 제한적으로 이루어졌다. 이러한 장애인에 대한 자선 보호는 단순한 종교적 행사로 제약이 뒤따랐다. 이에 따라 인간은종교예식에 따라 기도로써 구원을 받는데, 농인은 기도를 하지 못하기 때문에 구원받을 수 없다는 이른바 구원불가론을 펴기도 한다. 성경에 따라 농인은 하느님의 자식이라 보호해야 한다고 하면서도 하느님을 입증할 수 없는 농인은 재산이나 법적권리를 가질 수 없었다.

따라서 중세의 장애인관은 제한적인 자선이었을 뿐 교육의 대상이나 구원의 대상으로 인식하지 못하였다. 언어는 신이 내려 주는 것이라는 이른바 언어신수설(言語神授說)에 따라 농인의 교육이 제한되고, 국가의 이익에 도움을 주지 못하는 농인은 자선 보호의 대상으로 인식하였으며 그들이 표현하는 수어나 몸짓, 부정확한 말은 경멸의 대상이 된다.

이러한 중세시대에서 나타난 농인에 대한 부정적인 인식은 근대로 들어서면서사상적 변화와 의학의 발달에 의해 교육의 가능성을 나타낸다.

## 3. 농교육 성립의 준비기(16세기 후반~18세기 후반)

중세 기독교의 속박에서 벗어나 개인과 개성의 해방, 자연인의 발견 등을 추구한

　　르네상스 운동은 유럽 전역에 확산되었다. 근대에 이르러서는 상실된 인간 정신과 지혜의 부활을 고대하였다. 이와 같은 사상적 배경은 농인의 교육 가능성을 시사하는 새로운 교육관을 형성하였다. 또한 의학의 발전은 농인을 편견에서 벗어나 과학적으로 이해할 수 있도록 해 주었다.

　　이러한 시대적 변화는 16세기 후반부터 유럽을 중심으로 개인적 시도에 의한 실험적인 농교육이 시도되어 농아동의 교육 가능성을 탐색한 시기이기도 하다. 청각장애교육은 당시 가장 번성했던 스페인을 중심으로 개인교수 시대가 열린다. 이 시기의 대표적인 농교육자는 스페인의 폰스(Ponce de Leon, 1520~1584)와 보넷(Juan Martin Pablo Bonet, 1579~1633) 등이다.

**Pedro Ponce de Leon**
(1520~1584)
문헌상 최초의 농교육자

　　스페인의 베네딕트 수도사인 폰스는 귀족의 자녀 가운데 선천성 농으로 알려진 농인을 대상으로 철저한 개별화 개인교수를 실시하여 상당한 교육적 업적을 세웠다. 폰스는 기독교 교리를 깨닫고 생생한 음성으로 신앙을 고백하도록 하는 데 교육의 목적을 두었다. 그는 '농인은 말할 수 없는 대신 쓸 수 있다'라는 가정 아래 농인에게 먼저 명사를 중심으로 사물의 이름을 쓰게 하고, 그 단어를 반복적으로 발성 연습을 시켰다. 그는 청각장애인의 언어교육에서 문자언어의 학습에서 출발하여 말하는 것으로 나아가는 것이 효과적임을 실천적으로 증명하였다.

　　그 예로 폰스는 자신을 찾아온 제자 프란시스코에게 상속권 주장과 병역 의무를 담당할 수 있도록 개인교수를 하였다. 그 결과 선천농이었던 프란시스코가 당시 농인에게 금지되었던 재산 상속권을 찾고 병역 의무까지 수행할 수 있도록 지도하였다. 그러나 폰스는 후계자가 없었으므로 그의 성공적인 교육 방법은 그의 죽음과 함께 전승되지 못하였으며 수도원 도서관이 소실되어 간접적인 기록으로만 남아 있다.

　　한편, 보넷은 직업 군인으로 자신의 성주였던 벨라스코 가문의 자녀 가운데 병으로 청력을 잃은 루이를 맡아 교육하면서 농교육을 시작하였다. 보넷은 자신의 개인적인 교육체험을 바탕으로 1620년『소리의 단순화와 농아의 언어교수 방법』이라는 저서를 집필하였다. 이 책은 세계 최초의 농교육 관련 서적으로 그의 말하기 교육 방법이 기록되어 있다. 이 책은 크게 두 편으로 나누어져 있으며, 제1편은 음성학적 요소와 관련지어 농아동의 읽기를 단순화하고, 제2편에서 농아동에게 말하기를 가르치는 방법에 대한 그의 철학을 기술하였으며, 철자의 모양과 관련하여 각 철자에 대한 손의 위치를 나타내는 한 손 지문자를 고안하였다. 그의 교육 방법은 상향식 접근으로 읽기를 지도하기 위해, 먼저 그림판을 이용하여 각 문자에 대응하는 한 손 지문자를 가르치고 난 뒤 각 지문자를 발음하는 방법이다. 발음은 모음부터 시작하여 음절 그리고 낱말 순으로 지도하였다. 낱말은 익숙한 일음절 낱말을 사물과 짝을 지어 지도하고 낱말을 익히면 문법규칙에 맞추어 문장을 지도하는 방법이다. 그는 농아동과 함께 생활하는 모든 가족은 이 지문자를 익혀야 한다고 주장하였다. 보넷의 농교육은 루이의 성공에 따라 주목을 받았으며, 독일 등 여러 나라로 전수되었다.

보넷의 한 손 지문자

이와 같이 문헌상으로 살펴볼 때 청각장애교육은 16세기 후반에서 17세기 전반에 이르기까지 스페인이 농교육의 중심에 서 있었다. 이 시기의 청각장애교육은 농인도 가청인과 같이 구어로 말할 수 있도록 하는 것을 교육 목표로 한다. 이를 담당한 교육자는 전문적으로 농교육 방법을 배운 사람이 아니라 농인과의 인연을 맺고 개인적인 동기로서 교육을 실천하였으며 수요층은 주로 귀족계급의 자녀에 제한되었고 교육 방법은 농교육자끼리 공유되지 못하였다. 그러나 안정적인 지위와 금전적 대우를 받았으며 소수 정예학생을 중심으로 지도한 까닭에 높은 교육적 성과를 얻었다. 이 시기는 농교육의 가능성을 보여 주긴 하였으나 개인교수 시기로서 교육적인 혜택은 소수에 머물렀고 교원양성제도를 갖추지 못한 시기였다.

## 4. 학교교육의 성립과 공교육의 확대 발전(18세기 후반~19세기 초반)

개인교수 시기는 교육 경험과 방법론이 개별적으로 이루어졌으나 청각장애교육에 대한 가능성을 보여 줌으로써 이에 대한 교육 성과는 18세기 후반에 이르러 보다 체계적인 학교교육으로 나타났다.

18세기에는 계몽사상의 영향으로 개인의 자유를 존중하는 한편, 박애주의사상이 전개되면서 장애아동을 위한 학교교육제도가 본격적으로 결실을 맺게 되었다. 또한 절대주의는 국력 배양 방법으로 교육을 통한 유능한 국민 양성을 목표로 하여 교육의 기회가 서민에게까지 확대되었으며, 의무교육이 실시되었던 시기로 특수교육도 함께 발전하였다. 따라서 이 시기에는 일반 가정의 농아동에게 특수교육 기회가 보장되었으며, 청각장애교육을 담당하는 전문 교육자가 출현하는 한편 통학제 공립 농학교가 설립되었다.

### 1) 농학교 교육의 성립

청각장애교육은 18세기 후반에 이르러 프랑스의 레페(L'Épée), 독일의 하이니케(S. Heinicke), 영국의 브레드우드(T. Braidwood) 등의 출현으로 학교교육에서 농교육을 실시하게 되었다. 하지만 학교교육이라고 해도 보호적 성격이 강한 시설(Asylum, Institution, Academy)의 성격과 초보적인 학교교육의 체계를 동시에 지니고 있다.

따라서 이전의 개인교수 시기에는 일부 특권층의 자녀를 대상으로 교육이 실시된 반면, 이 시기는 학교교육의 성립과 함께 일반 서민 자제를 위한 집단교육이 이루어지고 농교육의 방법론을 개발한 전문교육자가 출현하게 된다.

### (1) 세계 최초의 특수학교 파리농학교

레페는 얀센파의 교인으로 한때 법조인을 꿈꾸었으나 선교사로 활동하던 중 농소녀에게 종교교육을 한 친구의 유업을 받아들여 농교육자로 헌신하게 되었다. 그는 빈민가의 농인을 대상으로 농교육을 실시하는 한편, 그들을 보호하기 위해 학교의 필요성을 인식하였다. 그는 처음부터 종교적 자선을 바탕으로 시작하였기 때문에 레페의 교육 활동은 빈민의 자녀와 고아를 대상으로 이루어졌다. 레페의 농인에 대한 애정과 종교적 사명감에 입각한 농교육은 1760년 파리에 세계 최초의 농학교를 설립하기에 이른다.

**Charles-Michel de l' Épée**
(1712~1789)
최초의 파리농학교 창시자

레페는 농인이 다른 사람들과 의사소통을 하기 위해 그들의 손으로 표현되는 것은 가청인이 모국어를 사용하는 것과 같이 그것은 농인의 모국어라고 받아들인다. 즉, 수어는 농인의 모국어이므로, 이를 통해 농인은 사고하고, 도덕성이 개발될 수 있다고 믿었으며, 이러한 기초 위에서 농인에게도 구화가 성립될 수 있다고 확신하였다.

그는 자연수어의 기초 위에 모국어의 어법과 음성에 따르는 수어법이 최선의 방법이라 생각하고 수어법을 위주로 지도하였다. 그러나 엄격한 의미에서 레페의 교육 방법은 구화법 자체를 완전히 반대한 것은 아니고 농교육에서 수어를 배제하는 것을 반대하고, 수요자인 농인의 입장을 고려하여 교육 방법으로 수어법을 선택하였다.

레페는 이전의 농교육자와 달리 자신의 교육 방법을 공개하여 유럽에서의 농학교 설립에 크게 영향을 끼친다. 이후 레페의 수어법은 시카드(Sicard, 1742-1822)에 의해 미국에까지 영향을 미치게 된다.

### (2) 세계 최초의 공립농학교 설립

하이니케(S. Heinicke, 1727~1790)는 독일 라이프치히(Leipzig)에서 1778년에 국가의 지원을 받아 세계 최초로 공립농학교를 설립하였다. 하이니케는 군인으로 농민출신 군대에서 농인을 지도한 경험이 있었으며, 교육적 사명감으로 탈영하여 함부르크 부근에서 오르간 연주자 겸 교사로 활약하였다. 당시 프러시아는 의무교육 제도를 법제화하고 이를 추진하던 시기로 하이니케는 파리 농학교보다 근대적인 성격의 공립농학교를 설립하였다. 그의 농교육은 가청인의 일반교육과 같이 적용하고자 하였으며 농인을 자립인, 유능한 사회인으로 육성하는 데 교육 목적을 두었다. 이에 따라 하이니케는 레페와는 달리 농교육 방법론으로 구화교육을 실시하였다. 그는 수어를 지팡이에 비유하여 보행이 불가능한 사람에게 지팡이는 오히려 보행에 장애가 된다고 주장하면서 수어법을 부정하였다.

**Samuel Heinicke**
(1727~1790)
최초의 공립농학교 창시자

"음성언어를 습득하기 위한 유일한 방법은 말하게 하는 것이다."

하이니케의 구화교육은 그의 가족과 제자들에게 계승되어 연방정부가 각지에 공립학교를 설립하는 데 중요한 역할을 하였다.

### (3) 영국의 농학교 설립

브레드우드(T. Braidwood, 1715~1806)는 영국의 에든버러(Edinburgh) 대학교를 졸업하고 글쓰기 학교를 운영하면서 농소년을 우연히 지도한 경험을 계기로 농교육을 시작하였다. 그는 자신의 농교육에서 얻은 성과를 잡지(Scots Magazine)에 투고하여 세상에 알렸으며, 농인을 지도하기 위해 체계적인 교원 양성의 필요성을 역설하였으나 사회적으로 관심을 받지 못하였다. 이 때문에 그는 자신의 교육 방법을 철저하게 비밀주의에 붙이게 된다. 사업 수완이 뛰어난 그는 학교를 확장시켜 나갔으며 1783년에 런던 교외로 옮겨 해크니 농아인학교(Hackney School for the Deaf and Dumb)를 설립하였다. 브레드우드는 농교육 방법으로 구화법을 받아들이고 영국의 농교육 지도자들에게 이를 계승하였다.

그가 설립한 농학교는 딸에 의해 문을 닫게 되었으나 조카인 존(John)이 미국의 볼티모어에서 미국 최초로 농학교를 설립함으로써 미국의 농교육 수립에 직접적으로 참여하게 되었다.

### (4) 미국의 농교육 발달

19세기 미국에는 유럽의 농교육 방법이 소개되었다. 그린(T. Green)은 영국의 브레드우드와 프랑스의 레페의 교육 방법을 소개하였으며, 농자녀를 둔 미국의 부모들에 의해 유럽의 농교육 방법을 받아들였다.

갈로뎃(T. H. Gallaudet)은 예일대학교를 졸업한 후 신학을 연구하던 중 이웃에 살고 있는 9세된 농소녀 콕스웰(A. Cogswell)을 지도하게 되었다. 이때 콕스웰 양의 아버지는 그의 딸과 같은 농아동의 교육을 위해 친구와 이웃을 중심으로 기금을 모아 농학교를 설립하고자 농학교 설립준비위원회를 결성하였다. 농학교 설립준비위원회는 갈로뎃을 영국에 보내 구화법을 배워 오도록 하였다. 이에 따라 1815년 갈로뎃은 영국으로 건너가 브레드우드의 구화법을 연수받고자 하였으나 당시 브레드우드 가문은 그들의 농교육 방법을 공개하지 않았다. 그러던 중 런던에 농교육 강연을 하러 온 프랑스의 농교육자 시카드(Sicard)를 만나 파리 농학교에서 연수를 받고 미국으로 돌아왔다. 갈로뎃은 귀국과 함께 1817년에 하트포

**Thomas Hopkins Gallaudet**
(1787~1851)
미국의 농교육 발전을 이끔

드에 최초로 프랑스의 수어법을 기반으로 농학교(Conneticut Asylum)를 설립하였다. 하트포드 농학교는 처음부터 무상교육을 실시하였으며, 기숙제 학교로 운영하였다. 교수 방법은 네 단계로 전개하는데, 첫 번째 단계는 간단한 팬터마임이나 자연 수어를 지도하고, 두 번째 단계는 보다 세련된 수어를 가르치고, 세 번째 단계는 지문자를 지도하여 낱말의 철자를 익히게 하고, 마지막 네 번째 단계는 글쓰기를 지도하고 언어 표현을 활용하도록 하였다.

하트포드 농학교는 발성 발화 지도를 '앵무새나 찌르레기를 훈련시키는 것'과 다를 바 없다고 하여 지도에 넣지 않았다. 미국은 하트포드 농학교 설립 이후 급속도로 농교육이 발전하여 24개 주에 무상 공교육으로 기숙제 농학교를 설립하였다.

미국은 주정부의 재정지원을 받으며 무상교육을 실시하는 주립 농학교가 급격히 성장하였으며 남북전쟁 중 링컨 대통령으로부터 재정지원 서명을 얻어 1564년 농인을 위한 고등교육기관인 농인 대학인 갈로뎃 대학(Gallaudet College)을 설립하였다. 반면, 1867년 매사추세츠주에 설립된 클라크(Clarke) 농학교는 미국 최초의 구화주의 학교로서 말하기와 말읽기에 기초하여 교육을 실시하였다.

미국의 농교육 역사는 영국의 구화법이 먼저 전래되었으나 갈로뎃이 프랑스의 영향을 받아 농학교를 설립한 이후 50년간 수어주의(manualism)가 절대적인 우위를 차지하게 되며 기숙제 농학교가 급속하게 증가한다. 미국의 초기 농교육은 유럽의 교육을 받아들여 유럽과 같은 기숙제 학교(Asylum, Institute)를 유지하면서도 초기부터 주정부의 재정 보조를 받아 무상공립학교로 발전한다. 언어 지도 방법은 구화 또는 수어를 선택하지 않고 양쪽의 장점을 결합한 결합법을 독자적으로 발전시켜 나간다.

## 5. 언어 지도 방법론적 논쟁(19~20세기)

18세기 후반 농교육 방법론으로 프랑스와 독일은 각각 수어주의와 구화주의 교육이 확립되면서 언어 지도 방법에 대한 논쟁이 시작되었다. 초기에는 프랑스의 레페와 제자들의 활약에 힘입어 널리 퍼진 수어주의가 우위를 점해 왔다. 그러나 19세기 후반까지 농교육 현장에서는 수어주의와 구화주의의 갈등이 격렬해지면서 1880년 밀라노에서 '국제농교육자회의'가 개최되기까지 100여 년간 논쟁이 벌어졌다.

이와 같은 논쟁은 이탈리아의 밀라노 국제농교육자회의에서 종결된다. 1880년에 개최된 밀라노 국제농교육자회의는 농교육 역사에서 주요한 의미를 지니게 된다. 밀라노 국제농교육자회의는 16개국 116명의 농교육자가 참석한 가운데 농교육의 방법에 관해 다음과 같은 토론이 이루어졌다.

첫째, 수어법을 능가하는 구화법의 장점은 무엇인가?
둘째, 구화(pure oral)는 어떤 것이며, 결합법과는 어떤 차이가 있는가?
셋째, 방법수어와 자연수어 간의 정확한 경계를 어떻게 설정할 것인가?
넷째, 농아인이 쉽게 습득하는 가장 효과적이고 자연적인 언어 수단은 무엇인가?
다섯째, 언어 지도에 있어 문법은 언제, 어떻게 활용되어야 하는가?
여섯째, 책은 아동의 손에 언제 쥐어 주어야 하는가?

밀라노 국제농교육자회의에서 각 주제에 대해 토의를 하고 구화법과 수어법에 대한 찬반 표결 끝에 농아동의 사회복귀와 보다 완벽한 언어 지식을 위해서 구화법이 수어법보다 우선해야 한다고 결의하고, 회의 폐막 구호로서 "구화여 영원하라(Long Live Speech)!"를 채택하였다. 이 회의 결과에 따라 대부분의 국가는 구화주의를 표방하게 되었으며, 이후 언어방법론으로 구화주의가 농교육의 주도권을 쥐게 되었다.

대표적인 국가로는 영국, 독일 등이 구화주의의 영향을 받았으며, 미국이나 프랑스는 구화주의가 일부 파급되었으나 여전히 수어법을 병행하여 사용하였다. 독일은 하이니케 이후에 수어법과 병용법 모두 실시되었으나, 힐(M. H. Hill, 1805~1874) 등이 구화법을 보다 발전시켜 나갔다. 미국은 19세기 초반에는 언어방법론으로 수어주의의 영향력이 컸으나 19세기 후반에는 청각장애아동을 위한 의사소통 방법을 구화에만 의지하는 구화 일변도주의와 구화와 수어매체를 결합하여 사용하는 것을 지지하는 결합법 등 두 입장으로 대별된다.

밀라노 국제농교육자대회 이후에는 구화주의가 파급되기 시작하여 20세기까지 언어 지도 방법론에 대한 논쟁은 지속되었다. 농교육 방법론은 이후 구화주의와 구화에 수화를 병행하여 사용하는 결합법으로 발전하였다.

20세기 중반 벨(A. G. Bell)은 미국의 보스턴에서 농학교를 세우고 전기를 통한 원거리 통화법으로 전화기를 발명하여 농인 마벨 허버드와 결혼하였다. 그의 전화기 발명과 전자공학적 원리를 활용한 보청기의 개발은 청각장애교육에서 구화법이 발전하는 중요한 전기가 되었다. 특히 청각학(audiology)이 새로운 연구 분야로 등장하면서 청능학 지식과 기술의 진보는 보청기가 다양하게 개발되는 계기가 되고 구화주의는 더욱 발전하게 되었다. 그러나 농교육 현장에서 구화주의가 농아동의 학업 성과를 향상시키지 못하고 한계를 맞이하게 되면서 언어방법론으로 구화주의에 대한 회의는 지문자와 수어에 대한 새로운 관심으로 나타났다.

1950년대 구소련을 중심으로 한 신구화주의(neo-oralism)는 농유아에게 일찍 지문자를 익히게 하여 아동의 말하기와 말읽기 기능을 강화시키는 것이다. 신구화주의는 2세의 농유아에게 지문자 지도를 시작하여 6세가 되면 수천 단어의 어휘를 개발할 수 있다고 주장한다. 신구화주의는 미국에서 자신들이 개발한 말하기, 말읽기와 더불어 지문자를 사용하는 '로체스터법'으로 발전하였다. '로체스터법'은 지문자를 사용하여 청각장애아동에게 구화를 시각적으로 보충하는 것으로 효과를 보았다.

한편, 1970년대 미국을 중심으로 토털 커뮤니케이션의 철학과 개념이 등장하였다. 토털 커뮤니케이션은 농인의 의사소통 방법에 우선하며 농인이 이용할 수 있는 가능한 모든 수단인 청능, 발어, 독화, 지문자, 몸짓, 그림, 읽기, 쓰기 등을 적극 배우도록 하였다. 또한 의사소통은 초기아동의 요구, 능력에 따른 최적의 이해와 표현을 조성하며 극단적인 구화주의를 부정하였다. 토털 커뮤니케이션에 의한 언어발달 전략은 수어에 충분한 가치를 인정하고 농인에 의한 수어의 사회적·문화적 사용에 중요성을 부여하고 있다.

이러한 맥락에서 에반스(Evans, 1982)의 언어 발달 모델은 [그림 2-1]과 같다.

[그림 2-1]과 같이 토털 커뮤니케이션은 농인의 입장에서 수어의 효용을 긍정적으로 평가하였다는 측면에서 가치가 있다. 또한 그동안 논란이 되어 왔던 소모적인 방법 논쟁이 아닌 새로운 철학으로 농인의 생존권과 발달권 보장을 위한 주체적이고 실리적인 측면에서 수어의 가치를 높였다는 점에서 의의가 있다.

특히 토털 커뮤니케이션은 의사소통 양식에 있어 특정 양식의 절대적 우위성보다 청각장애인 개인에게 가장 적합하고 용이한 의사소통 양식을 선택하도록 한다는 점에서 농인에게는 자유롭고 융통성 있는 접근으로 언어방법론이 아닌 철학으로 평가받는다. 그러나 토털 커뮤니케이션의 실천적 한계가 드러나면서 최근에는 토

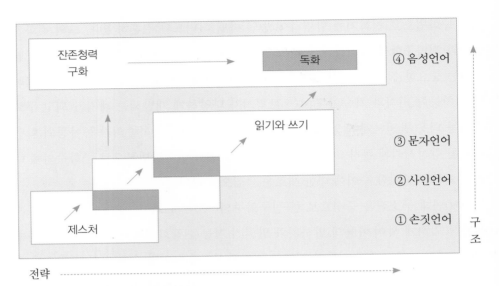

[그림 2-1] 토털 커뮤니케이션의 구조와 전략

출처: 김병하(1983)에서 재인용.

털 커뮤니케이션의 발전적 대안으로 이중언어 · 이중문화 접근(bilingual · bicultural approach: 2Bi approach)이 농교육에 확산되고 있다.

## 6. 농교육 방법론의 발전(20세기 이후)

20세기를 맞이하며 인간주의 패러다임 아래 농교육은 수요자 중심으로 흘러갔다. 국가는 복지국가를 실현하고자 장애인복지와 특수교육의 저변을 확장하려는 노력을 기울였다. 농교육은 국가나 지방자치단체의 공적 부조 성격으로 발전하면서 특수학교와 통합교육이 강조되고, 의무취학제도가 보급되어 개선되고 취학보조제도가 내실 있게 진행되며, 무상의무교육이 확대되었다. 또한 농아동과 농교육 방법에 대한 과학적 연구가 촉진되어 농교육의 방법 개선에 기여하는 동시에 내용 면에서는 교육과정으로 발전하였다.

한편, 청각장애아동의 통합교육이 주요 관심사로 등장하게 된다. 통합교육은 특수교육대상자의 정상적인 사회적응 능력의 발달을 위하여 특수교육기관이 아닌 통합된 환경의 일반학교에서 교육하거나, 특수교육기관의 재학생을 일반학교의 교육과정에 참여시켜 교육하는 것이다. 통합의 개념은 모든 학생의 요구에 어울리는 학교나 학급 속으로 재능, 장애, 사회 경제적 배경 또는 문화적 기원 등에 상관없이 모든 학생을 통합시키는 실천과 관련이 있다.

그동안 청각장애교육에서 청각장애아동에게 의사소통 기술을 향상시키기 위한 노력을 꾸준히 전개해 왔지만 획기적인 방법이 마련되지 않았다. 이런 형편에서 계속 청각장애아동을 대상으로 의사소통 기술 향상에만 주안점을 두고 교육한다고 하더라도 그 이상의 진보를 기대하기 어렵다(Lytle & Rovins, 1997).

통합교육의 변천 과정을 살펴보면 종교개혁과 산업혁명 이후 장애인에 대한 사회적 관심이 고조됨에 따라 정상화(normalization)의 원리가 1960년대 중반에 전개되었다. 장애인을 위해 모든 사람이 경험하는 것과 다름없는 가까운 환경을 제공해 주는 것에 목적을 두고 장애학생에게도 학교에서 가치 있는 구성원이 될 수 있도록 정상화의 이념에 근거한 탈시설화 운동이 전개되었다. 이후 미국에서는 주류화(Mainstream) 운동이 전개되면서 사회의 주류(mainstream)가 되는 규범과 양식에 가능한 한 가깝게 일상생활의 패턴과 상태를 보장하는 운동이 전개되었다. 특히 「미국의 전장애아 교육법」(pp. 94-142)에 명기된 제한된 환경의 최소화(least restrictive environment)는 학교나 기타 시설에 있는 장애아동이 가능하면 비장애아동과 같이 교육받는 것을 보장하는 것으로서 통합교육(integrated education)으로 정착되었다.

이후 1986년에 이르러 메인스트림 교육 원리를 비판하고 완전통합교육(full inclusion) 이념이 등장하였다. 완전통합교육은 중증이나 중복장애아동까지 장애의 정도나 종별을 불문하고 일반교육과정에 통합하는 과정으로, 통합된 교실 환경에서 모든 학생이 적절한 교육을 받을 수 있는 통합된 학교교육을 실시하는 데 목적이 있다. 따라서 메인스트림이 학교의 전통적 조직 배치 내에서 일반교육에 가깝게 접근하는 방법이라면 완전통합교육은 장애학생의 학습상 문제를 일반교육 프로그램과 전통적 학교조직을 연계하여 접근하는 방법으로서 개인의 존엄성과 학습권에 근거하여 더불어 살아가기 위한 노력으로 나타났다.

그러나 청각장애아동의 통합교육은 청각장애아동이 교과교육의 내용을 제대로 학습하지 못하거나 심리적으로 위축되어 가청아동에게 고립되는 문제 등을 보였다(권순황, 이규식, 2001b). 대개 통합교육 환경에서 청각장애아동은 혼자이고 가청아동과 다르다는 인식 때문에 심리적으로 위축될 수 있다. 그러므로 청각장애아동이 다수의 가청아동 중심 사회에서 능동적으로 생활하기 위해서는 사회적인 정체감과

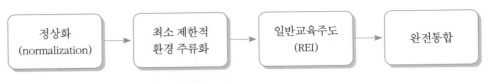

[그림 2-2] 완전통합교육의 역사

자아존중감 형성이 매우 중요하다. 또한 성공적인 학습을 위해 의사소통 체계의 확립이 필요하다. 통합교육은 청각장애아동을 일반학급 속에 단순히 통합시키는 것이 아니라 가능한 한 정상적이거나 최소한의 제한적 환경 속으로 통합시키는 것으로 가청아동을 위한 물리적 환경 및 교육 프로그램에 청각장애아동을 함께 배치하여 교육하는 것을 의미한다.

청각장애아동의 완전통합은 한국의 여건에 비추어 볼 때 경제적인 면과 인적인 면에서 논란의 여지가 많다. 청각장애아동의 낮은 출현율을 감안할 때 임계집단(critical mass) 구성이 필요하다(Arthur & Hotto, 1994). 임계집단은 한 학급에 청각장애아동을 둘 이상으로 묶어 일반학급에 배치하는 방법이다.

이와 같이 20세기 농교육은 무상의무교육제도의 보급과 제도의 개선, 농아동에 관한 연구에 따라 교육 내용, 지도 방법과 교재 등이 개선되고 통합교육이 실현되고 있다. 또한 청각학의 발달로 청능훈련과 청각구화법이 발달하였으며 교원양성제도가 발달하면서 특수교사의 지위가 높아지고 있다.

## ⁘ 제2절 한국의 청각장애교육 역사

### 1. 개화기 이전(19세기 이전)

#### 1) 근대 이전

삼국시대에는 장애인을 구제해야 할 대상으로 인식하였다. 이 시기에 행했던 구제사업은 국가에서 비축하고 있는 관곡을 각종 재해로 인하여 빈곤한 백성에게 배급하여 구제하는 진급(賑給)이었다. 또한 환과고독의 무의무탁한 빈민을 구제하는 사궁구휼(四窮救恤), 재해의 정도에 따라 조세를 감면해 주는 조조감면(租調減免),

춘궁기 등에 백성에게 대여한 관곡을 거두어들임에 있어 재해로 인한 흉작으로 상환이 곤란할 때에는 원본과 이자를 감면해 주는 대곡자모구면(貸穀子母俱免)이 있다. 특히 천재지변과 같은 자연재난을 신의 분노로 보고 군주는 형벌의 경감이나 방수 등으로 선정을 베푸는 경형방수(輕刑放囚), 종자(種子) 및 식량의 급여, 이재민에 대한 군주의 친순(親巡)과 위문(慰問) 등이 있었다. 삼국시대의 구제제도는 천재지변 시 빈민을 구제했던 구휼사업을 보다 조직화한 것으로 창제(倉制)와 진대법(賑貸法)이 있다.

삼국시대는 비록 장애인과 병자를 구별하여 사용되지는 않았으나 이들에 대한 구휼제도는 임시적이고 사후대책적인 성격을 지니고 있으며 제도적으로 시행되지는 않았다.

고려시대는 진휼(賑恤)로서 백성의 조세와 부역을 3년 동안 면하게 해 주고 부랑자들을 정착시켜 농업에 종사하도록 한 은면지제(恩免之制), 천재지변으로 인해 흉작이 들었을 때 피해 정도에 따라 백성의 조세를 감면해 주는 재면지제(災免之制)가 있다. 또한 홀아비·과부·고아·자식 없는 이를 진휼하는 항구적 구빈사업으로 사궁(四窮)의 보호, 홍수·한재(旱災)·전염병 등을 갑자기 당해 어려움에 처한 이재민에게 쌀, 잡곡, 소금, 간장, 의류 등과 의료, 주택을 제공하여 구제하는 수한역려진대지제(水旱疫癘賑貸之制)가 있다. 그 외에도 재민구휼(災民救恤)을 위하여 거액을 기부한 민간인에게 벼슬을 주어 자선을 장려하는 납속보관지제(納贖補官之制), 관에서 사원에 곡식을 하사하여 승려들이 행려자에게 급식하는 행려(行旅)의 보호, 생활 근거지인 본적지를 떠나 타향으로 방랑하는 자들을 위한 유민(流民)의 보호가 있다.

고려 초부터 국가는 복업을 과거제도에 포함시켜 복인을 선발함으로써 맹인이 관료로 진출할 수 있었으며 불교사상의 영향으로 구제사업이 더욱 제도화되었다. 그러나 고려 말기에 이르러서는 사회혼란과 국가재정의 파탄으로 구제 기능은 제 역할을 수행하지 못하였다.

고려시대의 농인에 대한 지위는 삼국시대에는 볼 수 없었던 맹인의 사회진출을 미루어 짐작할 수 있다. 우리나라의 특수교육 역사를 살펴보면 고려시대에 장애인이 복업(卜業)에 많이 진출하였고, 복업의 특성상 어떤 형태로든 교육을 받았을 것으로 본다.

조선시대는 고려의 불교 중심 문화가 유교 중심 문화로 바뀌었으며 조선시대의 구빈사업은 재해에 대비하여 평상시에 곡물을 비축하는 비황(備荒)제도로서 구황에 대비한 상설적인 것으로 주로 창제를 중심으로 운영하였다. 의창은 평소에 곡식을 저장하여 두었다가 흉년에 이것으로 빈민을 구제하는 관영 구제기관으로 춘궁기에 곡식을 나누어 주고 추수기에 거두어들였으며, 상평창은 물가조절기관으로 흉년에는 백성을 구하고 풍년에는 농민이 손해를 보지 않도록 하였다. 특히 조선시대의 구제대상으로는 양로 및 경로에 대한 진휼, 유기소아의 수양 및 부랑아의 보호, 환과고독에 대한 구제대책 등이 있으며 사족의 혼인장려책으로는 국고에서 혼비보조, 종친 사족으로 가난한 사람에게 관에서 장례비 보조, 불구폐질자의 구휼, 이재민의 구제, 기민 또는 빈민에게 미곡을 무상으로 급여하는 진휼, 빈민환자에 대한 시약 및 치료, 빈민 및 행여걸인에게 여식, 이재민에 대한 면세와 면역 등이 있다.

조선시대의 장애인에 대한 대책은 맹인의 점술업의 허가, 부랑아 및 불구·폐질에 대한 보호 등 약간의 구제책만 있을 뿐 대부분의 장애인은 친족부양에 의존하였다. 조선시대는 서당에서 교육을 담당했으므로 경증장애아나 부유한 가정의 중증장애인도 제도적으로 교육을 받았다. 또한 세종 27년(1445년)에 서운관에서 훈도 4~5명을 두고 총명한 맹인 10명을 선발하여 3일에 한 번씩 음양학을 교육한 기록도 있다. 세조 12년에 서운관을 관상감으로 바꾸고 음양학도 명과학으로 고쳤다. 따라서 이 시기를 우리나라 특수교육의 시작으로 보아 관상감 중심 교육기로 명명하기도 하지만 농인을 교육한 기록은 문헌에서 찾아볼 수 없다.

## 2. 개화기 및 일제강점기

19세기 말 신사유람단이 우리나라에 일본의 근대적 교육기관을 소개하는 가운데 '맹아원(盲啞院)'을 소개한 내용이 나온다. 이는 우리나라에 특수교육이 소개된 최초의 문헌으로 유길준은 『서유견문』(1895)에서 치아원(痴兒院), 맹인원(盲人院), 아인원(啞人院)을 소개하고 있다. 특히 아인원 부분에서는 농교육의 대상과 그들이 학교에서 배우는 교육과정을 소개하고 교육 방법 면에서 수지화(手指話)와 말읽기에 의한 의사소통 가능성을 시사하였으며, 듣지 못함(deaf)과 말 못함(mute)의 개념을 구분하여 청각장애의 원인에 대한 의학적 견해를 밝히고 있고, 입술 읽기와 시각적 교구를 활용한 청각장애 교육 효과를 소개하고 있다.

한편, 우리나라 농교육은 특수아동을 대상으로 교육 사업을 시작한 북감리교 선교사이자 의사인 로제타 셔우드 홀(Rosetta Sherwood Hall) 여사에 의해 시작되었다. 그녀는 1894년 평양에서 오복녀라는 맹소녀를 가르친 것이 인연이 되어 1900년에는 맹소녀를 위한 특수학급을 개설하고 이어 1909년에는 농교육 사업을 시작하였다.

1892년 로제타 셔우드는 윌리엄 제임스 홀(William James Hall, 1860~1894)과 결혼하여 신혼여행지로 동료 선교사가 운영하던 중국의 농아학교를 다녀왔다. 이후 1908년 동료 선교사 록웰(Rockwell) 부인과 이익민을 중국 체후에 있는 동료 선교사 밀(Mill) 여사가 운영하는 농학교로 파견을 보내 농교육 방법을 전수받아 오도록 하였다. 이때 이익민이 귀국하면서 그 학교에

**Rosetta Sherwood Hall**
(1865~1951)
우리나라 최초의 농학교 설립자

근무하던 조카를 데리고 와서 이듬해인 1909년에 홀 여사는 우리나라 최초의 근대화된 농교육 사업을 시작하였다.

이 시기부터 평양여맹학원은 평양맹아학교로 개명하고 1914년에 '제1회 동양맹아교육회의'를 개최하기도 하였다. 이 대회에서 농교육과 관련해서는 '농아에 대한 담화교수상의 신사상과 그 실제'에 대한 발표를 하고, 농아동을 일반아동과 같은 학급에서 통합교육을 실시할 경우의 장단점을 발표하였다. 이러한 기록을 살펴볼 때 농교육에서 구화교수법의 효과와 통합교육의 가능성이 논의되었음을 살펴볼 수 있다.

평양맹아학교는 1915년까지 학생 수가 50명으로 증가하였으나 1928년에는 도리어 16명으로 감소하였다. 평양맹아학교는 1935년에 홀 부인이 미국으로 추방되기 전까지 주로 감리교회와 해외 선교사부인회의 후원으로 운영되었다.

일제강점기에 조선총독부는 산하에 구빈을 위한 일종의 사회복지기관으로 제생원(濟生院)을 설치하였다. 조선총독부는 1912년에 제생원 관제를 발표하고 다음 해에 규칙을 정했는데 관제에 따라 제생원 맹아부는 근대적 특수교육기관이라기보다는 맹·농아인을 고아와 함께 구빈보호하는 데 일차적인 목적을 두었다. 맹아부는 맹인과 농아인에게 보통교육을 하고 생활에 적당한 기능을 가르치는 것을 목적으로 하였으며 생도는 급비생과 자비생으로 나누어 급비생은 모두 기숙을 하였다. 수

업연한은 맹생과 3년, 아생과(啞生科) 5년, 맹생의 속성과는 1년이고, 교과목은 수신, 일본어, 조선어, 산술, 수예 및 체조 등이었다. 일본에서는 맹·농교육 모두 초등은 6년, 중등은 4년으로 실시하였으나, 한국에서는 초등 3년, 속성과 1년의 단기교육을 실시하였다는 점에서 차별적인 교육이라 할 수 있다. 제생원 맹아부 교육은 1920년에 '조선농아협회'가 발족되고, 졸업생 가운데 우수한 자는 동경 유학을 거쳐 후에 맹아부에서 교사로 근무하였다.

그 밖에도 평양의 이창호 목사는 마펫트 선교사 등의 도움으로 1935년 평양광명맹아학교를 설립하여 맹교육과 함께 농교육을 실시하였다. 이 학교는 모두 한국인 교사를 채용하고 통학제와 기숙제를 병행하였다. 언어 지도는 처음에는 수어 위주로 지도하였으나 이후에는 구화를 도입하였다.

## 3. 광복 이후 농교육의 발전 과정

광복 직후 일제치하의 제생원 맹아부는 국립맹아학교로 개명하고 미국인 특수교육 고문관이 학급의 재편성, 학제변동 등을 시행하여 교육 내용과 수준이 일반아동과 같게 하는 6년제 초등 특수학교로 개편하였다. 이 같은 제도적 정비는 근대적 학교교육을 향한 농교육의 일대 변혁이라 할 수 있다. 1947년 2월에는 미군정청 보건후생부 관할로 있던 특수학교 국립맹아학교를 문교부 관할로 이관하고 같은 해 9월에는 우리나라 최초의 중등특수교육기관인 중등과를 신설하였다. 이 무렵 초대 국립맹아학교 교장으로 취임한 윤백원은 한글 지문자를 제정하여 사용함으로써 농교육 발전에 기여하였다. 그러나 1950년 6·25 전란으로 국립맹아학교는 제주도로 피난하였다가 1951년 9월에 다시 부산으로 이전하면서 전란 중에도 피난지에서 수업을 실시하였다.

서울맹아학교는 1954년 4월에 중등교육을 마친 농인에게 사범학교와 동등한 교육과 기술을 제공하는 3년제의 사범과와 일반인으로서 고등학교 또는 사범학교 졸업자를 대상으로 1년제 보통사범과를 설치하였다. 이 제도는 우리나라 최초의 특수학교 교사 양성을 위한 사범교육으로 특수학교 내에서 단기훈련 형태로 운영되었다.

우리나라의 공립농학교의 역사는 국립서울맹아학교가 제주도와 부산에 각각 피난학교를 운영한 것이 모태가 되어 1953년 8월에 공립제주맹아분교(제주영지학교)

가 설립되고 이어 1955년 8월에는 부산에 부산맹아학교가 두 번째 공립특수학교로 개교하였다.

반면, 민간사학에 의한 농교육은 1946년에 개교한 대구맹아학교에서 시작된다. 광복 이후 최초의 사립학교인 대구맹아학교의 설립자는 이영식 목사다. 1956년에 대구맹아학교를 기반으로 한국사회사업대학이 설립되고 1961년에 우리나라 최초로 특수교육 교사 양성 과정으로 4년제 특수교육과를 설치하였다.

이 무렵 민간 기독교인들이 사립농학교를 설립하였다. 1955년에 충주에 충주성심농아학교와 인천에 인천농아학교가 설립되었다. 또한 1960년 군산농아학교, 광주에서 전남농아학교, 익산에 전북농아학교, 1962년 서울에 한국구화학교와 대전에 충남농아학교(대전원명학교), 수원에 수원농아학교가 각각 설립되었다. 그 이후로도 1965년에 부산혜원구화학교, 1966년에 부산구화학교, 안동농아학교가 설립되었다.

이와 같이 1960년대 전국에 9개의 사립농학교가 설립된 반면, 공립농학교는 1969년 농·정신지체학교로 경남 마산에 경남혜림학교 한 곳만 설립되었다. 또한 1975년에 서울애화학교와 공립학교로 춘천계성학교, 전주선화학교, 1979년 목포소림학교, 1980년 울산메아리농학교, 1983년 삼성농학교, 1985년 평택에바다 농학교, 함평영화학교, 구미금오학교(구미혜당학교)가 설립되었다. 그 밖에도 지적장애와 청각장애교육을 함께 담당하는 사립특수학교로 1983년 경북영광학교와 1988년 포항명도학교가 설립되었다.

특히 1977년 12월 「특수교육진흥법」이 제정·공포되면서 청각장애교육은 질적 향상과 더불어 통합교육의 가능성이 열리게 되었다. 더불어 농아학교의 이미지를 부정적으로 인식하여 청각장애학교의 교명이 바뀌면서 서울농아학교가 서울선희학교로, 부산농아학교가 부산배화학교로 교명을 변경하였다가 농인문화의 인식과 더불어 다시 원래 농학교의 이름을 되찾았다.

## 4. 앞으로의 전망

청각장애교육은 1760년 세계 최초의 농학교가 설립된 만큼 특수교육 장애 영역 가운데 역사가 가장 길고, 우리나라의 경우도 청각장애교육은 시각장애교육에 이어 두 번째로 빠른 시점에서 첫발을 내디뎠다. 그러나 청각장애교육은 우여곡절을 겪으며 만족스러운 결과를 보이지 못하고 있다. 청각장애교육의 다수를 차지하고 있는 사립학교는 학교의 설립 취지에 따라 언어 지도의 선택을 학생들의 요구와 잔존청력과 무관하게 학교의 철학에 따라 적용하는 사례도 있다. 또한 조기발견 및 조기지원 서비스 환경은 수요자인 청각장애아동에게 적합한 의사소통 환경을 제공해 주지 못한 측면이 있으며, 학습 능력 면에서도 기대하는 만큼의 성과를 얻지 못하고 있는 실정이다.

청각장애교육이 성공하기 위해서는 신생아를 대상으로 조기발견에 따른 조기접근 체제가 실현되어야 한다. 또한 청각장애교육 방법론은 주관성을 강조하는 상호적이고 합리적인 관계를 유지한 접근이 모색되어야 하고 완전통합의 철학을 지향하면서도 농인의 정체성을 유지하는 방법 역시 요구된다.

## ⋙ 제3절  농교육 방법론의 전망

미국에서는 1980년대 이후 농아동에 대한 사회적 인식과 권리에 대한 중요한 변화가 나타난다. 그 특징으로 농교육 현장에서 농아동 중심의 의사소통 개발에 초점을 두었다는 점이다. 토틸 커뮤니케이션이 철학이라면 이중언어 · 이중문화 접근(Bilingual · Bicultural Approach: 2Bi Approach)이 청각장애교육 방법론으로 영향을 미치고 있다. 이때 이중언어 접근은 일차언어로서 농인의 수어를 받아들이는 것이며 이차언어로서는 주류의 가청인의 언어를 의미한다. 그러므로 일차언어와 일차문화는 농아동의 모국어로서의 수어와 농인의 문화를 의미한다. 이중언어 · 이중문화 접근은 토틸 커뮤니케이션의 대안으로 나타났으며 그 성과는 긍정적인 것으로 보고되고 있다(Strong, 1995).

### 1. 이중문화 접근

출생 또는 유아기에 청력을 상실한 농아동은 언어의 수용이나 표현에 상당한 어려움을 지닌다. 문화는 언어를 포함하며 언어 사용의 이질성은 곧 문화의 이질성으로 나타나게 된다. 이중문화 접근(Bicultural Approach)은 농인의 정체성을 확립시키고 일차언어로서 수어의 발달을 촉진한다. 대부분의 농아동은 가청학생에 비해 언어수행 능력이 전반적으로 낮고 자신이 가진 인지 능력에 비해 학업 성취도가 낮다. 그 원인으로 일차언어로서 수어를 바탕으로 한 언어가 정착되지 않은 결과로 본다. 그럼에도 농아동이 구화에 의존하면 정보와 지식을 습득하는 데 동일 연령의 가청학생과 차이를 보일 수밖에 없다. 이에 대한 해결방안은 이중문화 접근을 통하여 언어 발달을 촉진시키는 것이다(Strong, 1995).

이중문화 접근에서 주목하는 것은 농교육의 성공을 위해 농문화의 실체를 이해하려는 노력이 함께 수반되어야 한다는 자각에 있다. 그러므로 이중언어·이중문화 접근은 농아동에게 농인의 언어와 문화에 대한 지원체제라 할 수 있다. 농아동은 가청인이 사용하는 국어 습득에 어려움을 겪을 뿐만 아니라 문화적으로도 언어적 이질감 이상으로 어려움을 지니고 있다. 농아동이 학령기부터 기숙제 농학교에 취학을 하게 되면 그 학생의 문화적 배경은 가청인의 문화와는 다르다. 또한 부모의 의사에 따라 가청인 학교나 구화학교에 다니다가 기숙제 농학교로 환경을 바꾸면 가청인의 문화와는 다른 새로운 문화를 경험하게 된다.

결국 농아동은 가청아동의 문화와는 다른 문화적 배경을 지니며 농아동의 이중문화 접근을 살펴보면 다음과 같다.

첫째, 하나의 문화로 인정을 받기 위해서는 공통 언어가 필요한데 청각장애아동의 언어가 수어라고 이해되면 쉽게 수용될 수 있다. 그렇지만 같은 학교라 할지라도 청각장애아동에 따라 구화로 교과 지도가 효율적인 학생과 수어로 교과 지도가 가능한 학생 사이에는 이질적인 문화가 형성되고 이에 따라 교육과정과 수업 전략이 개발되어야 한다.

둘째, 문화가 유지되기 위해서는 전통을 계승할 후손이 필요한데 이러한 문화적 계승은 기숙제 학교에서 자연스럽게 형성될 수 있다.

셋째, 문화를 유지하기 위해서는 그들만의 독특한 사회가 필요한데 청각장애아동은 그들만의 농인 사회를 구축하고 있다.

이렇게 볼 때 청각장애교육에서 이중문화 접근이 새로운 교육 방법으로 등장한 것은 청각장애인은 음성언어에 기초하지 않는 수어라는 언어로 인하여 그들의 문화를 시각언어로 계승하기 때문이다.

## 2. 이중언어 접근

과거 농교육은 주로 기숙제 특수학교에서 설립자의 이념에 따라 구화 중심의 구화학교나 수어 중심의 수어학교로 나뉘어 경쟁적으로 논쟁을 벌였다. 하지만 구화주의나 수어주의의 논쟁은 이렇다 할 성과도 없이 끝나면서 농교육에 새로운 대안이 제시되었다. 그 하나가 농아동의 이중언어 접근(Bilingual Approach)이다.

최근 농교육은 패러다임의 변화에 따라 언어적 주관론과 문화론으로 바뀌면서 농인의 내어는 가청인이 사용하는 국어가 아니라 수어라는 이론이 제기되며 청각장애교육 방법론에 이중언어 교수법이 등장하였다. 이때 농아동에게 자연수어 접근은 매우 중요한 과업이다. 특히 수어의 사용은 농아동의 자아실현과 학업성취도 및 언어 발달을 촉진할 수 있을 뿐만 아니라 수요자 중심의 교육을 지향하는 현행 특수학교 교육과정의 취지에도 부합하고 있다.

이중언어 접근은 수어를 농아동의 모국어로 인정하고 음성언어와 문자언어를 이차언어로 이해하는 것이다. 이중언어 교수법은 농아동의 요구에 따른 교수법으로서 기존의 방법론과는 차이를 지닌다. 일반적으로 농학교에서는 학생들의 가정이나 사회와 관련된 여러 요인을 학생들의 개별화 교육에 반영하지 않는 실정이다. 청각장애아동과 가청아동의 가장 큰 차이점은 환경이나 문화에서 오는 언어 요구다. 그러므로 농아동의 언어 요구를 충족시키기 위해서는 효과적인 교수법을 검토해야 할 것이다.

이중언어 교수법은 국어를 효율적으로 가르치기 위한 것으로 인지 발달에 따른 수어 지도를 우선적으로 고려한다. 효과적인 이중언어 접근을 위해서 교사는 농아동의 모국어와 이차언어 사이의 차이점과 유사점을 고려해야 하며, 농아동에게 자아정체감과 사회정체감과 같은 심리적·행동적 특성이 어떻게 반영되는가를 잘 분석하고 적용해야 할 것이다. 또한 언어 발달 단계에서 제일 늦게 학습되는 독해와 작문은 농아동의 학년이 높아질수록 어려움을 가중시킨다. 그러므로 농아동의 이차언어로서의 독해와 작문은 일차언어인 수어로 이루어지는 것이 아니므로 언어의 인지 형성이 중요하다.

## 3. 이중언어·이중문화 접근 중심의 교수 전략

이중언어·이중문화 접근은 언어를 보는 패러다임의 변화다. 언어와 문화는 분리할 수 없는 관계로 언어는 형식이 아니라 의미임을 배경으로 하고 있다. 이와 함께 이차언어 교수법의 발달이 농교육에 영향을 주었다. 이중언어·이중문화 접근은 농아동에게 그들의 일차언어를 접근시켜 주는 전략으로써 자연수어를 지도하는 것이 필요하다.

이중언어·이중문화 접근에서 주목할 것은 농교육의 성패를 위해서는 농문화의 실체를 이해하려는 노력이 함께 수반되어야 하는 점이다. 그러므로 이중언어·이중문화 접근의 최근 동향은 농인의 문화와 언어에 대한 지원체제의 확보라 할 수 있다. 농문화에 긍정적인 농아동은 이중언어·이중문화 접근 태도를 견지하고 있으며, 일차언어인 자연수어를 적극적으로 사용하고 가청인 사회로의 통합을 위하여 의사소통 양식으로서의 구화의 수용에도 긍정적인 면을 보인다. 또한 농아동의 농문화 접근 태도와 언어 선호도는 성장 환경과 밀접한 관련을 지니기 때문에 농아동은 성장과 더불어 농인으로서의 정체성이 형성되면 수어의 사용빈도가 높아진다 (권순황, 이규식, 2002; Simon, 1994; Strong, 1995; Tompkins, 2000).

따라서 농아동에게 자연수어 접근은 매우 중요한 과업이다. 수어의 사용은 농아동의 자아실현과 학업성취도 및 언어 발달을 촉진할 수 있을 뿐만 아니라 수요자 중심의 교육을 지향하는 현행 특수학교 교육과정의 취지에도 부합한다고 할 수 있다. 이중언어·이중문화 접근은 그들의 독특한 문화와 언어를 통하여 완전한 사회통합의 길로 나가는 것이다. 그러므로 수어는 농아동뿐만 아니라 농인과 의사소통이 필요한 모든 사람에게 필요하다.

이중언어·이중문화 접근 프로그램은 가청인의 문화와 농문화를 동등한 문화로 인정하는 것에서부터 출발한다. 이를 살펴보면 〈표 2-1〉과 같다.

〈표 2-1〉에서와 같이 이중언어·이중문화 접근 프로그램은 농교육의 성패를 위해 농인의 정체성 회복에 주목한다. 그중 가장 중요한 것이 농인의 언어에 대한 이해다. 따라서 이중언어·이중문화 접근 프로그램 개발에 중요한 구성 요소는 농아동이 자신의 농문화를 받아들여 자아정체감을 형성하도록 하는 것과 그들의 모국어인 자연수어에 접근하도록 유도하여 학습 방법을 개선하고 궁극적으로 사회통합

**표 2-1** 이중언어·이중문화 접근 프로그램 구성 내용

| 구성 내용 | 구성 요소 | 특징 | 제한점 |
|---|---|---|---|
| 농문화 | • 농문화 이해<br>• 농인과의 교류 | • 농문화 이해 프로그램 개발<br>• 농문화 지원 단체와의 교류 | • 농문화에 대한 학부모의 거부감 |
| 일차언어 | • 자연수어 정착<br>• 가청인과의 대화 | • 일차언어 확립 및 전이<br>• 수어를 통한 의사소통 | • 가청인이 자연수어 체계를 지도하기 힘듦 |
| 학습 방법 | • 수어를 통한 수업<br>• 수어통역 | • 이차언어 이해<br>• 수어통역사 지원 | • 수어통역사 배치 문제만으로 학습 효과가 극대화되는 것은 아님 |
| 사회통합 | • 농문화 수용<br>• 의사소통 향상 | • 2Bi 접근 프로그램<br>• 농문화 축제 참여 유도 | • 교류를 위한 공간 필요<br>• 비행과 탈선 예방을 위한 자체 윤리 필요 |

을 이루도록 지원하는 내용으로 접근하는 것이다.

이상과 같이 청각장애교육이 비교적 오랜 역사에도 불구하고 발전이 지지부진한 것은 역사적으로 소모적인 언어 지도 방법 논쟁과도 무관하지 않을 것이다. 지금도 청각장애아동이 지닌 인지 능력에 비해 학업수행 능력이 현저히 떨어지는 현상을 고려한다면 과거의 역사적 사실을 통하여 새로운 전망을 향해 바른 길로 나가야 할 것이다.

### 연구 과제

1. 청각장애교육의 역사를 수어주의와 구화주의로 나눠 역사적 의의를 알아보자.
2. 우리나라 청각장애교육의 역사에서 사립학교가 끼친 영향과 그에 따르는 장단점을 알아보자.
3. 현재 청각장애교육에서 방법론으로 제기되는 이중언어·이중문화 접근이 갖는 의의에 대해 알아보자.

# 참고문헌

강창욱(2000). 전통적 청각장애아 언어지도에 대한 대안적 접근. 난청과 언어장애연구, 23(2), 127-136.

교육인적자원부(2003). 2003년 정기국회보고자료 특수교육연차보고서. 서울: 교육인적자원부.

국립특수교육원(1997). 통합 교육의 효율적인 운영 방안 연구. 경기: 국립특수교육원.

권순황(2001). 농문화 접근 태도에 따른 청각장애학생의 언어 선호도 연구. 박사학위 청구논문. 대구: 대구대학교대학원.

권순황(2006). 특수교육 교과교재 연구 및 지도법. 서울: 일문사.

권순황(2010). 도덕적 자아형성 이론에 따른 청각장애 고등학생의 도덕교과 교육의 전략 특성 연구. 특수교육저널: 이론과 실천, 11(4), 591-611.

권순황(2010). 청각장애학생의 교수-학습 전략 특성 연구. 특수아동교육연구, 12(3), 249-271.

권순황, 이규식(2001). 농문화 접근 태도에 따른 청각장애학생의 교육 지원과 언어 선호 연구. 난청과 언어장애, 24(1호), 57-72.

권순황, 이규식(2001). 청각장애학생의 통합 교육에 대한 일반 교사의 태도 내 변산과 행동 예언력. 특수교육학연구, 35(4), 1-23.

권순황, 이규식(2002). 청각장애 학생 지원가의 농문화 접근 태도와 사용 언어 선호도 연구. 특수교육학 연구, 37(1), 61-79.

김병하(1983). 토털커뮤니케이션: 구조와 전략. 서울: 재동문화사.

김병하(1985). 특수교육의 역사적 이해. 서울: 형설출판사.

김병하(1992). 청각장애아 교육의 역사. 한국청각장애자복지회 편. 청각장애편람. 서울: 특수교육.

김병하(1999). 새로운 천년에 대비한 특수교육의 이념과 방향. 21세기를 향한 특수교육의 과제. 특수교육학회. 중외인쇄기획.

김병하(2002). 특수교육의 역사와 철학. 대구: 대구대학교 출판부.

김병하, 석동일, 원영조, 이규식(1990). 청각장애아 교육. 대구: 대구대학교 출판부.

김승국, 김영욱, 황도순, 정인호(2003). 청각장애아동 교육. 서울: 교육과학사.

김영욱(2001). 청각장애아동 교육의 이해. 서울: 양지.

김정권(1999). 완전 통합 교육과 학교 교육의 재구조화. 서울: 도서출판 특수교육.

김정권, 김병하 공역(1999). 특수교육의 패러다임. 서울: 도서출판 특수교육.

대한특수교육학회 편(1995). 한국특수교육백년사. 서울: 도서출판 특수교육.

이용우, 박미혜 역(2001). 구미농교육통사. 한국청각언어교육연구회.

최상배, 안성우(2003). 한국수어의 이론. 경기: 서현사.

최성규(1996). 청각장애학교 교사의 전문능력에 관련된 지식과 기술. 특수교육연구, 제3집, 181-207.

최성규(1997). 청각장애아의 심리. 서울: 도서출판 특수교육.

최성규(1999). 청각장애아 언어교육 방법론의 패러다임 변화에 관한 미국과 한국의 상호문화적 태도 비교. 난청과 언어장애연구, 22(1), 129-144.

한국교육과정평가원(2013). 2009 개정 교육과정에 따른 초·중학교 핵심 성취기준 개발 연구: 총론. 한국교육과정평가원.

한국청각장애자복지회 편(1992). 청각장애편람. 서울: 도서출판 특수교육.

Arthur, N. S., & Hotto, S. A. (1994). *Deaf students and full inclusion: Who wants to be excludes?* Paper 94-2. Gallaudet University. Washington, D.C.

Bender, R. E.(1981). *The conquest of deafness.* Danville, Illinois: The Interstate Printers & Publishers, Inc.

Choi, S. K. (1995). Cross-cultural attitude toward Deaf culture in a multi-and singular cultural society: A survey of residential school based teachers for the Deaf who are Deaf and Hearing. Unpublished doctoral dissertation, Ball State University, Indiana, USA.

Dewey, J. (1990). *The school and society.* The child and the curriculum Philip. W. Jackson (Ed.). Chicago: The University of Chicago Press.

Easterbrooks, Baker (2002). *Language learning in children who are deaf and hard of hearing: Multiple pathway.* Allyn and bacon.

Evans, J. F. (1982). *Total communication* (Structure and strategy). Washington D. C. Gallaudet College Press.

Evans, J. F. (1998). Changing the lens. *American Annals of the Deaf*, vol. 143-3, 246-254.

Gannon, J. (1981). *Deaf heritage: A narrative history of Deaf America.* Silver Spring, MD: National Association of the Deaf.

Higgins, P. (1980). *Outsiders in a Hearing world: A sociology of deafness.* Beverly Hills, CA: Sage Publications.

Johnson, R. E., Liddell, S. K. & Erting, C. J. (1989). *Unlocking the curriculum: Principles for Achieving Access in Deaf Education.* Gallaudet Research Institute Worlding Paper 89-3. Gallaudet University, Washington, D. C.

Jordan, K. I. (1994). *Statement on full inclusion.* Gallaudet research institute occasional Paper 94-2. Gallaudet University, Washington, D.C.

Lamproulou, V., & Padeliadu, S. (1997). Teachers of the Deaf as compared with other groups of teachers. *American Annals of the Deaf*, vol 142-1, 26-34.

Lane, H. (1992). *The mask of benevolence*. New York, NY: Alfred A. Knopf, Inc.

Lytle, R. R., & Rovins, M. (1997). Reforming Deaf education: A paradigm shift from How to teach to What to teach. *American Annals of the Deaf*, vol. 142-1, 7-15.

Padden, C., & Humphries, T. (1988). *Deaf in America: Voices from a culture*. Cambridge, MA: Harvard University Press.

Paul, P. V., & Quigley, S. P. (1994). *Language and deafness* (2nd ed.). San Diego, CA: Singular Publishing Group.

Simon, J. H. (1994). *An ethnographic study of sign language Interpreter education (American sign language, deaf culture). Unpublished doctoral dissertation*. The University Of Arizona.

Skrtic, T. M. (1996). School restructing, school constructism, and Democracy: Implications for secial education in a Postindustrial age (pp. 21-69). 영광학원 설립 50주년 · 대구대학교 개교 40주년 기념 특수교육 및 재활전문가 초정 국제학술 심포지엄.

Strong, M. (1988). A bilingual approach to the education of young deaf children: ASL and English. In M. Strong (Ed.), *Language learning and deafness*. New York: Cambridge University Press. 113-129.

Strong, M. (1995). A review of bilingual/bicultural programs for Deaf children in North America. *American Annals of the Deaf*, vol. 140(2), 84-94.

Tompkins, L. M. B. (2000). *Deaf adult's perspectives on their bilingualism in American Sign Language and English*. Ph. D. Gallaudet University

http://www.jacom.co.kr/~hsyok/2-1.html.

# 제3장 청각장애아동의 특성

청각장애는 청력손실의 정도에 의해 난청에서부터 농에 이르기까지 매우 다양한 정도를 나타낸다. 청각장애아동의 특성에 미치는 영향도 여러 가지 요인에 의해서 달라질 수 있다. 청각장애아동의 특성에 영향을 미치는 요인으로는 청력손실의 정도와 유형, 청력손실이 발생했을 때의 아동 연령, 아동의 지능, 가정과 지역사회가 청각장애에 대응하는 태도 및 지원 능력, 청각장애아동의 언어 및 교육 경험 정도 등이 포함된다. 따라서 청각장애아동의 특성은 청각장애 자체의 문제가 아니라 청각장애가 언어 능력, 인지 능력, 사회 · 정서적 적응 능력 등 개인의 발달에 광범위한 영향을 미치는 결과로 보아야 하며, 청각장애 고유의 특성으로 따로 존재하는 것은 아니라는 의미가 된다.

이 장에서는 청각장애의 부정적 영향의 결과로 나타나는 청각장애아동의 특성을 언어, 심리, 학업성취의 면으로 나누어 살펴볼 것이다.

## ⠿ 제1절 청각장애아동의 언어

### 1. 언어 발달

인간은 언어를 통해서 정보를 교환하고, 타인과 의사소통을 하며, 자신의 생각과 감정을 표현한다. 언어 발달은 언어의 여러 가지 구성 요소에 대한 이해와 규칙에 따라 언어를 적절하게 사용할 수 있는 과정을 말한다.

아동이 언어를 습득하는 과정에는 음운론적 발달, 형태론적 발달, 구문론적 발달, 의미론적 발달, 화용론적 발달 등의 다섯 가지 언어의 구성 요소가 있다(정옥분, 2005). 음운론적 발달과 의미론적 발달은 영아기에 매우 빠른 속도로 이루어지지만, 구문론적 발달은 영아기 말에 시작해서 유아기까지 계속된다.

#### 1) 음운론적 발달

음운론은 언어의 소리 체계를 의미하는 것으로, 여기에는 소리의 강약, 억양, 발음 등이 포함된다. 음소는 소리의 기본 단위로서 모든 언어에는 모음과 자음의 기본 음소가 있는데, 모음과 자음을 구별하고 그 발성적 특징을 이해하는 것은 음운론적 발달의 대표적인 예다. 모국어의 음소를 정확하게 발음하는 능력을 획득하는 것 또한 음운론적 발달에 속한다. 언어학자들은 영아기에 소리를 내기 시작하면서 음소의 발달이 이루어지는데, '말소리'가 영아의 언어 발달을 성공적으로 이끄는 길이라고 한다(Morgan & Demuth, 1995).

영아는 단어의 의미를 이해하기 훨씬 전부터 의미 있는 소리와 의미 없는 소리를 가려낼 수 있다(Kuhl, 1993). 즉, 영아는 어떤 음소든지 소리를 낼 수 있고(음소의 확장), 어떤 언어든지 말할 수 있는 잠재력을 가지고 태어난다는 것이다. 그러나 생후 1년경이 되면 모국어에 없는 소리는 내지 않고, 모국어에 있는 소리만 낼 수 있게 되는데(음소의 축소), 이것은 주위에서 모국어만 듣게 된 결과라고 한다.

청각장애아동은 청각장애로 인한 청각적 피드백의 형성 곤란에 의해 음운지식의 부족을 예상할 수 있으며, 이는 음운론적 발달을 저해할 수 있다.

## 2) 형태론적 발달

형태론은 단어의 구성을 의미하는 것으로, 형태소는 특별한 의미를 전달하는 소리의 기본 단위다. 모든 단어는 1개 이상의 형태소로 구성되어 있는데, 예를 들어 '소리'라는 단어는 1개의 형태소로 구성되고, '소리의'는 2개의 형태소, 즉 '소리(독립형태소)'와 '의(의존형태소)'로 구성된 단어다.

언어 발달에서 영아는 음소를 발성할 수 있게 된 후에 형태소를 발성할 수 있다. 음소를 지배하는 규칙이 어떤 소리가 순서대로 발생할 것을 정해 주듯이 형태소를 지배하는 규칙은 일련의 소리가 의미 있는 순서로 발생할 것을 정해 준다.

청각장애아동은 청각장애로 인한 청각적 피드백이 곤란하여 언어학습의 가장 중요한 모방학습이 방해를 받아 형태론적 발달에 영향을 받을 수 있다.

## 3) 구문론적 발달

구문론은 의미 있는 구와 절 그리고 문장을 형성하기 위해 단어가 배열되는 방식을 말한다. 단어의 배열을 어순이라고 하는데, 우리말의 경우에는 주어, 목적어, 서술어의 순으로 대개 배열이 된다. 문장을 이해하기 위해서는 문장의 구조에서 구문을 이해할 수 있어야 한다.

문법적으로 맞는 말과 맞지 않는 말이 있는데, 형태론과 구문론의 규칙이 결합된 것을 문법이라고 한다. 따라서 구문론적 발달은 단어를 문법적으로 정확한 순서로 배열하여 문장으로 만드는 능력과 문법이 규칙을 이해하고 구사하는 능력이 발달하는 것을 의미한다.

청각장애아동은 청각장애로 인해 청각적 피드백이 부족하여 구문론적 발달에도 영향을 받을 수 있다.

## 4) 의미론적 발달

의미론은 단어와 문장의 의미를 말한다. 모든 단어에는 일련의 의미론적 특징이 있다. 예를 들면, 소년이나 남편은 남성이라는 단어와 마찬가지로 의미론적 특징을 많이 공유한다. 단지 의미론적으로는 연령에서 차이가 있을 뿐이다.

어떤 문장이 구문론적으로는 정확하지만 의미론적으로는 정확하지 않은 경우가 있다. 예를 들어, '우리 아빠는 여자입니다.'라는 문장에서 이 문장은 문법적으로는 틀린 것이 없지만 의미론적 규칙에는 맞지 않는다. 왜냐하면 이 문장은 아빠는 남자이지 여자일 수 없다는 의미론적 지식에 위배되기 때문이다. 즉, '아빠'라는 의미와 '여자'라는 의미가 불일치하기 때문에 이 문장은 '참'으로 성립하지 않는다.

청각장애아동은 청각장애로 인해 청각적 피드백이 곤란하여 의미론적 발달에도 영향을 받을 수 있다.

### 5) 화용론적 발달

언어의 중요한 기능 중의 하나가 의사소통이다. 화용론은 의사소통을 효율적으로 하기 위해 언어를 적절하게 사용하는 규칙을 말한다. 예를 들면, 우리는 대화를 할 때 두 사람이 동시에 말하는 대신 한 사람씩 차례로 이야기하며, 두 살짜리 유아에게 이야기할 때와 성인에게 이야기할 때 사용하는 단어와 문장구조가 각기 다르다. 무엇을 지시하거나 주장할 때와 무엇을 부탁하거나 요구할 때 언어를 사용하는 법도 제각기 다르다.

화용론은 사회언어적 지식을 포함하는데, 모든 문화에는 언어를 어떻게 사용해야 하는지에 대한 규칙(예: 우리말에서의 존댓말과 낮춤말)이 있다. 화용론적 발달을 통해 아동은 단어나 구 또는 문장을 적절히 사용함으로써 의미가 전달되는 법을 배운다. 즉, 화용론적 발달은 아동으로 하여금 다른 사람과의 의사소통을 원활히 할 수 있도록 도와준다.

청각장애아동은 청각장애로 인해 청각적 피드백이 부족하여 인한 화용론적 발달에서의 부정적 영향이 예상된다.

## 2. 청각장애와 언어 발달

청각장애아동의 언어 발달에 대한 연구 결과는 청각장애아동의 언어는 가청아동과 같은 언어 발달 경로와 단계로 발달하나, 보통 청각장애아동의 언어 발달은 가청아동보다 지연되고 느린 속도로 이루어진다는 것이다(유은정 외, 2013). 즉, 농이나 난청으로 태어난 아동은 정상 청력을 가지고 태어난 아동과 마찬가지로 울고, 옹알이를 한다. 그러나 청각장애아동은 청각장애로 인한 청각적 피드백의 형성 곤란 때문에 옹알이는 곧 사라진다(정동영, 이필상 외, 2011). 이처럼 청각장애아동은 사회에서 일반적으로 사용하는 언어를 획득하는 데 상당한 어려움을 나타내며, 언어로 의사소통도 곤란해져서 결국 언어 발달에 문제가 생기게 된다. 특히 언어 습득기 이전 청력손실의 경우에는 구어 기술을 습득하는 데 다음과 같은 이유로 어려움이 따른다. 첫째, 자신이 내는 소리를 자신이 듣지 못해서 적절한 청각적 피드백을 받지 못하기 때문이며, 둘째, 성인으로부터 적절한 언어적 강화를 받지 못하기 때문이고, 셋째, 성인의 언어 모델을 들을 수 없기 때문이다. 따라서 청각장애아동은 언어 발달을 위해 다양한 훈련이 필요하며, 비록 집중적인 훈련으로 언어 및 말의 발달이 이루어져도 발음이나 억양의 이상 등이 나타나기도 하며, 어휘나 문장 구조의 습득에도 어려움을 보인다(정동영, 이필상 외, 2011). 결국 청각적 피드백의 결여가 청각장애아의 말 산출에도 영향을 미치는 것이다.

청각장애아동의 언어 발달에 영향을 주는 요인은 다음과 같다(김영욱, 2007). 첫째, 청각장애아동은 청력손실에 의해 언어의 형태(음운론, 형태론, 구문론), 내용(의미론), 사용(화용론)에 관한 정보를 놓칠 수 있다. 둘째, 청각장애아동의 언어 발달은 동질적이지 않다. 언어 발달에 영향을 미치는 중요한 요인은 청력손실의 정도, 청력손실의 시기 그리고 다른 장애의 유무다. 셋째, 일반적으로 청력손실 정도가 클수록 언어 발달 지체도 더 크다. 그러나 언어 능력이 단지 청력손실 정도에만 기초하는 것은 아니다. 넷째, 가족 간의 의사소통과 중재 프로그램의 차이도 언어 발달의 정도를 다르게 하는 요인이다. 부모의 수어 기술이 아동의 언어 발달에 영향을 줄 수 있으며, 부모가 사용하는 수어의 구문적 · 의미적 · 화용적 특징 등도 아동의 언어 발달에 영향을 준다.

## 3. 청력손실과 의사소통

가청아동은 다른 사람의 말을 들으면서 자연스럽게 말과 언어를 습득하지만, 청각장애아동은 청력의 손실로 이러한 과정에 어려움을 겪게 된다.

일반적으로 경도나 중등도의 청력손실을 가진 아동의 말이 중도나 최중도의 청각장애아동의 말보다 더 알아듣기 쉽다(이소현, 박은혜, 2007). 말할 때의 문제점으로는 특정 음소를 탈락시키거나 다른 음소로 대치하기, 말의 억양이나 높이의 어색함, 속도나 운율의 부적절함이 있을 수 있으며, 말소리가 비음으로 나거나 지나치게 탁

**표 3-1** 청력손실 정도와 의사소통 능력 간의 관계

| 청력 수준 | 청각장애 정도 | 의사소통에 미치는 영향 |
|---|---|---|
| 15dB 이하 | 정상 | 의사소통에 아무 영향이 없다. |
| 16~25dB | 정상-경도 | 조용한 환경에서는 말을 알아듣는 데 어려움이 없으나, 시끄러운 곳에서는 작은 말소리를 잘 못 알아듣는다. |
| 26~40dB | 경도 | 조용한 환경에서 알고 있는 주제에 대해 일반적인 어휘 수준으로 이야기할 때에는 의사소통에서 어려움을 겪지 않는다. 조용한 곳이라도 희미하거나 먼 소리는 듣기 어렵다. 교실에서의 토론을 따라가기가 쉽지 않다. |
| 41~55dB | 중등도 | 대화하는 말은 가까운 거리에서만 들을 수 있다. 학급 토론과 같은 집단 활동에서는 의사소통에서 어려움을 겪는다. |
| 56~70dB | 중등도-중도 | 대화할 때 크고 분명한 말소리만 들을 수 있으며, 여러 명이 있을 때는 훨씬 어려움이 크다. 말할 때 다른 사람이 알아듣기 어렵다. |
| 71~90dB | 중도 | 큰 소리로 말하지 않으면 대화하는 말을 알아듣지 못하고, 알아들을 때도 잘못 알아듣는 단어가 많다. 환경음은 감지하지만 항상 그런 것은 아니다. 말할 때 다른 사람이 알아듣기 어렵다. |
| 91dB 이상 | 최중도 | 아주 큰 소리는 들을 수 있지만 대화하는 말은 전혀 듣지 못한다. 시각이 주요 의사소통 수단이 된다. 말을 할 수 있다고 해도 알아듣기가 어렵다. |

출처: 이소현, 박은혜(2007)에서 재인용.

한 소리 또는 숨찬 소리를 내기도 한다. 청각장애아동은 이러한 말의 조음적인 문제뿐만 아니라 어휘와 문장구조 습득에도 어려움을 겪는다. 또래의 가청아동에 비해 청각장애아동은 어휘력이 뒤떨어진다. 문법 지식도 부족한 경우가 많으며, 한 단어에 두 가지 뜻이 있음을 모르는 경우도 많다.

청력손실의 정도와 의사소통 능력 간의 관계를 자세히 살펴보면 〈표 3-1〉과 같다. 청력손실의 정도가 의사소통에 미치는 영향을 청력도를 통해 알아보면 [그림 3-1]과 같다.

이를 교실 상황에서의 영향으로 살펴보면, 15dB 정도의 청력손실이 있을 경우 교실이 시끄러울 때 교사가 1m 정도 이상의 거리에 있다면 말소리 신호의 약 10%를 놓칠 수 있다. 30dB 정도의 청력손실이 있는 학생은 말소리 신호의 25~40%를

들을 수 없는데, 청각적 증폭이 없다면 35~40dB의 청력손실 아동은 교실 토론에 서 50%의 말소리를 들을 수 없다. 41~55dB 정도의 청력손실이 있는 경우 1~1.5m 거리에서 어휘나 문장구조가 잘 조정되었다면 면대면 대화의 말소리를 이해할 수 있는데, 청각적 증폭이 없다면 40dB의 청력손실은 50~75%를, 50dB의 청력손실 은 80~100%의 말소리 신호를 놓치게 된다. 56~70dB의 청력손실이 있다면 청각 적 증폭이 없으면 매우 큰 소리의 대화는 이해할 수 있을 것이다. 55dB의 청력손실 이 있다면 말소리 정보의 100%를 이해할 수 없다. 71~90dB의 청력손실이 있는 경

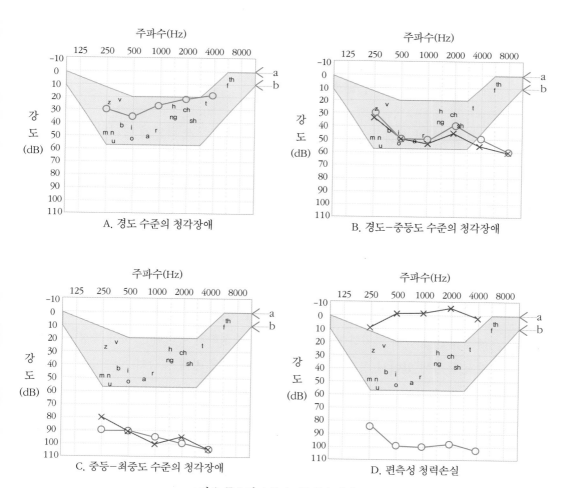

a: 작은 목소리 수준  b: 큰 목소리 수준

[그림 3-1] 청력손실이 구어의 대화 수준에서의 듣기 능력에 미치는 영향

출처: Elena & Pelagie (2008: 276-280).

우에는 청각적 증폭이 없다면 귀로부터 30cm 정도의 거리에서의 큰 소리 정도를 들을 수 있는데, 적절한 청각적 증폭이 있다면 90dB 이하 정도의 청력손실을 가진 아동은 환경음을 확인하거나 말소리를 감지할 수 있다. 91dB 이상의 청력손실이 있는 경우에는 말소리의 여러 특성보다는 진동을 알아차리는 수준으로, 의사소통이나 학습에서 기본적인 방법이 청각보다는 시각에 더 의존하게 될 것이다. 편측성 청력손실(한쪽 귀는 정상 청력 수준이며 다른 쪽 귀는 최소한 경도의 영구적 청력손실이 나타남)의 경우에는 약하거나 거리가 조금 떨어진 말소리를 듣는 데 어려움이 있는데, 대개 소리가 나는 방향을 알아차리기가 어렵고 배경 소음이 있는 경우 말소리를 이해하기가 아주 힘들다.

## 4. 청각장애아동의 말소리 특성

청력손실의 시기와 정도에 따라 말소리의 명료도가 다르게 나타나는 것처럼 청각장애아동의 말소리는 개인에 따라 차이가 크다(한국청각언어장애교육학회, 2012). 일반적으로 경도에서 중등도 정도의 청력손실이 있는 아동의 모음 발성은 대부분 명료하다. 그러나 자음 발성과 음성 자질 및 초분절적 특성에서는 작은 강도, 높은 주파수, 짧은 지속시간의 특성을 나타낸다. 자음 산출에서 청각장애아동은 음소의 탈락, 대치, 생략이 많이 나타나며 왜곡도 나타난다. 초성과 종성의 자음이 생략되거나 비음 오류 및 생략이 많고 유성음과 무성음을 혼동하며 종성에서 보다 많은 오류를 나타낸다. 모음 산출에서는 대치, 비음화, 이중모음화 등이 나타나는데, 특히 혀를 입안 중앙에 위치하여 발음하는 모음 중성화가 나타나는 것이 특징이다. 초분절적 특성에 있어서 청각장애아동은 가청아동에 비해 음성의 지속시간이 짧고 소리의 크기, 장단, 고저를 적절하게 조절하여 발성하지 못하며, 강세나 억양, 리듬 역시 자연스럽지 못하다.

청각장애아동의 음성은 음도나 강도 그리고 공명 특성에서도 문제를 나타낸다. 음도 특성으로는 청각적 피드백이 부족하여 인한 부적절하게 높은 음도를 나타내며, 억양의 높낮이 변화가 없거나 아니면 한 음절 안에서도 높낮이가 변하는 등의 비정상적인 변화가 나타난다. 공명 특성으로는 혀를 입안 깊숙이 위치하여 공명하는 맹관공명이 특징적으로 나타난다. 강한 기식성 음성 산출, 과대비성 등의 특성도 나타낸다.

# ⽔ 제2절 청각장애아동의 심리

청각장애아동의 심리 특성에 관한 최근 연구에서는 청각장애아동의 사회·정서적 문제를 청각장애 그 자체에서 야기되는 것이 아니라 환경 내에서의 상호작용의 결과로 본다. 결국 정상 청력을 가진 아동의 사회적·인성적 적응은 의사소통 기술과 가족 구성원과 아동의 환경 내 다른 사람과의 상호작용에 달려 있다는 의미가 되는 것이다. 청력손실은 자주 의사소통 문제를 가져오며, 의사소통 문제는 사회 문제와 행동 문제를 일으키게 할 수 있다. 연령이 높아질수록 점차 언어를 이용한 의사소통이 힘들어지면서 서로 간의 상호작용과 친밀한 관계 유지가 어려워지며, 이러한 점에서 청각장애아동은 또래의 가청아동보다 순진하거나 덜 사회적인 것처럼 보이게 된다. 즉, 청각장애로 인해 청각장애아동은 의사소통 문제를 자주 겪으며, 의사소통 문제는 사회적·정서적·행동 문제로 발전할 수 있다. 이러한 관점에서 청각장애아동의 자기중심적, 충동적, 낮은 자존감, 사회성 결여, 학습된 무력감, 자율성 결여 등(유은정 외, 2013)의 인성 및 사회정서 발달 특성은 청력손실 자체가 원인이라기보다는 청각장애로 인한 언어적 좌절감, 양육 방법, 부모의 청력 상태, 주변 및 부모와의 의사소통에 의한 상호작용 기회 부족 등이 더 큰 영향을 미치고 있다고 보아야 한다. 따라서 가청아동이 청각장애아동과 더 쉽게 의사소통할 수 있고, 서로에 대한 이해를 넓힐 수 있는 다양한 노력이 필요하다.

청각장애아동의 인지 기능에 대한 연구 결과를 종합해 보면 크게 세 단계로 나누어 생각해 볼 수 있다(정동영, 이필상 외, 2013). 첫째, 청각장애아동은 가청아동에 비해 지적으로 열악하다는 것으로, 이것은 20세기 전반까지 이루어진 연구 결과에 의한 것인데 가청아동에 비해 청각장애아동은 지능지수 10 정도가 낮게 나타난다고 하였다. 그러나 이러한 결과는 청각장애아동에게는 불리한 조건이 되는 검사환경에서 기인한 것으로 보아야 한다. 둘째, 청각장애아동은 양적인 면에서는 가청아동과 크게 차이가 없지만 질적인 면에서는 차이가 난다는 입장이다. 이것은 청각장애아동의 지각적·개념적 및 추리적 기능의 질적인 측면은 가청아동과 다르게 나타나므로 청각장애아동은 가청아동에 비해 지적 기능의 폭이나 정교성, 추상성 등에서 어려움을 나타낸다는 것이다. 셋째, 청각장애아동은 지적으로 정상이라는 입장이다. 청각장애아동의 지능검사 결과는 가청아동의 지능검사 결과와 마찬가지로 정상분포곡선을 나타낸다는 것이 기본가정으로, 그럼에도 청각장애아동이 가청아동에 비해 지적 능력이 낮은 것으로 나타나는 이유는 지능검사가 실시되는 환경이 우선은 피검자인 청각장애아동과 의사소통이 원활치 못한 검사자에 의해 실시되거나 검사 문항이 청각장애아동의 특성을 반영하지 못하는 적절치 못한 도구가 활용되기 때문이다. 또한 청각장애아동이 가지는 사회환경적 불리함이 지적 발달을 위한 충분한 경험을 보장해 주지 못했기 때문인데, 특히 언어 경험의 결핍은 큰 영향을 주는 요소가 될 수 있다. 즉, 청각장애가 청각장애아동의 인지 발달에 부정적인 영향을 미치는 것이 아니라 청력손실로 인한 언어 발달과 경험의 부족이 인지 발달에 부정적인 영향을 미치는 것으로 보아야 한다(정동영, 이필상 외, 2011). 따라서 청각장애아동도 정상적인 지능을 가지고 있으며, 가청아동과 마찬가지의 인지 발달 단계를 따라 발달을 하지만 속도가 조금 느릴 뿐이라고 이해할 수 있다.

## 1. 에릭슨의 심리사회적 이론과 청각장애아동

에릭슨(Erikson, 1975)은 내적 본능 및 욕구나 외적 문화적 · 사회적 요구 간의 상호작용으로 인해 심리사회적 발달이 전 생애를 통해 계속된다고 주장한다. 그리고 내재된 기초안에 의해 발달이 이루어진다고 믿는다. 에릭슨의 주요 개념은 자아정체감의 발달이다. 그는 확고한 자아정체감을 확립하기 위해서는 일생을 통해 여덟 가지 위기를 성공적으로 해결해야 한다고 하였다.

매 단계마다 갈등 상황(또는 위기)은 긍정적인 결과와 부정적인 결과를 초래할 수 있다. 이들 갈등의 성공적인 해결은 반드시 긍정적인 측면만을 의미하는 것은 아니다. 최상의 해결책은 긍정적인 측면과 부정적인 측면이 균형을 이루는 것이다(정옥분, 2005).

### 1) 1단계: 신뢰감 대 불신감

1단계는 프로이트(Freud)의 구강기에 해당되는 시기로 출생에서 약 1세까지다. 이 시기의 주된 발달 위기는 영아가 세상을 신뢰할 수 있느냐 없느냐 여부에 관한 것으로, 어머니의 관여가 이 신뢰의 초점이 된다. 신뢰감은 다른 사람에 대한 믿음과 자신에 대한 믿음을 포함한다. 이 시기에 아기를 잘 돌보아 주는 사람(주로 어머니)이 영아의 신체적·심리적 욕구를 잘 충족시켜 주면 아기는 신뢰감을 형성하게 되고, 만약 아기의 욕구가 잘 충족되지 않으면 아기는 불신감을 갖게 된다. 신뢰감은 특히 어머니가 영아에게 제공하는 보살핌에 의해 결정된다. 어머니가 영아의 보살핌에 일관성이 없거나 어머니의 역할에 부정적인 태도를 가지고 있으면 불신감을 형성하게 된다. 인간의 참된 성장을 위해서는 불신감의 경험도 필요하지만 신뢰감을 불신감보다 더 많이 경험해야 한다. 이렇게 기본적인 신뢰감이 형성되면 세상에 대한 영아의 예측성인 희망이라는 것을 알게 된다. 희망은 이 세상이나 인생에 대한 신뢰이며, 인생을 살아가는 데 가장 먼저 터득해야 하는 것이다.

청각장애영유아는 청력의 문제가 있다고 의심받지 않는 시기라고 할 수 있다. 그러나 실제로는 청력손실로 인하여 옹알이가 시작되었다가 사라지는 등 부모와의 상호작용에 문제가 생기기 시작한다. 그 결과, 요구를 충분히 충족해 신뢰감을 형성하기보다는 불신감을 형성하는 쪽으로 기울어질 가능성이 크다. 따라서 바람직한 부모의 양육태도가 중요하다.

## 2) 2단계: 자율성 대 수치심과 회의감

2단계는 프로이트의 항문기에 해당되는 시기로 약 1~3세까지다. 이 단계의 쟁점은 '자율적'이고 창의적인 사람이 되느냐, 아니면 의존적이고 '자기회의'로 가득 찬 '부끄러운 인간'이 되느냐다. 이 시기에 유아는 여전히 다른 사람들에게 의존하고 있지만 자유로운 선택의 자율성도 경험하기 시작한다. 새롭게 얻은 자율감은 사회적 갈등을 일으킬 정도로 지나치게 과장될 수 있다. 자율성을 향한 투쟁은 완강한 거부나 떼쓰기 등으로 나타날 수 있다.

이 단계의 중요한 과업은 자기통제인데, 그중에서도 특히 배변훈련과 관련된 배설 기능의 통제가 중요하다. 이 단계에 대응하는 프로이트 이론의 단계는 항문기로 항문부위의 특정 근육의 통제를 강조하는 단계다. 프로이트에게 항문기의 발달과업은 이들 특정 근육의 통제 능력을 획득하는 것이다. 그러나 이 단계에 대한 에릭슨의 입장은 특정 항문 부위를 넘어 신체 전반의 근육조직에 관한 통제 능력으로까지 일반화시킨 것이다. 만약 아동에게 새로운 것들을 탐색할 기회가 주어지고 독립심이 조장되면 건전한 자율감이 발달할 것이다. 반면, 아동에게 자신의 한계를 시험해 볼 기회가 주어지지 않고 아동이 지나친 사랑을 받고 과잉보호받게 되면, 세상사에 효과적으로 대처할 자신의 능력에 회의를 느끼고 수치심을 갖게 될 것이다.

이 시기에 부모들은 자신의 자녀가 청각장애가 있다는 사실을 많이 알게 되며, 심리적 어려움을 가지게 된다. 부모가 형성하는 심리적 방어기제 중 거부나 과잉보호가 나타난다면 자율성보다는 수치심이나 회의감 형성으로 기울어질 가능성이 크다. 사고 발달의 미숙에도 유아는 음성언어를 통한 다양한 표현을 시도하면서 자율성을 키워 간다. 많은 가청유아 역시 이 시기에는 자신의 생각을 표현하기 위해 다양한 노력을 기울이지만 부모의 도움을 필요로 한다. 그러나 청각장애유아는 부모와 음성언어를 통한 의사소통의 한계와 피드백을 인지하기 어려워지면서 자율적 행동의 한계에 노출된다.

### 3) 3단계: 주도성 대 죄책감

3단계는 프로이트의 남근기에 해당하는 시기로 3~6세까지다. 이 단계에서 경험하는 심리사회적 갈등은 '주도성 대 죄책감'의 발달이다. 이제는 활동, 호기심, 탐색의 방법으로 세상을 향해 돌진하는 것과 두려움이나 죄책감으로 인해 주저하는 것 사이에 갈등이 발생한다. 3~6세 사이의 아동은 보통 생기와 활력, 호기심이 넘치고 활동 수준이 높으며 에너지가 남아돈다. 아동은 놀이 활동을 통해 보다 자유롭고 공격적으로 움직이며 활동반경을 점점 더 넓혀 간다. 주도성을 발달시키는 과정에서 목표를 설정하는 것이 보이고 목적에 따라 활동하는 경향이 늘어난다.

이 단계는 언어 발달이 급격히 이루어지는 시기이기도 하다. 이 단계 초기에 아이들은 끊임없이 질문을 한다. 새로운 단어나 개념, 기본적인 이해가 이와 같은 방식으로 습득되기 때문에, 이러한 질문들은 학습의 기본 수단이 된다. 게다가 사물, 특히 장난감을 적극적으로 조작하기 시작한다. 아이들은 그 안에 무엇이 들어 있는지 보기 위해 물건을 뜯어보기도 하는데, 이것은 반드시 파괴적인 성향 때문만은 아니며 호기심 때문이기도 하다. 그러나 이러한 호기심이 파괴성으로 해석되어 아동이 처벌을 받게 되고, 그로 인해 죄책감을 느끼게 된다면 주도성은 이지러질 수도 있다. 아동은 자신의 몸뿐만 아니라 친구의 몸도 탐색하는데, 이러한 탐색적 행동에는 성기에 대한 호기심도 포함되어 있다. 성적 탐색과 관련된 사회적 비난과 처벌은 죄책감의 발달을 조장할 수 있다.

아이들이 장난감을 해체하거나 자신과 타인의 몸을 탐색하는 것을 놓고 죄책감을 느끼게 하는 것처럼 새롭게 발달되고 있는 주도성을 부모가 억제하고 반대하여 처벌한다면 부정적인 결과가 나타나기 쉽다. 즉, 아동의 탐색과 주도성이 가혹한 질책과 직면하게 된다면 그 결과는 죄책감으로 나타난다.

청각장애아동은 말을 통한 의사소통에 어려움이 있으므로 부모와의 언어적 상호작용은 매우 제한적이다. 또한 청각장애아동은 의사소통의 곤란으로 놀이나 행동을 제지당하기가 쉬운데, 이는 부모가 말로 설명해 주어도 아동이 이해하지 못하기 때문이며, 부모 역시 설명보다는 지시적인 얼굴표정을 짓기 쉽다. 또한 청각장애아동이 말을 한다고 해도 정확한 조음이 되지 않으므로 자신의 말에 대해 보상을 받기보다는 정확한 조음에 대한 압박감과 열등감에 노출될 가능성이 크다. 그 결과 자신의 행동에 대한 계획을 스스로 세워 실행하였을 때 받는 보상에 의한 주도성보다는 부정적 피드백에 의한 열등감이 형성될 가능성이 커지는 것이다.

### 4) 4단계: 근면성 대 열등감

4단계는 6~11세까지이며 프로이트의 잠복기에 해당된다. 프로이트는 이 단계를 비활동적인 시기로 본 반면, 에릭슨은 이 단계를 역동적이고 활동적인 시기로 보았다. 에릭슨은 이 시기가 아동의 근면성에 결정적이라고 믿는다. 근면성은 아동이 속한 사회에서 성공적으로 기능하고 경쟁하는 데 필요한 기술을 습득하는 능력이다. 이 시기는 학교교육이 시작되는 시기로 읽기, 쓰기, 셈하기 등 중요한 인지 기술과 사회적 기술을 습득해야 한다. 만약 이러한 기술을 개발하지 못하면 아동은 열등감을 느끼게 된다. 열등감은 아동이 그가 속한 세계에 대처함에 있어서 자신의 무능력이나 자신이 중요하지 않음을 지각하면서 생겨난다.

만일 아동이 성공에 대한 느낌이나 일을 잘 처리해서 인정받고자 하는 과업에 실패한다면 근면성이 결여되고 무력감이 나타날 것이다. 그런 아동은 즐거움을 느끼지 못하고 잘한 일에 대한 자부심을 발달시키지 못할 수도 있다. 또한 열등감에 시달릴지도 모르고 결코 대단한 사람이 못될 것이라는 믿음에 빠질 수도 있다.

이 시기는 초등학교 학령기에 해당하는 시기로, 청각장애아동은 자신의 듣고 말하기의 한계, 읽고 쓰기의 낮은 학업성취 수준으로 인해 무기력을 경험할 수 있다. 따라서 청각장애아동은 열심히 노력하면 된다는 근면성보다는 열심히 노력해도 청각장애이므로 안 된다는 부정적인 자아감을 형성할 가능성이 높아지며 이를 통해 열등감을 느끼는 경우가 많다.

### 5) 5단계: 정체감 대 정체감 혼미

5단계는 12~18세까지이며 프로이트 이론의 생식기에 해당한다. 에릭슨은 청년기의 가장 중요한 발달과업이 자아정체감의 확립이라고 보았다. 많은 사람은 청년기에 가장 근본적이고도 어려운 문제로 고민하게 되는데, '나는 누구인가?'라는 물음이 바로 그것이다. 에릭슨은 특히 청년기에 제기되는 일련의 질문들, 즉 '나는 누구인가?' '무엇을 할 것인가?' '미래의 나는 어떻게 될 것인가?' '어제의 나와 오늘의 나는 같은 인물인가?' 등의 자문이 자아정체감을 형성하기 위한 과정이라고 보았다.

정체감은 일생을 통해서 이룩해야 할 중요한 문제이기는 하지만, 특히 청년기가 정체감 형성에 결정적인 시기라고 할 수 있으며, 또한 청년기에는 정체감의 위기를 경험하게 된다고 에릭슨은 주장한다. 왜냐하면 이 시기는 아동기에서 성인기로 옮겨 가는 과도기이며, 이 시기에 급격한 신체 변화와 성적 성숙이 이루어지고, 진학 문제, 전공 선택의 문제, 이성 문제 등 수많은 선택과 결정을 해야 하는 때가 바로 이 시기이기 때문이다.

정체감은 사회로부터 개인에게 저절로 주어지는 것도 아니고, 때가 되면 나타나는 2차 성징과 같은 성숙의 현상도 아니다. 정체감은 지속적인 노력을 통해서 획득된다. 정체감 탐색에 실패한 청년은 정체감 혼미를 경험하게 된다. 그런 사람은 다른 사람의 견해에 병적으로 열중하거나, 아니면 또 다른 극단에 치우쳐 다른 사람의 생각은 더 이상 아랑곳하지 않으며, 정체감 혼미에 따른 불안을 떨치기 위해 약물이나 알코올 남용에 빠질 수 있다. 정체감 혼미상태가 영구적이 되면 만성적 비행이나 병리적 성격장애를 가져올 수 있다.

이 시기는 사춘기를 맞이하는 시기다. 청각장애청소년은 왜 자신은 청각장애를 가지게 되었는지에 대한 의문을 자신에게 묻게 되며, 이로 인해 가청청소년보다 더 혹독한 사춘기를 보내게 된다.

청각장애청소년의 교육환경은 크게 두 가지로 구분할 수 있다(한국청각언어장애교육학회, 2012). 청각장애학교에 재학하고 있는 청각장애청소년은 또래 청각장애청소년들과 함께 생각을 교환하기도 하고, 선배들의 도움을 받으면서 동일시를 형성해 간다. 그러나 통합교육 환경에서 수학하고 있는 청각장애청소년은 정체성 형성에 혼란을 경험할 가능성이 높다. 특히 보청기나 인공와우를 착용하고 음성언어로 의사소통이 어느 정도 가능한 경우에는 자신이 가청인지 청각장애인지에 대한 정체성 형성에 어려움을 경험한다. 이럴 경우 청각장애청소년은 청각장애도 아니고 가청도 아닌 역할 혼미에 빠지게 된다.

### 6) 6단계: 친밀감 대 고립감

6단계는 성인기가 시작되는 단계로 이 시기에는 타인과의 관계에서 친밀감을 이루는 일이 중요한 발달과업이다. 에릭슨은 친밀감을 자신의 정체감과 다른 사람의 정체감을 융합시키는 능력이라고 표현한다. 에릭슨에 의하면 성인기에는 친밀감이 필요하며 이를 원한다. 성인은 다른 사람에 대해 개인적으로 깊이 관여하기를 바란다. 친밀한 관계란 타인을 이해하고 깊이 공감을 나누는 수용력에서 발달한다.

만약 이 같은 친밀한 관계를 형성할 수 없거나 친밀한 관계를 형성하는 것이 두렵다면 그들은 고립되고 자기몰두에 빠지게 된다. 희생과 양보가 요구되는 친밀한 관계를 이룰 수 있는 능력은 청년기에 획득되는 것으로 여겨지는 정체감에 의해 좌우된다. 즉, 정체감을 확립한 후에야 다른 사람과 진정한 친밀감을 형성할 수 있다. 친밀감은 자신의 정체감과 다른 사람의 정체감을 융합시킬 수 있는 능력이나 다른 사람을 사랑할 수 있는 능력에서 나온다. 친밀한 관계는 상호신뢰와 애정을 바탕으로 '우리'라는 상호의존성을 발달시킨다. 정체감을 확립하지 못한 사람은 대인관계에서 위축되는 경향이 있는데, 이것은 고립감을 낳는다.

자신을 남에게 주는 것은 진정한 친밀감의 표현일 수 있으며, 이는 남에게 줄 자아를 갖고 있지 않다면 불가능할 것이다. 부부 중 한쪽 또는 양쪽 모두가 자신의 정체감을 확립하기 전에 결혼생활을 시작한다면 행복한 결혼이 지속될 가능성이 적다. 이 시기의 청각장애청년은 사회로 진출하여 직업을 가지고 결혼을 하고 가정을 꾸리게 된다. 그러나 대학이나 직장에서 이상적인 가청친구와 동료를 만나는 것은 결코 쉬운 일이 아니다. 아무리 좋은 직장이라 하더라도 유일하게 혼자만 청각장애인 경우에는 친밀한 대화의 상대를 만나기가 쉽지 않다. 이처럼 청각장애성인이 가청사회에서 친밀감 형성을 위해 노력하고 함께하기란 음성언어를 통한 의사소통이 우선인 사회에서 매우 힘이 든다.

## 7) 7단계: 생산성 대 침체성

에릭슨에 의하면 중년기에 생산성 대 침체성이라는 일곱 번째 위기를 경험한다고 한다. 생산성이란 성숙한 성인이 다음 세대를 구축하고 이끄는 데 관심을 기울이는 것을 말한다. 자신의 인생이 저물어 가고 있는 것을 바라보고는 다음 세대를 통해 자신의 불멸을 성취하고자 한다. 그리고 이 욕구가 충족되지 않으면 침체성에 빠지게 된다고 에릭슨은 말한다. 침체성은 다음 세대를 위해서 자신이 한 일이 아무것도 없다는 것을 깨닫는 것이다. 인생을 지루하고 따분하다고 생각하는 사람, 불평불만을 일삼는 사람, 매사에 비판적인 사람이 침체성의 전형이다.

생산성은 몇 가지 다른 방법으로 표출될 수 있다(Kotre, 1984). 생물학적 생산성은 자녀를 낳아 기르는 것이고, 직업적 생산성은 다음 세대에게 기술을 전수하는 것이며, 문화적 생산성은 문화의 어떤 측면을 창조하고 혁신하고 보존하는 것이다. 이 경우에 생산성의 대상(목표)은 문화 그 자체다.

생산성을 통해서 중년기 성인은 다음 세대를 인도한다. 즉, 자녀를 낳아 기르고, 젊은 세대를 가르치거나 지도하고, 지역사회에 도움이 되는 일들을 함으로써 인생의 중요한 측면을 통하여 다음 세대를 인도한다. 생산적인 중년은 다음 세대와의 연결을 통해 사회의 존속과 유지를 위해 헌신한다.

청각장애중년은 직장에서의 잦은 이직과 실업 등으로 인해 안정된 가정을 꾸리지 못하고 함께 사회에서 인정받는 연령층이 되지 못하며, 자녀의 결혼과 노후를 준비하는 데 어려움을 겪게 된다. 즉, 자신의 활발한 생산성이 오늘의 안정과 노후대책의 수월성을 보장받을 수 있는 계기로 작용하게 되는 것이다. 그러나 현실적으로는 자기침체로 빠지기가 쉽다.

## 8) 8단계: 통합감 대 절망감

마지막 단계인 8단계는 노년기로 이 단계의 발달과업은 자아통합과 절망감의 위기를 극복하는 것이다. 노인은 자신의 죽음에 직면해서 자신이 살아온 삶을 되돌아보게 된다. 이때 자신의 삶을 의미 있고 만족스러운 것으로 인식하고, 지금까지 살아온 인생을 별다른 후회 없이 그대로 받아들이며, 인생의 피할 수 없는 종말로 죽음을 받아들이면 통합감이라는 정점에 이르게 될 것이다. 반면, 자신의 삶이 무의미한 것이었다고 후회하면 이제는 시간이 다 흘러가 버려서 다른 삶을 살아볼 수 있는 기회가 없다는 느낌에 직면하게 되어 절망감에 빠지게 된다.

이 위기를 성공적으로 해결하기 위해서는 통합감이 절망감보다 바람직하다. 하지만 어떤 절망감은 불가피한 것이기도 하다. 에릭슨은 자기 자신의 인생에서 불행이나 잃어버린 기회에 대해서뿐만 아니라 인간 존재의 나약함과 무상함에 대한 비탄감은 피할 수 없는 것이라고 말한다.

가청노인이든 청각장애노인이든 다시 태어나도 나는 나의 삶을 똑같이 걸어갈 것이라는 자아통정과 내 인생에 대한 후회가 우선되는 절망 사이에 존재하게 될 것이다. 그러나 청각장애노인은 기동력이 떨어지면 자연히 집에 은둔하면서 대화 또는 상호작용이 거의 두절된 삶을 살아가게 될 것으로 예상된다.

## 2. 피아제의 인지 발달 단계와 청각장애아동

피아제(Piaget)에 의하면 인지 발달에는 네 단계가 있으며, 질적으로 다른 이 단계들은 정해진 순서대로 진행되고, 단계가 높아질수록 복잡성이 증가한다고 한다(정옥분, 2005).

인지 발달의 첫 번째 단계는 감각운동기로, 신생아의 단순한 반사가 나타나는 출생에서 시작해서 초기의 유아적 언어가 나타나 상징적 사고가 시작되는 2세경에 끝난다. 아동의 행동은 자극에 대한 반응으로, 이때 자극은 감각이고 반응은 운동이다. 그래서 이 단계를 감각운동기라고 부른다.

두 번째 단계는 전조작기로 2~7세까지다. 이때가 되면 아동의 언어가 급격히 발달하고 상징적으로 사고하는 능력도 증가한다. 그러나 이 단계에서는 논리적인 조작이 가능하지 않기 때문에 전조작기라 부른다. 조작이란 과거에 일어났던 사건들을 내면화시켜 서로 관련지을 수 있는, 즉 논리적인 관계를 지을 수 있는 것을 뜻한다. 전조작기 사고의 특징은 상징놀이, 자기중심적 사고, 물활론, 직관적 사고를 하는 것 등이다.

세 번째 단계는 구체적 조작기로 7~12세까지다. 이 단계에서 아동은 전조작기에서 갖지 못한 가역성이라는 특성을 갖는다. 구체적 조작기의 아동은 조작의 순서는 전환될 수 있고, 조작 전 상황의 특성들이 회복될 수 있다는 것을 이해한다. 구체적 조작기에 나타나는 사고의 특징은 보존개념의 획득, 유목 포함, 분류화, 서열화를 할 수 있다는 점이다.

마지막 단계는 형식적 조작기로 청년기가 이 단계에 해당된다. 형식적 조작기의 특징은, 첫째, 새로운 상황에 직면했을 때 현재의 경험뿐만 아니라 과거와 미래의 경험을 이용한다는 것이다. 즉, 구체적 조작기의 아동은 현재의 문제만을 다루지만, 형식적 조작기의 청년은 시간을 초월하여 문제를 다룬다. 둘째, 체계적인 과학적 사고가 가능하다는 것이다. 즉, 문제해결을 위해 사전에 계획을 세우고, 체계적으로 해결책을 시험한다. 셋째, 추상적인 사고가 가능하다는 것이다. 구체적 조작기의 아동은 눈에 보이는 구체적 사실에 대해서만 사고가 가능하지만, 형식적 조작기의 청년은 추상적인 개념도 이해할 수 있다. 넷째, 이상주의적 사고를 한다는 것이다. 청년들은 이상적인 특성, 즉 자신과 다른 사람들에게 이상적이었으면 하고 바라는 특성에 대해 사고하기 시작한다. 그들은 이상적인 부모상에 대해 생각하고, 이 이상적 기준과 자신의 부모를 비교한다. 그리고 자신이 생각하는 이상적인 기준에 맞추어 자신과 다른 사람을 비교하기도 한다.

피아제의 인지 발달 이론을 청각장애아동 인지 발달에 관한 연구 결과(권요한, 1987; 최성규, 윤은희, 2001)를 통해 살펴보면 다음과 같다.

첫째, 청각장애아동의 구체적 조작 능력은 가청아동이 비해 2년 정도 지체되어 있는 것으로 나타났다. 그러나 청각장애아동은 구체적 조작 능력의 발달 속도는 느리지만 연령이 증가하면서 가청아동의 발달 수준에 도달할 수 있는 것으로 나타났다. 그러나 형식적 조작 능력은 추상성의 문제로 현저한 지체를 보이므로 가청아동의 발달 수준에 도달할 수 있는지 알 수 없다고 하였다.

둘째, 청각장애아동과 가청아동의 전체 과제의 수행 능력을 비교해 보았을 때 인지 발달 단계에 따라서 가청아동이 청각장애아동보다 높은 성취도를 나타내는 것으로 나타났다. 가청아동은 도형과 서열이 구체적 조작기에 완성되지만 청각장애아동은 형식적 조작기에 완성되는 것으로 나타났다.

셋째, 청각장애아동과 가청아동은 인지 발달 단계가 높아질수록 과제 수행 능력이 향상되는 것으로 나타났다. 그리고 청각장애아동과 가청아동은 분류개념과 서열개념은 유사하게 발달하지만 보존개념은 청각장애아동이 가청아동에 비해 느리게 발달하는 것으로 나타났다.

넷째, 보존개념의 하위영역 중 무게와 부피는 청각장애아동이 가청아동에 비해 느리게 발달하는 것으로 나타났다. 특히 청각장애아동은 보존개념에서 무게보다 부피가 더 늦게 성취되는 것으로 나타났다.

이를 통해 우리나라 청각장애아동의 인지 발달은 가청아동과 같이 연령이 증가함에 따라 함께 증가하고 있지만, 가청아동의 인지 발달과 비교해서는 지체되고 있는 것을 알 수 있다(한국청각언어장애교육학회, 2012).

## 제3절 청각장애아동의 학업성취

청각장애아동의 학업성취를 논의할 때 이들 대부분이 정상적인 지적 능력을 가지고 있음을 기억하는 것이 중요하다(권요한 외, 2010). 그러나 청각장애아동은 정상적인 지적 능력을 가지고 있음에도 그들의 학업성취에는 그 능력이 제대로 반영되지 못하고 있다.

말과 언어의 발달은 청각장애아동이 가장 심하게 부정적인 영향을 받는 영역이며, 언어 발달의 지체로 나타나는 명백한 결과는 학업성취도의 저하다. 대부분의 교육 현장에서는 학습의 도구로 구어와 문자를 주로 사용하고 있으며, 읽기 능력은 언어 기능에 가장 많이 의존하고 학업성취의 가장 중요한 부분으로 청각장애의 영향을 크게 받는다. 대부분의 가청아동은 읽기와 쓰기를 학습하기 전에 문자에 대응하는 음성언어 기반이 확립되어 있다. 그러나 청각장애아동은 음성언어 습득의 어려움으로 기본적인 어휘력이나 통사 능력 등 언어기반이 약한 상태에서 공식적인 읽기와 쓰기 학습이 시작된다(한국청각언어장애교육학회, 2012). 따라서 청각장애아동, 특히 농아동의 학업성취에 대한 대부분의 연구에서 그들의 성취 수준은 기대 수준에 미치지 못하는 것으로 나타난다. 즉, 일반적으로 교실환경에서 고도 이상의 청각장애아동의 학업성취도는 심각한 결함을 쉽게 예상할 수 있다는 의미가 된다. 이처럼 청력손실의 결과로 나타나는 언어의 결함은 청각장애아동이 낮은 학업성취도를 나타내는 일차적인 원인이라고 할 수 있다.

청력손실이 있는 대부분의 아동은 학업성취, 특히 읽기와 수학에서 어려움을 보인다(김진호 외 공역, 2007). 청각장애아동의 읽기 능력은 대부분 가청아동보다 지체되어 있으며 그 차이는 학년이 올라갈수록 커진다. 청력손실을 입은 아동의 교과 학업성취도를 사정한 연구는 그들이 또래 가청아동보다 훨씬 많이 뒤처져 있으며, 이 차이는 이들의 학년이 올라갈수록 심해졌다는 것을 발견하였다.

한편, 청각장애아동의 학업성취 수준이 낮다고 하더라도 그들이 타 장애와의 중복 장애를 가지고 있지 않다면, 그리고 그들의 인지 능력이 가청아동의 인지 능력과 차이가 없다면 학업성취가 낮은 원인은 청력손실 그 자체에 있는 것이 아니라 아동이 가지는 청각장애의 정도, 청력손실의 시기, 지능검사의 점수, 가족의 사회 · 경제적 측면 및 부모의 청력 등도 영향을 주고 있음을 기억해야 한다.

## 연구 과제

1. 청각장애아동의 수화언어 발달에 대해 알아보자.
2. 청각장애아동의 심리적 특성을 볼비(Bowlby)의 애착이론을 통해 설명해 보자.
3. 청각장애아동의 특성을 브론펜브렌너(Bronfenbrenner)의 생태학적 체계이론을 통해 설명해 보자.
4. 청각장애아동의 학업성취도에서 '고원 현상'을 설명하고 해결방안을 생각해 보자.

## 참고문헌

강수균, 조홍중(2003). 장애이해와 교육. 서울: 교육과학사.

권요한(1987). 농아동의 인지적 특성. 대구대학교 대학원 박사학위논문. 미간행.

권요한, 김수진, 김요섭, 박중휘, 이상훈, 이순복, 정은희, 정진자, 정희섭(2010). 특수교육학개론. 서울: 학지사.

김승국(1989). 특수교육학개론. 서울: 양서원.

김승국, 김영욱, 황도순, 정인호(1999). 청각장애아동 교육. 서울: 교육과학사.

김영욱(2007). 청각장애아동 교육의 이해. 서울: 학지사.

김영욱, 김원경, 박화문, 석동일, 윤점룡, 정재권, 정정진, 조인수(2005). 특수교육학. 경기: 교육과학사.

김진호, 박재국, 방명애, 안성우, 유은정, 윤치연, 이효신 공역(2007). 특수교육학개론. 서울: 시그마프레스.

유은정, 백무진, 안성우, 최상배, 서중현, 이광렬, 서유경, 허민정(2013). 청각장애아동교육: 이론과 교과지도. 서울: 학지사.

이규식, 백준기, 권요한(1984). **청각교육**. 대구: 배영출판사.

이소현, 박은혜(2007). **특수아동교육**. 서울: 학지사.

정동영, 김미선, 김정연, 김형일, 김희규, 남윤석, 박선희, 박중휘, 서은정, 오세웅, 이경면, 이옥인, 이필상, 전보성, 정해동, 진홍신(2011). **특수교육학개론**. 경기: 교육과학사.

정동영, 김원경, 조홍중, 허승준, 추연구, 윤치연, 박중휘, 이필상, 문장원, 서은정, 유은정, 김자경, 이근민, 김미숙, 김종인, 이신동(2013). **최신특수교육학**(3판). 서울: 학지사.

정옥분(2005). **아동발달의 이해**. 서울: 학지사.

최성규, 윤은희(2001). 청각장애아동과 가청아동의 조작형태 특성에 기초한 인지발달 비교 연구. 특수교육저널: **이론과 실천**, 2(4), 147-163.

한국청각언어장애교육학회 편(2012). **청각장애아동교육**. 경기: 양서원.


Anderson, N. B., & Shames, G. H. (2006). *Human communication disorders*. Boston: Pearson Education, Inc.

Andrews, J. F., Leigh, I. W., & Weiner, M. T. (2004). *Deaf people*. Boston: Allyn & Bacon.

Batshaw, M. L. (2002). *Children with disabilities*. Baltimore: Paul H. Brookes Publishing Co.

DeBonis, D. A., & Donohue, C. L. (2004). *Audiology*. Boston: Pearson Education, Inc.

Elena, M. P., & Pelagie, M. B. (2008). *Communication and communication disorders* (3rd ed.). Boston: Allyn and Bacon.

Erikson, E. H. (1975). *Life history and the historical moment*. New York: Norton.

Hull, R. H. (2001). *Aural rehabilitation*. San Diego: Singular.

Kuhl, P. K. (1993). Infant speech perception: A window on psycholinquistic development. *International Journal of Psycholinquistics, 9*, 33-56.

Marozas, D. S., & May, D. C. (1998). *Issue and practice in special education*. NY: Longman.

Morgan, J. L., & Demuth, K. (Eds.). (1995). *Signal to syntax*. Hillsdale, NJ: Erlbaum.

Ross, J. R., Michael, V., & Holly H. D. (2000a). *Audiology: Diagnosis*. NY: Thieme

Ross, J. R., Michael, V., & Holly H. D. (2000b). *Audiology Practice management*. NY: Thieme

Stewart, D. A., & Kluwin, T. N. (2001). *Teaching deaf and hard of hearing students*. Boston: Allyn & Bacon.

Williams, L. H. (2000). *Exceptional children: An introduction to special education, 6/e*. Pearson Education Inc.

Ysseldyke, J. E., Algozzine, B., & Thurlow, M. L. (2000). *Critical issues in special education*. MA: Houghton Mifflin Co.

제 **2** 부

청각장애아동의
특수교육적 중재

# 제4장 청각장애아동의 평가

청각장애아동에게서 나타나는 듣기 곤란(listening disability)이나 의사소통의 문제는 청각기관의 구조나 기능의 결손 때문에 발생한다. 특수교사가 청각장애아동의 학습을 효과적으로 지원하기 위해 청각장애의 특성을 파악하려면 이들이 갖고 있는 다양한 청각 결손(hearing impairment)과 질환을 이해할 필요가 있다. 청각장애의 본질을 파악하려면 우선 청각기관의 구조와 생리를 이해해야 하며, 청각의 문제를 평가할 수 있어야 한다. 따라서 이 장에서는 먼저 청각기관의 구조와 기능을 살펴보고, 청각기관의 문제를 평가하는 다양한 청각검사에 대해 살펴보기로 한다.

## 제1절 청각기관의 구조

귀는 해부학적으로 외이, 중이, 내이의 세 부분으로 나뉜다. 외이, 중이 및 내이를

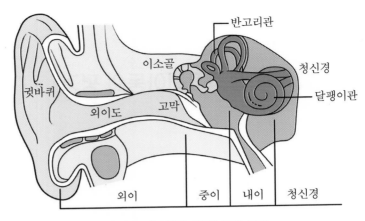

[그림 4-1] 청각기관의 전체 구조

말초청각계라고 하는데, 여기에 청신경과 청각피질 등의 중추청각계를 모두 포함해서 전체 청각기관을 이룬다. 청각기관은 크게 청각(hearing)과 평형(balance)의 기능을 한다. 기능적으로는 다르지만 청각과 평형 기능을 담당하는 감각기는 내이 안에서 이웃하여 자리하고 연결되어 있다.

한편, 청각기관을 기능적으로 구분하면 전음기관과 감음기관 그리고 신경기관으로 구분한다. 외이와 중이가 전음기관으로 외부에서 입력되는 음향 에너지를 내이로 전달하는 역할을 한다. 감음기관은 내이의 와우(달팽이관)를 말한다. 감음기관인 와우에서는 음파의 물리적 에너지를 뇌가 인지하기 좋은 전기적 신호로 바꾸어 주며, 와우에서 변환된 전기에너지를 대뇌피질의 청각중추로 전달하는 역할을 하는 청신경이 신경기관에 해당한다([그림 4-1] 참조).

청각기관을 외이, 중이 및 내이로 나누어 각 기관의 구조와 기능에 대해 살펴보기로 한다.

## 1. 외이의 구조와 기능

외이(external ear)는 육안으로 관찰 가능한 부분을 가리키며, 귓바퀴(이개)와 고막으로 이어지는 통로인 외이도(external auditory canal)로 구성된다.

## 1) 귓바퀴

귓바퀴는 탄성 연골로 된 골격에 피부와 연골막으로 덮여 있다. 귓바퀴는 외측 변연을 이륜(helix), 위쪽으로는 이륜의 각(crus), 아래쪽으로는 이수(lobule)가 서로 연결되어 있다. 이륜의 안쪽에 융기와 함몰된 부분이 있어 특수한 귓바퀴의 모양을 이룬다([그림 4-2] 참조).

## 2) 외이도

외이도(external auditory canal)는 귓바퀴에서 고막에 이르는 관으로서 성인의 경우 그 길이는 약 25~35mm이며 S자형으로 구부러져 있다. 외이도의 바깥쪽 1/3은 연골부, 안쪽 2/3는 골부다. 외이도 연골부에는 1~1.5mm 두께의 두꺼운 피부가 연골에 밀착되어 있고, 연골부 피부에는 작은 이모낭(hair follicle)과 이모가 있으며 피지선과 이구선이 있어 지방성 및 황갈색의 액체를 분비하는데, 이것이 이구(귀지)를 이룬다. 골부는 측두골의 여러 부분이 모여 관을 이루고 있으며 얇은 피부가 뼈에 밀착되어 있다. 신생아는 측두골의 발육이 완성되지 않았기 때문에 외이도의 골부가 없다. 외이도의 형태는 귓바퀴 쪽이 열려 있고, 고막 쪽은 닫혀 있는 관의 모양을 이루고 있어 외이도 특유의 공명 작용을 갖는다.

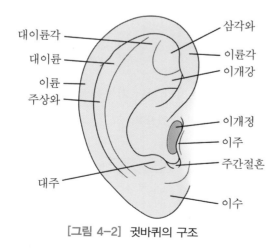

[그림 4-2] 귓바퀴의 구조

출처: 고도흥(2013).

### 3) 외이의 기능

외이는 외부의 소리를 모아 고막으로 전달하는 기능을 한다. 외이의 주요 기능을 요약하면 다음과 같다.

첫째, 귓바퀴는 음파를 모아서(집음 작용) 외이도로 전달하고, 외이도는 집음된 소리를 고막까지 전달하는 작용을 한다.

둘째, 외이는 방어(보호) 기능을 수행한다. 외이도의 굴곡과 외이도 연골부의 털 등은 외부 이물질의 침입을 막아 주고 온도와 습도를 조절하는 기능이 있어 고막을 보호한다.

셋째, 귓바퀴 및 외이도는 공명 작용을 한다. 귓바퀴의 공명 효과로 인한 음압 증강작용은 고음역 특히 4~5K Hz에서 약 10dB 정도 증가시킨다. 외이도는 한쪽이 고막으로 폐쇄된 관으로 음향학적으로 공명강으로서의 의미가 있다. 공명 효과는 외이도의 길이에 따라 다르나 외이도 공명주파수는 약 3.5K Hz 부근에서 약 10~15dB의 이득을 갖는다. 귓바퀴와 외이도는 효과적인 음전도를 위해 집음과 공명의 효과를 지니며, 이들이 복합적으로 작용하여 음압 증강 효과를 가진다.

넷째, 외이는 소리의 방향성 분별에 큰 역할을 한다. 소리의 위치나 방향의 분별은 양측 귀에 도달하는 소리의 강도와 시간의 차이에 의해 결정되는데 이러한 차이에 관한 정보는 귓바퀴에 의해 얻어지는 정보다.

## 2. 중이의 구조와 기능

중이는 외이와 마찬가지로 소리의 전달 기능을 담당하는 청각기관으로서 외이와 내이 사이에 위치하고 측두골 내에 있으며, 고막, 고실, 이소골, 중이근육(이내근) 및 이관으로 구성된다.

### 1) 고막

고막(tympanic membrane)은 외이도와 고실 사이에 위치하는 얇은 막이다. 가로 9~10mm, 세로 8~9mm, 두께 0.1mm, 무게 14mg의 타원형으로 고막의 아래쪽이 위쪽보다 좀 더 안쪽으로 기울어진 상태로 위치한다. 고막은 진줏빛 회백색으로 안쪽으로 약간 함몰된 깔때기 모양이며, 가장 많이 함몰된 중심부를 고막의 제(umbo,

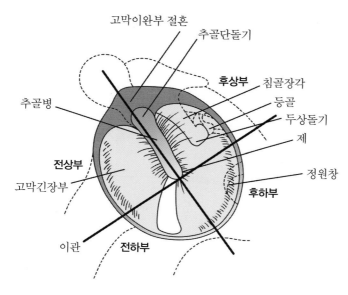

고막이완부 절흔
추골단돌기
추골병
후상부
침골장각
등골
두상돌기
제
전상부
고막긴장부
정원창
후하부
이관
전하부
후하부

[그림 4-3] 고막(좌측)의 구조

출처: 대한이비인후과학회(2009).

배꼽)라고 한다. 제는 고막 상부에서 약간 후하방으로 고막 안쪽에 부착된 추골병
(handle of malleus)의 하단에 해당하며, 추골병은 고막에 비쳐 보인다. 여기에서 전
방으로 있는 광반사를 광추(cone of light)라 한다([그림 4-3] 참조).

## 2) 고실

고실(tympanic cavity)은 보통 중이강이라 부른다. 측두골 속에서 고막과 내이 사
이에 위치하는 공기가 차 있는 공간으로 점막으로 덮여 있고 이내근과 이소골, 안면
신경, 혈관과 신경이 위치한다. 고실은 상하, 전후 및 내외의 6벽이 있는 오목렌즈
와 같은 모양이다. 앞쪽(전벽)은 이관에 의해 비인강으로 연동되고, 뒤쪽(후벽)은 유
양동구(aditus ad antrum)에 의하여 유양동과 연결되고 있다. 내벽은 후상방에 난원
창(oval window) 또는 전정창(fenestra vestibuli), 후하방에 정원창(round window) 또
는 와우창(fenestra cochlea)으로 내이와 연락되며, 외측벽에 고막이 있다. 그리고 상
방은 중두개와 하방은 경정맥구(jugular bulb)와 골벽으로 경계된다([그림 4-4] 참조).

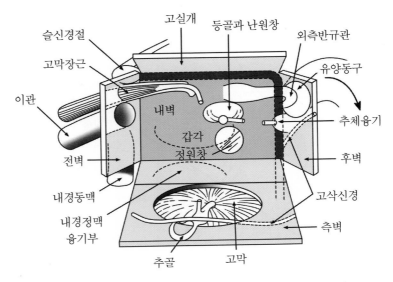

슬신경절
고실개
등골과 난원창
외측반규관
고막장근
유양동구
이관
내벽
갑각
정원창
추체융기
전벽
후벽
내경동맥
내경정맥
융기부
고삭신경
측벽
추골
고막

**[그림 4-4]** 고실의 구조

출처: 대한이비인후과학회(2009).

### 3) 이소골과 이내근

이소골(ossicles)은 고막과 내이를 연결하는 세 개의 뼈(추골, 침골, 등골)다([그림 4-5] 참조). 고막 쪽에 위치한 추골(망치뼈, malleus, hammer)은 이소골 중 가장 크며, 두부, 경부와 자루 부분(추골병, handle or manubrium)으로 구성되고 경부에서 자루 부분이 시작되는 곳에 단돌기(short process)가 있으며 고막에 밀착되어 있다. 침골(모루뼈, incus)은 어금니를 닮았는데, 체부(body), 장돌기(long process)과 단돌기로 이루어지며, 장돌기 끝은 두상돌기(lenticular process)로서 등골 두부와 침등 관절(incudo-stapedial joint)을 형성한다. 등골(등자뼈, stapes)은 우리 몸에서 가장 작은 뼈로 등자 모양이며 두부, 경부, 전후각과 족판(footplate)으로 이루어져 있다. 등골 두부에는 연골로 이루어진 관절면이 있고, 족판은 윤상인대에 의해 난원창에 부착된다.

이소골에는 2개의 근육(이내근)과 6개의 인대가 붙어 있어 고실 내에서 이소골의 위치를 안정시켜 준다. 등골근(stapedius muscle)은 고실 후벽에서 나와 등골경부 후면에 부착되어 있다. 안면신경에 의해 조절되며 등골근이 수축하면 등골 족판의 앞쪽 면이 약간 외방으로 견인된다. 고막장근(tensor tympani muscle)은 고실 전방부에서 나와 추골경부에 부착되어 있으며, 삼차신경에 의해 조절된다.

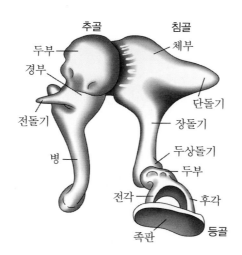

**[그림 4-5]** 이소골의 구조

출처: 대한이비인후과학회(2009).

## 4) 이관

이관(auditory tube, eustachian tube)은 측두골 내의 골부(1/3)와 그 바깥쪽의 연골부(2/3)로 이루어져 있는데 전체가 점막으로 덮여 있다. 이관은 중이에서 비인강으로 연결되어 있으며 약간 휘어지고 거꾸로 된 S자 모양을 하고 있다([그림 4-6] 참조). 고실 쪽 입구는 중이강이 건강한 경우 항상 열려 있고, 연골부는 보통 폐쇄되어 있으나 연하 운동이나 하품을 할 때 구개범장근(tensor veli palatini muscle)이 작용하

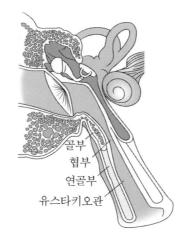

**[그림 4-6]** 이관의 구조

출처: 대한이비인후과학회(2009).

여 열린다. 이때 공기가 중이강으로 들어가 고막 내외의 기압이 평형을 유지하고, 중이강의 이물질이 배설된다.

### 5) 중이의 기능

고막은 중이의 방어벽인 동시에 소리 전달에 중요한 역할을 한다. 즉, 고막에 도달한 음파는 고막을 진동시키고 그 진동은 중이의 이소골에 충실히 전달된다. 그러나 소리는 외이에서 중이를 거쳐 내이로 전달되는 과정에서 각각 소리를 전달하는 물질, 즉 매질의 차이로 인해 많은 에너지가 소실된다. 즉, 외부의 소리가 액체로 가득 찬 내이에 도달하면 액체의 높은 임피던스 때문에 대부분의 에너지가 내이의 입구에서 반사되어 상실되어 불과 약 0.1% 정도의 에너지만이 내이로 전달된다. 이런 이유로 중이는 음향 에너지를 효율적으로 전달하기 위해 외이와 내이의 임피던스를 조절하는 기능을 한다. 이를 임피던스 정합 작용(impedance matching function)이라고 부른다.

임피던스 정합 작용은, 첫째, 지렛대 효과(lever effect)에 의한 것으로 추골과 침골의 길이가 약 1.3 : 1로 추골이 길기 때문에 발생한다. 이로 인한 음의 증강 효과는 약 2dB 정도로 크진 않으나 임피던스 정합 작용의 한 부분을 이룬다. 둘째, 고막이 원추형의 모양을 형성하고 그 한 면에 추골병이 위치하기 때문이다. 따라서 고막에 음압이 가해질 때 고막의 원추형 모양이 주는 집음 효과와 비틀어진(shearing) 고막의 복원력이 효과적으로 추골병에 가해져 2~3배의 음압 증강 작용이 발생한다.

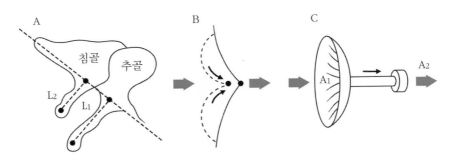

A. 추골병($L_1$)과 침골장각($L_2$)의 길이 차이에 의한 지렛대 효과
B. 고막이 늘어났다가 줄어듦으로 생기는 버클링 효과(buckling effect)
C. 고막($A_1$)과 등골 족판($A_2$)의 면적의 차이

[그림 4-7] 임피던스 정합 작용의 세 가지 요소

음압 증강 작용의 최대 요소는 넓은 면적을 가진 고막이 받아들인 공기 진동이 이보다 훨씬 좁은 면적의 등골 족판, 다시 말해서 난원창(고막 면적의 약 1/17)에 모이므로 압력이 증강된다. 이에 의하여 음압은 약 44~66배(17 : 1), 약 32~36dB 정도 증강되어 난원창으로 전달된다([그림 4-7] 참조).

이관은 고실의 환기로 역할을 한다. 이 때문에 고막의 안팎이 항상 같은 기압으로 유지되며 고막에 도달한 음의 진동이 아무런 장애를 받지 않고 이소골을 거쳐 내이로 전달될 수 있다. 따라서 이관의 기능장애는 고실 내의 기압 변화를 일으켜 중이강의 경직성을 증가시키고, 음이 외이도에서 중이를 거쳐 내이로 전달되는 과정에 장애를 초래한다.

중이 내에서의 음의 전달은 이내근, 즉 등골근 및 고막장근에 의해서도 조절된다. 고막장근의 수축은 고막을 중이강 쪽으로 이동시키며, 등골근의 수축은 등골근을 수직으로 거상시키면서 고막을 약간 외이도 쪽으로 이동시킨다. 이러한 이내근의 수축은 이소골 연쇄의 경직성을 증가시켜 1K Hz 이하의 저주파수 음의 전도를 비선형적으로 최고 30dB 정도 저하시킨다. 따라서 저주파수 영역의 자극음은 일정 역치상에서는 비교적 같은 크기로 내이에 입력된다. 등골근과 고막장근은 강한 음에 반사적으로 수축하여 강한 음에 내이가 손상되는 것을 막는 역할을 한다. 이를 등골근반사 혹은 음향반사(acoustic reflex)라고 한다.

## 3. 내이의 구조와 기능

내이는 아주 복잡한 구조와 형태를 가진 미로(labyrinth)로 크게 와우(cochlea), 3개의 반고리관(semicircular canal) 및 전정기관(vestibuli)의 세 부분으로 구성된다([그림 4-8] 참조). 와우는 소리를 받아들이는 기능을 하고, 반규관과 전정기관은 몸의 균형을 유지하는 역할을 한다. 중이가 공기로 채워진 공간인 데 비해, 내이는 림프액으로 가득 차 있다. 내이는 측두골 내에 위치하며 하나의 뼈로 이루어진 골미로 내에 막으로 구성된 막미로가 들어 있는 형태다.

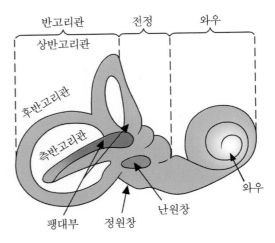

**[그림 4-8] 내이 전체의 구조**

출처: 대한이비인후과학회(2009).

## 1) 와우

와우는 달팽이와 비슷한 모양을 하고 있다는 뜻으로 달팽이관이라고도 불린다. 사람의 와우는 2와 1/2 회전을 하는데, 이를 기저부, 중간부, 첨단회전부로 구분한다. 와우 내에는 와우축을 중심으로 회전하는 골나선판이 있으며, 축을 중심으로 바깥쪽을 향하며 기저막(basilar membrane)을 통하여 나선인대와 연결된다. 와우의 내부는 기저막과 나선판 그리고 라이스너막(Reissner's membrane)에 의해 세 부분으로 나뉘며, 기저부에서 연합관에 의하여 전정기관의 구형낭과 통한다. 라이스너막과 기저막에 의해 만들어진 부위를 와우관(cochlear duct) 또는 중간계(scala media)라고 하며, 와우관의 위쪽 라이스너막이 있는 쪽을 전정계(scala vestibuli)라 하고, 기저막이 있는 쪽을 고실계(scala tympani)라 한다. 전정계와 고실계는 와우 첨단회전부의 와우공(helicotrema)에서 서로 연결되어 있다. 전정계는 난원창과 연결되며 고실계는 정원창과 연결된다.

와우는 림프액으로 가득 차 있다. 와우관은 내림프액으로, 전정계와 고실계는 외림프액으로 채워져 있다. 외림프액의 성분은 세포외액과 비슷하며 $Na^+$이온이 높고 $K^+$이온이 낮은 액체이며, 반대로 내림프액은 $K^+$이 높고, $Na^+$가 낮은 액체다. 기저막에는 코르티기(organ of Corti)라는 중요한 와우감수기가 위치하고, 외측 벽에는 내림프의 분비와 영양에 관여하는 혈관조(stria vascularis)가 위치한다. 기저막의 상

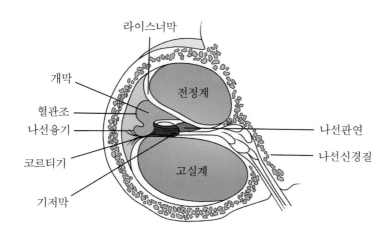

**[그림 4-9]** 와우의 단면

출처: 고도홍(2013).

부에는 코르티기 또는 나선기(spiral organ)라고 하는 감수기가 놓여 있는데 이것은 와우 미로의 핵심 부위다([그림 4-9] 참조).

코르티기의 내측에는 한 줄로 배열된 내유모세포(inner hair cell)가 있고, 외측에는 3~4열로 병렬된 외유모세포(outer hair cell)가 있다. 유모세포는 다이테르세포, 헨센세포 등의 지지세포(supporting cell)에 의해서 지지되며, 중요한 감각세포로서 윤모(stereocillia)를 가지고 있다. 윤모는 개막(tectorial membrane)을 향해 있으며, 가장 긴 윤모가 개막에 박혀 있어 개막이 움직이면 윤모도 따라 움직이면서 유모세포를 자극한다([그림 4-9] 참조).

외유모세포는 내유모세포보다 약 30dB 이상의 소리에 민감하며 소음 충격에도 약하다. 이독성 약물에도 내유모세포보다 외유모세포의 저항이 약하다. 유모세포의 신경지배는 나선신경절(spiral ganglion)에서 시작되는 구심성 신경섬유가 담당한다.

### 2) 와우의 기능

와우는 중이를 통해 입력되는 다양한 소리를 수용하여 분석한 다음 뇌가 인지하기 좋은 전기적 신호로 바꾸어 주는 역할을 하는 일종의 신호입력변환기다. 선천성 청각장애의 대부분은 와우 손상으로 인한 감각(음)성 청각장애이므로 와우의 기능을 이해하는 것은 중요하다.

와우의 기능을 요약하면, 첫째, 음향을 전달하는 기능을 갖는다. 중이에서 전달된 에너지에 의해 난원창이 진동하면 전정계의 와우 기저부로부터 림프액이 움직이면서 첨단부로 음파를 전달한다. 음파는 고실계를 경유하여 정원창을 중이강 쪽으로 밀어낸다. 둘째, 전정계의 파동은 라이스너막을 통해 와우관 내의 내림프액을 거쳐 기저막으로 전달되어 전정계와 유사한 진행파(travelling wave)를 형성한다. 진행파는 기저막의 상하 운동을 유발하고 이 운동으로 유모세포가 움직인다. 유모세포가 움직이면 윤모가 구부러지고 윤모의 변형으로 화학적 이온이 방출됨으로써 전기 에너지가 발생하여 청신경으로 전달된다. 기저막의 운동 크기에 따라 외유모세포에서 방출되는 화학 에너지의 양이 달라진다. 세 번째 와우의 기능은 음조 체계(tonotopic organization)로 와우의 가장 핵심 기능이다. 와우 내의 유모세포는 부위에 따라 인지하는 음의 주파수가 다르다. 기저부 쪽에서는 고주파수를 감지하며 첨단부로 갈수록 저주파수를 인지한다. 이러한 음조 체계는 유모세포뿐만 아니라 청신경, 와우핵, 상올리브핵 및 청각피질까지 이어진다.

## ⫶ 제2절　청각검사

청각장애아동 교육이나 재활은 정확한 청력을 측정하고, 청각 기능의 문제를 평가하는 것에서 출발한다. 청각검사의 목적은 청력손실의 정도를 측정하고, 청능재활이나 교육의 방향성을 결정하고, 청능재활 전체 과정에 필요한 정보를 제공하는 것이다.

청각검사는 크게 검사 방법에 따라 행동관찰을 통한 행동관찰(주관적) 청각검사와 객관적 청각검사 그리고 전기생리학적 검사로 구분한다. 이를 간단하게 주관적 검사와 객관적 검사로 구분하는 경우도 있다(이상흔 외, 2006). 주관적 검사는 검사에 사용되는 음향 자극에 대해 피검자의 판단이나 협조가 필요한 검사를 말하며 행동관찰청각검사나 순음청각검사 및 어음청각검사가 여기에 속한다. 반면, 피검자의 판단이나 협조가 필요하지 않은 검사를 객관적 검사라고 하며 중이검사나 이음향방사검사 등이 여기에 속한다. 그리고 청신경 경로의 활동전위를 측정하여 청각경로의 문제를 진단하는 검사가 전기생리학적 검사다.

## 1. 유아 청각검사

객관적 청각검사의 발달은 청각장애의 조기발견을 가능하게 해 주었으나, 선천성 혹은 언어 습득기 이전 이른 시기에 청력손실을 갖게 된 유아 청각장애의 경우 중재나 재활의 완성도를 향상시키기 위해서는 소리 자극에 대한 일관된 행동 반응을 기초로 하는 주관적 검사인 유아 청각검사를 통한 정보가 더욱 중요하다. 널리 사용되는 유아 청각검사에는 행동관찰청각검사, 시각강화검사, 조건반응검사 및 놀이청각검사 등이 있다.

### 1) 행동관찰청각검사

행동관찰청각검사(Behavioral Observation Audiometry: BOA)는 신생아부터 대략 4~5개월까지의 영유아를 대상으로 체계적으로 음향 자극을 제시하고 이에 대한 반응 행동을 관찰하는 방법이다. 객관적 청각검사가 발전함에 따라 실제 평가에 사용되는 일은 많이 감소하였지만 청력 측정 장비를 갖추지 못한 가정이나 특수학교 등에서는 여전히 유용한 검사로 활용할 수 있다. BOA에서 정반응의 판단 기준으로 삼을 수 있는 반응 행동으로는 눈꺼풀 반사(auro-palpebral reflex), 모로반사(moro reflex), 동작반사(motor reflex) 등이 있다.

검사음 제시에 사용되는 도구는 다양한 복합음이 발생되는 장난감이나 물건 등을 미리 주파수와 강도를 측정해 두면 검사 결과의 신뢰도를 높일 수 있다. 검사는 스피커를 사용할 수도 있고, 실제 소리를 들려줄 수도 있다. 스피커를 사용하며 검

[그림 4-10] 행동관찰청각검사

사하면 자극음의 강도 조절이 가능하다. 소리에 대한 반응은 약간의 공복 상태나 가수면 상태에서 가장 잘 나타난다. 유아의 귀에서 적당한 거리를 두고 음향 자극을 제시했을 때 유효한 반응 행동이 2초 이내에 관찰되면 정반응으로 평가한다([그림 4-10] 참조).

### 2) 시각강화검사

시각강화검사(Visual Reinforcement Audiometry: VRA)는 움직이는 속도의 차이가 있을 수 있지만 대략 스스로 고개를 돌리는 것이 어느 정도 가능한 6개월의 유아부터 길게는 24개월까지 실시할 수 있는 주관적 유아용 청각검사다.

검사 방법은 스피커를 통해 소리 자극을 제시하고 유아가 반응을 나타내면 시각적으로 강화를 제시한다. 먼저 충분히 들을 수 있는 소리 자극을 제시하고 소리가 나는 쪽으로 고개를 돌리는 반응을 보이면 유아가 흥미를 느낄 만한 장난감이나 장면 등을 강화로 제시하여 조건 형성을 한다. 소리에 대한 반응 행동이 조건 형성되면 주파수별로 강도를 조절하여 청력역치를 측정한다. 자극음은 대개 주파수변조음이나 협대역잡음이 사용되며, 대개 두 귀 중 좋은 쪽의 역치를 측정할 수 있다.

시각강화검사를 위해서는 피검 유아가 보호자와 함께 들어가는 검사실과 청각검사기를 조절하는 조정 부스로 분리되어 있는 곳에서 실시하는 것이 정확한 검사가

VR: 시각적 강화물  E1: 주검사자  E2: 보조검사자

**[그림 4-11]** 시각강화검사

가능하다. 검사실에는 스피커가 2개 이상 서로 다른 장소에 위치시키고, 청각검사기를 조정하는 검사자와 유아와 보호자가 검사를 잘 수행할 수 있도록 도와주는 2명의 검사자가 필요하다([그림 4-11] 참조).

### 3) 조건반응검사

음원이 있는 방향에 무엇인가 재미있는 것이 있다는 기대감을 피검 유아에게 부여하여 조건 형성을 실시한다. 이후 소리 자극만으로 음원의 방향으로 고개를 돌리는지를 판단하여 청력을 측정하는 것을 조건반응검사(Conditioned Orientation Reflex audiometry: COR)라고 한다.

검사는 피검 유아가 앉는 위치에서 좌우에 같은 거리를 두고 스피커를 위치시킨다. 스피커를 통해 충분히 들을 수 있는 소리를 제시하고 소리와 함께 피검 유아가 좋아할 수 있는 장난감이나 캐릭터 인형 혹은 그림 등을 약 3~4초 동안 제시한 다음 제거한다. 반대편의 스피커를 통해 같은 활동을 반복하여 소리 자극이 들리면 스피커의 방향을 보도록 조건 형성을 한다. 조건 형성이 되면 다른 검사와 동일한 방법으로 강도를 조절하여 제시한다. 청각 측정용 이어폰을 착용하지 않기 때문에 양쪽 청력 중 좋은 쪽의 청력 선별검사가 가능하다.

### 4) 놀이청각검사

놀이청각검사(play audiometry)는 유희청력검사라고도 불리며, 약 2세 이상의 유아나 순음청각검사를 실시하기 전 단계에서 실시되는 검사다. 일반 순음청각검사와 동일한 방법으로 실시하며, 소리 자극에 대해 재미있는 놀이로서 반응하도록 하여 아동의 흥미를 이끌어 나가는 과정을 말한다.

검사자와 아동 간의 사전 라포 형성이 매우 중요하며, 소리 자극이 들리면 블록을 하나씩 쌓아 가거나 고리 끼우기를 하는 등 아동이 충분히 좋아하면서도 검사의 진행을 방해하지 않는 놀이라면 어떤 놀이도 사용 가능하다. 소리 자극에 대한 반응이 익숙해지면 검사용 이어폰을 착용하고 먼저 주요 주파수의 역치를 빠른 시간 내에 신속하게 측정하고, 집중력이 남아 있는 경우 기타 주파수의 역치도 측정한다.

## 2. 순음청각검사

순음청각검사(pure tone audiometry)란 전기적으로 발생시킨 순음(pure tone)을 사용하여 가청 주파수 대역에서 피검자의 주파수별 역치를 결정하는 검사를 말한다. 역치(threshold)란 사람이 소리의 존재를 탐지할 수 있는 가장 작은 소리의 강도를 말한다. 임상적으로 역치란 소리 자극에 대해 최소한 50% 수준에서 피검자가 반응할 수 있는 가장 작은 소리의 강도로 규정한다.

순음청각검사는 기도검사와 골도검사로 구성되며, 검사 결과 얻은 기도역치와 골도역치를 기준으로 청력손실의 유무 정도 및 청각장애의 유형을 판별 진단한다. 기도와 골도란 소리가 전달되는 경로를 말한다. 기도 혹은 기도전도는 외부의 소리가 외이, 중이 및 내이를 거쳐 뇌로 전달되는 경로를 말하며, 골도 혹은 골도전도는 외부의 소리가 두개골의 진동을 유발시켜 두개골 내에 있는 내이로 직접 전달되는 경로를 말한다. 따라서 기도전도를 통해 음자극을 주고 청력을 측정하는 검사가 기도검사이고, 두개골의 유양돌기에 진동자극을 주어 직접 내이로 전달되는 골도전도를 통한 역치를 측정하는 검사가 골도검사다.

### 1) 기도청각검사

기도청각검사는 표준 청각검사용 이어폰(supra-aural earphone)을 착용시킨 다음 순음청각검사기([그림 4-12] 참조)를 사용해 1,000Hz에서 시작하여 2,000Hz, 4,000Hz, 8,000Hz까지 역치 측정을 하고 다시 1,000Hz를 반복하여 측정 확인한 다음 저주파수 대역으로 가서 500Hz, 250Hz, 125Hz의 역치를 결정한다. 1,000Hz는 두 번 측정하여 역치 차이가 10dB 이상인 경우 모든 주파수에 대해 재검사를 해야 하며, 10dB 이내인 경우 좋은 쪽을 역치로 결정한다. 경우에 따라 외이도 안에 직접 끼우는 삽입형 이어폰(insert earphone)으로 검사하기도 한다.

역치를 결정하는 방법은 상승법과 하강법이 있다. 상승법(ascending method)은 전혀 소리를 들을 수 없는 수준의 아주 작은 소리에서 일정한 간격으로 올리면서 최초로 소리가 들리는 지점을 역치로 결정하는 방법이다. 반대로 하강법(descending method)은 피검자가 들을 수 있는 큰 소리에서 시작하여 최초로 들리지 않는 지점을 역치로 결정하는 방법을 말한다. 그러나 두 가지 방법 모두 역치를 결정하기까지 오랜 시간이 걸리는 단점이 있어 실제 검사에서는 수정상승법(combined ascending and descending approach)을 적용하는 경우가 일반적이다. 수정상승법은 근접역치 측정과 역치 탐색 과정의 두 단계로 이루어진다. 근접역치 측정은 주파수마다 약 30dB HL의 강도에서 시작하여 처음으로 듣거나 혹은 못 들을 때까지 20dB 간격으로 올리거나 내려서 피검자가 반응한 수준을 역치로 결정한다(ANSI, 2005). 이를 근접역치라고 한다. 근접역치가 결정되면 피검자가 검사음을 들었다고 반응하면 강도를 10dB 내리고, 못 들었다고 반응하면 강도를 5dB씩 올리면서 역치를 결정하는데, 이를 역치 탐색 과정이라 한다.

　일반적으로 순음청각검사는 청력이 좋은 쪽 귀부터 실시하며 양쪽 귀의 역치 차

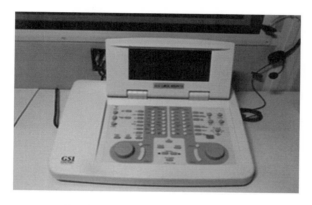

[그림 4-12] 순음청각검사기(GSI 61)

[그림 4-13] 기화수화기와 골도수화기

이가 없으면 오른쪽부터 실시한다. 자극음은 대개 연속음을 사용하며, 이명 등이 있는 경우 단속음을 사용하는 것이 좋다. 검사음의 지속 시간은 2초 정도이며 검사음 간의 간격을 무작위로 한다.

### 2) 골도청각검사

골도청각검사의 절차와 방법은 기도순음청각검사와 동일하다. 골도청각검사용 골도진동체(bone-conduction vibrator)로 두개골을 진동시켜 역치를 측정한다. 골도진동체를 유양돌기나 전두부에 밀착시켜 장착시키고 1,000Hz에서 시작하여 기도검사와 동일한 방법으로 역치를 측정한다. 골도청각검사는 일반적으로 500~4,000Hz까지만 측정한다(ANSI, 2005).

### 3) 청력도

순음청각검사의 결과를 시각적으로 나타낸 것이 청력도(audiogram)다. ASHA(1996)가 제안하는 청력도는 가로축이 주파수를 나타내며, 가장 왼쪽 125Hz에서 시작해서 오른쪽 끝이 8,000Hz이다. 가로축을 보면 옥타브 간격이 모두 동일하다. 즉, 주파수가 배가 되는 간격이 항상 동일하게 되어 있다(125~250Hz, 1,000~2,000Hz, 1,500~3,000Hz, 4,000~8,000Hz 사이의 간격). 이것은 청력도의 주파수 척도가 대수법을 사용한다는 의미다. 청력은 세로축을 따라 dB HL로 나타낸다. 강도는 맨 위쪽에 −10dB HL에서 시작하여 점차 커지며 맨 아래쪽이 대개 120dB HL을 표시한다.

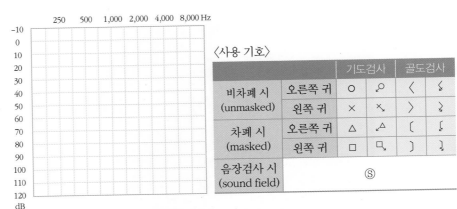

[그림 4-14] 청력도와 기록 기호

출처: 한국청각학교수협의회(2017).

청력도에서 기도역치 및 골도역치가 청력도의 아래쪽에 위치할수록 청력손실 정도가 크다는 것을 의미한다. 역치로 표시된 부분의 윗쪽은 피검자가 들을 수 없는 소리의 범위를 나타낸다.

청력도에 순음청각검사의 결과, 즉 양측 귀의 기도역치 및 골도역치를 나타내기 위해서는 국제적으로 약속된 일정한 기호를 사용하여 표기한다([그림 4-14] 참조).

### 4) 청력도의 해석

순음청각검사 결과인 기도역치 및 골도역치를 바탕으로 청력손실의 유무, 청력손실 정도 및 청각장애 유형을 진단한다.

### (1) 청력손실 정도

개인의 청력 수준이나 청력손실 정도는 기도역치의 평균값으로 나타낸다. 즉, 평균청력역치를 산출하여 표시한다. 평균청력역치를 산출하는 데는 3분법, 4분법 및 6분법의 계산식을 사용한다(〈표 4-1〉 참조). 일반적으로 중요 어음주파수(speech frequency)인 500, 1,000, 2,000Hz의 역치를 4분법에 의해 평균하여 청력손실을 평가하는 데 사용한다. 직업성 난청을 진단하거나 장애등급을 판정하는 데는 6분법을 사용한다.

**표 4-1** 평균청력역치 산출 계산식

| 구분 | 계산식 | 활용 |
|------|--------|------|
| 3분법 | $\dfrac{a+b+c}{3}$ | |
| 4분법 | $\dfrac{a+2b+c}{4}$ | 청력손실 평가 |
| 6분법 | $\dfrac{a+2b+2c+d}{6}$ | 장애등급 판정, 직업성 난청 진단 |

\* a: 500Hz의 역치, b: 1,000Hz의 역치, c: 2,000Hz의 역치, d: 4,000Hz의 역치.

순음검사의 평균청력역치를 바탕으로 청력손실 정도를 분류하면 〈표 4-2〉와 같다. ANSI(1996)의 기준에 의하면 일반적으로 25dB HL 이하는 정상 청력을 의미하며, 수치가 커질수록 청력손실 정도가 심한 것을 나타낸다. 그러나 유소아의 경우 별도

표 4-2 순음평균청력역치를 기준으로 한 청력손실 정도

| 청력손실 정도 | 평균청력역치(dB HL) | 비고 |
| --- | --- | --- |
| 정상(normal) | 15 이하 | |
| 미도(slight) | 16~25 | 혹은 미세 난청 |
| 경도(mild) | 26~40 | |
| 중도(moderate) | 41~55 | |
| 중고도(moderately severe) | 56~70 | |
| 고도(severe) | 71~90 | |
| 최고도(profound) | 91 이상 | 혹은 심도 |

로 16~25dB HL 사이의 청력을 미도 혹은 미세(slight) 난청으로 구분하기도 한다.

## (2) 청각장애의 유형

청각장애 유형은 기도역치와 골도역치의 수준 및 기도골도역치 차이를 기준으로 판단한다. 청각장애의 유형별로 청력도를 검토하면 [그림 4-15]와 같다.

첫째, 기도역치 및 골도역치가 15dB HL 이하이며 동시에 기도와 골도 역치 차이가 나타나지 않는 경우([그림 4-15]의 A)는 정상 청력을 나타낸다.

둘째, 전음성 청각장애는 소리의 전달기관인 외이나 중이에 문제가 있을 때 나타나는 청력손실을 의미한다. 따라서 전음성 청각장애는 기도역치는 비정상인 반면에, 골도역치는 정상 범위로 나타난다([그림 4-15]의 B).

셋째, 감각신경성 청각장애는 내이나 신경의 손상으로 인한 청각장애다. 따라서 감각신경성 청각장애의 경우 기도역치나 골도역치 모두 비정상으로 나타나면서 기도와 골도 역치 차이(air-bone gap)는 없다([그림 4-15]의 C).

넷째, 혼합성 청각장애는 소리의 전달기관인 외이 및 중이의 문제와 감각신경기관에도 문제가 있는 경우를 가리킨다. 혼합성 청각장애의 청력도는 기도역치 및 골도역치가 비정상으로 나타나며 동시에 기도와 골도 역치 차이가 10dB 이상 나타낸다([그림 4-15]의 D).

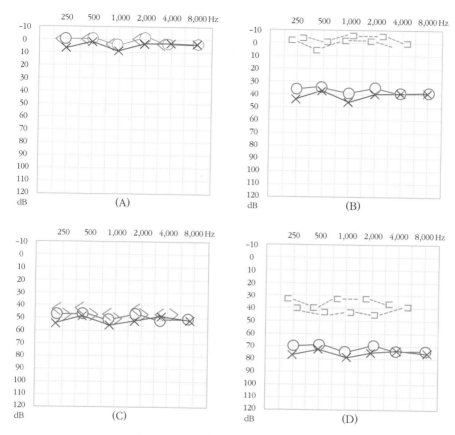

[그림 4-15] 청각장애 유형별 청력도

출처: 한국청각학교수협의회(2017).

## 3. 차폐

### 1) 차폐란

차폐(masking)란 양쪽 귀의 청력역치가 다를 때 나쁜 쪽 귀의 역치를 측정하기 위해 차폐음을 사용하는 것을 말한다. 차폐는 한쪽 귀의 청력이 좋고, 반대쪽 귀의 청력이 상대적으로 많이 나쁠 경우, 나쁜 쪽을 검사하기 위해 제시된 소리 자극을 청력이 좋은 귀가 들어 나쁜 쪽 귀의 역치를 더 좋게 만드는 결과를 방지하기 위해 사용한다. 좋은 쪽 귀가 나쁜 쪽 귀에 제시하는 소리를 듣는 현상을 음영청취(shadow hearing)라 부른다. 정리하면, 차폐는 음영청취 때문에 발생하는 잘못된 검사 결과를 막기 위한 목적으로 좋은 쪽 귀에 차폐를 위한 소음을 들려주는 것이다.

## 2) 차폐 요인

순음청각검사를 할 때 음영청취 때문에 나쁜 귀의 역치가 잘못 측정되는 결과를 방지하기 위해 좋은 귀에 차폐를 할 때 고려해야 할 몇 개의 요인이 있다. 가장 많이 거론되는 것이 양이감쇄 혹은 이간 감약(Interaural Attenuation: IA)과 폐쇄효과(occlusion effect)다.

### (1) 양이감쇄

귀는 두 개다. 한쪽 귀에 소리가 전달될 때 다른 한쪽 귀에도 같은 소리가 전달된다. 먼저 소리가 도달한 귀보다 나중에 듣는 귀에 소리가 도달할 때는 그만큼 소리에너지가 감소되어 들린다. 이와 같이 소리에너지가 줄어드는 현상 정도를 양이감쇄 혹은 이간감약이라고 부른다.

소리의 전달경로는 기도과 골도로 구분한다. 기도로 한쪽 귀에 전달된 소리가 나중에 반대쪽 귀에 도달할 때 발생하는 양이감쇄의 양은 골도에서 발생하는 양이감쇄와 크기가 다르다. 순음청각검사를 할 때 일반적으로 사용하는 이어폰(earphone)을 기준으로 기도의 양이감쇄는 평균 40dB, 골도의 경우는 0dB이다. 다시 한번 설명하면, 기도검사를 할 때 가령 한쪽 귀(나쁜 귀)에 50dB의 소리를 제시할 경우 반대쪽 좋은 귀에서는 '50-40=10dB'로 전달된다. 만약 반대쪽 귀(좋은 귀)의 역치가 이보다 낮을 경우 피검자는 들린다고 반응하게 되는 것이다. 실제 나쁜 귀는 50dB 크기의 소리를 듣지 못하는 경우에도 들린다고 반응하기 때문에 역치로 결정된다. 골도는 두개골을 공유하고 있기 때문에 양이감쇄가 0dB이다. 이는 반대쪽 귀에도 동일한 소리에너지의 양으로 전달된다는 의미다. 따라서 양쪽 기도역치의 차이가 40dB 이상인 주파수의 기도역치를 측정할 때는 반드시 차폐를 해야 한다. 골도역치를 측정할 때는 가능한 차폐를 하는 것이 좋다고 알려져 있다.

### (2) 폐쇄 효과

폐쇄 효과란 외이도를 막을 때 발생하는 공명현상으로 소리가 커지는 것을 말한다. 골도청력검사에서 차폐를 하려면 이어폰이나 삽입형 이어폰을 사용하여 외이도로 막고 이어폰을 통해 차폐잡음을 들려준다. 폐쇄 효과는 차폐를 위해 착용시키는 이어폰이 외이도를 폐쇄하여 생기는 소리의 증강작용이다. 그러므로 검사를 위

**표 4-3** 주파수별 폐쇄 효과값

| 구분 | 250Hz | 500Hz | 1,000Hz | 2,000Hz | 4,000Hz |
|------|-------|-------|---------|---------|---------|
| 이어폰 | 30 | 20 | 10 | 0 | 0 |

출처: 한국청각학교수협의회(2017).

해 들려주는 소리를 더 잘 듣게 되는 것이다. 따라서 차폐에 적정한 소리의 크기를 결정할 때는 폐쇄 효과로 인해 증강되는 소리의 값을 고려하여야 한다.

한 가지 유의할 점은 외이도 폐쇄로 인한 폐쇄 효과는 고주파수 대역에서는 거의 나타나지 않고 주파수가 낮은 소리일수록 크게 난다는 점이다. 주파수 대역별 폐쇄 효과값은 〈표 4-3〉과 같다.

### 3) 차폐가 필요한 조건

#### (1) 기도청력검사의 차폐

기도청각검사에서는 일반적으로 양쪽 귀의 청력 차이가 양이감쇄값(평균 40dB) 이상일 때 차폐를 실시한다. 자세히 말하면 양쪽 귀 기도 역치의 차이가 양이감쇄값 이 이상일 때 반드시 차폐를 실시한다. 기도역치의 차이가 작더라도 검사 귀의 기도 역치보다 좋은 귀의 골도 역치의 차이가 양이감쇄값 이상으로 차이가 날 때도 반드 시 차폐를 실시한다.

#### (2) 골도청력검사의 차폐

골도청각검사를 할 때는 양이감쇄값이 0이므로 양귀의 청력에 차이가 조금이라 도 있으면 무조건 차폐를 하는 것이 좋다. 또한 검사 귀의 기도와 골도 역치에 차이 가 있으면 이 또한 정확한 결과값인지를 판단하기 어려우므로 반드시 좋은 귀의 외 이도에 차폐를 하여 골도검사를 하는 것이 가장 타당하다.

#### (3) 차폐 시 주의점

실제 차폐를 사용하여 검사할 때 차폐의 필요성 유무를 결정 짓는 것보다 차폐의 양, 즉 차폐음의 소리 크기를 결정하는 것이 가장 어렵다. 이는 청각검사를 실시하는 청능사에게도 어려운 과제다. 그러나 차폐음의 크기가 너무 작으면 차폐의 효과를 볼 수 없고 차폐음의 크기가 너무 크면 검사 귀에도 차폐가 발생하여 검사 귀의 역치가 오히려 실제보다 더욱 나쁘게 나올 수도 있기 때문에 주의가 필요하다.

## 4. 어음청각검사

### 1) 어음청각검사의 종류

어음청각검사(speech audiometry)는 언어음을 사용하여 청각의 민감도와 인지도를 측정하는 검사다. 언어음(speech sound)은 순음과 다른 복합음으로 일상적인 듣기 능력을 나타내는 것이 장점이다. 따라서 어음청각검사는 순음청각검사를 보충하거나 실제적인 듣기 능력을 측정하는 데 유효하고 보장구의 적응과 조절, 청능 재활에 필요한 실질적인 정보를 제공하며 예후나 효과를 예측하는 데도 유효하게 활용될 수 있다.

어음청각검사는 크게 두 가지로 대별된다. 어음청취역치검사(Speech Recognition Threshold test)와 어음명료도검사(speech discrimination test)가 있다. 우리말 용어상의 문제로 어음청취역치를 어음인지역치라고 부르는 경우도 있으며, 어음명료도를 어음인지도라고 명명하는 경우도 있으므로 유의할 필요가 있다.

먼저 어음청취역치검사에 대해 살펴보면, 어음청취역치(Speech Recognition Threshold: SRT)는 제시된 일정 수의 어음 가운데 50%를 인지할 수 있는 어음 강도를 가리킨다. SRT 측정에는 일반적으로 강강격(혹은 양양격) 단어라고 불리는 2음절 낱말이 사용된다.

어음청취역치를 측정하기 곤란한 경우는 어음탐지역치(Speech Detection Threshold: SDT)를 측정하여 사용한다. 어음탐지역치는 어음을 말이라고 감지하여 확인할 수 있는 최저 수준의 어음강도를 말한다.

어음명료도(speech discrimination score)란 듣기 편안한 강도, 즉 쾌적역치(Most Comfortable Level: MCL)에서 제시된 단어나 문장에 대해 인지할 수 있는 비율을 말한다. 피검자에게 일정한 수의 1음절 단어를 쾌적역치 수준에서 제시하고 따라 말하기, 쓰기 혹은 그림(사물) 지적하기 등의 반응을 하도록 한다. 피검자의 반응에 대해 정오를 판단하여 전체 단어 혹은 문장 가운데 바르게 인지한 비율을 산출한다.

**표 4-4** 어음청각검사의 요약

| 구분 | 어음청취역치검사 | 어음명료도검사 |
|------|------|------|
| 목적 | 민감도(역치) | 인지도 |
| 자극음 | 강강격단어 | 단어/문장 |
| 방법 | 제시된 단어 가운데 50%를 인지하는 어음의 강도 수준 | 쾌적역치 수준에서 단어/문장을 인지하는 비율 |
| 결과 | 어음청취역치(dB) | 어음명료도(%) |
| 참고 | 어음청취역치 측정이 어려울 경우 어음탐지역치로 대치 | |

정상 청력을 가진 사람의 경우 어음명료도는 대개 100%다. 전음성 청각장애의 경우도 일반적으로 100%가 나타나며 감각성이나 신경성 청각장애의 경우 어음명료도가 매우 떨어지는 것으로 나타난다.

최근 국내에서는 표준화된 어음청각검사(Korean Speech Audiometry: KSA, 이정학 외, 2010)가 개발되어 사용되고 있다. KSA는 어음인지역치검사와 어음인지도검사로 구성되며, 일반용(13세 이상), 학령기용(만 6~12세), 학령전기용(만 3~5세)의 세 집단으로 대상을 구분해서 집단별로 서로 다른 단어나 문장을 사용하고 반응 방법도 달리하여 측정한다. 어음인지도, 즉 어음명료도검사는 단어인지도와 문장인지도검사로 구분되어 있다. 어음청각검사에 대해 요약하면 〈표 4-4〉와 같다.

### 2) 어음청각검사의 차폐

순음청각검사와 마찬가지로 어음청각검사를 할 때도 검사 귀의 청력에 비해 반대쪽 귀(좋은 귀, 비검사 귀)의 청력이 좋을 경우, 음영청취(shadow hearing, 혹은 교차청취라고도 함)가 발생할 가능성이 있어 차폐를 실시해야 한다. 차폐 방법은 순음청각검사와 같다. 그러나 검사에 사용되는 소리가 순음이 아니라 어음이기 때문에 말소리의 특성을 고려해서 차폐를 결정한다.

어음청각검사에서는 검사 귀의 자극음 강도에서 양이감쇄값을 뺀 결과가 반대쪽 귀(좋은 귀, 비검사 귀)의 500, 1000, 2000Hz 주파수 대역 평균 역치보다 클 경우 차폐를 실시한다. 어음청각검사는 어음청취역치(SRT)를 측정할 때보다 어음명료도를 측정할 때 강도가 큰 말소리를 사용하므로 대부분 어음명료도 검사는 차폐를 하는 경우가 많다.

## 3) 어음명료도 곡선

어음명료도는 쾌적역치 수준의 어음강도에서 단음절어를 얼마나 정확하게 인지하는가를 나타내는 것이다. 어음명료도 곡선(speech performance intensity curve: PI 곡선)이란 어음청취역치(SRT)에서부터 일정한 간격(일반적으로 10dB)의 어음강도에서 명료도(%)를 측정하여 각각의 결과를 연결한 것을 말한다. 어음명료도 곡선은 청각장애의 유형에 따라 차이가 나타나 예전에는 이를 토대로 청각장애의 유형을 구분하기도 하였다. 청각장애 유형에 따른 어음명료도 곡선은 [그림 4-16]과 같다.

어음명료도 곡선의 가로축은 어음강도(dB), 세로축은 어음명료도(%)다. 어음명료도 곡선에서 가장 높은 값을 최대명료도값(PBmax)라고 하고, 반대로 가장 낮은 어음명료도값을 최소명료도값(PBmin)이라고 한다.

[그림 4-16]을 보면, 정상 및 전음성 청각장애의 어음명료도 곡선은 역치부터 PBmax에 도달할 때까지 곡선의 경사도가 매우 큰 것을 알 수 있다. 또한 PBmax는 모두 100%이고, 최대명료도값(100%)에 도달하면 이후 어음강도의 증가에 따라 수치가 동일하게 나타나는 특성을 보인다. 정상 청력과 전음성 청각장애의 곡선은 위치만 다를 뿐 곡선의 모양도 동일하다. 이는 전음성 청각장애의 어음 인지 특성이

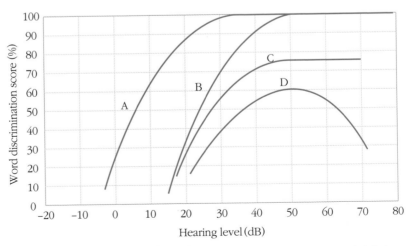

A: 정상, B: 전음성 청각장애, C: 감각신경성 청각장애, D: 감각신경성 청각장애

[그림 4-16] 청각장애 유형에 따른 어음명료도 곡선

정상 청력인과 같다는 이야기다.

그러나 감각성 청각장애의 어음명료도 곡선은 전음성 청각장애와 다르다. PBmax가 100%에 이르지 못하고 값이 매우 낮다. PBmax에 도달할 때까지 곡선의 경사도는 전음성이나 정상 청력에 비해 완만하다. 반면, 후미로성 청각장애, 즉 신경성 청각장애는 감각성 청각장애보다도 낮은 PBmax를 보여 주고 있으며, PBmax에 도달한 이후 어음의 강도가 증가하면 오히려 명료도값이 떨어지는 것을 알 수 있다. 신경성 청각장애에서 나타나는 이러한 어음명료도 곡선의 특징을 말림현상(roll-over effect)이라고 한다.

## 5. 객관적 청각검사

### 1) 중이검사

중이검사(immittance audiometry)는 음향 에너지의 흐름과 압력의 변화 등을 통해 중이의 상태와 기능을 간접적으로 평가하는 객관적 검사다. 중이검사에는 고막운동도검사, 등골근반사역치검사, 등골근반사 소실검사 등이 있다. 고막운동도(tympanometry)검사는 외이도의 압력 변화에 따른 소리 에너지의 반사 정도를 측정하여 중이강이나 이소골의 상태를 간접적으로 파악한다. 등골근반사(stapedial reflex)검사나 등골근반사 소실(reflex decay)검사는 내이나 청신경 상태를 알 수 있기 때문에 미로성(내이성) 청각장애와 후미로성(신경성) 청각장애의 유형을 판별하는 데 사용된다.

고막운동도검사는 프로브(probe, veartip)로 외이도를 밀폐한 상태에서 외이도의 압력을 +200/+400daPa에서 −200/−600daPa로 변화시키면서 220/226Hz의 저주파수음을 85dB SPL로 지속적으로 제시하여 압력 변화에 따라 고막에서 반사되는 에너지를 측정한다. 보통 외이도의 압력은 중이강의 압력과 동일한 상태이며 이때 고막의 수용 에너지가 가장 높다. 외이도의 압력이 서서히 높아지거나 낮아지면 고막의 긴장도가 점차 높아져 수용 에너지가 낮아진다. 이렇게 얻어진 고막운동도의 형태를 바탕으로 중이의 상태를 판정한다. 대표적인 고막운동도는 [그림 4-17]과 같다. 일반적으로 고막의 상태가 정상이면 A형의 고막운동도가 측정된다(B: 중이에 액체가 가득 차 있음, C: 수축된 고막, 중이 내 저류, 이관 기능 불량, 초기 중이염, A$_B$: 이소

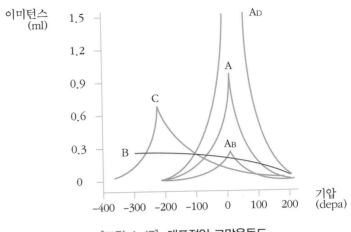

**[그림 4-17]** 대표적인 고막운동도

출처: 한국청각학교수협의회(2017).

골 유착, 고실 경화증, 이경화증, A_D: 이소골 붕괴, 단겹고막, 고막 노화, 부분적으로 치유된 고막 천공).

등골근반사는 강한 소리 자극에 대해 내이를 보호하기 위해 이내근(등골근)이 수축하여 발생하는 생리적 작용이다. 강한 소리 자극에 대해 등골근이 수축하면 등골을 외측으로 끌어당기고 더불어 고막을 바깥쪽으로 밀어 외이도 용적에 변화를 발생시키는데, 이때 발생하는 외이도 용적의 변화를 측정하는 검사다. 등골근 수축으로 외이도 전체 용적에 변화가 생기는 가장 작은 소리의 강도를 등골근반사 역치(Acoustic Reflex Threshold: ART)로 결정한다. 정상 청력인 경우 등골근반사 역치는 약 70~100dB HL에서 나타난다. 등골근반사의 유무를 통해 중이의 질병, 청신경이나 안면신경의 손상, 내이의 손상 등을 진단한다.

등골근반사 소실(감퇴)은 후미로성 청각장애의 경우 나타나는 비정상적인 반응으로 등골근 반사를 지속시키는 데 피로를 느껴 자극음이 존재하는데도 적응이 빨리 발생하는 현상을 말한다. 등골근반사 소실검사는 등골근반사 역치보다 10dB 더 큰 소리를 10초간 지속적으로 들려주면서 등골근반사의 변화를 관찰한다. 반사가 변하지 않거나 서서히 변하면 정상으로 평가하고, 10초 이내에 50% 이상 급하게 반사가 변하면 후미로성 청각장애로 평가한다.

### 2) 이음향방사검사

이음향방사(otoacoustic emission)는 와우에서 발생하는 소리 에너지로 자발적으로 혹은 소리 자극에 의해 발생한다. 와우 유모세포에서 발생하는 이음향방사는 대부분 청신경을 통해 뇌로 전달되지만 일부 에너지가 중이강을 통해 외이도로 빠져나오기 때문에 외이도에서 측정 가능하다. 이음향방사의 유무를 바탕으로 와우의 상태를 평가하는 데 사용된다. 이음향방사검사는 소음성 청각장애나 유모세포의 손상 등 내이의 손상을 조기에 발견하는 데 유용하다.

이음향방사는 음자극의 유무에 따라 자발이음향방사와 유발이음향방사로 나눈다. 자발이음향방사(spontaneous otoacoustic emission)는 음 자극이 없는 상태에서 측정되는 에너지를 말하며, 유발이음향방사(evoked otoacoustic emission)는 특정한 소리 자극에 의해 발생되는 이음향방사를 의미한다. 특히 유발이음향방사는 정상 청력을 가진 신생아에서는 대부분 나타나고, 청력손실이 25~30dB 이상일 경우는 방사음이 나타나지 않기 때문에 신생아 청각 선별검사에서 유용하게 사용되고 있다(ASHA, 2009).

### 3) 전기생리학적 검사

전기생리학적 검사(electrophysiologic test)란 와우나 중추청각계의 생리적인 변화를 측정하는 검사를 말한다. 소리 자극에 의해 와우 유모세포에서 발생된 전기신경 자극은 청신경 경로의 신경체마다 생물학적으로 전달된다. 두피에 전극을 부착하여 이러한 신경체의 전기신경 자극을 기록하면 청력손실의 유무, 정도 및 손상 부위를 진단할 수 있다. 소리 자극에 의해 유발된 전기적 신경 변화, 즉 유발전위를 측정하기 때문에 청성유발전위(Auditory Evoked Potential: AEP)라고도 한다.

일반적으로 청성유발전위의 종류는 매우 다양하게 나타난다. 따라서 소리 자극 후 반응이 나타날 때까지의 시간, 즉 잠복기(latency)에 따라 세 가지로 분류한다. 소리 자극 후 10~15ms까지 반응이 나타나는 것을 초기 반응(early AEP), 10~80ms 사이에 일어나는 반응을 중기 반응(middle AEP), 그리고 소리 자극 후 80~750ms에 나타나는 반응을 말기 반응(late AEP)이라고 한다. 이러한 분류 기준에 따라 대표적인 청성유발전위를 정리하면 〈표 4-5〉와 같다.

**표 4-5 대표적인 청성유발전위**

| 시간 | 청성유발전위(AEP) |
|---|---|
| 초기<br>10~15ms | • 와우전기도반응(electrocochleography: EcochG)<br>• 뇌간유발반응(Auditory Brainstem Response: ABR) |
| 중기<br>10~80ms | • 청성중기반응(auditory middle latency response)<br>• 40Hz 반응(40Hz response) |
| 말기<br>80~750ms | • 청성후기반응(auditory late response)<br>• P300 반응(P300 response)<br>• MismatchNegativity(MMN) |

### (1) 와우전기도반응

청성유발전위 가운데 가장 먼저 나타나는 것으로, 자극 후 2~3ms 사이에 나타나는 반응이 와우전기도반응(electrocochleography: EcochG)이다. 와우전기도반응은 외이도나 중이에 주요한 전극을 부착한 후 와우 및 와우에 가장 근접한 말초청신경의 기능을 측정하는 데 사용된다. 전극의 부착 위치에 따라 침습적 방법과 비침습적 방법이 있다. 와우 가까운 곳에 전극을 부착할수록 더욱 정확한 와우전기도를 얻을 수 있다.

임상적으로 와우전기도반응은 메니에르병의 진단에 사용되며, 뇌간유발반응의 진단에 보조적인 정보로 활용되기도 한다. 청력역치를 측정하기 어려운 피검자의 역치 추정도 가능하다.

### (2) 뇌간유발반응

뇌간유발반응(Auditory Brainstem Response: ABR)은 소리 자극 후 1~10ms 이내에 청신경과 뇌간부에서 나타나는 유발전위다. 두개골의 두정부, 유양돌기 및 이마에 전극을 부착하여 검사를 실시한다. 뇌간유발반응은 각성 상태에 큰 영향을 받지 않고, 재현성이 높아 객관적 청각검사로 널리 활용되고 있다. 특히 신생아 청각 선별검사 등 유소아의 청력 측정에 널리 사용되는 검사다.

## 6. Ling의 6음 검사

### 1) 6음

Ling의 6음 검사(Ling's 6 Sound Test)는 청각장애 임상 및 교육 현장에서 흔히 사용되는 청각 및 청능 평가다.

검사에 사용되는 6개의 말소리는 순음청력검사의 주파수 대역을 대표하는 것이다. 우(/u/), 아(/a/), 이(/i/), 음(/m/), 쉬(/ʃ/), 스(/s/)는 약 200~6,000Hz에 분포될 수 있는 말소리로 일반적인 강도는 30~60dB 정도다.

1,000Hz까지의 청력에 문제가 없으면 /우/, /아/, /이/는 들을 수 있다. 2,000Hz 정도까지 들을 수 있다면 /쉬/를 들을 수 있다. 만약 4,000Hz까지 들을 수 있는 청력이라면 /스/도 들을 수 있다. 이와 같이 /우/, /아/, /이/와 같은 모음은 제1, 제2 포먼트(formant)가 1,000Hz 이하의 저 및 중주파수 대역에 분포한다. 반면에, /쉬/와 /스/는 주파수 성분이 고주파수 음역에 있다는 특징을 갖는다. 따라서 6개의 음을 사용하여 평가하면 주파수 대역별 청각 및 청능 평가가 가능하다. 이를 이용해 청능훈련을 실시하기도 하고, 보청기나 인공와우의 적합이나 평가를 실시하기도 한다.

### 2) 검사 방법

먼저 대상 아동에게 반응 방법을 알려 주고 익숙해질 때까지 연습한다. 6개의 소리 자극을 무작위로 청각만으로 들려주고 들리면 반응하게 한다. 반응은 연령에 따라 다를 수 있다. 들리는 소리를 따라 말하게 하거나 손들기 등의 행동을 하도록 한다. 자극과 반응에 대해 익숙해지면 음의 제시 방향, 거리 혹은 강도를 다르게 하여 실시할 수 있다. 6음 검사는 국내 유일의 표준화된 말지각검사인 국립특수교육원 말지각발달검사(KNISE-DASP)의 하위 검사로 포함되어 있어, 내용과 절차가 자세히 제시되어 있으므로 참고할 수 있다.

아동의 반응에 따라 청능 수준에 관한 평가가 가능하다. 자극 음의 제시 방향을 달리하는 것은 검사의 신뢰성을 높이고 아동이 가장 잘 들을 수 있는 거리와 강도 등을 알기 위해서다. 일반적인 듣기 환경에서는 음원과의 거리를 1/2로 줄이면 약 60dB의 음향 이득을 얻을 수 있다. 자극 음을 강조하여 제시하였을 때와 작은 소리로 제시하였을 때의 차이는 약 12dB 정도가 된다. 따라서 다양한 제시 조건에서 검

표 4-6 **Ling 6음 검사를 사용한 듣기와 보청기 점검**

| 검사 결과(반응) | 원인과 대응 방법 |
|---|---|
| /ʃ/ 청취 가능 | /i/음 듣기도 가능하다.<br>/i/의 F2와 /ʃ/가 같은 주파수 대역이므로 /i/와 /u/의 변별도 가능하다 |
| /u/ 청취 가능,<br>/i/ 청취 불가능 | 고주파수 음역의 청력이나 혹은 보청기의 이득이 낮을 수 있다.<br>200~300Hz 부근의 이득이 부적절할 가능성 있다. |
| /a/ 청취 가능,<br>/u/ 청취 불가능 | 1,000Hz 이하의 청력이나 보청기 이득이 불충분할 가능성이 있다(/a/의<br>F1과 /u/의 F2는 똑같이 750~1,000Hz 대역에 있기 때문) |
| /ʃ/ 청취 불가능 | 2,000~2,500Hz 부근의 청력이나 보청기 이득이 충분하지 않을 가능성이<br>있다. |
| [s] 청취 불가능 | 4,000Hz 부근의 청력이나 보청기 이득이 부족할 가능성이 있다. |

출처: 이상흔 외(2006).

사한 결과는 개인별 청능훈련 프로그램을 설정하는 데 도움이 될 것이다.

〈표 4-6〉은 검사 결과를 바탕으로 추측해 볼 수 있는 원인이나 듣기 상태에 대해 정리한 것으로 이를 토대로 적합한 대응 방법을 생각해 볼 수 있다.

## 연구 과제

1. 특수교육 교사가 청각기관의 해부학적 구조를 알아야 하는 이유를 설명해 보자.
2. 외이, 중이, 내이의 기능을 정리하고, 각각의 구조적 손상이 야기할 수 있는 청각 및 듣기의 문제를 설명해 보자.
3. 행동관찰검사는 교실에서 사용할 수 있는 검사다. 교실에서 사용할 수 있는 자극음과 실시 방법을 설명해 보자.
4. 청각장애학생을 대상으로 순음청각검사(기도검사, 골도검사)를 실시하고, 적절한 기호를 사용하여 청력도를 작성해 보자.
5. 4의 청력도로 바탕으로 3분법, 4분법 및 6분법을 사용하여 평균청력역치를 산출해 보자.
6. 어음청각검사와 순음청각검사와 관계를 통합적으로 설명해 보자.
7. 중복장애학생의 청력을 측정할 때 객관적 청각검사를 실시해야 하는 이유를 설명해 보자.

# 참고문헌

고도흥(2013). 언어기관의 해부와 생리-발성에서 지각까지. 서울: 학지사.

김리석(2001). 청력검사의 기초. 대한청각학회 제1회 청력검사 강습회 자료집.

김수진(2012). 교사와 부모를 위한 청각장애아동 교육. 서울: 학지사.

대한이비인후과학회 편(2009). 이비인후과학 I 기초 · 이과. 서울: 일조각.

대한청각학회 편(2008). 청각검사지침. 서울: 학지사.

윤미선, 백유순 공역(2014). 21세기의 농교육: 주제와 경향. 서울: 시그마프레스.

이상흔, 박미혜, 이달희, 허명진(2006). 아동청능재활. 경기: 양서원.

이정학, 조수진, 김진숙, 장현숙, 이경원(2010). 어음청각검사(Korean Speech Audiometry). 서울: 학지사.

장선오(2002). 이음향방사. 대한청각학회 제2회 청력검사 강습회 자료집.

한국청각언어장애교육학회 편(2012). 청각장애아동교육. 경기: 양서원.

한국청각학교수협의회 편(2017). 청각학개론. 서울: 학지사.


American National Standards Institute (ANSI) (1996). *American national standard specification for audiometers* (ANSIS.3.6-1996). New York: American National Standards Institute, Inc.

American Speech-Language-Hearing Association (ASHA) (2005). *Pure-tone threshold audiometry [Guidelines]*. Retrieved from www.asha.org/policy.

American Speech-Language-Hearing Association (ASHA) (2009). *Hearing Screening*. Retrieved from www.asha.org/policy.

Weinstein, B. E. (2000). *Geriatric audiology*. Thieme.

# 제5장 보청기와 인공와우

**학습 목표**

1. 보청기의 기능을 알고, 청각장애아동에게 알맞은 보청기의 기능을 설명할 수 있다.
2. 인공와우의 구성 요소와 신호전달 순서를 열거한다.
3. 교실에서 필요한 청각보장구의 발전을 예측해 본다.

보청기의 역사를 살펴보면 전기적 보청기가 발명되기 훨씬 이전부터 소리를 듣고자 하는 인간의 욕구는 매우 강했다는 것을 알 수 있다. 초기의 보청기는 귀 뒤에 손을 대어 약간의 효과라도 보려고 노력했고, 동물의 뿔이나 도구를 사용하기도 하였다. 1800년대 후반 전기가 발명되면서 시작된 탄소 보청기, 진공관 보청기, 트랜지스터 보청기 시대에는 충분한 증폭을 통해 깨끗하게 듣고자 하는 바람이 나타나 있으며, 보청기에 디지털 기술이 도입된 현대에는 보청기 고유의 기능인 타인이나 자신의 말소리를 잘 들을 수 있을 뿐만 아니라 타인의 눈에 쉽게 띄지 않을 만큼 작고 많은 기능을 갖추면서도 세련된 디자인에 대한 욕구가 커졌다. 이러한 인간의 보청기에 대한 욕구와 과학의 진보에 맞추어 보청기는 매우 빠르게 변해 가고 있다.

인공와우는 고도 및 최고도 청각장애인에게 청각 정보를 제공하기 위해 내이, 즉 와우를 대신하는 임플란트식 기기를 통해 청신경을 전기적으로 자극하는 기구다. 인공와우는 음향신호의 크기를 증가시키는 증폭기가 아니라 청신경을 직접 자극하기 위하여 말초 청각기관에 이식하는 기구다. 그러나 인공와우는 청력을 회복시키는 기기가 아니기 때문에 이식자마다 사용 효과가 다르다. 일부는 청각 인지, 환경음의 감지, 말읽기 능력의 향상 등을 보이며, 혹은 시각적 단서 없이 보기가 제시되지 않는 말인지 검사를 수행할 수 있는 사람도 있다. 전화로 대화를 수행할 수 있는 이식자도 있다.

청각장애아동에게 보청기와 인공와우는 손상된 청각기관을 대신해 주는 중요한 보장구다. 이 장에서는 청각장애아동을 중심으로 보청기와 인공와우에 대해 살펴보고자 한다.

## ⊞ 제1절 보청기

### 1. 보청기의 기본 구조

보청기는 증폭기(amplifier)다. 다시 말해, 보청기는 소리를 증폭시켜 외이도의 내부로 전달해 주는 장치다. 따라서 보청기는 크게 송화기, 증폭기, 수화기의 세 부분으로 구성되며, 여기에 증폭기의 동력원을 공급하는 전원, 즉 배터리와 전기적 신호를 조절하는 조절기 등이 추가된다. 송화기(microphone)는 흔히 마이크라 부르는 것으로 입력된 음향 에너지를 전기적 신호로 변환시켜 증폭기로 전달해 주는 역할을 한다. 증폭기(amplifier)는 변환된 전기적 신호를 다양한 크기로 증폭시켜 주는 역할을 하며, 수화기(reciever)는 증폭된 전기적 신호를 다시 음향 에너지로 변환하여 외이도로 입력시켜 준다([그림 5-1] 참조).

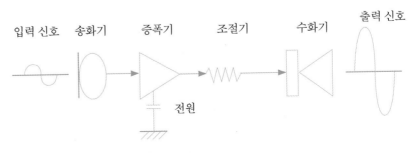

[그림 5-1] 보청기의 기본 구조

송화기는 외부에서 발생하는 소리를 수집하여 전기적 신호로 변환하여 증폭기로 보내 주는 장치다. 음원의 위치에 관계없이 모든 방향의 소리를 수집하는 무지향성 마이크(omidirectional microphone), 음원의 방향이나 화자가 위치하는 전(前) 방향만 더욱 활성화하여 소리를 수집하는 지향성 마이크(directional microphone) 등 다양한 송화기가 개발되어 사용 목적에 따라 선택하면 보다 좋은 소리를 들을 수 있다. 송화기 내에 입력되는 소리 신호를 디지털 신호로 변환하여 실시간으로 신호대 잡음비(signal to noise: SNR)를 개선시켜 주는 디지털 마이크까지 출시되고 있다(이상흔 외, 2006; 이정학, 이경원, 2019).

증폭기는 송화기에서 변환된 작은 전기 신호를 진폭이 큰 신호로 바꾸어 주는 역할을 한다(한국청각언어장애교육학회, 2012). 증폭기는 전기신호의 전압이나 전류를 동시에 혹은 각각 증폭시켜 준다. 증폭기는 증폭의 형태에 따라 A급, B급, D급 등의 다양한 증폭기가 있다.

출력장치에 해당하는 수화기는 송화기와 마찬가지로 변환기다. 그러나 신호의 흐름상 송화기와는 반대로 증폭된 전기 에너지를 다시 소리 에너지로 바꾸어 출력한다. 수화기는 대부분 보청기 내부에 위치하므로 육안으로는 확인하기 어렵다.

이 밖에 각종 기능을 조절하는 조절기가 있다. 음질 및 음량 조절기가 있으며, 최대 출력 조절기, 압축 조절기 등이 있어 개인의 청력 범위에 맞게 소리를 조절할 수 있으며, 기타 보청기를 작동하게 해 주는 전원 공급장치인 배터리가 있다.

## 2. 보청기의 종류

보청기의 종류는 다양한 기준에 의해 분류할 수 있다.

### 1) 착용 위치 혹은 형태에 따른 분류

보청기를 착용하는 위치나 외관상의 특징에 따라 분류하면, 상자형, 귀걸이형, 귓속형 등으로 구분할 수 있다([그림 5-2] 참조). 상자형 보청기는 주머니 속에 위치할 수 있기 때문에 흔히 주머니형 보청기라고도 부른다. 보청기 가운데 외형이 가장 크며, 상의 주머니나 별도 주머니를 만들어서 목에 걸거나 허리 벨트에 착용한다. 수화기는 선으로 연결되어 있고 이어폰을 사용한다. 주머니형 보청기는 송화기와 수

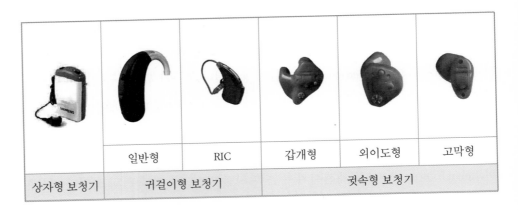

| | 일반형 | RIC | 갑개형 | 외이도형 | 고막형 |
|---|---|---|---|---|---|
| 상자형 보청기 | 귀걸이형 보청기 | | 귓속형 보청기 | | |

[그림 5-2] 보청기의 종류

화기의 위치가 멀어 음향 되울림(acoustic feedback) 현상이 없으며 높은 이득과 출력을 얻을 수 있다. 그러나 송화기의 위치 때문에 의복이 스치는 등의 소음이 발생하기 쉽다는 단점이 있다. 귀걸이형 및 귓속형 보청기의 발달로 현재는 거의 사용하지 않는다.

귀걸이형 보청기(Behind-The-Ear: BTE)는 비교적 작은 보청기다. 송화기, 증폭기, 수화기, 제어장치 및 건전지는 이개 뒤에 착용하는 본체에 들어 있다. 수화기에서 출력되는 소리는 이어후크(earhook), 도음관(tube), 귀꽂이(earmold)를 통해 외이도로 전달된다. 최근에 수화기를 분리하여 외이도에 착용하는 외이도 송화기형(Receiver-in-the earcanal: RITE, RIC) 보청기도 출시되었다. 기존의 귀걸이형 보청기와 외이도 송화기형 보청기를 구분하기 위해 전자는 standard-tube 또는 tin-tube BTE라고 부르며, 후자는 RITE BTE 혹은 thin-wire BTE라고 부르기도 한다.

귓속형 보청기는 착용 위치에 따라 크게 갑개형 보청기(full-concha type), 외이도형 보청기(half-concha type, In-the canal: ITC), 고막형 보청기(Completely In the Canal: CIC) 등으로 구분한다. 갑개형 보청기가 가장 높은 이득과 출력이 가능한 반면에, 외이도형이나 고막형은 출력은 작지만 외부에서 볼 때 눈에 잘 띄지 않아 미용 효과가 크다는 장점이 있다. 또한 고막형 보청기는 송화기의 위치가 외이도 내에 있어 이개의 공명 효과 때문에 고주파수의 증폭 효과를 얻을 수 있고, 폐쇄 효과(occlusion effect)를 줄이는 것도 용이하다.

## 2) 음 전도 방식에 따른 분류

외부의 소리가 내이로 전달되는 통로는 기도(전도)와 골도(전도) 두 가지가 있다. 기(전)도는 외부의 소리가 외이, 중이를 거쳐 내이로 입력되는 경로를 말하며, 골 (전)도는 외부의 소리가 두개골을 진동시켜 진동이 직접 내이로 전달되는 경로를 말한다.

음 전도 방식에 따라 보청기를 분류하면, 기도 보청기와 골도 보청기로 구분한다. 기도 보청기(air conduction hearing aid)는 일반적으로 사용되는 보청기로 기도전도를 통해 증폭된 신호를 전달한다. 골도 보청기(bone conduction hearing aid)는 골전도를 사용해 증폭된 소리를 전달한다. 주로 두개골의 유양돌기에 진동체를 부착하여 착용하며, 안경이나 머리띠 형태를 만들어 사용한다. 골도 보청기는 기도 보청기를 사용하기 어려운 특수한 조건을 가진 사람, 예를 들면 외이도 폐쇄 및 협착, 만성중이염, 귀꽂이 알레르기 등이 있는 사람에게 적용되는 특수 보청기의 하나다.

## 3) 신호처리 방식에 따른 분류

아날로그 보청기(analog hearing aid)는 입력된 신호가 송화기, 증폭기 및 수화기를 거치면서 전기 신호의 변환 없이 증폭만 하여 수화기로 전달하는 가장 기본적인 보청기다.

디지털 보청기(digital signal processing hearing aid)는 변환된 전기 신호를 디지털 신호처리, 즉 증폭, 여과, 분석 등의 과정을 통해 원하는 신호로 처리하는 과정을 거치는 보청기다. 디지털 신호 처리를 거친 보청기의 장점은 보청기의 크기를 줄일 수 있으며, 기계 자체의 잡음이 적고, 건전지의 소모가 작으면서도 안정된 소리를 출력할 수 있다는 것이다.

## 4) 증폭 방식에 따른 분류

증폭 방식에 따라 보청기를 분류하면 선형 보청기와 비선형 보청기로 구분한다. 보청기로 입력되는 소리와 출력되는 소리의 크기가 동일하게 증가하는 방식의 보청기를 선형 보청기라고 한다. 비교적 초기의 보청기는 대부분 선형 보청기(linear amplification)였다.

1980년대 이후 입력음의 증가율보다 출력음의 증가율이 적은 비선형(방식) 증폭기

(nonlinear amplification)가 나타났다. 비선형 보청기는 압축역치와 압축비율을 조절하여 역동범위가 좁은 감각신경성 청각장애의 청력을 보상해 주는 데 효과적이다.

### 5) 특수 보청기

특수 형태의 보청기에는 FM 보청기(보통 FM 시스템이라고 부른다), 골도 보청기, 주파수 전위 보청기, 크로스형 보청기 그리고 인공중이나 인공와우와 같은 이식형 보청기 등이 있다. 이식형 보청기는 인공와우 부분에서 별도로 서술할 것이므로 생략하고, 골도 보청기는 음전도 방식에 의한 보청기에서 이미 설명하였으므로 나머지 보청기에 대해서 서술하기로 한다.

### (1) FM 보청기

화자가 착용한 마이크를 통해 입력된 신호(소리)를 청각장애아동이 착용한 수신기로 보내기 위해 FM(frequency modulation) 신호를 사용한다([그림 5-3]). 일반적으로 청자의 듣기를 방해하는 요인, 즉 신호대잡음비를 방해하는 요인으로는 배경소음, 반향(reverberation), 거리 등이 있다. 소음이나 반향이 많거나 거리가 멀어지면 소리를 듣는 것이 어려워진다. FM 보청기는 이러한 방해 요인에 상관없이 청각장애아동이 신호음을 직접 들을 수 있게 해 준다. 따라서 교실이나 체육관 혹은 전시관 등과 같은 장소에서 효과적으로 사용되고 있다. 통합교육을 받는 청각장애아동에게 FM 보청기는 학습을 비롯한 학교 내외의 다양한 활동에 도움을 줄 수 있다. 청각장애아동이 착용하고 있는 개인용 청각보장구에 FM 수신기를 연결하면 용이하게 사용할 수 있다.

| 송신기 | 수신기 | | |
| --- | --- | --- | --- |
| InSpiro(Pnonak) | MLxi(Pnonak) | 일체형 수신기 (Pnonak) | 인공와우용 수신기 |

[그림 5-3] FM 보청기

## (2) 주파수압축 보청기

주파수압축 보청기(frequency compression hearing aid)는 주파수전위 보청기 (frequency transpositon hearing aid)라고 부르기도 한다. 고주파수 대역의 에너지를 저주파수 대역으로 변환 혹은 압축시켜 증폭시키는 보청기를 말한다. 고주파수 대역의 청력이 거의 없으면서 저주파수 대역에 일부 잔존청력이 남아 있는 고도 및 최고도 청각장애아동에게 사용되거나 인공와우 이식을 결정하기 전 단계에서 보청기의 효과를 검증하는 데에도 활용된다.

## (3) 크로스형 보청기

크로스(Contralateral Routing Of Signal: CROS)형 보청기는 주로 편측 난청 혹은 비대칭형의 청력손실이 있는 경우에 사용되며, 청력이 나쁜 쪽 귀로 들어오는 신호를 청력이 좋은 쪽 귀에서 청취할 수 있도록 해 주는 보청기다. 따라서 소리가 발생한 방향에 관계없이 청력이 좋은 귀로 소리를 들을 수 있으며, 나쁜 쪽에서 입력되는 소리에 대해 두영 효과(head shadow effect)의 영향을 크게 받지 않는다는 장점을 갖는다. 그러나 귀걸이형의 크로스형 보청기는 양쪽 귀에 수화기와 보청기를 동시에 착용해야 하므로 미용 효과가 떨어지고 번거로울 수 있는 단점도 있다.

## 3. 보청기의 적합

청각장애아동을 위한 보청기 적합은 크게 다섯 단계로 구성된다. 먼저 청력 평가 (assessment), 보청기 선택 및 적합(selection), 적합 확인(verification), 교육 그리고 결과 평가(outcome evaluation) 단계다.

요즘은 청각장애의 조기발견 및 조기중재로 인해 매우 어린 나이에 청각장애를 발견하고 중재를 시작한다. 때문에 처음 보청기를 착용하는 연령이 매우 낮아 신체적·청각적 조건이 성인과 다르다는 점을 고려하여 보청기를 선택하고 적합해야한다. 또한 보청기에 적응하기 위해서도 오랜 시간 충분한 시간을 갖고 섬세하게 교육해 나가야 한다.

동일한 청력검사기로 측정하였을 때 아동의 청력역치는 성인과 다를 수 있다 (Bagatto & Moodie, 2008). 아동의 외이도 모양과 길이는 성인과 다르기 때문에 외이도 공명주파수가 다르다. 성인의 외이도 공명주파수는 대략 2.5K Hz에서 나타나지만 아동은 약 6K Hz에서 나타나기 때문에 순음청각검사 결과는 대부분 6K Hz는 성인에 비해 역치가 낮게 나오고, 2~3K Hz에서는 높게 나온다는 점을 기억해야 한다. 청각적 특징으로는 정상 청력의 아동이라도 효율적으로 의사소통하기 위해서는 성인에 비해 높은 신호대잡음비가 필요하다는 점이다. 아동의 경우 동일한 청력일 때 약한 소리에 대해서는 성인에 비해 높은 이득이 필요하다. 그러나 영유아에 대한 청각학적 데이터가 아직 충분하지 못하기 때문에 어린 아동의 보청기 적합 과정은 매우 신중하게 진행할 필요가 있다.

## 1) 청각 평가

보청기 착용을 위한 첫 번째 단계는 정확한 청력 및 듣기에 대한 평가다. 정확한 평가 결과는 보청기 선택이나 적합을 효과적으로 이끌어 준다. 그러나 보청기 착용에 앞서 의료적 치료가 필요한 경우에는 보청기 착용에 앞서 치료를 받아야 한다. 아동의 경우는 드물지만 돌발성이나 전음성 청각장애 그리고 어지럼증, 이통 및 이명 등을 수반한 청각장애의 경우에는 반드시 의료적 처치가 선행되어야 한다.

일반적으로 보청기 선택이나 적합을 위해서는 청력손실 정도 및 발생 시기, 청각장애의 유형, 역동범위 및 어음인지력 등을 고려해야 한다. 이에 대한 구체적인 내용은 제1장 청각장애의 개관에서 서술하였으므로 여기서는 각 요인과 보청기 선택을 연결하여 내용을 정리하기로 한다.

경도의 청력손실은 부분적으로 보청기의 이득을 볼 수 있다. 중·고도 청력손실은 반드시 보청기를 착용해야 하며, 보청기에 대한 만족도도 높다. 80dB HL 이상의 고도(severe) 청력손실의 경우도 반드시 보청기를 착용해야 하지만 보청기에 대한 만족도는 일반적으로 낮은 편이다. 청력손실 정도를 기준으로 보청기 효과를 정리하면, 중도(moderate) 손실이 가장 우수하고 다음으로 고도와 경도(mild) 난청이며, 최고도(profound) 손실이 가장 효과가 적다.

난청 기간은 짧을수록 보청기의 착용 효과가 좋다. 전음성 청각장애가 효과가 가장 좋고, 감각성 및 신경성 청각장애 순으로 효과가 적다. 최근 보청기의 효과가 적은 감각신경성 청각장애아동은 대부분 이식형 보청기인 인공와우(cochlear implant)를 사용한다.

역동범위가 45dB 이상으로 넓으면 보청기를 통해 큰 효과를 볼 수 있으나 25dB 이하로 좁은 경우 보청기 착용이 매우 어렵다. 하지만 이 경우에도 비선형 증폭기를 사용하여 압축비율을 높이면 도움을 받을 수 있다. 어음인지력이 높을수록 보청기의 효과가 크게 나타난다. 보청기를 사용해도 어음명료도(인지도)가 50% 미만인 경우는 청각만으로 의사소통이 어려울 수 있으므로 말읽기나 수어 등 시각 정보를 통합한 의사소통 매체를 고려하는 것이 좋다.

보청기 착용을 위한 청력 평가 이외에 청각장애아동의 인지력이나 기형의 유무, 청각에 대한 착용 아동의 요구도 및 보청기에 대한 기대치, 가족의 지원 등에 따라서도 착용 효과가 다르기 때문에 보청기 착용을 위한 평가에는 이러한 것에 대한 내용도 포함되어야 한다.

## 2) 보청기의 선택

### (1) 착용 귀의 선택

양측 귀에 청력손실이 있는 경우 양이 착용이 가장 바람직하지만 반드시 양이 착용을 고수할 필요는 없다. 그러나 양측 귀 대칭형 청력손실이 있는 아동은 양이 보청기 착용을 우선해야 한다. 이는 두 개의 귀로 소리를 듣는 것이 한쪽 귀로 듣는 것보다 역치 부근에서 약 3dB 정도 크게 들을 수 있으며, 특히 고주파수 대역에서 두영 효과로 인한 영향을 덜 받는 것으로 알려져 있기 때문이다(Dillon & Harvey, 2012). 또한 양이에 보청기를 착용하는 것이 소음이나 반향으로 인한 방해를 덜 받고 어음인지도를 높일 수 있기 때문이다.

편측 착용을 할 수밖에 없는 경우에는, 첫째, 역동범위가 상대적으로 넓은 귀를 선택하며, 둘째, 어음명료도가 높은 귀에 보청기를 착용하는 것이 효과적이다.

양이의 청력손실이 비대칭적일 때는 먼저 1~2개월 정도 시험 기간을 갖는 것이 좋으며, 보청기를 착용해야 할 귀를 선택할 때는, 첫째, 양이의 청력이 모두 55dB 이하인 경우는 청력손실치가 큰 쪽에 착용하고, 둘째, 양이의 청력이 모두 80dB 이상으로 심한 청각장애인 경우 청력이 좋은 쪽에 착용하는 것이 좋다. 양이 청력의 차이가 매우 큰 경우, 즉 한쪽은 거의 최고도 수준이며 다른 한쪽은 중도인 경우에는 청력이 좋은 쪽에 착용하도록 권한다.

## (2) 보청기의 형태 선택

상자형 보청기는 가장 높은 이득에도 불구하고 사용상의 불편 때문에 최근에는 거의 사용하지 않는다. 귀걸이형 보청기와 귓속형 보청기 중 어느 것을 선택하는가는 청력손실 정도가 가장 중요하다. 청력손실 정도가 크면 당연히 증폭량이 큰 귀걸이형 보청기가 적당하며, 경도나 중도인 경우는 귓속형 보청기가 적합하다(〈표 5-1〉 참조). 그러나 귓속형 보청기는 이개나 외이도의 크기가 빠르게 달라지는 어린 아동에게는 적합하지 않은 점이 있다.

디지털 전자기기의 장점은 보청기에도 적용된다. 현재 대부분의 보청기는 다채널 디지털 보청기로 다양한 장점을 갖고 있다. 그러나 상대적으로 비싼 편이어서 처음부터 모든 청각장애아동이 반드시 디지털 보청기를 선택할 필요는 없다고 한다. 전음성 청각장애는 아날로그 보청기도 충분히 효과가 있으며, 일부 경도의 감각신경성 청각장애의 경우도 굳이 비싼 디지털 보청기를 선택하지 않아도 된다.

역동범위가 넓은 전음성 청각장애나 청력손실 정도가 심하지 않아 적은 양의 증폭으로 충분한 경도 및 중도의 감음성 청각장애아동은 선형 보청기를 선택하는 것이 좋다. 대부분의 감음성 혹은 신경성 청각장애는 역동범위가 상대적으로 매우 좁기 때문에 비선형 보청기를 선택해야 한다. 일반적으로 역동범위가 30dB 이하인 경우는 비선형 보청기가 적당하다. 보청기를 처음 사용하거나 스스로 음량조절기를 조절하기 어려운 아동 및 청취 환경이 다양한 청각장애아동은 광대역 압축 방식의 보청기가 유리할 수 있으며, 급추형의 청력형을 가진 청각장애아동은 다채널의 비선형 보청기가 유리하다.

표 5-1 **청력손실과 보청기의 형태**

| 청력손실 | 귀걸이형 보청기 | 귓속형 보청기 | | |
|---|---|---|---|---|
| | | ITE | ITC | CIC |
| 경도 | 착용 가능 | 전방향의 소리에 민감하게 반응할 수 있음 | 이개의 공명효과 | 폐쇄효과 감소 |
| 중도 | | | | |
| 고도 | | | 부적합 | 부적합 |
| 최고도 | | 부적합 | | |

### 3) 보청기 적합 시 고려할 점

청각장애아동의 나이가 만 3세 정도가 되면 어음청각검사 등을 보청기 적합에 활용할 수 있으며, 나이가 더 많으면 스스로 자신에 맞는 보청기와 소리에 대한 의견을 나타낼 수도 있다. 그러나 나이가 아주 어린 영유아에게 불쾌역치를 넘지 않도록 최대출력을 조정하거나 음압이 적은 소리나 큰 소리가 역동범위 내에 충분히 들어갈 수 있도록 조정하는 일은 매우 어려운 과정이다. 이 때문에 고려해야 할 점을 정리해 본다.

먼저 처방된 최대출력음에 대해서는 아동의 행동을 잘 관찰하면서 적합을 실시한다. 보청기를 착용시키려고 하면 거부반응을 보이거나 착용했다가 벗어 버린다면 이는 보청기를 통한 강한 소리가 불쾌역치를 넘는 것일 수도 있다. 때문에 어린 아동일수록 비선형의 주파수압축 보청기가 적합하다.

어른에 비해 아동의 보청기 착용은 말소리의 입력과 이해에 큰 영향을 미친다. 따라서 성인보다 주파수 범위가 넓은 것을 선택하여 적합시키는 것이 바람직하다. 그러나 음향피드백이 발생하거나 청력 측정의 문제 때문에 고주파수의 증폭이 충분하지 못할 경우 보청기 착용으로 얻는 효과가 예상보다 적을 수도 있다는 점을 명심해야 한다. 일반적인 보청기로 고주파수의 증폭이 어려운 경우는 주파수압축(전위) 보청기의 착용 등도 고려할 수 있다.

앞서 지적한 대로 성인에 비해 아동은 외이도의 길이가 작아 목표로 하는 이득을 얻기 위해 성인보다 커플러 이득이 적게 필요할 수도 있다. 이를 고려하여 보청기 이득음의 크기를 결정해야 한다. 보청기 적합 과정에서 나타나는 아동의 발성, 발화 행동 및 언어 발달 수준은 간접적이지만 보청기 적합에 필요한 정보를 제공해 준다. 언어치료사나 부모의 협조를 얻어 이를 적합에 활용할 수 있어야 한다.

성인에 비해 아동이 사용하는 보청기의 송화기는 일반적인 것보다는 전방향성 송화기나 지향성 송화기가 화자가 전달하는 언어음을 입력하는 데 효과적일 수 있다. 이에 대한 입증 자료는 아직 부족하지만 어음에 대한 이해력의 발달이 늦은 아동에게는 보청기 적합 과정에서 시도해 볼 수 있는 부분이다. 성인은 보청기 적합 과정에서 소리에 대한 크기에 대해 음량지각 측정 등을 통해 분명한 정보를 얻을 수 있기 때문에 적합이 쉽게 이루어지지만 아동은 자신이 들은 소리에 대한 표현이 부적절하거나 잘못 표현되는 경우가 많으므로 일반적으로 역치를 기준으로 처방공식을 사용하는 것이 효과적이다.

청각장애아동의 보청기 사용을 극대화하기 위해서는 무엇보다도 부모의 이해와 협조가 필요하다. 따라서 보청기 전문가나 교사는 다양한 방법으로 부모 지원 및 교육을 실시해야 하며, 아동의 청능재활에 반드시 부모를 포함시키는 것이 중요하다. 또한 아직 자신의 보청기를 스스로 관리하지 못하는 아동에 대해 부모가 효과적으로 유지·관리할 수 있도록 필요한 정보를 제공할 필요도 있다.

## 4. 보청기 평가

보청기의 상태에 문제가 있는지를 알기 위해서는 심리음향적 평가와 전기음향적 성능분석 평가를 실시한다. 심리음향적 평가는 숙련된 귀를 사용하여 보청기에서 나는 소리 등을 듣고 주관적으로 이루어지는 평가다. 반면, 전기음향적 평가는 보청기 성능분석장치(hearing aid analyzer)를 사용하여 객관적인 지표를 통해 분석하는 방법이다.

보청기 평가의 목적은 보청기가 최적의 상태를 유지하고 있는지 혹은 사용 중인 보청기에 특별한 문제가 있는지 점검하기 위한 것이다. 보청기 평가 결과는 청각장애아동의 청력에 맞는 보청기를 선택하고, 유지 및 관리하는 데 필요한 정보로 활용된다.

### 1) 심리음향적 평가

앞서 설명한 것처럼 심리음향적 평가는 검사자가 자신의 숙련된 귀를 사용해서 보청기를 평가하는 것을 말한다. 심리음향적 평가를 위해서는 보청기의 소리를 검사자가 직접 들을 수 있도록 보청기의 수화기와 검사자의 귀를 연결해 주는 청음기가 필요하지만 청음기가 없어도 어느 정도 평가는 가능하다. 평가 내용으로는 보청기 본체에서 출력되는 소리의 질과 잡음의 유무, 소리의 끊김 유무, 음향 되울림(acousitic feedback) 상태 등이며, 송화기에 Ling의 6음(이에 대해서는 제4장을 참고)을 입력하여 정확하게 들리는지 등을 평가한다.

### 2) 전기음향적 성능 평가

보청기의 전기음향적 특성 분석에 사용되는 장비와 절차, 지표는 일반적으로 미

[그림 5-4] 보청기 성능분석장치의 내부 및 2cc 커플러

국 식품의약청(FDA)이 지정한 표준안에 의해 실시된다(ANSI S3.22, 2009). 이에 따라 보청기를 평가하려면 보청기와 측정용 송화기를 연결하는 2cc 커플러(coupler)가 일반적으로 사용된다. 보청기 성능분석장치는 측정실(test box)이라고 불리는 방음상자 내에 신호음 발생기, 스피커, 기준 송화기, 커플러 및 측정용 송화기 등이 들어 있으며, 보청기에서 출력되는 소리를 분석하기 위한 모니터 및 조절장치 등으로 구성된다([그림 5-4] 참조).

보청기 성능분석 지표로는 음향이득, 최대출력음압, 주파수 범위, 왜곡률, 입출력곡선, 압축 및 해제 시간 등을 측정한다. 자세한 측정지표에 대한 설명이나 측정 방법은 별도의 전문서적을 참고하도록 한다.

## ∰ 제2절 인공와우

오늘날 과학과 청각학의 발달로 고도 이상의 감각신경성 청각장애인은 인공와우(cochlear implant)를 사용하여 소리 정보를 받을 수 있게 되었다. 청각장애로 진단받은 사람들 대부분은 보청기를 착용하여 다양한 도움을 받을 수 있으나, 이런 전통적인 증폭기는 일부 고도 및 최고도 청각장애인에게 집중적인 청각재활에도 불구하고 제한적으로만 도움이 되거나 아무런 도움을 제공하지 못할 수도 있다. 잔존청력이 거의 없는 사람은 가장 강력한 보청기로도 환경음 인지나 말인지와 같은 의미 있는 정보를 제공받지 못한다. 인공와우 이식술은 이런 사람들이 손상된 청각기관으로 일부 중요한 정보를 제공받을 수 있도록 하는 대안적 방법이다. 인공와우에 관한 내용은 코클리어(Cochlear) 사의 재활 매뉴얼(Rehabilitation munual; Cochlear corporation, 1998)에서 발췌 및 수정하였다.

## 1. 인공와우의 발달사

역사적으로 전기 자극에 의한 소리의 감지는 1790년 볼타(Volta)가 자신의 양쪽 귀에 금속선을 삽입하고 약 50mV의 전기자극을 주어 점액성 액체가 끓는 것 같은 소리를 느꼈다고 한 것이 시작이다. 그 후 1957년에 드주노(Djourno)와 에이리스(Eyries)는 사람에게 인공와우 이식술을 처음으로 시도하였고, 1961년에 하우스(House) 등이 단채널(single channel) 이식기를 개발하여 시술하였으나 이 두 가지 모두 효과가 적어 많은 시술이 이루어지지는 않았다(김리석 외, 1994). 1972년 첫 번째로 착용이 가능했던 인공와우는 하우스 이어 인스티튜트(House Ear Institute)에서 성인에게 이식되었다. House/3M은 이관에 놓이는 기준 전극과 와우의 기저부에 이식되는 단전극으로 구성되었다. 이 기기는 이식자에게 음의 유무, 길이의 단서, 강도의 단서에 대한 정보를 제공할 수 있다. 이런 제한된 정보로도 많은 사람이 말읽기 능력이 향상되었고 훈련을 통하여 많은 환경음을 인지할 수 있었다. 1,000명이 넘는 사람들이 이러한 기기를 이식받았다. 그러다가 1978년에 이르러 클라크(Clark) 등이 10개의 채널을 가진 다채널(multi-channel) 인공와우 이식기를 개발하였고, 1980년대에 들어서는 호주에서 뉴클리어스 22채널 인공와우 시스템(Nucleus 22 channel cochlear implant system: 이하 Nucleus CI-22 system)을 개발하였다(Yin & Segerson, 1986). 다전극 이식기는 1980년대에 널리 사용되었고, 주파수 단서가 제한적이기는 하나 이식자에게 유용했으며, 많은 이식자가 시각적 단서를 사용하지 않고도 일부 보기가 제시되지 않는 말소리를 이해할 수 있었다. 미국식품의약국(U. S. Food and Drug Administration: FDA)은 1985년에 언어 습득 후 최고도 농을 가지게 된 성인에 대한 Nucleus CI-22 system의 사용을 승인하였다(Clark, 1997).

오늘날에는 호주의 코클리어 사의 뉴클리어스(Nucleus) 외에도 세계 각국에서 여러 모델이 개발되어 사용되고 있는데, 미국 어드벤스드 바이오닉(Advanced Bionic) 사의 클래리온(Clarion)과 오스트리아 메델(Med-EL) 사의 콤비-40(Combi-40)도 비교적 많이 사용되고 있다. 과거 20년 이상 인공와우 시스템과 말소리합성기의 암호화 전략은 지속적으로 발달해 왔고 괄목할 만한 향상을 이룩하였다. 1995년 NIHCS(National Institute of Health Consensus Statement)는 인공와우를 사용하는 대다수의 성인이 듣기만으로 보기가 제시되지 않는 높은 수준의 문장을 80% 이상 맞추었다고 보고하였다. 몸에 착용하던 인공와우는 말소리합성기의 크기가 작아지면서 현재는 귀걸이형으로 발달되어 외관상으로도 향상되었다.

　아동을 대상으로 한 인공와우 이식술은 1980년 단채널의 3M/House 이식기의 임상적 시도를 시작으로 1985년에 다채널의 Nucleus CI-22 system을 사용하기에 이르렀다(Tonokawa, 1994). 3M/House 인공와우는 현재 사용되지 않지만 FDA는 1985년 성인을 시작으로 1990년에는 Nucleus CI-22 system을 아동에게 이식할 수 있도록 승인하였다. 이후 다른 인공와우 이식기들도 승인을 얻어 많이 사용되고 있다. 아직까지 인공와우 이식 대상자 선정, 수술, 재활 과정 등에 어려움은 있으나 성인에서 아동에 이르기까지 인공와우를 이식받은 사람의 수는 꾸준히 증가하고 있다.

## 2. 인공와우의 구성 요소와 신호 전달 방법

### 1) 구성 요소

　인공와우 시스템은 전 세계적으로 다양하다. 각 시스템은 독특한 특징과 장단점을 가지고 있으나 기본 원리는 같다. 인공와우는 크게 내부 장치와 외부 장치로 나뉜다. 내부 장치는 직접 인체 내에 이식되는 부분으로 수신 안테나를 가진 수신자극기(receiver-stimulator, ④)와 외부에서 받아들인 전기 에너지를 이용하여 청신경을 직접 자극하는 전극선(electrode array, ⑤)으로 구성된다. 외부 장치는 외부의 음을 감지하여 내부 장치로 전기 에너지를 전달하는 역할을 하는 마이크로폰(①), 소리를 전기자극의 신호로 처리하여 주는 말소리합성기(speech processor, ②), 전기자극 신호를 내부장치로 전달하는 전기전달장치와 안테나(③)로 구성되어 있다[그림 5-5] 참조). 이식기의 수신자극기는 외부에서 안테나를 부착할 수 있도록 자석이 내장되어 있는데, MRI 촬영 시 이식기의 자석부를 제거할 수 있도록 되어 있다.

　코클리어 사의 Nucleus CI-22 system의 인공와우 이식술(Cochlear, 1994)을 간단히 요약하면 다음과 같다. 인공와우 이식술은 전신마취하에 이루어지며 외과의

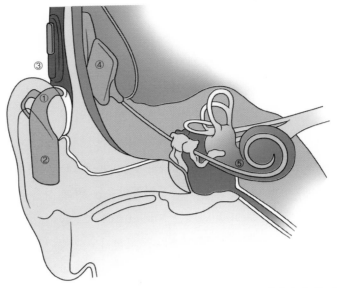

① 마이크로폰  ② 말소리합성기  ③ 전기전달장치 및 안테나  ④ 수신자극기  ⑤ 전극선

[그림 5-5] 인공와우의 내부 및 외부 장치

출처: 김수진(2012)에서 재인용.

사는 귀 뒤를 절개한 다음 수신자극기를 안치하고 전극선을 삽입하기 위하여 유양돌기에 작은 구멍을 뚫는다. 유양돌기와 중이강을 통과하여 전극선을 밀어 넣고 정원창을 통하여 와우의 고실계로 삽입한다. 삽입 정도는 사용되는 이식기에 따라 30mm까지 가능하다. 수술은 보통 1~3시간 정도 걸린다.

외부 이식기의 마이크로폰이 소리를 감지하고 내부 이식기인 전극선에 전기자극 신호를 전달하기까지의 과정은 다음과 같다. 전기전달장치 및 안테나에는 수신자극기가 놓인 피부 위에 붙을 수 있는 자석이 있어 전기전달장치 및 안테나와 수신자극기가 연결된다([그림 5-5] 참조). 마이크로폰(①)은 음파를 잡아서 전기신호로 바꾸어 전선을 통하여 외부에 착용하는 말소리합성기(②)에 전달한다. 말소리합성기는 그 기구의 특수한 암호화 전략을 사용하여 정보를 암호화하고 외부 착용 전기전달장치 및 안테나(③)에 보낸다. 전기전달장치 및 안테나는 FM 라디오파로 피부를 통과시킨 정보를 내부 수신자극기(④)에 전달한다. 수신자극기는 잔존 청신경 섬유를 자극하는 전극선(⑤)에 그 정보를 보낸다. 청신경은 사람이 음 자극을 인지할 수 있도록 뇌에 그 정보를 전달하는데, 이 과정은 고작 수 마이크로 초(ms: 100만분의 1초) 안에 일어난다.

### 2) 신호 전달 방법

인공와우는 외부에서 들어온 음 자극을 전기신호로 부호화하여 직접 청신경을 자극하여 소리를 감지하게 한다. 인공와우의 신호 전달 방법에는 활성전극(active electrode)의 위치, 전극의 수, 자극 방법 등에 관한 전극의 설계와 신호를 처리하는 부호화 전략이 있다. 인공와우는 활성전극이 와우 안에 삽입되는 와우 내 이식형(intracochlear type)과 와우갑각이나 정원창 가까이 부착된 와우 외 이식형(extracochlear type)으로 나누어진다. 또한 전극의 수에 따라 단전극(single electrode)과 다전극(multielectrode)으로 나누어진다. 단전극 방식은 활성전극과 기준전극이 멀리 떨어져 있는 경우, 즉 활성전극은 와우 안에 있고 기준전극은 와우 밖의 측두근 내에 두는 것을 말하며, 양전극 방식은 두 전극이 가까이 있는 것으로 와우 안에 두 전극이 인접해 있는 경우를 말한다.

정보를 전달하는 한 쌍의 활성전극과 기준전극을 채널이라 하며 이 수에 따라 단채널 혹은 다채널이라 한다. 단채널은 소리의 시간적 정보밖에 전달하지 못하지만 다채널은 시간적 정보와 함께 와우 내 자극 위치에 따른 주파수 정보를 전달할 수 있다. 외부에서 들어온 음을 전기신호로 변환하여 자극하는 방법에는 아날로그와 디지털 방법이 있다. 다채널 인공와우의 신호처리 방법으로는 음을 구별하는 데 주요한 요소들을 선택적으로 추출하는 전략(feature extration strategy)과 들어온 음 전부를 필터하는 전략(filter bank strategy)이 대표적이다.

## 3. 인공와우 이식 프로그램

인공와우 이식 프로그램은 수술 전 평가와 청각재활, 상담, 수술, 매핑(mapping), 수술 후 평가와 청각재활로 구성된다. 여기서는 인공와우 이식술 대상자 선정을 위한 절차로서 수술 전 평가, 상담, 수술, 수술 후 평가와 관련하여 재활 매뉴얼(Cochlear corporation, 1998)에서 발췌 및 수정하였다. 수술 전후의 청각재활과 관련된 내용은 제6장에 제시하였다.

## 1) 인공와우 팀

인공와우 이식 프로그램이 성공하기 위해서는 다학문적 팀(team)이 필요하다. 재활 과정을 거쳐 수술 대상자를 선정하기 위하여 평가를 시작으로 프로그램 전 과정에서 요구되는 전문가들이 이 팀에 포함되어야 한다. 이 팀은 이비인후과 의사, 청각사, 언어치료사, 특수교사, 심리치료사, 정신과 의사, 사회복지사 등의 전문가들과 보호자가 한 팀이 되어 상호 협력 관계를 이룬다. 우리나라에서는 이비인후과 의사가 주로 의료적 결정을 하고 수술을 수행하며, 청각사나 언어치료사는 청력검사와 언어 평가의 결과에 따라 대상자를 결정하고 말소리합성기를 프로그래밍하는 등의 서비스를 제공하는 팀의 리더가 된다. 인공와우 이식 프로그램에서 이식자가 인공와우를 성공적으로 사용할 수 있도록 하기 위해서는 팀 구성원들 사이의 의사소통이 매우 중요하다.

## 2) 인공와우 이식 대상자 선정

누구나 인공와우를 이식받을 수 있는 대상자가 되는 것은 아니다. 이식 대상자 선정은 전반적으로 팀의 여러 구성원과 더불어 많은 검사(의학적 검사, 청각적 검사, 영상진단적 검사, 정신학적 검사)로 이루어진 평가 결과에 따른다. 이식을 위한 기준은 언어 습득 후 최고도 청각장애 성인에만 적합하였던 1980년대 이후로 확장되어 왔다. 게다가 인공와우 회사들은 FDA가 승인하는 기준과는 다른 기준을 사용하기도 한다(Zwolan, 2000). 이러한 기준은 급속히 변화되고 있어서 최근 것을 유지하려는 전문가들에게 매우 중요하다.

공식 평가는 일련의 표준 보청기 미착용 청각검사, 이음향방사검사, 보청기 착용 말인지검사, 보청기 착용 말읽기 평가를 포함한다. 말언어 평가는 언어 습득 전 청각장애 성인과 아동 모두에게 실시해야만 한다. 이과적 의학적 평가는 의사들이 수행한다. CT 검사는 인공와우기가 이식될 수 있는지를 결정하기 위하여 필요하다. 예를 들면, 뇌신경 8번의 부재와 같은 의학적 금기가 없어야 하며, 활동성 중이염이 없고 수술과 마취를 견딜 수 있는 사람이어야 한다.

### (1) 수술 대상자

이식 대상자와 보호자는 인공와우에 대한 지원을 받고, 적극적으로 말소리합성기 프로그램에 참여하여 청능훈련의 재활 과정을 수행해 내도록 동기유발되어야 한다. 대상자나 보호자가 인공와우에 대한 현실적인 기대감을 가질 수 있도록 하기 위하여 대상자가 받을 수 있는 도움의 범위에 대한 정확한 상담은 필수적이다.

아동은 ① 생후 12개월 이상(뇌막염의 경우 12개월 이전 수술 가능), ② 양측 고도 감각신경성 청각장애아동이고, ③ 보청기를 적정 기간 착용하고도 도움이 안 되거나 적으며, ④ 내과적 또는 방사선 소견상 금기사항이 없고, ⑤ 기능을 하는 청신경이 남아 있으며(전기자극검사에서 양성반응), ⑥ 아동과 부모가 수술하고자 하는 동기와 적절한 기대를 가지고 있으며, ⑦ 가족의 지원이 가능하고, ⑧ 청각 기능의 발달을 위하여 필요한 교육 및 재활 프로그램을 받을 수 있을 때 수술 대상자로 선정된다. 아동 수술 대상자는 결정하기가 매우 어려울 때가 있기 때문에 이미 언급한 전문가들의 팀에 의해 결정이 이루어져야 한다. 아동은 적어도 6개월 동안 양쪽 귀에 적절한 보청기를 꾸준히 사용해야 하며 그 기간 동안 청능훈련을 받아야 한다. 어린 아동의 경우 3~6개월 이상의 수술 전 재활에도 불구하고 간단한 청각 기술도 습득하지 못한다면 보청기로부터 받는 도움이 제한적인 것으로 판단한다. 나이 든 아동의 경우 말인지검사를 수행할 수 있을 때 보기가 제시되는 검사에서 20% 이하의 점수를 획득하였다면 보청기로부터 받는 도움이 제한적인 것으로 판단한다.

가족의 동기와 기대도 평가되어야 하며 가족이 적절한 기대치를 가질 수 있도록 상담을 받아야 한다. 인공와우 팀에서 심리치료사와 사회복지사는 아동이 인공와우를 이식받은 후 적응할 수 있도록 도우며 그 가족의 상황을 평가하도록 한다. 많은 가족이 인공와우가 아동의 청력을 치료해 줄 것으로 생각한다. 인공와우는 치료가 아니며 아동에게 정상 청력을 돌려주지 못한다는 것을 가족에게 말해 주어야 한다. 성인 이식자와 마찬가지로 아동의 부모에게 아동과 함께 해결해 나가야 할 절차에 대하여 다른 인공와우 이식 가족들과 함께 이야기할 기회를 주어야 한다. 무엇보다도 집중적인 재활이 아동의 청각과 의사소통의 발달에 매우 중요한 부분이다.

인공와우의 한계에 대해서도 논의가 필요하다. 대상자는 수술을 받고 난 다음 일정 기간의 훈련을 거치면 누구든지 전화를 사용할 수 있게 되는 것이 아님을 알아야 한다. 일부의 경우에서는 말읽기 능력과 환경음 인지만 향상될 수 있다. 그래서 이미 인공와우 이식술을 받은 사람과 만나는 것이 도움이 된다. 그러나 대상자가 인공와우의 최고 효과를 본 사람만 만난다면 오히려 비현실적인 기대감을 가질 수 있으므로 주의해야 한다. 인공와우 팀의 장은 대상자나 그 가족이 가진 기대감에 문제가 있는 것으로 의심되면 심리사와 같은 팀 구성원에게 추가 평가를 의뢰할 수 있다. 이 과정에서 특수교사와 언어치료사를 포함한 팀의 모든 구성원이 활동적으로 참여하는 것이 중요하다. 이렇게 할 때 전문가로 구성된 다학문적 팀이 아동과 가족 구성원에게 필요한 지원을 더 많이 제공해 줄 수 있다.

아동이 사용하는 의사소통 방법으로 수술 대상자가 결정되어서는 안되며 아동의 교육 프로그램은 청각 기술의 발달을 강조해야 한다. 청각-구어 혹은 청각-시각 방법으로 교육을 받은 아동은 인공와우의 사용으로 청각 기술을 급속히 향상시킬 수 있다. 통합의사소통 프로그램에 배치된 아동은 청각을 활용하여 말을 수어와 함께 사용하도록 격려받는다면 인공와우의 도움을 받을 수 있다(Meyer et al., 1998).

십 대가 수술 대상자로 결정될 때에는 특별한 어려움에 봉착하기도 한다. 이들은 부모나 친척, 친구들이 주로 추천을 하게 되는데, 일부 구어 기술을 가지고 있고 본인이 인공와우를 이식받기 원한다면 대상자가 될 수 있다. 그러나 십 대 다수가 인공와우를 착용하려는 희망이나 동기를 갖지 못한다. 더욱이 청각기관의 가소성이 약 6세 이후에 급속히 감소하는 경향을 보이므로 십 대의 선천성 농 청소년은 언어 습득 전 청각장애성인의 경우에서처럼 인공와우를 사용하여 성공할 예후가 비교적 좋지 않다. 또한 십 대는 농사회에 들어가는 것을 선택하고 듣기에 관심을 가지지 않을 수도 있다.

이식자 개개인은 가청 세계의 일부가 되도록 노력해야 한다. 언어 습득 전 청각장애 성인의 경우는 인공와우의 효과가 미미할 수 있다. 이들의 경우 말읽기 능력이 향상되기도 하지만, 시각적인 단서를 제거할 때 보기가 제시되지 않는 말인지검사를 거의 수행하지 못한다. 특히 구어 의사소통 기술이 부족한 사람에게는 더욱 그러하다. 이와 같은 대상자의 경우 반드시 심리상담과 언어치료를 의뢰하도록 한다.

### (2) 농문화와 인공와우

미국의 농사회(Deaf community)는 장애라기보다는 문화로서, 대문자의 '농(Deafness)'이라는 단어를 사용한다. 농문화는 미국 수어라는 언어를 가지고 있다. 농사회 내의 사람들 중 일부는 특히 아동이 인공와우를 사용하는 것에 대하여 강한 부정적 견해를 표현해 왔다. 농사회의 농인들은 농아동을 고치려고 하는 사람들에 대하여 종종 불만을 토로한다. 아동이 실제로 청력을 사용하는 것에 대하여 농인들은 인공와우를 고대 중국의 전족에 비유하기도 한다. 농인들의 이러한 감정은 청각장애아동에게 구어 프로그램을 강요하는 전문가, 전문기관, 전통적 보청기에 대한 불만에서 생겨났다(Holmes, 2001).

국제농협회(National Association of the Deaf: NAD)는 지난 20년 이상 인공와우에 대한 비평을 완화시켜 왔다. 1990년 NAD는 아동에게 수행된 연구가 농 성인에서처럼 아동의 삶의 질을 고려하지 않는다고 말하면서 아동의 인공와우 이식술에 대한 FDA 승인에 강한 반대를 표명하였다. 그러나 NAD는 2000년 인공와우 이식술에 대한 입장 발표에서 일부 의사소통 형태와 함께 사용하기 위한 도구로서 인공와우 이식술의 기술을 인정하였다. NAD는 부모가 인공와우를 선택할 권리를 가진다고 주장하였으나 가청 세계 대신 농 세계의 일부가 될 수 있는 선택과 수어 선택을 포함한 모든 선택권을 부모에게 주어야 한다고 강조하였다. NAD는 언어 습득 전 농 유아는 구어를 쉽게 학습하도록 해 주는 청각적 기호를 가지고 있지 않으므로 아동의 인공와우는 기대했던 결과보다 나쁠 수 있다고 계속 주장하였다. 이것은 왈츠만과 코헨(Waltzman & Cohen, 1998)의 연구 결과 어린 나이에 이식한 아동들이 상당한 말인지 능력을 보여 준 것과는 모순된다.

따라서 인공와우 팀은 이식 대상 아동의 부모들이 농문화에 대해서도 알 수 있는 기회를 제공해야 한다. 부모는 모든 선택에 대한 지식을 갖고 인공와우 이식술에 대한 비공식적 결정을 내릴 필요가 있다. 인공와우 팀은 농문화를 인지해야 하며 부모와 상담할 때 이러한 문제를 말해 줄 수 있어야 한다. 인공와우의 현안에서 농문화, 도움을 받을 수 있는 정도, 인공와우 기기의 한계에 대한 정보를 제공하는 것도 중요하다.

## 4. 말인지에 영향을 주는 변인

인공와우 이식자의 수행력은 인공와우 사용자에 따라 매우 다양하다. 그러므로 많은 연구 결과를 비교·분석함으로써 다양한 수행력에 대한 객관적이고 구체적인 정보를 얻을 수 있다. 여러 연구의 결과는 실제 임상에서 인공와우 이식 아동의 수행력과 비교할 수 있는 자료가 되고 재활 목표와 활동을 재조정하는 데 상당한 도움을 준다.

성인의 경우 많은 사용자가 배경소음 속에서도 보기가 제시되지 않는 말인지를 성취할 수 있는 반면, 일부 이식자는 말읽기 능력과 환경음 인지 정도의 향상만 보이기도 한다. 성인에서 인공와우의 성공에 영향을 주는 변인으로는 청력손실이 시작된 연령, 농 기간, 인공와우 이식술을 받은 연령, 인공와우 사용 기간, 청력손실의 원인, 잔존신경, 의사소통 방법, 인공와우 기술, 수술적 문제, 청각재활 방법, 동기 등이 있다. 이 변인들 중 청력손실이 시작된 연령과 농 기간은 주요 요인으로 알려져 있다. 이식자, 부모, 그 가족들은 이식자의 수행력에 영향을 미칠 수 있는 많은 변인을 알고 있어야 한다.

아동의 경우는 농이 시작된 연령, 이식 당시의 연령, 농 기간, 잔존청력 및 보청기 사용, 신경절 세포와 청신경원, 인공와우기 등의 변인에 의하여 개인차가 많았다. 언어 습득 이후에 농이 된 아동이 보이는 말인지 능력은 언어 습득 이전에 농이 된 아동이 보이는 말인지 능력보다 훨씬 좋았으며(Fryauf-Bertschy et al., 1992), 2세 이전에 수술을 받은 어린 아동의 말인지 능력이 2세 이후에 수술을 받은 아동보다 높았다(Waltzman et al., 1997). 인공와우의 수술 연령이 2세 이하로까지 낮아지면서 이에 대한 비판과 함께 이를 지지하는 이론의 소리도 크다. 이들 중 아동의 언어 발달과 청각 가소성에 대한 여러 연구가 대표적이다. 깁슨 등(Gibson et al., 1997)은 7세 이전에 듣기 경험이 없는 사람의 경우 잔존신경 가소성이 남아 있지 않아 일차청각 피질에서 이차 관련 영역으로 소리가 전달될 수 없음을 지적하였다. 이것은 언어 습득 이전에 농이 된 인공와우 이식 성인들이 저조한 말인지력을 보이는 이유를 잘 설명해 준다.

또한 수술 전 보청기 사용이 수술 후 말인지에 영향을 주는 중요한 요인 중에 하나임을 여러 연구(Van Duk et al., 1995)가 지적하고 있는데, 이것은 수술 전 보청기 사용과 청각재활의 중요성을 재인식시킨다. 이에 더하여 인공와우를 이식하지 않은 귀에 보청기를 착용함으로써 말인지에 도움을 받고, 또한 이를 통해 청각의 상실을 막아 미래에 발전하는 과학기술을 활용하여 이식되지 않은 귀를 활용할 수 있도록 해야 한다(Chmiel et al., 1995).

앞에서 언급한 요인 외에 청각재활을 이끌어 가는 언어치료사와 교사들의 재활 기술 또한 중요한 요인으로 지적되고 있다. 특히 인공와우 이식 아동의 청각재활에 참여하는 임상가와 교사들은 인공와우에 대한 음성적(phonetic) 지식뿐만 아니라 청각장애아동들의 음성 및 음운 발달(Ling, 1989)에 대한 전문성도 갖추어야 한다. 그리고 유능한 언어치료사, 교사, 헌신적인 부모, 아동의 동기와 풍부한 경험 등은 성공적인 재활을 위해 필요한 기본 자원이다.

## ⸭ 제3절  미래 인공와우의 경향

인공와우는 구조, 프로그래밍 기술, 암호화 전략, 대상자 선정 등에서 급속하게 발달해 왔다. 외부 착용기와 내부 이식기 모두 크기가 작아졌으며 귀걸이형 말소리 합성기의 출현은 청소년과 젊은이들에게 특히 미용상 매력적인 장점을 제공하였다. 최근에는 인공와우 이식기뿐만 아니라 외부 착용기까지도 체내이식이 가능하도록 개발 중이다.

대부분의 인공와우 이식자의 경우 고음장애형으로 이식받지 않은 쪽 귀에 잔존 청력이 있는 경우가 많다. 이때 인공와우 이식술을 받지 않은 귀에 보청기를 사용함으로써 인공와우와 함께 두 귀를 사용하거나 양쪽 귀 모두에 인공와우 이식술을 받아 두 귀를 사용하기도 한다. 이와 관련된 연구 결과(Vermeire et al., 2003)는 양쪽 귀로 소리를 들음으로써 소리의 방향을 알 수 있고, 소음이 많은 환경에서 말소리를 이해하는 데 도움이 되는 장점이 있음을 보고하고 있다. 이 연구들의 초기 결과가 희망적이라 해도 아동의 경우는 특별한 주의가 필요하다. 이 연구 결과에 의하면 양 귀에 이식할 경우 비용의 효과를 고려할 필요가 있다. 이식에 드는 비용상의 재정적인 문제만은 아니다. 이식되지 않은 쪽 귀에 사용될 수 있는 기구가 미래에 개발될 가능성을 고려해야 한다. 머지않아 기술의 급속한 변화와 함께 아동은 한쪽 귀에는 인공와우를 착용하고 다른 쪽 귀에는 새로운 방법을 적용하여 유용하게 사용할 수도 있을 것이다.

구심성 청각신경로에 손상을 입은 경우에는 인공와우 이식술로도 소리를 들을 수 없는데, 최근에는 청각뇌간이식을 하여 소리를 들을 수 있도록 하는 연구가 진행되고 있다. 청각뇌간이식(Anditory Brainstem Implant: ABI)은 양쪽 뇌신경 8번의 신경종양으로 농이 된 사람들을 위하여 개발되었다. 이 이식기는 종양을 제거하는 수술에서 뇌간의 와우핵에 놓인다. 2000년 11월 초에 Nucleus 24 ABI는 12세 이상의 다발성신경섬유종 환자에게만 사용할 수 있다는 FDA의 승인을 받은(Cochlear corporation, 2000) 이후로 2013년에 1월에는 아동에 대한 FDA 승인을 받으면서 성인과 아동 모두에게 사용할 수 있게 되었다(House Research Institute, 2013, January 22). 이 이식기의 초기 결과는 다전극 인공와우의 초기 때와 유사하지만 계속해서 발전하고 있고 8번 신경의 기능이 저조해 인공와우의 도움을 받지 못하였던 사람들에게 희망을 주고 있다.

### 연구 과제

1. 교실에서 반드시 증폭기(보청기)를 사용해야 하는 이유를 증폭기 특성을 바탕으로 제시해 보자.
2. 아동들이 사용하는 보청기를 종류별로 직접 조사해 보자.
3. 특수보청기가 필요한 이유를 제시하고, 특수 보청기를 착용하였을 때 얻을 수 있는 이점을 정리해 보자.
4. 특수학교 아동들에게 보청기 적합을 정기적으로 실시해야 하는 이유를 생각해 보자.
5. 인공와우의 신호 전달 과정을 내부 이식기와 외부 착용기의 명칭을 사용하여 순서대로 제시해 보자.
6. 인공와우 이식 프로그램의 다학문적 팀의 구성원들과 그 역할에 대하여 설명해 보자.

### 참고문헌

권유정(2007). 디지털 보청기 성능 검사 및 피팅과 방향성에 관한 연구. 조선대학교 대학원 석사학위논문.

김규상, 김진숙, 김형종, 방정화, 이경원, 이재희, 이정학, 이호기, 이효정, 임덕환, 장현숙, 조수진, 최철희, 한우재(2014). 청각학개론. 서울: 학지사.

김리석, 김수진, 박헌수, 허승덕(1994). 인공내이 시술 후의 언어재활에 관한 연구. 동아의 대학술지, 5(2), 133-141.

김수진(2012). 교사와 부모를 위한 청각장애아동 교육. 서울: 학지사.

윤미선, 백유순 역(2014). 21세기의 농교육, 주제와 경향. 서울: 시그마프레스.

이상훈, 박미혜, 이달희, 허명진(2006). 아동청능재활. 경기: 양서원.

이경원(2007). 보청기 외형 및 귀꽂이의 조절 및 변경. 한국청각협회 청각전문가 연수교육자료집.

이정학, 이경원(2005). 내부크로스와 외부크로스보청기의 착용효과 비교. 대한청각학회지, 4(2), 163-169.

이정학, 이경원(2019). 보청기 평가 및 적합. 서울: 학지사.

한국청각언어장애교육학회 편(2012). 청각장애아동교육. 경기: 양서원.

한민경, 이정학(1996). 청각장애아동에 대한 주파수전위 보청기의 효용성. 말–언어장애연구, 1, 139-149.

한민경, 이정학, 김진숙(1998). 청각장애인에 대한 주파수전위 보청기와 일반보청기의 효용성 비교. 음성과학, 3, 50-56.


Bagatto, M. & Moodie, S. (2008). *Frequently asked questions related to pediatric hearing instrument fitting*. presentation at audiology online.

Chmiel, R., Clark, J., Jerger, J., Jenkins, H., & Freeman, R. (1995). Speech perception and production in children wearing a cochlear implant in one ear and a hearing aid in the opposite ear. *Annals of Otology, Rhinology & Laryngology (supple)*, 104, 314-316.

Clark, G. M. (1997). Historical perspectives. In C. M. Clark, R. S. C. Cowan, & R. C. Dowell (Eds.), *Cochlear implantation for infants and children*. San Diego, California. pp. 9-27.

Cochlear corporation (1994). Nucleus 22 channel cochlear implant system. Surgical Procedure Manual.

Cochlear corporation (1998). *Rehabilitation manual*. Englewood, CO: Author.

Cochlear corporation (2000). *Nucleus 24ABI: the multichannel auditory brainstem implant*. Englewood, CO: Author.

Cochlear. (1994). *Nucleus 22 channel cochlear implant system*. Surgical Procedure Manual.

Dillon, H. (2012). *Hearing aids*. New York: Thieme.

Fryauf-Bertschy, H., Tyler, R. S., Kelsay, D., & Gantz, B. J. (1992). Performance over time of congenitally deaf and postlingually deafened children using a multi-channel cochlear implant. *Journal of Speech and Hearing Research*, 35, 913-920.

Gibson, W. P. R., Herridge, S., & Rennie, M. (1997). Importance of age in the selection of congenitally deaf children for cochlear implant Surgery. *Advances in Oto-Rhino-Laryngoloy*, 52, 78-81.

Holmes, A. E. (2001). Cochlear implants and other rehabilitation areas. In R. L. Schow & M. A. Nerbonne (Eds.), *Introduction to audiologic rehabilitaion* (pp. 81-100). Allyn and Bacon.

House Research Institute. (2013, January 22). FDA Approves Clinical Trial of Auditory Brainstem Implant Procedure for Children in U. S. *Science Daily*. Retrieved September 13, 2014, http://www.sciencedaily.com/releases/2013/01/130122101334.htm

Ling, D. (1989). *Foundations of spoken language for hearing impaired children.* Washington, DC: Alexander Graham Bell Association for the Deaf.

Meyer, T., Svirsky, M., Kirk, K., & Miyamoto, R. (1998). Improvements in speech perception by children with profound prelingual hearing loss: Effects of device, communication mode, and chronological age. *Journal Speech Hearing Research, 41*, 846-858.

National Association of the Deaf. (2000, October 6). *NAD position statement on cochlear implants.*

National Institutes of Health Consensus statement. (1995). *Cochlear implants in adults and children, 13*(2), 14-17.

Tonokawa, L. L. (1994). Results with cochlear implants in children: What have we learned. In J. M. Barnes, D. Franz, & W. Bruce (Eds.), *Pediatric cochlear implant: An overview of the alternatives in education and rehabilitation* (pp. 185-208). Washington, DC: Alexander Graham Bell Association for the Deaf.

Van Duk, J. E., Van Olphen, A. F., Mens, L. H. M., Brokx, J. P. L., van den Broek, P., & Smoorenburg G. F. (1995). Predictive factors for success with a cochlear implant. *Annals of Otology, Rhinology & Laryngology (supple), 104*, 196-198.

Vermeire, K., Brokx, J. P. L., Van de Heyning, P. H., Cochet, E., & Carpentier, H. (2003). Bilateral cochlear implantation in children. *International Journal of Pediatric Otorhinloaryngology, 67*(1), 67-70.

Waltzman, S. B. & Cohen, N. L. (1998). Cochlear implantation in children younger than 2 years old. *American Journal of Otology, 19*, 1083-1087.

Waltzman, S., Cohen, N. L., Gomolin, R., Green, J., Shapiro, W., Brackett D., & Zara, C. (1997). Perception and production results in children implanted between 2 and 5 years of age. *Advances in Oto-Rhino-Laryngoloy, 52*, 177-180.

Yin, L. & Segerson, D. A. (1986). Cochlear implants: Overview of safety and effectiveness. In T. J., Balkany (Ed.). The cochlear implant. *The Otolaryngologic Clinics of North America, 19*(2), 423-434.

Zwolan, T. A. (2000). Selection criteria and evaluation. In S. B. Waltzman, & N. L. Cohen (Eds.), *Cochlear implants* (pp. 63-78). New York: Thieme.

# 제6장 청능훈련

1. 청능훈련의 개념과 듣기기술의 발달 단계를 이해한다.
2. 보청기를 착용한 아동을 위한 청능훈련을 이해한다.
3. 인공와우 이식술 전후 청각재활의 특징을 비교한다.

청능훈련이란 청력손실로 인해 자연스럽게 습득하기 어려운 듣기 기술을 학습하기 위한 체계적인 과정을 말한다. 청능훈련을 통해 습득되는 듣기 기술은 구어를 사용한 의사소통을 원활하게 할 뿐만 아니라 실제 의사소통 경험을 통해서만 학습할 수 있는 많은 언어력, 사회적 상호작용 및 대인관계 등을 조기에 습득할 수 있도록 해 주어 청력손실로 인한 이차적인 문제를 예방하는 역할을 하기도 한다. 최근 선천성 청각장애아동의 인공와우 이식이 일반화되면서 청능훈련에 대한 요구도가 높아지고 있으며, 청능훈련의 방향성이나 방법에 대해서 많은 논의가 이루어지고 있다.

청능훈련이란 용어는 전통적으로 사용되는 용어이며, 비교적 최근 청능학습이라는 용어 사용이 강조되고 있다. 특히 선천성 중도 및 최중도 청각장애아동에게 조기에 인공와우 이식이 적용되기 시작한 이래 이들의 듣기학습 과정이 단순하게 훈련이라는 개념보다 학습의 과정으로 인식될 필요가 있다는 요구가 더욱 커졌다. 그럼에도 현장에서는 여전히 청능훈련이라는 용어가 보편적으로 사용되어 이 장의 주제도 청능훈련으로 결정하였다.

그러나 방법론적으로 교사가 훈련이라고 생각하는 것과 학습이라고 생각하는 것에는 큰 차이가 존재한다. 굳이 설명을 첨부하자면 '청능훈련'이란 글자 그대로 피학습자인 아동이 중심이 되는 것이 아니라 교사 중심의 계통성이 강조되면서 전문가 입장에서 구성된 활동을 반복 연습시킨다는 의미가 강하다. 한편, '청능학습'이라는 용어는 듣기 활동의 주체로서 청각장애아동의 내재된 정서나 주체성이 강조된다. 아동으로 하여금 듣고자 하는 마음을 키우는 능동적 학습 활동을 통해 청능을 발달시켜야 한다는 의미로 해석할 수 있다. 이 장의 저자들도 이러한 청능학습의 개념을 전적으로 지지하고 있다. 그러나 편의상 이 장에서는 청능훈련이라는 용어와 청능학습이라는 용어가 다소 혼재되어 있다. 독자들의 정확한 이해가 필요한 부분이라는 점을 먼저 밝혀 두고자 한다.

인공와우 이식 프로그램은 수술 전 평가와 청각재활, 상담, 수술, 매핑(mapping), 수술 후 평가와 청각재활로 구성된다. 수술 전 청각재활은 보청기를 통한 말소리 인지 능력을, 수술 후 청각재활은 매핑에 따른 전기신호를 말소리와 연결하여 해독하는 능력을 기르는 데 주목적을 두고 있다. 따라서 언어 습득 이후의 청각장애 성인의 청각재활은 농 기간에 따라 달라질 수 있으나 말소리에 대한 기억을 일깨우는 과정일 수 있으며, 언어 습득 이전의 청각장애아동의 청각재활은 말소리에 대한 언어지식이 없으므로 보청기 혹은 인공와우가 제공하는 말소리를 습득하는 과정이라 할 수 있다. 여기서는 인공와우 이식 프로그램 중 수술 전후 청각재활과 매핑에 관한 내용으로 구성하였다.

이 장에서는 선천성 청각장애아동을 위한 청능훈련에 대해 살펴보고, 보청기 및 인공와우를 착용하는 아동 집단별로 청능훈련의 실제 방법과 인공와우 착용자의 청각재활에 대해 고찰해 보고자 한다.

# 제1절 청능훈련의 기초

## 1. 청능훈련의 정의

일찍이 어버(Erber, 1982)는 자신의 저서 『Auditory Training』의 첫머리에서 청능훈련(auditory training)이란 '가청아동이라면 특별한 중재를 받지 않고도 자연스럽게 갖게 되는 많은 청각적 지각 능력(auditory speech perception ability)을 교사나 기타 전문가들이 청각장애아동에게 습득할 수 있도록 도와주기 위해 특별한 의사소통 조건을 만들어 내는 것'이라고 서술하였다. 또한 제7차 교육과정의 특수학교 치료교육 활동에서는 '음을 수용하여 활용하는 능력을 발전시킬 수 있도록 개별적으로 적절한 청각적 환경을 만들어 주는 구조화된 지도 체계'라고 정의하고 있다.

보통 청능훈련은 청각장애를 가진 사람만을 위한 것이라고 인식하는 경향이 있다. 그러나 가청아동도 성장하는 동안 무수히 많은 청각(음향) 정보에 노출되어 경험해 나가는 가운데 듣기 기술이 발달한다. 이러한 과정이 일상적이고 누군가가 의도적으로 만들어 주는 것이 아니기 때문에 특별한 용어를 사용해서 설명하지는 않으나 이러한 일반적인 과정이 청능훈련인 것이다.

그러나 선천성 혹은 언어 습득 이전의 청각장애는 아주 어릴 때부터 청각 경험이 부족하거나 전혀 없기 때문에 성장하면서 자연스럽게 습득되는 청각적 지각 능력 혹은 듣기 기술(listening skills)이 충분히 발달하지 못한다. 평균 청력손실이 크면 클수록 이러한 경향은 더욱 심해진다. 고도 및 최고도(severe & profound) 이상의 청력손실 아동 가운데는 소리에 대한 기본적인 인식조차 없는 경우도 있다. 조기발견이나 중재를 받은 경우 보청기나 인공와우의 기술적 도움을 통해 일부 보상되는 경우도 있으나 기능적 의사소통에 필요한 수준의 기술을 익히기 위해서는 이들을 위한 특별한 지원과 활동이 필요하다. 청각 정보의 입력 기능이 떨어지거나 말소리에 대한 인식이 떨어지는 청각장애아동에게는 자연스런 과정으로서의 청각적 경험뿐만 아니라 의도적으로 특별하게 구성된 절차나 과정도 함께 제공되어야 구어를 사용한 의사소통에 충분한 듣기 기술이 습득될 수 있기 때문에 특별한 과정으로서의 청능훈련이 필요한 것이다.

따라서 청각장애아동을 지도하는 교사에게 청능훈련이란 청각장애아동을 대상으로 의사소통에 필요한 듣기 기술의 습득을 통해 청각적 정보를 처리하는 능력을 향상시키는 절차와 과정이라고 정의할 수 있다.

## 2. 듣기 기술의 발달

가청아동의 초기 듣기 발달은 [그림 6-1]과 같은 과정을 거친다. 가청아동은 보통 태아기, 즉 엄마의 태중에서부터 다양한 소리를 듣기 시작한다. 태아의 청각은 우리와는 다른 듣기 경로를 사용하기 때문에 같은 소리를 듣더라도 서로 다르게 지

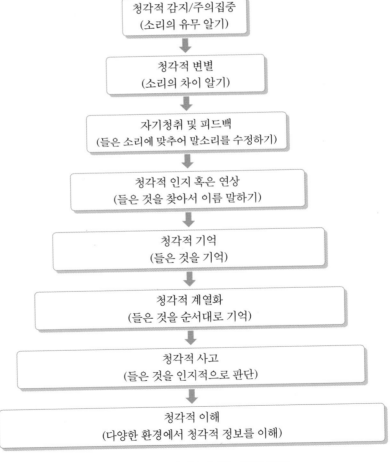

[그림 6-1] 가청아동의 청능 발달 과정

출처: 김수진(2012).

각한다. 어쨌든 아동은 태중에서부터 소리를 경험하며, 다른 감각기관보다 청각기 관은 출생 이전에 거의 완성된 상태가 되기 때문에 출생 직후부터 소리에 대해서는 매우 민감하게 반응한다. 노출된 소리에 자연스럽게 반응하고 친숙한 소리와 그렇 지 않은 소리를 변별하기 시작한다. 12개월 전후가 되면 상당히 많은 청각적 자극, 특히 언어음을 이해하고 적절하게 반응하게 된다.

## 3. 청능훈련의 단계

청능훈련은 정상 청각 발달 단계에 맞추어 위계적이고 순환적으로 실시되며 크 게 네 개의 단계로 구분하여 설명한다. 가장 낮은 단계인 청각적 감지(탐지)를 비롯 하여 청각적 변별, 청각적 확인 및 청각적 이해 단계로 발달해 간다.

### 1) 청각적 감지

청각적 감지(auditory awareness)는 소리의 존재에 주의하고 지각하여 소리의 유 무(on/off)에 맞추어 반응하는 것을 학습하는 단계다. 이 단계에서는 다양한 소리 자 극을 제공하여 경험시키면서 제시된 소리에 집중하도록 도와주어야 한다. 자연스 럽게 혹은 의도적으로 소리에 대해 아주 작은 반응이라도 나타나면 즉시 반응(강화) 하여 소리가 들리는 것을 표현 혹은 반응한다는 청각적 메커니즘을 인식할 수 있도 록 지원한다. 초기에는 구조적인 상황에서 주어진 소리에 대해 반응하도록 하고 교 육이 진행되면 자연스러운 일상생활에서도 소리의 유무에 대해 반응할 수 있도록 유도한다.

청각적 감지 능력을 습득하기 위해서는 아동의 인지나 활동 수준에 맞추어 다양 한 소리 나는 장난감을 이용한 활동을 제공한다. 또한 함께 활동하는 동안 적절하게 말을 해 주며 말소리에 집중하도록 해야 한다. 초기에는 아동이 좋아하는 시각적 자 극물을 함께 제시해 주면 소리에 집중하고 인식하기 쉽다. 학습이 진행되면 점차 시 각적 자극물이나 강화물을 제거하여 청각 자극에만 반응할 수 있도록 한다.

### 2) 청각적 변별

청각적 변별(auditory discrimination)은 연속적으로 제시되는 두 가지 이상의 소리를 듣고 같은지 다른지를 구별하여 반응하는 것을 학습하는 단계다. 즉, 소리의 차이에 맞추어 서로 다른 반응을 해야 한다는 것을 학습하는 것이다. 교육 초기에는 아동이 충분히 들을 수 있는 소리 가운데 음향적 변별 특성의 차이가 큰 소리를 이용하여 학습하고, 활동이 진행될수록 음향적 차이가 적은 것으로 난이도를 높여 나가며 청각적 민감도(auditory acuity)를 키워 주는 것이 중요하다.

### 3) 청각적 확인

청각적 확인(auditory identification)은 새롭게 입력되는 청각 정보를 이미 알고 있는 정보와 비교하여 인식하고 반응하는 단계다. 청각적 확인 단계에서는 제시된 청각 정보를 정확하게 인식하여 청각정보가 가리키는 사물을 연상하거나 찾아내는 기술을 학습한다.

### 4) 청각적 이해

청각적 이해(auditory comprehension)는 입력되는 청각 정보에 담긴 내용을 통합하여 사고 과정을 통해 처리하여 전체적인 의미를 이해하고 적절하게 반응하는 것을 학습하는 단계다. 청각적 이해 단계는 청능 혹은 청각적 지각 능력 발달의 가장 상위의 단계이며 청각적 이해를 위해서는 청각적 변별 및 확인 능력의 습득이 선행

**표 6-1** 청능훈련의 단계와 과제

| 단계 | 내용 | 활동의 예 |
|---|---|---|
| 청각적 감지 | 소리의 유무를 알고 소리의 ON/OFF에 바르게 반응하는 것을 학습하는 단계 | • 놀이를 통한 조건 형성<br>• 무의식적인 민첩한 반응하기 |
| 청각적 변별 | 특정한 소리가 같은지 다른지를 알고, 서로 다르게 반응하는 것을 학습하는 단계 | • 같다/다르다 |
| 청각적 확인 | 새로운 청각정보를 이미 알고 있는 범주에 비추어 인식하고 알아맞히는 반응을 학습하는 단계 | • 제시 자극에 맞는 그림 지적하기<br>• 제시 자극 따라하기 |
| 청각적 이해 | 변별이나 확인을 바탕으로 청각적 정보가 지닌 의미 및 내용을 이해하여 바르게 반응하는 것을 학습하는 단계 | • 제시 자극에 맞게 행동하기<br>• 대답하기 |

되어 활용할 수 있어야 한다.

이상과 같은 청능훈련 단계와 단계별 활동의 예를 〈표 6-1〉에 정리하였다.

## 4. 청능훈련에서 고려할 점

앞에 제시된 네 가지의 청능훈련 단계는 가청아동의 청지각적 발달 과정을 바탕으로 설정된 것이므로 연속적이고 위계적이다. 청능훈련에는 환경음을 비롯하여 언어음이나 비언어음 등 아동에게 경험시킬 필요가 있다고 판단되는 모든 소리가 자극으로 사용된다. 대상 아동의 청력이나 청능 수준에 맞추어 적절한 자극을 선택하여 교육하고, 교육이 진행되면서 청각적 민감도를 향상시키기 위해 어려운 자극으로 진행한다. 청능훈련에서 고려할 네 가지의 요소를 요약 정리하면 〈표 6-2〉와 같다.

**표 6-2 청능훈련에서 고려할 점**

| 변인 | 내용 |
|---|---|
| 청능 수준<br>(auditory<br>skill level) | • 소리 감지(awareness)<br>• 변별(discrimination)<br>• 확인(identification)<br>• 이해(comprehension) |
| 과제의 난이도<br>(difficulty<br>level) | • 반응 수준(response level): closed-set, limited-set, open-set<br>• 자극 요소(stimulus unit): 단어(words), 구(phrases), 문장(sentences)<br>• 자극의 유사점(stimulus similarity)<br>• 문맥 단서(contextual support)<br>• 수업 환경(task structure): 구조적(highly structured), 자연스런(spontaneous)<br>• 듣기 상황(listening condition) |
| 활동 형식<br>(activity type) | • 형식적 활동(formal)<br>• 비형식적 활동(informal) |
| 자극 단위<br>(stimuli) | • 음성학적 단계(phonetic level)<br>• 문장 단계(sentence level) |

출처: Tye-Murray (2009).

### 1) 청능 수준

청능훈련을 실시할 때 가장 먼저 고려해야 할 것은 대상자의 청능 수준(auditory skill level)이다. 평가를 통해 듣기 발달 수준을 결정하여 적합한 단계부터 교육을 실시한다. 청능 수준은 단계에 따라 연속적이고 위계적으로 발달하지만 각 수준이 분리된 것이 아니라 부분적으로 중첩되므로 유의해야 한다.

### 2) 과제의 난이도

청능훈련에 사용되는 듣기 과제나 자극은 일반적으로 쉬운 자극에서 시작하여 점차 어려운 자극으로 과제의 난이도(difficulty level)를 조절해야 한다. 일반적으로 소음이 없는 장소에서 일대일로 가까이에 앉아 폐쇄형 과제(closed-set task)를 제시하는 것이 쉽고, 시끄러운 장면에서 여러 사람과 멀리서 들리는 개방형 과제(open-set task)가 어렵다. 어떠한 청능 수준에서 교육을 하더라도 초기 단계에서는 가능한 한 쉬운 자극으로 교육을 시작하지만 점차 어려운 자극으로 진행한다. 〈표 6-3〉은 에스타브룩스와 올리버(Estabrooks & Oliver, 2002)가 제시한 것으로 자극 변인에 따

표 6-3  **쉬운 자극과 어려운 자극**

| 변인 | 쉬운 자극 | → | 어려운 자극 |
|---|---|---|---|
| 배경소음 | 없음 | | 있음(종류나 강도) |
| 거리/위치 | 보청기나 인공와우에 가깝게 | | 거리를 멀리하여 |
| 반복 | 요구에 의해 반복해 줌 | | 자극은 한 번만 제공함 |
| 길이 | 짧은 말 | | 긴 말 |
| 복잡성 | 단순한 말 | | 복잡한 말 |
| 속도 | 천천히 하는 말 | | 빠르게 하는 말 |
| 초분절적 요소 | 많은 말 | 중간 | 적거나 없는 말 |
| 분절적 요소 | 특별한 음향학적 특징(위치, 방법, 음성단서)의 차이 | | 특별한 청각적 강조가 거의 제공되지 않거나 없음 |
| 표적의 위치 | 단어, 구, 문장 혹은 전체 메시지의 끝부분 | | 단어, 구, 문장 혹은 전체 메시지의 시작 부분 |
| 상황 | closed-set | | open-set |
| 친숙도 | 친숙한 음성 | | 친숙하지 않은 음성 |

출처: Estabrooks & Oliver (2002).

른 난이도 조절에 도움이 된다. 그러나 표에서 제시하는 변인의 난이도는 대부분 우리말의 경우와 동일하지만 표적의 위치에 따른 난이도는 우리말이 영어와 차이가 날 수 있으므로 유의해야 한다.

### 3) 활동 형식

청능훈련의 활동 형식(activity type)에는 형식적 활동과 비형식적 활동이 있다. 형식적(formal) 활동이란 계획된 시간에 임상가와 아동이 일대일로 이루어지는 것으로 활동의 내용이 체계적이며 구조화되어 반복적으로 실시한다. 비형식적(informal) 활동이란 일상생활에서 매일 활동이 이루어지며, 구조화되지 않은 학교나 유치원에서 자연스럽게 활동하며 대화를 나누면서 이루어진다. 일상생활에서는 듣기만을 따로 분리하여 활동하기 어려우므로 당연히 다른 활동과 함께 이루어진다.

훈련 대상의 수준이나 나이 등 조건과 특성에 맞추어 활동 유형을 선택적으로 실시하며 대부분 두 가지의 활동 형식을 혼합하여 실시하는 경우가 많다.

### 4) 자극 단위

청능훈련에 사용하는 소리 자극의 종류를 말한다. 언어음이나 비언어음 혹은 환경음 등 다양하다. 언어음의 경우, 음소, 음절, 낱말, 문장 등 자극 단위를 다양하게 조절하여 교육한다. 자극 단위(stimuli)를 고려한 청능훈련은 통합적 접근법(top-down approach)과 분석적 접근법(bottom-up)을 사용할 수 있다.

통합적 접근법은 교육에 사용되는 모든 자극을 개별적 혹은 분석적으로 인식하진 못해도 자극의 전체 패턴을 이해하여 의미를 인식하도록 접근한다. 분석적 접근법은 교육에 사용되는 자극, 예를 들어 말소리의 특정 음소나 음절 등과 같은 말소리 신호의 세밀한 부분에 더 많은 주의를 기울이게 해서 자극의 의미를 세분화하여 인식할 수 있도록 접근한다. 교육의 초기 단계나 유아에게는 통합적 접근을 많이 사용하지만 서로 분리되지 않는 경우가 더 많다.

## 5. 청능평가

청능평가에 대해 서술하기 전에 청력(hearing level)과 청능(listening ability or

auditory perceptin)의 개념을 구별할 필요가 있다. 청력이란 개인이 들을 수 있는 수준으로 훈련이나 학습 등과 같은 다른 외적인 요인으로 변화할 수 없으며, 청력검사(audiometry)로서 수량화할 수 있다. 청능도 사람이 들을 수 있는 능력을 가리키는 것이지만 훈련이나 학습을 통해 발달할 수 있는 청각적 잠재력 혹은 청각적 지각 능력을 말한다. 청력은 보장구를 착용하지 않은 상태의 듣기 수준이고, 청능은 잔존청력으로 보장구 착용으로 얻을 수 있는 듣기 수준이라고 말하는 연구자도 있으나 필자는 보장구의 착용 유무와 청능은 크게 관계가 없다고 생각한다. 예를 들어, 90dB의 동일한 청력손실과 청력형을 가진 두 명의 감각신경성 청각장애아동이 동일한 보장구를 착용한다고 해도 2명의 아동이 나타내는 청능은 다를 수 있다. 적절한 청능재활을 통해 지속적으로 필요한 자극을 경험한 아동의 청능은 좋으나, 필요한 중재를 받지 않거나 듣기를 개발할 수 있을 만큼 청각적 경험이 부족하면 당연히 청능이 발달하지 않는다. 또한 청력이 좋아서 잔존청력이 많은 아동이 전혀 청능을 개발하기 위한 노력을 하지 않는 경우보다 청력손실은 더욱 심하지만 꾸준히 부족한 잔존청력을 개발하기 위해 노력하는 아동의 청능이 더욱 많이 발달하는 것을 흔히 볼 수 있기 때문이다. 물론 청각보장구를 착용하는 것을 포함한 이야기다. 따라서 청능훈련이란 청력을 향상시키는 것이 아니라 학습, 경험 혹은 훈련을 통해 개발되고 발달할 수 있는 청각적 혹은 청지각적 잠재력을 체계적으로 발달시키는 과정인 것이다.

청능평가는 청능훈련의 목표와 내용을 결정하고 실시하기 위해 듣기 수준을 결정하고, 훈련이나 학습을 통해 변화해 나가는 청능의 정도를 지속적으로 추적하기 위한 것이다. 우리나라에서 사용되는 평가의 대부분은 외국의 도구를 번안 또는 수정한 것이거나 개인 연구자가 비공식적으로 만든 절차나 도구가 사용되고 있다. 다음에서는 임상이나 교육 현장에서 많이 사용되는 비공식적 청능평가 도구를 선별검사와 진단검사로 나누어 기술하고자 한다.

### 1) 선별검사

선별검사(screening test)는 짧은 시간에 제한된 문항이나 과제를 사용하여 대상자가 청능훈련을 필요로 하는지 판단하기 위한 검사다. 선별검사는 각 수준별로 제한된 문항을 만들어 사용할 수 있다. 선별검사의 내용으로는 기본적 듣기 기능의 평가,

청각보장구에 대한 기초적인 적응도 평가, 발성 및 구어 능력 평가 등이 포함된다.

## 2) 진단검사

진단용 청능평가는 현재의 청능 발달 수준을 파악하여 장단기 목표 설정이나, 청능훈련 프로그램의 내용 선정, 교육의 결과 향상되는 청능을 평가하기 위해 실시된다. 청각보장구에 대한 예후를 판단하고, 청각보장구의 적합에 필요한 정보를 수집하기 위한 목적으로 실시되기도 한다. 또한 청각장애아동에게 적절한 교육 매체나 의사소통 방법을 선택하는 데도 청능 진단검사의 결과가 필요하다.

교육현장에서 흔히 사용되는 진단용 검사로는 Ling의 6음 검사, EARS-K(이상흔 외, 2003) 및 KNISE-DASP(송영준, 2012) 등이 있다. 송영준 등(2010)이 말지각 검사 개발에 관한 연구에서 소개한 국내 말지각 검사 도구는 〈표 6-4〉와 같다. 이러한 검사들은 대부분 외국의 검사 도구를 번안한 것이다.

국립특수교육원에서 개발한 말지각 검사(KNISE-DASP)는 국내 청각장애아동의 청능훈련에 필요한 자료를 제공하기 위한 표준화된 진단용 청능평가 도구다. 말지

**표 6-4 국내 말지각 검사 도구**

| 자극 단위 | 제시방법 | 검사명 | 저자 | 대상 연령 |
|---|---|---|---|---|
| 음소 | Closed-set | GASP-K | 김은연(2002) | 전 연령 |
| | | 한국어자모음검사 | 이미숙, 장현숙(2007) | 전 연령 |
| 단어 | Closed-set | EARS-K(MTP) | 이상흔 외(2003) | 아동용 |
| | | GASP-K | 김은연(2001) | 아동용 |
| | | 한국표준 단음절 단어인지검사 | 김진숙 외(2008) | 학령전기 |
| | Open-set | 한국표준 단음절 단어인지검사 | 김진숙(2008) | 학령기 일반용 |
| 문장 | Closed-set | EARS-K (Closed-set 문장검사) | 이상흔 외(2003) | 전 연령 |
| | | 한국표준문장인지검사 | 장현숙 외(2008) | 학령전기 |
| | Open-set | GASP-K | 김은연(2002) | 아동용 |
| | | 한국표준문장인지검사 | 장현숙 외(2008) | 학령기 일반용 |
| | | K-HINT | 문성균 외(2004) | 만 12세 이상 |
| | | K-SPIN | 김진숙 외(2000) | 고학년 아동 |

**표 6-5** KNISE-DASP의 하위 검사와 구성 내용

| 번호 | 검사도구 | 자극 단위 | 자극 방법 | 구성 내용 |
|---|---|---|---|---|
| 1 | Ling 6음 검사 (Ling 6 sound Test) | 음소 | Closed | • 음소 탐지, 변별 확인 검사<br>• 6개 음소에 대해 그림 제작 |
| 2 | 자모음검사 (CVT) | 음소 | Closed or Open | • 모음검사와 자음검사로 구성<br>• 모음검사: 7개, 변별 확인, 검사표 글자판 사용<br>• 자음검사: 10개, 확인, 검사표 및 글자판<br>• 자모음 결합 검사표 구성 |
| 3 | 단어패턴 · 인지검사 (WPT) | 단어 | Closed | • 12문항, 6문항, 3문항 검사로 구성<br>• 각 검사별 12(또는 6, 3)단어씩 2목록, 2그림판<br>• 1음절~다음절 단어로 구성<br>• 그림판 구성: 1개의 그림판에 12(또는 6, 3)단어 구성 |
| 4 | 단어인지검사 (WRT) | 단어 | Closed | • 1음절 단어검사와 2음절 단어검사로 구성<br>• 각 검사별 12단어씩 2목록, 2그림판<br>• 그림판 구성 : 1개의 그림판에 12개 단어 구성 |
| 5 | 문장인지검사 (SRT) | 문장 | Closed or Open | • Closed set 검사와 Open set 검사 구성<br>• Closed set 검사: 쉬운 문장(Easy)검사와 어려운 문장(Hard)검사로 구성; 각 검사별 12문장씩 2목록, 2그림판<br>• Open set 검사: 10문장씩 4목록 |
| 6 | 문장이해검사 (SCT) | 문장 | Closed or Open | • Closed set 검사와 Open set 검사 구성<br>• Closed set 검사: 쉬운 문장(Easy)검사와 어려운 문장(Hard)검사로 구성; 각 검사별 10문장씩 2목록, 2그림판<br>• Open set 검사: 쉬운 문장(Easy)검사와 어려운 문장(Hard)검사로 구성: 10문장씩 2목록 |
| 7 | 문장기억 · 순서화검사 (SMST) | 문장 | Closed | • 3개의 연령검사로 구성: 3세, 4세, 5세 이상용으로 구성<br>• 각 검사별 10목록씩 연령별 5문항씩 중복 포함, 총 20문항씩 2목록 구성<br>• 구체물을 사용한 Closed set 검사: 각 검사별 사물(5개), 색깔(3개), 동사(3개), 위치(앞, 뒤, 옆) |
| 8 | 이야기이해검사 (CST) | 이야기 | Open | • 10개 이야기×2목록 구성<br>• 각 이야기별 1~2개의 질문 구성<br>• 각 이야기별 2~6문장 길이, 다양한 난이도 적용 |

각 발달 수준을 고려하여 8개의 하위 검사로 구성되어 있어 만 3~17세의 청각장애 아동에게 적용할 수 있다. 뿐만 아니라 만 2~12세의 가청 학생에게도 사용할 수 있으며, 하위 검사에 따라 준거나 규준이 제시되어 있어 피검 아동의 청능 발달 수준을 파악할 수 있다. KNISE-DASP의 하위 검사별 구성 내용은 〈표 6-5〉와 같다.

## ∷ 제2절  보청기 착용 아동을 위한 청능훈련

### 1. 청능훈련의 원칙

조기발견을 통해 중재를 시작하는 연령이 아무리 어리다고 해도 청능훈련을 실시하기 위해서는 반드시 보청기를 항상 착용해야 한다. 인공와우 이식을 예정하고 있는 아동 가운데 군이 보청기를 착용하지 않아도 된다고 생각하는 경우도 흔히 있지만 인공와우 이식 전까지의 기간이 얼마 되지 않아도 반드시 보청기를 착용하고 청능훈련을 받도록 해야 한다. 이 점은 잔존청력을 향상시키는 데도 중요한 변인이다.

보청기의 착용 상태가 중요한 만큼 보청기의 적합 상태 또한 매우 중요한 변인이다. 청능훈련을 받는 아동의 보청기는 항상 적절하게 작동되고 적합되어 있어야 한다. 이를 확인하기 위해서는 청능훈련 시작 전에 Ling의 6음 검사 등을 실시하여 상태를 점검하는 것이 바람직하다.

아동 청능훈련에 사용되는 자극은 반드시 아동의 입장에서 의미 있는 문맥 내에서 제공되어야 하며, 아동의 전반적인 발달과 아동 개인의 조건을 고려해서 구성하고 실시해야 한다. 청능훈련은 언어 지도나 의사소통 지도와 매우 밀접한 관련성을 갖는다. 따라서 청능훈련은 언어 수용을 촉진하는 것이어야 하며, 듣기 기술의 습득 과정에서 수용된 언어나 소리 정보는 즉시 표현으로 연결되도록 해야 한다.

청능훈련의 방법은 반드시 학교나 치료실에서만 이루어지는 것이 아니다. 특히 청각장애아동의 경우는 더욱 그러하다. 그러므로 청각장애아동의 일상생활 속에 청능훈련의 듣기 활동을 포함되도록 해야 한다. 즉, 청능훈련과 일상생활이 별개의 것이 아니라 일상생활이 듣기 자체가 되도록 해야 한다. 결과적으로 단순히 청능만 발달시키기 위한 활동이 아니라 언어, 의사소통, 사회적 상호작용 등 전체적인 발달을 지원할 수 있는 학습이 되어야 한다. 그러나 필요에 따라 구조적이고 분석적인 교육이 요구되는 경우는 일상적이고 자연스런 접근법과 병행하여 체계적인 교사 중심의 교육이 통합적으로 이루어지는 경우도 있다.

## 2. 아동 청능훈련의 특징

성인 청각장애의 청능훈련과는 달리 청각장애아동의 청능훈련이 갖는 가장 중요한 특징은 아동의 발달을 고려해야 한다는 점이다. 이미 언어력을 갖고 있는 성인에 비해 아동은 부족한 듣기 기술을 학습하는 과정 자체가 세상을 배우고, 소리를 익히고, 언어와 의사소통을 배우는 과정이 되기 때문이다. 이러한 점에서 아동 청능훈련의 특징을 정리하면 다음과 같다.

첫째, 진단평가를 통해 측정된 현재의 청능 수준에 맞는 적절한 과제가 충분하게 제공되어야 하며, 아동의 생활연령이나 언어 및 사회성 등 기타 영역의 발달을 고려하여 의미가 있는 문맥에서 교육이 이루어져야 한다.

둘째, 아동의 듣기 기술은 구조적인 청능훈련의 과정을 통해서만 습득되는 것은 아니다. 또한 교실이나 치료실에서 아동이 경험해야 하는 모든 소리를 대상으로 교육이 가능한 것도 아니다. 따라서 아동 청능훈련은 소리에 대한 관심과 듣는 것의 중요성 등에 대해 아동 스스로 인식하게 하는 것이 중요하다. 따라서 소리를 감지하는 기술 그 자체를 학습하는 것도 중요하지만 학습과정 자체에 대한 동기 부여도 매우 중요하다. 청능훈련은 이러한 동기 부여가 가능한 분명한 활동을 선택하여야 한다. 앞서 지적한 바와 같이 이를 위해 교사는 아동의 청능훈련이 단순한 반복 연습을 통한 교육이 아니라 아동 스스로 학습한다는 점을 반드시 염두에 두고 교육에 임해야 한다.

셋째, 아동 청능훈련의 특징 가운데 중요한 한 가지는 지속적이고 꾸준하게 청능 훈련을 실시하는 것이다. 청능훈련은 보청기 착용 초기에 실시되는 일시적인 과정이 아니고, 언어학습을 위한 보조 과정이 아니라는 점을 인식하고 아동이 성장하는 가운데 지속성을 가져야 한다.

넷째, 아동 청능훈련은 청능훈련의 목표나 내용에 따라 개별교육과 집단교육, 형식적 활동과 비형식적 활동을 적절하게 구분하여 다양하게 실시해야 한다.

다섯째, 아동 청능훈련에서 중요한 변인 중의 하나는 부모나 가족이다. 아동뿐만 아니라 부모나 가족이 성취감을 느낄 수 있는 활동부터 시작해서 청능훈련의 필요성과 동기를 인식하도록 지원해야 한다.

## 3. 아동 청능훈련의 단계별 내용

### 1) 청각적 감지

청각적 감지 혹은 탐지는 소리의 유무를 인식하고 반응하는 것을 학습하는 단계다. 때문에 청각적 감지 단계의 기술 습득을 위해서는 다양한 소리 자극에 노출시키는 것이 중요하다. 아동의 연령에 맞는 청각적 정보를 포함하고 풍부한 감각 자극을 경험할 수 있는 장난감이나 사물에 노출시켜 자연스럽게 놀도록 하고, 가능한 한 부모나 성인이 함께 놀아 준다. 이때 성인은 아동의 행동을 주의 깊게 관찰하고 소리에 대한 아동의 아주 작은 반응 행동도 놓치지 말고 후속 반응 혹은 강화를 제공해 주는 것이 중요하다.

소리 자극에 대한 아동의 반응 행동은 연령에 따라 다르게 나타난다. 영유아의 경우는 반사적 행동으로 나타나고 5~6개월이 지나면서 서서히 소리를 내거나 음원을 탐색하려는 학습된 형태의 반응 행동이 가능하다. 부모나 성인은 아동의 연령에 따른 반응 행동을 이해하고 적절한 행동을 할 수 있도록 도와주어야 한다.

감지 단계에서는 인식하기 쉽도록 초분절적 특징이 많은 환경음부터 시작하는 것이 좋다. 환경음 가운데 아동에게 친숙하고 자주 경험할 수 있는 소리가 가장 적절하다. 이때 아동별로 환경음 목록(environmental sound dictionary)을 작성하는 것이 도움이 된다. 특정 환경음에 반응이 나타나면 음원을 확인시켜 주고 이름을 명명해 주고 음원을 찾도록 촉진해 준다.

감지 단계에 있는 아동의 부모가 자주 하는 실수가 있다. 특정한 소리에 대한 반응이 나타나면 같은 반응 행동을 보기 위해서나 확인하기 위해서 반복적으로 동일한 활동을 실시하는 경우가 있다. 그러나 소리 자극에 대해 익숙해지거나 반복적으로 자극이 주어지면 아동은 더 이상 반응을 하지 않기도 한다. 듣지 못했던 소리에 아동이 민감하게 반응해 줄 때 부모가 느끼는 기쁨은 말할 것도 없겠지만 부모의 만족을 위해 지나치게 활동을 반복하는 것은 소리에 대한 아동의 흥미와 동기를 감소시킬 수 있다는 점을 기억해야 한다.

### 2) 청각적 변별

청각적 변별이란 제시되는 2개 이상의 소리가 서로 같은지 다른지를 알고 반응하는 것을 학습하는 단계다. 탐지 단계의 활동을 통해 탐지 혹은 인식 가능한 소리를 대상으로 훈련이 가능하다.

소리 자극과 음원(사물)의 연결이 가능한 소리 가운데 아동에게 친숙하고 좋아하는 사물을 갖고 놀게 한다. 당연히 사물을 가지고 노는 동안 부모나 교사는 지속적으로 소리를 듣게 하고 소리와 함께 놀도록 해 준다. 아동이 놀고 있는 동안 새로운 소리 자극을 무작위로 충분히 들을 수 있는 강도로 제시한다. 듣고 있는 소리와 새로운 소리 자극의 차이를 인식하게 되면 자연스럽게 활동이나 동작을 멈추고, 새로운 소리에 대해 음원을 찾으려는 행동이 나타난다. 이러한 행동을 하는 아동은 무슨 소리인지는 모르지만 소리의 차이는 인식하고 있다는 의미다. 만약 변별적 행동이 나타나지 않으면 소리와 함께 음원을 보여 주며 소리에 대한 민감도가 향상되도록 도와준다.

초기의 변별 교육에는 변별하기 쉽도록 소리의 차이가 큰 것을 대조시켜 교육을 해야 한다. 변별적 단서가 큰 것부터 시작하여 성취감을 느끼고, 동기가 지속적으로 유지되도록 배려해야 한다. 변별 교육의 과정은 보청기를 착용한 청각장애아동의 경우 개인차는 있으나 상당히 오랜 기간이 소요되기도 한다.

변별 교육은 대개 감지 과정의 학습과 병행해서 실시되며, 변별적 행동이 어느 정도 익숙해지면 형식적으로 새로운 장소에서 익숙하지 않는 소리 자극에 대한 감지 교육을 하지 않아도 아동 스스로 변별하고 행동하게 된다. 또한 감지 단계와 마찬가지로 변별이 가능한 소리에 대해서는 반드시 이름을 붙여 주고 발성 혹은 발화를 촉진할 수 있도록 해 준다.

### 3) 청각적 확인

청각적 확인은 소리를 듣고 음원이 무엇인지 맞추는 것을 말한다. 변별 단계의 학습과정이 충분히 이루어지면 그 속에서 아동은 확인 가능한 소리들을 저장하고 기억하게 된다. 아동의 기억 속에 저장된 소리에 대해 청각적 자극을 제시하고 소리와 연결된 사물이나 행동을 가리키거나 선택하게 할 수 있다. 사물이 없는 경우는 소리를 모방하게 한다.

언어음을 사용한 확인 과정의 학습은 초분절적 자질에 대한 확인, 즉 패턴 지각과 분절적 자질에 대한 분절적 지각으로 나눈다. 초분절적 단서를 기초로 확인하는 패턴 지각은 확인하기 쉬운 과제이고, 분절적 단서는 상대적으로 어려운 과제다. 따라서 확인 단계에서는 먼저 패턴 지각을 먼저 학습한다. 장단, 고저, 강약, 리듬 및 억양이 풍부하게 들어 있는 소리를 먼저 학습하고 자음과 모음 등의 분절적 지각은 나중에 실시한다. 이러한 점은 특히 보청기를 착용하는 청각장애아동의 청능훈련에서는 매우 중요한 점이다.

확인 단계도 아동에게 익숙하고 자주 경험할 수 있는 소리와 사물을 이용하여 교육하고 이후에는 아동 스스로 소리와 사물을 연결하도록 지원하는 것이 바람직하다. 과제의 난이도나 자극 단위를 세분화하여 교육이 이루어지기 때문에 확인 단계 역시 상당히 장기간 실시된다. 또한 확인 단계의 교육에서 언어 단위, 즉 단어나 구, 문장 등을 사용한 교육은 언어 지도의 과정과 통합되어 이루어지므로 획득한 듣기 기술을 활용하여 말할 수 있도록 촉진하는 것이 매우 중요하다.

## 4) 청각적 이해

청각적 이해는 대답하기, 질문하기, 지시에 따르기, 다른 문장으로 바꾸어 말하기, 대화하기 등을 통해 말소리에 담긴 의미를 이해하는 능력을 말한다. 청각적 이해를 위한 초기 교육에는 상황 단서 혹은 문맥적 단서, 시각적 단서 등을 활용하여 의미를 빨리 파악할 수 있도록 해 주는 것이 좋다. 처음부터 말의 분석적 요소까지 변별하고 확인하여 의미에 맞게 반응하는 것이 학습되는 것은 아니기 때문이다. 따라서 청각적 이해 학습 과제는 아동이 잘 알고 있는 어휘나 관용적 표현, 문장 구조를 자료로 구성해야 한다. 언어 자극 전체를 말소리로 제시하기 전에 단서가 될 수 있는 단어를 먼저 제시해 주거나 내용에 대한 단서를 제공하고 점차 단서를 소거해 나간다.

청각적 이해 학습은 즐거운 경험이 되도록 해야 한다. 청각적 이해는 많은 하위 듣기 기술이 통합된 매우 어려운 과제이므로 아동의 입장에서 재미있고 즐거운 경험이 되지 않으면 교육으로 끝나기 쉽고 청능훈련의 의미가 감소되는 경우가 흔히 발생한다.

청각적 이해 학습에 흔히 사용되는 활동으로는 주제에 맞추어 담화하기, 역할극 (role play)하기, 언어 게임 및 퀴즈 맞추기, 반대말/같은 말 빨리 말하기, 수수께끼 등이 있다.

## ⁑ 제3절 인공와우 이식 아동을 위한 청각재활

인공와우 이식자를 위한 청각재활에 관한 내용은 재활 매뉴얼(Cochlear corporation, 1998)에서 발췌 및 수정하였다. 인공와우 이식을 위한 일련의 평가와 상담이 완료되고 인공와우 이식술이 결정되면 인공와우 팀은 대상자가 수술 전 청각재활을 시작으로 하여 모든 과정을 잘 통과할 수 있도록 안내한다. 수술 이전에는 최소 3~6개월간의 청능훈련으로 아동이 보청기로 어느 정도의 말소리를 감지하고 인지하는가에 따라 보청기를 계속 사용할 것인지 아니면 인공와우 이식술을 통하여 청각을 활용할 수 있도록 인공와우 이식 대상의 적합 여부에 대한 평가에 들어갈 것인지를 결정한다. 인공와우 이식술이 결정되었다면 수술 후 인공와우를 착용하기 위한 매핑 (mapping)과 함께 청능훈련에 들어가게 된다.

### 1. 수술 전 청각재활

수술 전 청각재활은 청력손실이 확인된 아동에게 잔존청력의 정도와 특성에 따라 가장 적합한 보청기를 선정하여 조정하고, 아동이 보청기를 통해 어느 정도의 말 신호를 들을 수 있는지를 평가하는 과정이다. 아동의 보청기 적응에 대한 평가는 보청기 미착용 시 및 착용 시의 청력역치와 말소리의 감지 및 인지에 대한 보청 효과를 알아보는 것으로서 성인의 경우와 거의 같은 원리(보청기 착용 청력검사, 말인지검사)로 이루어진다. 보청기의 효과를 알아보기 위하여 최소 3~6개월간의 청능훈련을 해야 하며 이를 통해 아동의 청각 수용력을 재평가하게 된다. 말-언어 평가는 아동의 말인지력을 포함하여 대화 능력을 알아볼 수 있는 모든 면에서 이루어지며, 평가 결과는 인공와우 이식 대상자 선정을 위한 참고 자료가 될 뿐만 아니라 청각재활에서 다루어질 목표와 과제를 결정하는 기초 자료가 된다. 이때 보청기로 어느 정도의 말소리를 감지하고 인지하는가에 따라 그 아동이 인공와우 이식 대상자로 선정될 수 있을 것인지에 대한 여부가 결정된다. 보청기 착용 시의 청력역치를 대상자 선정 기준으로 활용하기도 한다.

## 2. 인공와우 프로그래밍

여기서는 우리나라에서 현재 가장 많이 사용되고 있는 코클리어(Cochlear) 사의 뉴클리어스 시스템(Nucleus system)을 위주로 설명하였고 이와 관련된 내용은 재활 매뉴얼(Cochlear corporation, 1998)을 참고하였다. 수술 후 약 4~6주가 지난 다음에야 비로소 이식자는 외부 장치를 착용할 수 있다. 이 기간은 외부 안테나의 자석이 수술 부위에 놓이기 전에 수술 상처가 낫는 데 필요한 시간이다. 인공와우 이식술로부터 약 4주 뒤 외부 장치를 착용할 수 있게 되면 인공와우 프로그래밍을 시작한다. 인공와우의 초기 착용과 프로그래밍은 보통 1시간 30분~2시간 정도 걸린다. 외부 장치를 착용한 상태에서 임상가는 컴퓨터와 연결된 진단적 프로그래밍 시스템(diagnostic programming system)을 사용하여 말소리합성기를 프로그래밍한다.

프로그래밍의 목적은 아동에게 최대한의 음향 정보와 알아들을 수 있는 형태의 말소리를 제공하기 위한 것이다. 이러한 목적에 따라 프로그래밍은 먼저 아동에게 외부 장치를 편안하게 착용시킨 다음 전극에 전달될 신호를 결정하는 말소리합성기의 자극 변수를 조정한다. 아동들은 일반적으로 놀이청력검사법을 적용하여 전기자극 역치와 최대 쾌청치에 따라 각각의 전극을 프로그래밍(Skinner et al., 1995)한다. 이렇게 프로그래밍하는 과정을 매핑(mapping)이라 하며 각 전극의 전기자극 역치(T level)와 최대 쾌청치(C level)의 입력 정보를 맵(MAP)이라 한다.

전기자극 역치와 최대 쾌청치는 전극마다 다르며 잔존 신경과 전류가 전달되는 방법에 따라 아동마다 다르다. 각 전극의 역치를 설정하는 데 현재로서는 수술 전에 청감을 일으키는 전류의 양을 예견할 수 있는 인정된 방법이 없기 때문에 아동의 매핑은 세심한 주의가 필요하다. 2~4세의 아동에서는 청각눈꺼풀반사(Auro-Palpebral Reflex: APR)를 보이는 불쾌역치(loudness discomfort level)를 찾아서 그보다 약간 아래에 쾌청치를 설정한다. 아동들은 불쾌역치에서 주로 귀와 목의 통증을 표현하나 최고치(level)의 자극에서도 행동 반응을 보이지 않을 수 있다. 행동 반응을 보이지 않는 아동의 경우는 수술 후 전기뇌간유발반응(Electrically Evoked Auditory Brainstem Response: EABR)이나 신경반응원격측정법(Neural Response Telemetry: NRT)의 결과를 전극의 작동 여부와 전기자극 역치 및 최대 쾌청치 설정에 참고하고 있다(Clark, 1997: Kim et al., 1997). 매핑에서 이들 검사의 결과는 전기 자극에 대한 아동의 행동 반응에 객관적인 정보를 제공하므로 맵의 정확성을 높일 수 있다. 맵은 아동에게 얻은 정신생리적 정보와 전기 자극에 대한 행동 반응을 바탕으로 만들어지며 매핑에 사용되는 전극의 수는 고실계 내에 삽입된 전극의 수와 자극 방법에 따라 결정된다. 맵으로 만들기 전에 암호화 전략을 결정하는데, 제5장 인공와우에서 언급한 것처럼 말소리합성기의 종류에 따라 여러 가지 암호화 전략이 사용되고 있다.

### 1) 문제 전극 파악

삽입된 전극 수에 따라 자극 방법이 결정되고 매핑 시 각 전극의 사용 여부를 파악하게 된다. 전극의 부분 삽입으로 와우 밖에 남아 있는 전극이 중이와 접촉되어 불쾌한 느낌이나 통증을 유발할 수 있으며 와우의 정점 가까이 있는 전극에 의해 안면 연축을 일으킬 수도 있다. 이외에도 가이어와 노톤(Geier & Norton, 1992)에 의하면 손상된 전극은 청감을 일으키지 않거나 불쾌한 소리를 유발할 수 있으므로 이러한 문제의 전극들을 찾아 매핑에서 제외시킨다. 따라서 매핑 시 이러한 전극을 간과할 경우 인공와우 사용자는 매핑 후 소리 자극 시 앞에서 설명한 문제를 보일 수 있다.

### 2) 정기적 관찰 및 재조정

삽입된 전극의 전기 자극 역치와 최대 쾌청치를 측정한 맵이 만들어지고 마이크로폰이 작동하면 이식자는 말소리와 환경음을 들을 수 있다. 말소리에 대한 초기 반응은 이식자마다 다른데, 대부분의 이식 성인은 말소리가 기계적으로 들리며 만화 속의 소리와 유사하다고 말한다. 선천성 청각장애아동의 경우 소리에 대한 개념이 없어 소리 자극에 놀라서 울 수 있다. 아동은 처음으로 자신의 울음소리를 포함하여 자신의 음성을 듣게 된다. 아동은 진정되면서 자신이 울음을 멈추면 자극도 멈춤을 깨닫는다. 이런 식으로 첫 단계인 청각 감지가 이루어질 수 있다.

아동의 경우 인공와우가 잘 작동되는지에 대한 전반적인 프로그래밍의 문제를 알아보기 위해서는 발달 단계에 맞는 간단한 말인지검사(음운 감지 혹은 음운 모방 등)와 링(Ling, 1976; 1989)의 6음 검사(Edwards, 1994), 인공와우 착용 시 청력검사 등을 실시한다. 아동이 말소리에 대한 반응이 줄어들 때, 말소리 모방이 부정확하고 어음 명료도가 이전보다 떨어질 때, 음성의 변화가 나타날 때마다 말소리합성기는 재매핑되어야 한다. 마이크로폰의 민감도 설정과 마이크로폰을 포함한 주변 기기 모든 것이 정확하게 잘 작동한다면 아동은 전체 말소리의 주파수를 충분히 들을 수 있다. 그리고 FM 시스템을 사용하는 아동의 경우 말소리합성기와 FM 시스템이 바르게 연결되어 있는지, 말소리 전달에 문제는 없는지에 대하여 부모, 언어치료사, 교사들은 착용 전후 및 일과 중에 수시로 살펴보아야 한다.

일부 말소리합성기 내에는 1개 이상의 맵을 저장할 수 있는 다중기억장치를 가지고 있다. 소리에 적응해 가면서 전극의 초기 전기 자극 역치와 최대 쾌청치는 계속 변화하기 때문에 다중기억장치는 매우 편리하다.

인공와우 이식자와 그 가족은 인공와우의 관리에 대해서도 지도를 받아야 한다. 전기전달장치와 안테나를 붙이는 방법, 배터리를 교환하는 방법, 기기를 조작하고 고장을 점검하는 방법을 알아 둘 필요가 있다. 부모는 아동에게 기기를 착용시키기 전에 기기를 점검해야 하며 전선과 같은 여분의 부속품을 준비해 두어야 한다. 그리고 정전기의 위험, 안전과 관련된 요소에 대한 경고사항에 대하여 주의해야 한다. 드물지만 정전기가 저장된 프로그램을 깨뜨리고 외부 장치와 연결된 내부 장치를 손상시키기도 한다. 부모는 아동이 플라스틱 미끄럼틀이나 정전기를 발생시키는 물건을 가지고 놀 때 인공와우기를 빼놓도록 주의를 주어야 한다. 인공와우의 보상, 분실, 손상 등에 대한 정보도 제공되어야 한다.

인공와우 초기 사용 중 이식자와 부모는 듣기 경험을 일기나 일지를 작성하여 경험에 대한 긍정적인 것과 부정적인 것을 기록하도록 한다. 그뿐만 아니라 주위 사람들도 이식자가 인공와우를 사용하는 것을 관찰하여 기록하도록 한다. 이러한 자료는 클리닉에 재방문 시 재프로그래밍하고 가장 적합한 치료 계획을 세우는 데 도움이 된다.

## 3. 수술 후 평가와 청각재활

### 1) 수술 후 평가

프로그래밍을 위한 두 번째 회기는 대개 초기 프로그램 후 최초 착용일로부터 일주일 이내에 실시한다. 인공와우에 대한 이식자의 경험과 일지를 참고하면 이식자가 사용하는 맵이 소리 인식과 감지를 위하여 충분하였는지 혹은 불편할 정도로 최대 쾌청치가 너무 높게 설정되어 소리가 너무 크지는 않았는지를 결정하는 데 도움이 된다. 이렇게 하여 전기자극 역치와 최대 쾌청치는 재측정되고 새로운 맵들이 말소리합성기에 저장된다.

수술 후에는 정기적으로 이식자의 능력에 대한 초기 말인지 진단검사를 실시해야 한다. 이러한 평가의 목적은 청능훈련을 위한 목표를 설정하고 청능훈련 전후 말인지의 향상 정도에 대한 구체적인 정보를 얻기 위함이다. 특히 시간이 경과함에 따라 인공와우 이식 아동들이 인공와우의 도움을 어느 정도 받고 있는지 알아보기 위해 평가는 필수적이다. 평가를 통해 인공와우 이식 아동과 그 가족에게 인공와우로부터 받는 도움에 대한 객관적 정보를 제공하여 인공와우를 계속 사용하도록 권장할 수 있다. 그리고 비교 대상에 대한 기초선을 제시하여 말소리합성의 개선을 요구하는 데에도 사용할 수 있다. 아동의 말인지는 발음 · 언어 · 인지 발달뿐만 아니라 개인의 인성에도 영향을 미치므로 인공와우 이식 아동의 말인지 능력에 대한 평가는 매우 중요하다.

청능훈련에 들어가기 전에 아동의 말인지 수준을 파악하기 위하여 표준화검사가 주로 사용되나 일부 병원에서는 자체 개발 제작한 검사를 사용하기도 한다. 공식적 검사 도구를 적용하기 어려운 유아의 경우 신체부위 확인 검사를 실시할 수 있다. 검사는 보기와 듣기, 듣기, 보기의 조건에서 실행할 수 있다. 말인지 검사 외에 발화 · 음성 · 명료도 등의 평가를 포함한 조음음운검사, 수용언어와 표현언어의 평가, 어린 아동과 성인의 상호작용에 대한 비디오 녹화 분석 등은 치료 목표에 중요한 정보를 제공한다. 아동의 경우 아동의 연령에 적합한 청능훈련을 위한 선별검사를 사용해야 한다. 검사의 결과는 치료 계획을 설정하는 데 도움이 되기 때문이다. 보청기를 착용한 청각장애아동을 위하여 개발된 청능훈련 프로그램은 인공와우 이식 아동에게도 사용할 수 있다.

인공와우 사용에 대한 치료의 양과 기간은 이식자의 특성에 달려 있다. 많은 사례에서 인공와우 이식자는 병원에서 인공와우기의 프로그래밍, 관찰, 청각재활을 받거나 학교나 사설 치료실에서 언어치료를 받는다. 치료 계획을 개발하고 수행하는 데 인공와우 팀의 전문가와 부모의 협력은 매우 중요한 부분이다. 대면 회의, 세미나, 보고서, 이메일 등은 모든 전문가를 포함시켜 연결할 수 있는 수단이다.

부모의 일지는 모든 전문가가 참고할 수 있어 매우 유용하다. 부모는 전문가들과 나눈 대화와 기록을 일지에 남김으로써 인공와우 이식 프로그램의 일부가 될 수 있다. 인공와우에 익숙하지 못한 학교 교사와 언어치료사에게는 인공와우에 대한 문헌을 제공해야 한다. 또한 이들은 인공와우가 아동에게 더 많은 청각 정보를 제공하도록 설계되었음을 이해해야 한다. 교사와 언어치료사는 아동이 수술을 받기 전에 사용하였던 교수 방법과 유사한 방법을 사용할 수 있으나 아동이 청각을 사용하여 성취할 수 있는 것에 대한 기대치를 높일 필요가 있다.

언어 습득 후 청력손실이 생긴 성인 이식자를 위한 추후 프로그래밍은 첫 2개월 동안은 매주, 그다음은 3개월째, 6개월째, 그 후에는 매년 한다. 어린 아동의 프로그래밍은 3개월 동안은 매주, 그다음은 6개월째, 9개월째, 12개월째, 그 후에는 6개월마다 한다. 이러한 프로그래밍 계획은 이식자가 인공와우에 적응하는 정도에 따라 수정할 수 있다.

## 2) 청각재활

말소리합성기의 첫 매핑이 끝남과 동시에 청각재활이 시작된다. 수술 후 청각재활은 전기신호를 말소리와 연결하여 해독하는 능력을 기르기 위하여 인공와우가 제공하는 말소리를 습득하는 과정이라 할 수 있다. 청각재활 프로그램은 주로 말인지, 발음, 언어, 인공와우기에 대한 교육, 대화 훈련과 가족 구성원의 참여 등으로 이루어진다. 청각재활 기간은 아동의 수행력에 따라 달라질 수 있고 이에 대해서는 많은 연구가 필요하다. 최초 매핑을 시작으로 매핑과 청능훈련에 매주 1시간~1시간 30분 정도의 시간을 규칙적으로 할애할 수 있도록 한다.

**연구 과제**

1. 가청아동의 청능 발달 단계를 언어 발달과 관련지어 설명해 보자.

2. 청능훈련의 각 단계별로 교실에서 실시할 수 있는 구체적인 활동의 예를 생각해 보자.

3. 보청기를 착용하고 있는 학령기 전 및 학령기 학생을 위한 청능훈련의 내용을 단계별로 구성해 보자.

4. 인공와우의 수술 전후 청각재활의 차이점을 설명해 보자.

## 참고문헌

교육부(2000). 특수학교 치료교육 활동 청능훈련 보완교재: 음의 지각 기능 프로그램. 서울: 대한
　　교과서.

김규상, 김진숙, 김형종, 방정화, 이경원, 이재희, 이정학, 이호기, 이효정, 임덕환, 장현숙, 조
　　수진, 최철희, 한우재(2013). 청각학개론. 서울: 학지사.

김수진(2012). 교사와 부모를 위한 청각장애아동 교육. 서울: 학지사.

민병란, 양한석, 기유정, 이윤혜, 송영준(2007). 인공와우아동을 위한 교사용 지침서 개발연구.
　　경기: 국립특수교육원.

백유순, 윤미선(2014). 21세기의 농교육 주제와 경향. 서울: 시그마프레스.

송영준, 이효자, 장현숙(2010). 청능훈련을 위한 말지각검사 도구(KNISE-DASP) 개발 연구. 경
　　기: 국립특수교육원.

송영준, 이효자, 장현숙(2011). 말지각발달검사(KNISE-DASP). 경기: 국립특수교육원.

이규식, 석동일, 국미경, 강창욱, 이상희, 박상희, 윤미선, 신혜정, 박희정, 박미혜(2006). 청각
　　장애아동 언어지도와 치료방법. 대구: 대구대학교 출판부.

이상훈, 박미혜, 이달화, 허명진(2006). 아동청능재활. 경기: 양서원.

이용우(2013). 청각장애학교에서의 영유아를 위한 청각재활, 제10회 동아청각심포지움 자료집.
　　pp. 70-76.

장현숙(2007). 청능훈련과 청능재활 프로그램. 서울: 재활의 샘.


Caleffe-Schenck, N. (1994). Auditory Learning. The First Asia-pacific Auditory-Verbal
　　Conference in Australia.

Clark, G. M. (1997). Historical perspectives. In C. M. Clark, R. S. C. Cowan, & R. C. Dowell
　　(Eds.), Cochlear implantation for infants and children (pp. 9-27). San Diego, California.

Cochlear corporation (1998). Rehabilitation manual. Englewood, CO: Author.

Duncan J. (2008). *Application of auditory-verbal therapy for special education teachers in educational settings*, The 15th International Seminar & 2008 Audiology Seminar, Korean Institute for Special Education & Korean Academy of Audilogy.

Edwards, C. (1994). Audiology: Back to basics. In W. Estabrooks (Ed.), *Auditory-verbal therapy for parents and professionals* (pp. 23-48). Washington, D. C.: Alexander Graham Bell Association for the Deaf.

Erber, N. P. (1982). *Auditory training.* Alexander Graham Bell Association for the Deaf.

Estabrooks W. (1998). *Cochlear implants for kids.* Alexander Graham Bell Association for the Deaf.

Estabrooks, W., & Oliver, J. (2002). Auditory-Verbal Practice, Auditory-verbal therapy Seminar, Cochlear.

Geier, L. L., & Norton, S. J. (1992). The effects of limiting the number of Nucleus 22 cochlear implant electrodes programmed on speech perception. *Ear and Hearing, 13*(5), 340-348.

Jerger, J., & Musiek, F. (2000). Report of the Consensus conference on the diagnosis of auditory processing disorders in school-aged children. *Journal of the American Academy of Audiology, 11*(9), 467-474.

Kim, L. S., Kang, M. K., Park, H. S., Kim, S. J., & Heo, S. D. (1997). Electrically evoked auditory brainstem response in cochlear implant patients. *Advances in Oto-Rhino-Laryngoloy, 52*, 92-95.

Ling, D. (1976). *Speech and the hearing impaired child.* Washington, DC: Alexander Graham Bell Association for the Deaf.

Ling, D. (1989). *Foundations of Spoken Language for Hearing Impaired Children.* Washington, DC: Alexander Graham Bell Assoc for the Deaf.

Scout G. G., Windle J., & Wan E. (1992). DASL II, *the developmental approach to successful listening II*, Cochlear.

Simser, J. I. (1993). Auditory-verbal intervention: infants and toddlers. *The Volta Review, 95*, 217-229.

Skinner, M. W., Holden, L. K., Holden, T. A., & Demorest, M. E. (1995). Comparison of procedures for obtaining thresholds and maximum acceptable loudness levels with the nucleus cochlear implant system. *Journal of Speech and Hearing Research, 38*(3), 677-689.

Tye-Murray M. (2009). *Foundation of aural rehabilitation, children, adults, and their family members* (3rd ed.). DELMAR.

# 제7장 말지도

인간은 소리를 들을 수 있는 능력을 바탕으로 언어를 습득한다. 생후 18개월경에는 두 낱말을 조합하여 말하며 구문 능력이 매우 빠르게 발달한다. 그러나 청각장애아동은 청각손실로 언어 정보의 입력과 피드백이 결여된다. 이로 인해 어휘 사용이 제한되며, 문장의 미세한 부분을 잘 듣지 못하므로 통사 구조를 이해하는 데 어려움을 겪게 되어 전반적인 구문 발달에 지연이 나타난다. 이에 보장구 착용은 필수적이다. 특수교육 현장에서는 청각장애아동의 언어와 의사소통 능력을 향상시키기 위하여 다양한 전략을 개발하고 적용하여 왔다. 또한 조기중재 활동을 확대하고, 성능이 향상된 개인 보장구를 사용하며, 학습 환경을 개선시키고 유능한 교사를 양성하여 배치하는 등의 노력을 계속하고 있다. 이러한 노력의 결과로 청각장애아동의 적응과 학습 능력은 많이 향상되었지만 아직 만족할 만큼의 성과는 아니다(김영욱, 2007: 15) 또한 상당히 어린 시기에 보장구를 착용하고 적절한 중재를 받은 청각장애아동의 언어 능력에도 다양한 개인차가 존재한다(Greers, Nicholas, & Sedey, 2003).

따라서 청각장애아동의 적응과 학습 능력을 향상시키기 위해서 의사소통 기능을 개선시키는 활동이 우선되어야 한다. 이에 이 장에서는 청각장애아동의 의사소통 능력을 향상시키기 위한 방안으로 말지도에 대해 살펴보며, 말지도 방법은 말읽기(수용 언어)와 말하기(표현 언어) 두 부분으로 나누어 기술하였다.

말읽기 능력은 시지각 기능, 종합능력, 융통성, 언어이해력 등과 상관이 크다. 따라서 이러한 하위 요소들의 기능을 향상시키는 방법을 제시하였다. 또한 입 모양, 속도, 강도 및 말읽기의 한계성을 이해하여 지도를 할 때 주의하도록 하였다.

말하기 지도는 표현언어 지도와 발음 지도의 두 부분을 포함한다. 표현언어 지도에서는 음성언어로 자신의 의사를 명확하게 표현하기 위한 다양한 의사소통 전략을 제시하였다. 또한 상대의 언어표현을 더 잘 이해하기 위한 '다시 요청하기' 전략 등을 소개하여 의사소통 능력을 향상시키도록 돕는다. 발음 지도는 구강구조 결함, 신경계 결함, 청각장애 등에 의한 기질적 조음장애에 효과적으로 사용할 수 있는 운동학적 접근법을 추천한다. 또한 운동학적 접근법 중 하나인 전통적 기법을 자세히 제시한다. 기법의 각 단계에서 사용할 수 있는 예시를 통해 학습의 효율성을 높일 수 있다고 기대한다.

## ⽫ 제1절 말읽기

음성기관을 이용한 일반적인 의사소통은 성대에서 음을 생성한 후, 입술, 혀, 잇몸, 치아, 경구개, 연구개, 인두 등의 조음기관에서 기류의 좁힘이나 방해를 통해 말소리를 산출하고, 공명기관을 거치면서 발화가 이루어진다. 조음기관에서 산출된 말소리는 음운의 형태로 듣는 사람의 귀에 전해져서 뇌로 전달되어 해석되고 이해된다.

그러나 청각장애가 발생하면 말소리를 대뇌로 전달하는 청각 경로가 원래의 기능을 다하지 못하므로 다른 감각 통로를 이용하게 되는데, 대부분 시각통로를 사용하는 경우가 많다. 말하는 사람의 입 모양이나 움직임을 시감각에 받아들여 대뇌로 전달함으로써 청각 기능과 협력하여 말을 이해하도록 돕는다. 또한 청각장애의 정도가 극히 심한 경우에는 시각을 통해서만 말을 이해하기도 하는데, 이처럼 시각을 통한 의사소통 양식을 말읽기(speechreading, 독화)라고 한다.

시각적 의사소통 양식을 지칭하기 위하여 사용하고 있는 말읽기 용어는 '독화 (speechreading)' '독순(lipreading)' '입술읽기' 'visual reading' 'visual listening' 등이 다. 이규식(1979)은 말읽기를 '시각을 통하여 음성언어 자극을 받아들이는 기술, 즉 귀 대신 눈으로써 말하는 것을 보고 이해하는 방법'이라고 하였다. 김병하(1989)는 '말하는 상대방의 표정, 입술의 움직임을 의도적으로 주시함으로써 청각 이외의 방 법으로 언어를 이해하는 기술'이라고 정의하였다. 제퍼스와 발리(Jeffers & Barley, 1971)는 말읽기를 '읽기란 문자로 된 기호를 보고, 지각하고, 해석하는 총체적인 과 정'이라는 읽기의 정의에 준하여 '말읽기란 입으로 표현된 상징을 보고, 지각하고, 해석하는 총체적인 과정'이라고 정의하였다.

말읽기는 원래 말하기와 더불어 구화법에서 사용하는 언어 기능의 하나다. 그러 나 현대 청각장애 교육에서는 수어법에서도 말읽기를 완전히 배제하지는 않으므로 엄격한 의미에서 순수한 수어법은 청각장애학교 교육현장에서는 찾아보기 어렵다. 또한 정상 청력을 가진 사람들도 상황에 따라 말읽기를 할 수밖에 없다는 것을 가정 할 때, 말읽기는 오늘날도 여전히 중요한 의사소통 기능 가운데 하나라는 것을 알 수 있다.

이와 같은 말읽기의 정의에 근거하여 말읽기 기능의 구성 요인을 제시하였다.

## 1. 말읽기의 필요성

의사소통에서 음성언어가 가지는 역할은 매우 크지만 음성 외에도 화자의 표정, 몸짓, 상황, 대화의 전후 관계, 화자와의 거리 등으로도 정보를 얻을 수 있다. 그렇 다면 청각장애인뿐만 아니라 가청인도 광의의 말읽기를 하고 있다고 볼 수 있다. 따 라서 말읽기는 모든 사람에게 지도가 필요한 것은 아니다. 청력손실이 적으면서 많 은 양의 언어지식을 갖고 있는 사람들은 말읽기를 지도하지 않더라고 스스로 말읽 기를 이용하여 필요한 정보를 얻는다.

그러나 청각손실 정도가 큰 경우에는 말읽기를 위하여 체계적인 지도가 필요하 다. 말읽기 지도에 대한 요구는 스스로 연습하는 양, 경험, 청각 활용의 정도, 말읽 기 기능 습득의 개인차, 언어에 대한 지식, 수업의 성격에 따라 달라질 수 있다.

말읽기 지도에서 강조되어야 할 사항은 말읽기 능력이 말하기, 쓰기, 읽기 등의 능력과 밀접하게 관련되어 있으므로 전반적인 언어 능력의 향상에도 중점을 두어야 한다는 것이다. 말읽기 지도 방법의 선택과 적용은 아동의 청력, 발달 수준, 환경에 적합하게 이루어져야 하며, 지도 전략이 효과적이어야 한다(김영욱, 2007).

## 2. 말읽기의 구성 요소

말읽기는 감각을 통한 운동 형태의 수용, 운동 형태의 지각, 개념화 또는 해석 등의 과정을 거친다. 그러나 시각 기능이 조음기관의 움직임을 하나도 빠짐없이 완전히 수용하기는 불가능하다. 또한 말의 시각적 요소는 분명하게 구별되지 않고 의미 연합도 완전하게 이루어지지 않기 때문에 다른 능력들이 요구된다. 말읽기 과정에 포함될 수 있는 변인 중 특히 화자의 조음운동에 의해 나타나는 시각 정보, 화자의 안면 표정, 제스처, 제시 상황, 말의 통사 구조와 화용론적 맥락 등은 말읽기에 중요한 단서로 작용한다(김영욱, 2007). 즉, 말읽기를 하는 청자는 지적인 능력을 동원하여 말의 흐름, 심상, 지각된 내용 등을 파악하고, 의미와의 결합이 잘못된 것은 바꾸어 넣고, 빠진 부분은 보충하는 단계가 요구된다. 이 과정을 말읽기의 과정에 포함시키면 운동 형태의 감각적 수용, 운동 형태의 지각, 개념화 또는 해석, 사고를 통하여 대치 또는 보완하여 종결하는 정신 활동을 통한 보충의 단계로 나눌 수 있다(이규식 외, 1993).

말읽기에 영향을 주는 요인은 일차 및 이차 요인으로 나뉜다.

### 1) 일차 요인

#### (1) 지각 능력

지각 능력 중 가장 영향력이 큰 요인은 시지각 능력이다. 시지각 능력은 시력, 시각적 주의집중 등과 같은 말소리의 인식 능력이다. 또한 말 요소의 지각 속도 및 주의집중 속도 등과 입에 초점을 두면서 얼굴이나 환경으로부터 정보를 얻는 주변시력 등도 시지각 능력에 해당한다.

### (2) 종합능력

단어나 문장의 일부분으로 전체적인 형태를 인식하는 능력이다. 종합능력은 요소와 조직의 분류, 추측에 의한 지각, 사고를 통해 누락된 요소를 보충하는 지각종결 능력에 해당된다. 추상적·귀납적 추리력을 통한 전체적인 형태의 잠정적인 인식이 영향을 준다. 또한 전달 내용을 인식하는 능력과 개념의 연상, 추측종결, 사고에 의한 보충, 전달 내용을 인식하는 하위 요소와 언어적·귀납적 추리력, 리듬 등을 통한 개념종결이 있다.

### (3) 융통성

시각기억, 추상적·귀납적 추리, 리듬 등을 통한 지각종결의 수정과 언어적·귀납적 추리, 사회적 인식을 통한 개념종결을 수정한다.

## 2) 이차 요인

말읽기 수업의 양과 아동 연령, 학년, 교육기간 등에 따른 학습적 요인과 청각장애아동의 지능, 청력손실도, 청력형, 청각변별력, 교육시작 시기, 청력손실 발생 시기 등 대상자 개인의 요인이 해당된다. 대상자의 형태론, 의미론, 어휘, 관용적인 표현에 대한 언어이해력과 자아개념, 개인적인 적응, 좌절과 실패에 대한 반작용, 동기 등의 정서적 특성이 말읽기에 영향을 줄 수 있다.

말읽기를 하는 사람의 하위 요소에는 기능, 행동 양식, 시각 기능 및 기타 요소가 있다. 환경의 하위 요소에는 거리, 제시 속도, 조명, 물리적 환경 및 산만도가 포함되며, 말읽기 자료의 세 가지 하위 영역에는 문단 내에서 문장의 위치, 여러 문단 가운데 문단의 위치, 문장의 길이 등이 포함된다.

# 3. 말읽기 지도

## 1) 말읽기의 지도 방법

말을 할 때 소리를 내지 않으면 과장된 입모양과 입술 운동을 하게 되는데, 이러한 방식으로 말읽기를 연습시키면 아동은 연습 상황에 익숙하게 되어 실제의 말읽기 장면에서는 말을 이해하는 데 많은 어려움을 갖는다. 따라서 말읽기 지도에서 목소리를 사용하는 것은 매우 중요하다. 목소리의 양도 청력손실에 따라 차이를 두는데, 청각을 통해 비교적 많은 이득을 얻을 수 있는 30~90dB의 난청아동에게는 낮은 목소리를 사용하거나 보청기의 볼륨을 줄여서 연습하는 것이 좋다. 그러나 90dB 이상의 농아동에게는 큰 목소리를 사용하거나 보청기 볼륨을 높여 충분한 이득을 얻게 해야 한다. 즉, 말을 할 때 목소리의 사용 유무, 목소리의 양과 말의 요소, 교사의 말 특성 등을 고려해야 할 필요가 있다.

의도적으로 계획된 말읽기 기능 증진을 위한 수업에서는 청각장애아동에게 목소리를 작게 하거나 보청기의 볼륨을 낮출 필요가 있지만, 그 외의 모든 수업이나 생활 장면에서는 청각을 최대한으로 이용할 수 있는 상태가 유지되도록 해야 한다. 아동이 말을 이해하는 능력을 알아보기 위해서 교사의 목소리를 조절하거나, 아동에게 눈을 감도록 하거나, 시선을 다른 데로 돌리도록 한 후 낮은 목소리로 몇 마디의 말을 들려주고 알아듣는 능력을 확인할 수도 있다. 이때 "너의 이름은 뭐니?" "몇 살이니?" "몇 학년이니?" "어느 학교에 다니니?" 등과 같은 일상생활에서 많이 들을 수 있는 말은 피해야 한다. 즉, 아동이 한두 단어만 듣고서는 이해할 수 없는 말이 좋다. 예를 들면, "나는 어제 할머니 집에서 이모와 피자를 먹었어요."와 같이 쉽사리 예측되지 않는 말이 좋다. 말읽기에서 말의 속도가 느리면 더 많은 정보를 얻을 수 있지만, 지나치게 느리게 말하는 것은 일상생활에서의 말읽기에 도움을 주지 않는다.

말읽기의 일반적인 지도 원리는 말의 속도를 느리게 시작하여 아동의 기능이 숙달됨에 따라 속도를 점점 증가시키는 것이다. 농아동은 정보의 대부분을 시각 통로로 받아들여야 하므로 느린 속도로 제시해 주어야 한다. 고도 난청 아동은 정보의 약 절반 정도를 말읽기로 받아들이기 때문에 역시 느린 속도로 말하는 것이 좋다.

말읽기를 지도하는 교사가 지녀야 할 바람직한 말하기 습관은 입술과 턱을 많이 움직이는 것이다. 움직임이 작으면 가시도가 낮아져서 말의 시각적 요소를 통한 의미 연상에 어려움을 겪는다. 그러나 정상적인 속도와 관용적인 방법을 유지하는 것은 중요하다. 말을 할 때 입모양이나 조음기관의 움직임을 지나치게 과장하여 지도하면 말읽기를 하는 청각장애아동은 어려움을 겪는다. 즉, 실생활에서 접하게 되는 회화 장면의 연습이 도움이 되는 것이 아니라 오히려 방해가 될 수 있다. 또한 말에 내포된 정서와 뉘앙스를 잘 전달하기 위하여 얼굴 표정을 풍부하게 지어야 하며, 정상적인 리듬과 강세를 유지하는 것도 필요하다.

그러나 말읽기는 듣기를 보충할 수 있으나 대체하기는 어려운 점이 있다. 말소리의 가시도가 낮고 말소리 운동이 모두 시각적으로 나타나지 않기 때문이다. 또한 입모양이 동일한 말이 많고 정상적인 말은 속도가 빠르다. 빠른 대화에서는 전이 효과가 많이 작용하여 지각에 어려움이 있고 조음 운동에는 개인차가 있으며, 환경에서 오는 제약도 많다.

### (1) 시각소(visemes, visualphonemes)

음소는 어떤 언어에서 그 언어가 지니고 있는 음성들과 구별하여 의미를 분화할 수 있는 음성의 가장 작은 자의적 단위다. 이러한 정의를 말의 시각적 지각에 적용해 보면, 어떤 언어의 말소리 가운데 시각적 특성이 동일하게 나타나서 하나의 단위로 묶을 수 있는 것을 '시각소'라고 할 수 있다. 이규식 등(1993)은 이와 같은 하나하나의 시각적 자질, 즉 더 이상 쪼갤 수 없는 대립적인 시각적 지각 단위를 묘사하기 위해 시각음소라는 말을 만들었고, 이 시각적 지각 단위에 대한 용어를 청각적 지각 단위에 대한 음소라는 말과 어울리도록 '시각소(visemes)'로 줄여서 사용하였다. 김영욱(2007)은 독화소로 지칭하기도 한다.

시각소는 말소리의 청각적 특성은 차이가 있으나 시각적으로 유사한 음소들을 하나로 묶어 동일한 시각적 자질로 본다. 즉, 음성의 가장 작은 시각적 단위라 할 수 있다. 음소에는 여러 가지 변이음이 있듯이 시각소에도 한 음성 이상이 포함되는 경우가 많다. 하나의 시각소에 포함되는 음성들의 대립 정도는 음소의 변이음 간에 나타나는 것보다 훨씬 차이가 크다고 할 수 있다. 그러나 한 시각소에 포함되는 음성들은 운동 형태가 모두 시각적으로 유사하며, 우리의 지각이 대개 하나의 대립적인 형태로 인식된다. 한국어 음소의 최소 말읽기 단위를 조사한 김영욱(2007)의 연구에서는 한국어 자음의 최소 말읽기 단위를 6개로 구분하였다. 즉, /ㅍ, ㅂ, ㅁ, ㅃ/, /ㄷ, ㅌ, ㄸ, ㄴ/, /ㅇ/, /ㅅ, ㅆ/, /ㅋ, ㄱ, ㄲ, ㄹ, ㅎ/, /ㅈ, ㅊ, ㅉ/이다. 모음 및 이중모음의 최소 말읽기 단위는 9개의 시각소 단위인 /워/, /야, 아/, /요, 오/, /위/, /어, 여/, /이, 으, 의/, /우, 유/, /예, 얘, 애, 에/, /외, 웨, 왜, 와/로 구분하였다. 이규식 등(1993)은 단일음으로 인식되는 한국어 시각소를 〈표 7-1〉과 같이 제시하였다.

**표 7-1** 한국어 시각소

| | 단일음으로 인식되는 시각소 |
|---|---|
| 동일 시각소 자음 | /ㅍ, ㅂ, ㅁ, ㅃ/, /ㄷ, ㅌ, ㄸ, ㄹ, ㄴ/, /ㅋ, ㄱ, ㄲ/ |
| 동일 시각소 모음 | /오, 우/, /이, 으/, /에, 애/, /아, 어/ |

### (2) 시지각 기능 신장을 위한 말읽기 지도

시지각 기능 신장을 위한 말읽기 자료는 가시도가 높은 어두 자음, 가시도가 높은 어말 자음, 가시도가 낮은 자음, 단모음과 이중모음, 유아들을 위한 말읽기 자료로 나누어 제시하였으며, 그 내용은 〈표 7-2〉와 같다. 자료를 활용할 때는 단어목록 (예: 밤, 잠, 암)을 들려주고, 그중 한 음을 고르게 하거나 들은 음을 순서대로 배열하도록 할 수 있다. 가시도가 높은 어두 자음을 먼저 실시하고, 가시도가 높은 어말자음, 가시도가 낮은 자음 순으로 연습하는 것이 효과적이다. 단어목록은 유의미를 원칙으로 한다. 시지각 능력의 증진만으로 말읽기를 향상시키기는 어렵기 때문에 문맥 안에서 말읽기가 가능하도록 언어 능력을 향상시키는 것도 필요하다.

**표 7-2** 말읽기 자료

| | | |
|---|---|---|
| 가시도가 높은 어두 자음 | 밤, 잠, 감<br>말, 살, 칼<br>풀, 술, 굴 | 말다, 살다, 갈다<br>길다, 밀다, 질다<br>보다, 소다, 고다 |
| 가시도가 높은 어말 자음 | 돌, 돔, 동<br>덤, 덜, 덪<br>톱, 통, 톤 | 수염, 수영, 수연<br>면접, 면적, 면전<br>명단, 명담, 명당 |
| 가시도가 낮은 자음 | 공, 종, 통<br>날, 달, 살<br>돈, 돛, 돌 | 가방, 나방, 다방<br>가발, 다발, 사발<br>소젖, 소전, 소질 |
| 단모음과 이중 모음 | 아호, 야호<br>어리다, 여리다<br>오리, 요리 | 요리, 유리<br>이리, 의리<br>우리, 유리 |
| 유아들을 위한 말읽기 자료 | 코, 이, 배<br>밥, 물, 말<br>사과, 수박, 딸기 | 문, 입, 목<br>개, 곰, 닭<br>공책, 책상, 교실 |

출처: 이규식 외(1993: 174).

## (3) 시각기억과 융통성

신속한 변별 연습 자료는 〈표 7-3〉에 제시하였다.

**표 7-3** 신속한 변별 연습 자료

| | 초급 | | 중급 | | 고급 |
|---|---|---|---|---|---|
| 1 | 밤, 잠, 암<br>말, 살, 알<br>풀, 술, 울 | 1 | 자루, 마루, 가루<br>애기, 메기, 새끼<br>조기, 보기, 오기 | 1 | 공, 종, 통<br>날, 달, 살 |
| 2 | 밥, 발, 박<br>봄, 볼, 복<br>품, 풀, 푹 | 2 | 부담, 부당, 부단<br>태열, 태엽, 태연<br>양산, 양잠, 양장 | 2 | 달, 단, 닻<br>소젖, 소전, 소절<br>실근, 실끝, 실긋 |

출처: 이규식 외(1993: 178).

## (4) 종합능력과 융통성의 하위 요소와 말읽기

지각종결, 개념종결, 융통성은 시간적으로 분리되지 않고 거의 동시에 발생하는 것으로써 상호 밀접한 관계에 놓여 있으며 상호의존적인 과정이기도 하다. 융통성을 발휘하기 위해서는 시각기억이 중요하다. 그 외에 융통성의 가장 중심이 되는 요소는 문맥과 상황 요인이다. 이 세 가지 요소를 각각의 과정으로 분리하여 독립적으로 가르칠 수는 없으며, 한 가지 자료가 세 영역을 효과적으로 훈련하기 위하여 공통적으로 사용된다. 이런 훈련을 연상훈련이라고 한다. 훈련은 점진적인 방법, 즉 초급 단계에서 고급 단계에 이르기까지 등급에 따라 쉬운 것에서부터 차츰 어려운 것으로 지도하도록 구성하여야 한다. 이는 친숙한 내용일수록, 가시도가 높을수록, 언어 구조에 대한 단서를 많이 제공할수록, 문맥을 통하여 단서를 제공할수록, 알고 있는 화제이거나 상황이 예견 가능할수록 아주 쉽게 변별된다는 기본 가정을 기초로 한다.

가장 단순한 대화 형태를 우리는 기계적인 말이라고 한다. 기계적인 말이란 우리가 일상 대화에서 자주 사용하는 말인데 정보는 전혀 전달되지 않고 오직 느낌과 감정만 전달되는 것이다. 그러나 자주 사용되므로 반드시 과잉 학습이 필요한 말이기도 하다. 인사말에 관한 전형적인 예는 "안녕하세요?" "너 어디 아프니?" "얼굴이 좋아 보인다." "배가 아프다." 등이며 날씨에 관한 전형적인 예는 "오늘 날씨는 어때?"

"비가 오려나 봐." "날씨가 화창하다." "오늘 날씨가 참 좋다." 등이다.

### 2) 지도상의 유의점

아동이 교사의 입모양을 잘 볼 수 있도록 아동 쪽을 향하여 말하고 교사의 정면에 빛이 와 닿도록 해야 한다. 말읽기 지도에 적당한 교실환경은 [그림 7-1]에 제시하였다(이규식 외, 1993).

말읽기 지도를 처음 시작할 때는 교사가 정확한 입모양으로 말하는 것이 중요하다. 그러나 입을 과장하여 크게도 하지 말고 작게도 하지 않아야 한다. 너무 느리거나 빠르게도 하지 말고, 처음에는 천천히 말하다가 점차 속도를 높여 일반적인 말속도에 이르도록 반복 지도해야 한다. 구절을 잘 떼어 말하여 연습하며, 좌우로 왔다 갔다 움직이며 말하지 않도록 한다. 가까운 곳에서 점차 멀리 거리를 두어 입모양을 익힌다. 처음에는 아동의 눈높이에서 입모양을 볼 수 있도록 하지만 연습이 진행되면 높이도 점차 변화시켜 다양한 각도에서 연습하도록 한다. 좌석을 1개월에 1회 정도는 이동하여 여러 각도에서 입모양을 익히도록 하는 것이 필요하다.

헤이더(Heider)는 농아동 78명을 대상으로 하여 연령의 증가에 따른 말읽기 점수와의 관계를 알아본 결과 상관계수가 .51, 예언도가 25%로 나타났으며 유의 수준 1%에서 의미 있는 향상이 있었다고 하였다. 크레이그(Craig)는 농아동 164명을 대상으로 동일한 연구를 실시한 결과, 헤이더의 결과와 똑같이 상관계수가 .51, 예언

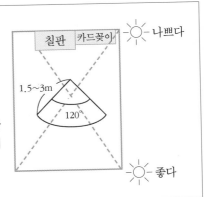

- 광선: 직사광선
- 거리: 1대1로써 1.5~3m가 적당
   거리가 멀면 비효율적
- 각도: 120°이내
- 방향: 교사의 앞면에 햇빛을 받도록 배치
- 색채감각: 교실벽 색이나 아동의 정면에 빨간색 삼가하고 노란색이나 파란색 등이 좋음(시력의 피로 주의)
- 준비물: 칠판 옆에 카드꽂이나 카드함 배치 유용함

[그림 7-1] 말읽기 지도에 적당한 교실환경

도가 25%였으며, 1%의 유의 수준에서 유의미한 향상이 있었다고 보고하였다. 어틀리(Utley)의 연구 결과는 상관계수와 예언도가 다소 낮게(r=.37 예언도 15%) 나타났으나 역시 의의 있는 수준의 향상이 있는 것으로 밝혀졌다(이규식 외, 2004).

### 3) 큐드 스피치

큐드 스피치(cued speech)는 청각장애아동들의 청력손실을 보상하기 위한 구어언어의 보조수단으로 코르넷(Cornett, 1967)이 개발하였다. 코르넷은 입술을 읽는 것으로는 소리의 약 20~30%만을 신뢰할 수 있다는 것을 확인하게 되었다. 이후 입술 모양과 움직임을 관찰하면서 손 모양 및 위치를 달리하여 정보를 효과적으로 보충하고 모호함을 제거하도록 하는 수지 신호를 개발하였다. 즉, 낮은 가시도와 변별의 어려움이 독화의 제한점이라면 큐드 스피치는 보다 정확하게 청각적 메시지를 시각적으로 전달해 주는 장점이 있다. 큐드 스피치는 수신호와 입모양을 동시에 사용함으로써 화자의 메시지를 읽을 수 있는데, 구어언어를 음소 단위로 변화하여 전달하는 것이 가장 큰 특성이다(고은, 2018: 329-331). 이는 청각장애아동과 부모가 서로 원활한 의사소통을 할 수 있도록 하는 데 목적이 있지만, 문해 능력을 촉진하기 위한 교육에서도 수어나 독화와 함께 선택적으로 활용된다. 인공와우 사용자들에게도 큐드 스피치가 사용되는데, 이는 인공와우를 통해 수신된 신호들이 가청아동들이 수신하는 신호들만큼 선명하지 않기 때문이다. 이러한 제한점들은 아동이 이식된 장치로부터 선명한 신호를 수신하는 것을 방해하는 잡음이 있는 환경에서 더욱 명백해진다. 한 연구에서, 인공와우와 큐드 스피치를 함께 사용하는 아동이 큐드 스피치를 사용하지 않는 아동보다 말소리 수용 능력이 더 좋은 것으로 나타났다. 큐드 스피치 사용 아동들은 인공와우를 사용한지 5년이 지났을 때 개방형 검사 조건에서 청각적으로 제시되는 문제를 이해하는 데 거의 100% 정확한 수행을 보이는 것으로 나타났다. 반면, 큐드 스피치를 사용하지 않는 아동의 경우는 그렇지 않았다. 그러나 큐드 스피치는 언어 발달을 위한 부가적인 지원이 되기는 하지만 단독적인 의사소통 체계는 아니라는 점을 기억해야 한다(유은정, 서중현, 서유경, 2018 재인용).

## ⠿ 제2절 말하기

청각장애아동의 말하기 지도에는 청각을 통한 자기조절의 가능성, 개인차를 고려한 지도의 형태, 조기중재, 가족의 참여가 변수가 될 수 있다. 말하기 지도는 음성언어로 의사소통하는 능력을 향상시키기 위한 방법인데, 표현언어 지도와 발음 지도의 두 부분으로 나누어 설명하였다. 그 외에도 강도, 음도, 음질을 향상시키는 발성 지도법이 있으나, 의사소통 명료도에 가장 큰 영향을 주는 것은 발음 능력이므로, 조음명료도 향상에 초점을 두어 기술하였다.

청각장애아동은 발화에서 내용어에 비해 조사 등의 기능어 사용 비율이 낮다. 기능어에 문제가 나타나는 원인은 내용어를 중심으로 의사소통이 가능한 부분이 많기 때문일 것이다. 또한 청각장애아동은 추상적인 개념이나 추리, 예측에 어려움이 있다. 그러므로 이러한 맥락을 강화시켜 주는 방법으로 동화책을 활용하면 효과적이다. 동화책은 스토리가 존재하게 되어 이야기의 전반적인 구성을 알 수 있으며, 동화책에 나오는 관련 어휘를 지도하기 때문에 어휘가 관련 이야기와 함께 기억된다. 따라서 장기기억에 도움을 줄 수 있고 동화책을 활용하게 되면 추리 능력을 강화할 수 있다. 이에 청각장애아동에게 스크립트를 활용하여 지도한다면 다음 이야기와 이전 이야기의 단서가 제공되어 발화 촉진에 도움이 될 것이다(권도하 외, 2014).

## 1. 표현언어 지도

### 1) 의사소통 전략

의사소통에서는 말하기가 가장 많은 정보를 제공하는 수단이지만, 그 외에도 몸동작, 얼굴 표정, 시선, 화자와 청자의 거리, 수화 같은 비구어적인 수단도 사용한다. 의사소통 전략이란 화자와 청자가 의사소통을 하는 데 그 과정을 쉽게 하거나 강화하거나 혹은 회복하는 것으로 정의할 수 있다(이영숙, 2003). 의사소통 전략은 사용 가능한 의사소통 사건을 예측하여 의사소통을 미리 준비할 수 있도록 돕는다. 또한 의사소통을 하는 동안 발화의 내용이나 형태를 수정하여 의사소통을 자연스럽게 유지할 수 있도록 돕고, 의사소통이 중단되었을 때 의사소통의 과정을 재확립

**표 7-4** 의사소통 전략들

| 의사소통 전략 | 전략 내용 |
|---|---|
| 예기 전략 | • 청각장애아동이 의사소통의 내용 및 상호작용을 사전에 준비<br>• 사용 가능한 어휘, 질문, 의사소통에서 예측되는 어려움을 미리 검토 |
| 수정 전략 | • 아동이 의사소통하는 데 화자의 부적당한 행동이나 환경에 어려움이 있는 경우 수정하도록 요구하기<br>• 화자의 말이 지나치게 빠르거나 입을 가리는 행동을 할 때 혹은 주변의 소음이 너무 크거나 조명이 너무 어두워 화자의 얼굴을 제대로 볼 수 없는 경우 등 곤란을 주는 문제를 확인하여 수정하려고 노력 |
| 회복 전략 | • 메시지의 내용과 구조 혹은 화자의 의사소통 행동 모두를 수정<br>예: 더 천천히, 더 분명하게 해 달라고 요구하기<br>• 부분적으로 반복하기, 바꾸어 말하기, 핵심단어 말하기, 철자 말하기, 허공 혹은 손바닥에 쓰기, 쓰기 등 부가 설명을 요구하기 |

출처: 이규식 외(2004: 345)에서 인용 및 수정.

할 수 있도록 한다. 의사소통 전략은 〈표 7-4〉에 제시하였다.

아동의 언어 지도에서는 구문적인 형식이나 어휘에만 치중하지 말고 일상생활에서 활용할 수 있도록 기능적인 언어 지도를 강조해야 한다. 언어이전기의 기능적인 중재로는 함께 주목하기, 공통적인 활동하기, 선행 행동에 대한 연계반응 인식시키기, 명명하기, 사회성 게임하기, 인지적 도식 확대시키기, 의사소통 수단 확대시키기, 아동 모방하기, 의사소통의 차례규칙 지키기 및 기다렸다 신호 보내기, 초기 의사소통 기능을 확립하는 방법을 이용할 수 있다(김영태, 2010).

언어기의 기능적인 중재로는 맥락을 활용하는 것이 필요하다. 비구어적 맥락에는 주거나 받는 물건 요구하기, 지시 따르기 및 지시하기, 정보 요청하기, 정보 제공하기, 도움 요청하기, 저항하기 기능을 위한 맥락을 활용할 수 있다. 구어적 맥락에는 시범, 혼잣말하기, 평행적 발화기법, 대치요청, 수정모델 후 재시도 요청하기, 오류반복 후 재시도 요청하기, 자기교정 요청하기, 이해하지 못했음을 표현하기, 확장요청하기, 반복 요청하기, 주제 확대하기, 아동의 요구 들어주기, 이해했음을 표현하기, 모방, 확장, 확대, 분리 및 합성, 문장의 재구성 등의 기법이 있다. 이들을 언어지도 방법에 활용하면 유용할 것이다(김영태, 2010).

또한 청각장애인들과 대화할 때는 제한된 주제에 관해서만 말하고, 직접적인 대화를 사용하여 정확하게 표현하는 것이 필요하다. 말하는 속도를 천천히 하고, 비언어적 신호들도 과장하여 표현하며, 알기 쉽게 풀어서 문법적으로 단순하게 말하는 것이 좋다. 주제를 자주 변경하거나 복잡한 문장을 사용할 경우 이해하기가 어려워 다시 되묻거나 알아듣지 못하였음에도 불구하고 이해한 것처럼 넘어가는 경우도 있기 때문이다(권도하 외, 2014).

### 2) 청각장애아동에 대한 치료교육적 중재 방법

케이스 등(Keith et al., 2004)은 청각장애 교육을 위한 장기 목표에는 하루 일과 상황에서 필요한 것을 요구하는 방법과 의사소통에 필요한 내용을 포함해야 한다고 하였다. 또한 교육에서는 매일의 의사소통에서 사용하는 주요한 어휘를 습득하도록 하고, 다양한 형식의 구문을 다른 사람과 상호작용하는 동안 사용하도록 독려해야 한다. 다른 사람과 상호작용할 때 사회적이며 실제적인 의사소통을 적절히 사용하고, 회화에서 연령에 적절한 음운 기술을 사용하도록 지도한다. 그 외에도 하루 일과에서 다른 사람과 효과적으로 상호작용할 수 있도록 수어를 사용하는 방법 등이 포함되도록 권고하였다.

케이스 등(Keith et al., 2004)은 각 활동 목표에 따른 중재 방법을 제시하였는데, 〈표 7-5〉와 같다(권도하 외, 2014). 표현언어를 중재할 때 사용하는 형태는 반복연습, 놀이연습, 구조화된 놀이, 놀이의 유형이 있다. 반복연습은 교사가 자극을 제시하고 이에 따른 중재가 이루어지는 교육 방법이다. 이때 아동은 자극의 제시를 통제할 수 없는 수동적 존재다. 놀이연습에서는 아동의 동기 유발을 위해 도구와 놀이를 사용하는 형태다. 구조화된 놀이는 구조적으로 놀이연습과 유사하나 교육적 자극이 놀이처럼 제시된다. 놀이는 아동이 중재가 아닌 놀이에 참여하고 있다고 생각한다. 이러한 중재 형태 중 놀이연습과 반복연습이 효과적이라는 연구 결과가 있다. 중재 형태를 결정할 때는 아동의 성격에 대한 전반적인 지식, 의도된 목표 반응, 치료의 단계를 고려해야 한다(김수진 외, 2015).

**표 7-5** 활동 목표에 따른 중재 방법

| 활동 목표 | 실시 방법 |
|---|---|
| 1. 아동이 말과 언어 평가에 적극적으로 참여하도록 유도한다. | • 표준화된 언어검사를 실시한다.<br>• 언어 이해 및 표현검사, 수화양식검사를 실시한다.<br>• 자음 정확도 및 명료도 검사를 실시한다.<br>• 일반적으로 사용하는 의사소통의 샘플을 분석한다. |
| 2. 주양육자를 통해 아동의 생육력, 병력, 주요 의사소통 기술 등의 정보를 수집한다. | • 아동의 부모, 교사, 학급도우미 등에게 사회 및 학습의 강점과 약점을 결정하기 위해 면담한다.<br>• 학급, 지역사회, 가정에서 사용하는 의사소통 기술을 관찰하여 데이터로 문서화한다.<br>• 아동의 발달력, 의사소통 특성, 의학적 상황, 이전에 받았던 전문적 중재, 다른 의사소통적 시도, 가족 관계에 대한 정보를 얻는다. |
| 3. 구어운동 검사를 실시한다. | • 입술, 치아, 혀, 경구개와 연구개 등 조음기관 구조를 평가한다. |
| 4. 정기적인 청각 평가를 실시한다. | • 정기적인 평가를 위해 청각사에게 의뢰한다. |
| 5. 부모와 교사에게 일반적 의사소통 형태와 특별한 언어 목표를 추천하고 협력하여 선택하도록 돕는다. | • 부모와 다른 전문가들이 면담하도록 돕는다. 서비스에 대한 적절성과 협력적 중재 전략을 개발하고 토털(구화, 수화 등)이나 구어 또는 그들의 개인적 요구를 위한 ASL 의사소통 프로그램과 같은 최적의 일반적 치료 접근법을 알아본다.<br>• 아동이 의사소통 기술을 발달시키는 것을 돕기 위해 중재 접근을 부모와 함께 협력적으로 선택한다.<br>• 하루 일과 및 특별한 어휘, 단어/문장 구조 또는 아동의 청각 능력, 생활연령, 음운적 또는 운동 기술에 기초한 중재에 대한 목표로 실제적 상황을 선택한다. |
| 6. 증폭과 청각 기술을 향상시키기 위한 보장구를 활용한다. | • 부모, 청각사, 교사 등은 아동이 적절한 증폭과 보장구를 활용하도록 하며 이 장치의 주의사항에 대해 교육한다.<br>• 중재 회기 전 아동의 보조듣기장치를 점검한다.<br>• 듣기장치가 적절하게 작동되는지 확인하기 위해 건전지 유무 또는 이어몰드와 같은 장치에 대한 문제해결 방법을 알려 준다. |
| 7. 부모가 아동의 말과 언어 기술의 수준을 수용하도록 돕는다. | • 부모, 교사, 관련 전문가에게 말과 언어 발달, 청력손실, 연령, 인지 능력, 신체 상황과의 관련을 설명한다.<br>• 부모에게 청각장애와 의사소통에 대한 유용한 자료를 제공한다. |
| 8. 아동의 통합교육을 지지한다. | • 교육적인 보조장치와 교육과정 적용 등을 지지하며 돕는다.<br>• 아동에게 적절한 연령 수준 집단 활동과 사회 집단 개발에 대해 지원한다. |

| | |
|---|---|
| 9. 부모가 아동의 반응에 상호작용 촉진 전략을 사용하도록 돕는다. | • 의사소통 전략과 화제를 통제하여 대화에 참여하는 아동에게 용기를 주는 상호작용 언어 형태를 사용하도록 한다(예: 아동의 언어에 대해 최근 화제를 확장하는 질문을 하거나 부수적인 질문을 한다. 아동에게 반복하거나 그들이 말한 내용이 분명해지도록 요청한다). |
| 10. 아동이 소리의 존재 여부에 대해 90% 정확도로 반응하도록 한다. | • 보청기나 다른 보조듣기장치의 ON/OFF 상태에 대해 말하도록 아동에게 요구한다.<br>• 소리가 시작되거나 멈추었을 때 신호를 보내도록 아동에게 요청한다.<br>• 딱딱한 표면을 쳐서 소리 내거나 문을 두드리는 것과 같은 큰 환경음에 반응하도록 아동을 훈련시킨다. |
| 11. 아동이 10회 중 9회 이상 적절하게 신호에 반응하도록 한다. | • 소리 나는 장난감을 사용하여 장난감에 눈 맞추기를 시도하면서 장난감을 작동시킨다.<br>• 화자가 소리 나는 장난감에 주의를 기울인 후에 그것을 움직이며 소리를 낸다. 장난감을 숨기거나 그들의 등 뒤에 놓고 소리를 향해 돌아보도록 한다. |
| 12. 2개의 유사하지만 다른 환경음을 80% 정확도로 변별하도록 한다. | • 아동에게 녹음된 친숙한 환경음 중 2개의 소리를 선택하여 각각의 소리에 맞는 그림을 지적하게 해 준다. 그 후에 소리를 즐기고 그들에게 소리를 들은 후 정확한 그림을 지적하도록 요구한다. |
| 13. 80% 정확도로 어절을 변별하도록 한다. | • 들은 것을 노래하면서 또는 제스처로 들은 일반 단어 및 구를 표현하도록 가르친다. 일대일 대화에서 단어 및 구를 사용하면서 자연스럽게 말하는 것을 부모에게 가르친다.<br>• 학급에서 아동에게 필요한 단어와 구를 선택한다. 구어에 대응하는 그림을 제공하여 아동이 그림과 들은 것을 연결하도록 훈련한다. |
| 14. 의사소통의 빈도와 범위를 확장하도록 한다. | • 아동과 함께 놀 때 친구들과 능숙하게 상호작용하도록 한다.<br>• 아동의 전체적 의사소통 기술을 개선하기 위해 치료 회기 내에 수화를 사용한다. |
| 15. 아동이 80% 정확도로 구어 또는 시각적 지시의 이해를 표현하게 한다. | • 아동에게 말에서 일반적으로 사용되는 어휘와 이러한 단어들을 신체동작과 종이에 쓰기 연습을 하면서 가르친다.<br>• 하나, 둘 또는 세 번의 단계에 대한 지시를 사용하면서 '시몬 가라사대' 게임을 한다(예: 네 왼손을 네 배 위에 두어라. 네 오른손을 너의 머리 위에 두고 너의 왼발을 가볍게 두드려라 등). |
| 16. 집, 학교, 지역사회 환경에서 80% 정확도로 의사소통 주요 어휘를 이해하고 말하도록 한다. | • 다른 환경 내의 일과 중에서 새로운 어휘를 아동에게 보여 주는 전략을 부모에게 가르친다. 부가적 의미정보, 말의 다른 형태로 아동의 말을 수정하거나 활동하는 동안 '평행 말하기'로 아동의 말을 확장시킨다.<br>• 아동이 그들의 교육 및 외부 환경에 필요한 어휘 노트를 만들도록 돕는다. 먼저 그들에게 간단한 말로 어휘를 쓰도록 하고, 다른 구어와 문맥에서 그 단어를 사용하도록 돕는다. |

| 17. 과거와 미래에 대한 친밀한 사건을 회화 주제로 이용한다. | • 아동의 조기 담화 기술을 개발하기 위해 매일의 상호작용에서 또는 다른 의미 있는 활동에 참여하고 있는 사진을 사용하여 아동 생활에서 과거와 미래 사건을 토의하도록 한다.<br>• 매일의 활동에서 인과적 관련과 토론을 배우도록 하루 동안 그들의 활동을 시간 순서별로 적는 일과 노트를 만든다. 아동이 한 일과 할 일을 설명할 수 있도록 가르친다. |
|---|---|
| 18. 회화에서 정확한 구문을 사용하도록 한다. | • 나이 어린 아동을 위해 부모는 더 복잡한 구문 구조를 약간씩 더하면서 매일 대화에서 자연스럽게 아동의 말을 확장시킨다.<br>• 플래시 카드: 아동에게 다양하고 복잡한 문장을 만들어 사용하도록 가르친다(명사구, 동사구, 부정사구, 관계절 등을 이용).<br>• 나이 든 아동을 위해 구문 구조와 작성된 명사와 동사구, 접속사와 다른 형태의 구와 절을 사용하도록 쓰기 과제를 사용한다. |
| 19. 80% 명료도로 말소리 산출을 개선시킨다. | • 일상에서 효과적으로 상호작용하도록 음운적 기술을 아동에게 가르친다. |
| 20. 의사소통이 원활하도록 요청하는 김영태(2014)의 의사소통전략을 가르친다. | • 상대가 듣지 못했거나 다른 화자의 말을 이해하지 못했을 때, 인식하도록 아동을 돕는다. 다른 상황의 대화에서 이해하지 못한 것을 분명히 하기 위해 요청되는 기술을 가르친다(예: "뭐라고요?" "이해를 못했는데요. 한 번 더 말해 줄래요?" "미안합니다. 당신의 말을 못 알아들었어요." 등).<br>• 반복하기 전략: 대개 같은 방법으로 말한 것을 모두 반복해 주도록 요청한다(예: "한 번 더 말씀해 주실래요?" "천천히 다시 말씀해 주실래요?" 등).<br>• 바꾸어 말하기 전략: 대개 다른 방법으로 모든 정보를 반복한다(예: "다른 말로 말씀해 주실래요?" "다르게 바꾸어 말씀해 주실래요?" 등).<br>• 핵심단어 전략: 대개 중요한 단어를 강조하여 메시지의 일부분을 반복해 준다(예: "중요한 단어를 다시 말씀해 주실래요?" "대화의 주제를 말씀해 주실래요?" "철자를 말해 주실래요?" "시계할 때 '시' 말인가요?" 등). |
| 21. 사회적 의사소통을 적절히 사용하도록 돕는다. | • 일반적으로 사회적 상황에서 사용하는 데 필요한 대화 기술(예: 소개하기, 주장하기 또는 화제 바꾸기, 예절 표시, 정직함 그리고 관련성)을 아동에게 가르치기 위해 역할 놀이를 이용한다. |

출처: 권도하 외(2014: 253)에서 인용 및 수정.

## 2. 발음(조음) 지도

청각장애아동의 명료도는 편차가 크며, 청력손실 정도만으로는 자음정확도를 정확하게 예측하기 불가능하다. 인공와우 수술이나 보청기 착용 등의 보장구 형태, 보장구 착용 시기, 그 외의 환경적인 변수들이 영향을 미치기 때문이다.

발음의 정확도는 말의 명료도에 큰 영향을 미치기 때문에 발음의 문제는 청각장애아동의 말하기 지도에 있어 비중이 매우 크다. 조기에 충분한 청각적 자극을 준다고 해도 청각적인 피드백이 부족한 청각장애아동이 가청아동과 같은 속도로 발음이 발달되는 것은 매우 어렵기 때문이다. 많은 연구에서 청각장애아동의 발음 오류 분석을 통해 오류의 특징이나 경향을 제시하고 있으나 현장 관찰을 통해 살펴보면 개인차가 상당히 크다는 것을 알 수 있다. 개인의 오류 특성에 맞게 발음을 지도하는 것이 바람직하다.

### 1) 피드백을 이용한 발음 지도

청각장애아동의 발음을 개선시키기 위해서는 시각적 단서를 활용하는 것이 효과적이다. 프라트(praat)와 같은 공개 소프트웨어를 가지고 발음의 스펙트로그램 및 모양을 통해 지도하면 청각장애아동의 이해를 도울 수 있다. 프라트는 검색사이트에서 무료로 다운받아 사용할 수 있는 소프트웨어로, 피치, 스펙트로그램, 포먼트를 분석하는 기능이 있다. 프로그램 운용에서 궁금증은 http://fonetiks.info/bgyang에서 해결할 수 있다.

주파수 정보가 유사한 /ㅅ/와 /ㅈ/의 경우에는 듣기만으로 변별이나 확인이 어려울 수 있다. 시각적인 피드백을 받으면 그 차이점을 알기 쉬우며 또한 자신의 발음과 교사 발음의 차이점을 시각적으로 찾아낼 수 있다. 아동이 음절 구조에 대한 인식을 가지고 있지 않다면 음운 인식 방법을 활용하는 것도 효과적이다. 종성 생략을 하는 아동은 종성의 유무에 대해 인식을 강조함으로써 종성 생략을 개선시킬 수 있다.

일반적인 발음 지도 절차는 음의 확립, 일반화, 유지의 세 단계를 거치는데, 조음 산출 지도 전에 피드백을 이용하는 감각지각 지도를 포함하는 것이 효과적일 수 있다. 청각장애아동의 발음 지도는 다른 영역의 지도와 마찬가지로 청각장애아동에게 조기 청각재활을 통해 충분한 청각적 입력을 보상하는 방법으로 발음 발달을 촉진시키는 것이 반드시 선행되어야 한다. 또한 부족한 청각 피드백의 결과로 발생하는 오류 음에 대해서는 개별 지도를 실시해야 한다.

청각장애아동의 오류음에 대한 지도 방법은 촉각이나 시각을 사용한 피드백 체계를 정립하는 것이 필요하다. 각 자음은 고유의 기류산출 방식과 조음위치를 가지

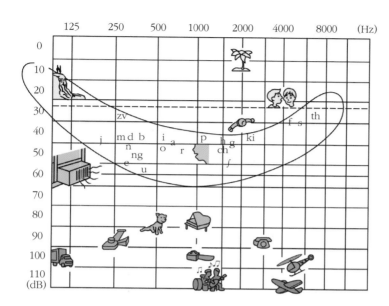

**[그림 7-2] 자모음의 분포**

출처: 이규식 외(1993: 259)에서 인용.

기 때문에 오류를 나타내는 자음에 대한 조음위치와 조음방법을 설명하는 것이 도움이 된다. 시각적인 방법으로 북 위에 모래, 조, 콩 등을 놓고 발음하게 하여 기류에 따라 움직이는 방식이 다른 것을 보면서 음을 인식시킬 수 있다. 또한 깃털, 솜, 색종이, 풍선, 휴지 등의 움직임을 보도록 하거나, 촛불이 꺼지거나 흔들리는 것을 관찰하게 할 수 있다. 교사의 입모양을 보고 아동이 각자 거울을 보면서 교사의 입모양을 모방하거나 교사와 같이 앞에 큰 거울을 보면서 모방하는 방법을 제시할 수 있다.

청각장애아동의 어음 능력을 스피치 바나나로 표시하는데 [그림 7-2]와 같다(이규식 외, 1993). 아동의 청력도와 스피치 바나나 영역에 의하면 각 음의 식별 유무에 대한 정보를 얻을 수 있다.

## 2) 전통적인 발음 지도

전통적인 발음 지도에서는 감각지각 지도, 확립, 안정화, 전이 및 유지(일반화)의 단계를 거친다.

### (1) 음의 감각지각 지도

이 단계에서는 목표음에 대한 표준을 지각하고 변별할 수 있도록 하는데, 확인, 분리, 자극, 변별의 과정을 통해 지도한다. 확인 단계는 목표음의 청각, 시각, 촉각의 지각적 속성을 학습하고 그 음 고유의 청각, 시각, 조음 동작적 특징을 설명해 주는 과정으로, 아동이 목표음소에 반응하도록 한다. 예를 들면, 시계가 똑딱거리는 소리를 'ㄸ', 뱀 소리를 'ㅅ', 기침 소리를 'ㅋ'와 연결시켜 인식하도록 한다.

분리 단계에서는 확인 과제를 좀 더 다양한 환경에서 수행할 수 있도록 한다. 목표음의 어절과 음절 내 위치를 판별하도록 한다. 예를 들면, '/가방/에 /ㄱ/는 어디에 있니?'로 질문하여 /ㄱ/가 어두, 어말 중 어디에 위치하는지를 찾도록 한다. 또한 발음한 목표음소가 서로 다른 문맥에서 발음될 때 그 음을 구별하도록 새로운 인식 기능을 사용한다. 목표음소가 어절 내 어두, 어중, 어말 중 어디에서 들렸는지 번호를 부여하여 판별하는 활동을 할 수 있다. 예를 들면, "선생님이 말해 주는 단어를 잘 듣고 'ㄱ' 소리가 들린 곳이 어디인지 찾아서 맨 처음이면 1번, 중간이면 2번, 맨 마지막이면 3번의 번호판을 들어주세요."라고 지시어를 준다. 그 다음 "약"이라고 말한다. 아동은 3번의 번호판을 들어야 한다.

자극 단계에서는 말하는 사람이 바뀌거나, 단어나 문장 등의 언어학적 단위가 달라지거나, 결합되는 모음이 달라져도 목표음 판별이 가능하도록 학습한다. 지각 능력 향상을 위하여 다양한 화자의 말을 듣고 목표음소를 판별하도록 하며, 다양한 문맥에서 변별할 수 있도록 구성한다.

변별 단계에서는 목표음과 오류음을 듣고 구별한다. 과제가 의미단어가 아니어도 가능하며(예: "샤과와 사과 중 어느 것이 바른 발음이지?" 등) 질문을 통해 왜곡된 오류음과 바른 발음을 구별하게 한다. 목표음소가 포함된 단어와 포함되지 않은 단어를 구별하는 과제로 시작하여, 대상자 자신의 오류 음소를 판별하는 활동으로 마무리한다.

### (2) 음의 확립

이 단계는 표적음을 유도하여 산출할 수 있도록 하는 과정이다. 모방법, 문맥 활용법, 조음점 지시법, 음접근법 등의 전략을 사용한다.

모방법은 교사가 표적 발음을 들려주고 따라 말하게 하는 방법이다. 모방법에는 자극법, 통합적 자극법, 청각자극 모방법, 감각 운동법 등이 있다(석동일 외, 2013). 자극법은 단일 오류 음소에 초점을 두고, 철저한 청각적 지도를 통해 음소, 음절, 단어, 구, 문장, 대화의 언어단위 순으로 모방을 통해 연습한다. 목표음소를 다양한 방법으로 제시하는데, 강약 변화, 속도 변화, 중재자 바꿔 발음하기, 장단을 조절하여 제시하는 지도법이다. 통합적 자극법은 제공할 수 있는 피드백의 종류를 다양하게 이용한다. 청각적, 시각적, 촉각적 피드백 등을 제공하고 모방을 통해 목표음소를 습득하도록 한다.

청각자극 모방법은 중재자가 목표음소를 청각적으로 제공하여 아동이 그것을 반복하고 모방함으로써 목표음소를 습득하도록 하는 방법이다. 자극법과 일맥상통하는 측면이 있으나 자극법에서처럼 다양한 형태나 단계로 자극을 조절하지 않는 차이점이 있다. 중재자는 목표음소를 독립음이나 음절 혹은 단어 수준에서 청각적 시범을 보인 후 모방하도록 유도한다. 청각적인 자극을 강조해서 들려주거나 반복해서 들려줄 수 있다. 아동이 발음하는 동안 자신의 감각을 느끼며 말하도록 하고 발음을 수정하여 말하도록 유도하기도 한다.

감각 운동법은 McDonald(1964)에 의해 다른 음성적 지도법으로 음소를 중재의 시작단위로 생각한 것과는 차별되게 구어에서는 음절이 기능적 단위이므로 음절에서 중재를 시작해야 한다고 주장되었다. 즉, 음절이 발음 지도의 기초가 되어야 하며, 음성적인 문맥들로 정확한 음소 사용을 촉진할 수 있다고 하였다. 이에 모든 감각운동 중재 단계에서 중재자는 음절 수준에서 자극 발음 모델을 제시하고 아동은 목표발음에 대한 표준음을 학습한다. 중재의 도입은 음절에서 발음하게 한 후 조음에 포함된 조음기관의 위치와 움직임을 기술한다. 또한 같은 방법으로 그 음의 정확한 발음에 대한 느낌(feeling)을 감지하여 음을 학습하도록 돕는다. 동일한 강약을 가진 2음절어, 강약이 다른 2음절어, 서로 모음이 다른 2음절어, 서로 자음이 다른 2음절어, 3음절어, 다양한 문맥 등의 단계를 이용한다. 중재자는 자극 문맥을 시범보이고 아동은 모방하여 연습한 후 점차로 목표음소를 학습한다(석동일 외, 2013).

문맥 활용법(context utilization approaches)은 전후 문맥을 이용하여 바른 발음을 유도하는 방법으로 어떤 모음 환경에서는 바른 발음이 가능한 경우, 그 음을 이용하여 목표음을 발음하기 쉽도록 하는 방법이다. 말소리가 독립음보다는 음절을 기초로 한 문맥에서 산출되며 문맥 활용이 정확한 음소 산출을 촉진할 수 있다는 인식

**표 7-6 문맥 활용법을 이용한 중재의 예**

| | | |
|---|---|---|
| 'ㅅ'<br>중재 | 아동<br>상태 | • 문맥검사를 실시하여 목표음소가 정확하게 발음하는 문맥을 찾는다.<br>• 아동이 '스키'에서는 'ㅅ'를 정확하게 발음하였지만, 다른 문맥에서는 오류가 나타났다. |
| | 치료<br>방법 | 1. 촉진문맥으로 '스-'를 선택한다.<br>2. '스~~아, 스~아, 사', '스~~어, 스~어, 서', '스~~오, 스~오, 소' 등을 연습한다.<br>3. 무의미음절 수준에서 목표발음을 확립한다.<br>4. 목표음절에서 준거에 도달하면 단어, 구, 문장 수준으로 언어단위를 확대하여 연습한다. |
| 'ㄱ'<br>중재 | 아동<br>상태 | • 문맥검사를 실시하여 목표음소가 정확하게 발음하는 문맥을 찾는다.<br>• 아동이 '앙가'에서는 'ㄱ'를 정확하게 발음하였지만, 다른 문맥에서는 오류가 나타났다. |
| | 치료<br>방법 | 1. 촉진문맥으로 '앙가'를 선택한다.<br>2. '앙가'를 느리게 발음하도록 한다.<br>3. 두 음절에 같은 강세를 주다가, 다음에는 첫음절에 강세를, 이후에는 둘째음절에 강세를 주어 발음하도록 한다.<br>4. '앙'은 속말을 하도록 하고 연이어 '가'만 발음하도록 한다.<br>5. '앙'은 속말은 하고, 연이어 '그, 기, 구……' 등을 발음하도록 한다.<br>6. 무의미음절(VC, VCV, CV, VCCV 등) 수준에서 'ㄱ'를 확립한다.<br>7. 무의미음절에서 준거에 도달하면 단어, 구, 문장 수준으로 언어단위를 확대하여 연습을 지속한다. |

출처: 신혜정 외(2020).

을 가정으로 한다. 대상자가 어떤 문맥에서는 목표음소를 발음할 수 있지만 다른 문맥에서는 발음할 수 없을 경우에 유용하게 사용할 수 있다. 오류 음소를 때때로 정확하게 발음하는 경우가 있는데, 이는 인접음의 동시조음 효과(coarticulatory effects) 때문이다. 즉, 목표음소를 더 발음하기 쉽도록 하는 문맥을 촉진 문맥(facilitating context)이라고 부르는데 촉진 문맥을 이용하여 다양한 문맥에서 목표발음을 확립시키는 중재법이다. 중재의 예는 〈표 7-6〉에 제시하였다.

조음정 지시법은 입 운동이나 거울 및 구개도를 보고 발음하게 하거나 설압자를 이용한다. 조음점 지시법은 조음치료에서 가장 일반적이고 효과적인 방법인데 자음의 조음위치와 조음방법을 교사가 숙지하여야 사용할 수 있다. 예를 들면, 조음

**표 7-7 한국어 자음 분류표**

| 조음방법 \ 조음위치 | | 양순음 | 치경음 | 치경 경구개음 | 연구개음 | 성문음 |
|---|---|---|---|---|---|---|
| 폐쇄음 | 평음 | ㅂ p | ㄷ t | | ㄱ k | |
| | 경음 | ㅃ p* | ㄸ t* | | ㄲ k* | |
| | 격음 | ㅍ $p^h$ | ㅌ $t^h$ | | ㅋ $k^h$ | |
| 파찰음 | 평음 | | | ㅈ tɕ | | |
| | 경음 | | | ㅉ tɕ* | | |
| | 격음 | | | ㅊ $tɕ^h$ | | |
| 마찰음 | 평음 | | ㅅ s | | | ㅎ h |
| | 경음 | | ㅆ s* | | | |
| 비음 | | ㅁ m | ㄴ n | | ㅇ ŋ | |
| 유음(설측음) | | | ㄹ l | | | |

방법을 설명하고 입과 코 앞의 기류 흐름을 느끼게 하거나, 거울을 통해 관찰하고, 후두 진동을 느끼게 한다.

〈표 7-7〉에 조음방법 및 조음위치에 의한 한국어 자음 분류표를 제시하였다. 조음위치에 의한 분류로는 양순음, 치경음, 치경경구개음, 연구개음, 성문음이 있는데, 이는 조음기관 중 어느 부분이 좁힘이나 폐쇄되는가를 나타낸다. 조음방법에 의한 분류로는 폐쇄음(파열음), 파찰음, 마찰음, 비음, 유음이 있는데, 기류가 어떠한 방식으로 방해받는가에 따른 분류다. 파열음의 경우는 기류를 모으고, 멈추고, 터트리는 3단계 과정을 거친다. 파찰음은 기류를 모은 뒤 멈추고 마찰시켜 파열음과 마찰음의 속성 둘 다를 갖게 된다. 마찰음은 조음점이 폐쇄되지 않고 좁힘만 있으며, 지속적으로 기류를 산출시키는 특성이 있다. 음은 연인두폐쇄를 통해 구강과 비강이 분리되는데, 기류가 비강으로 흘러서 발음되면 비음이 된다. 유음은 종성에서 사용되는 'ㄹ(/l/)'과 어중 초성에서 사용되는 'ㄹ(/ɾ/)'이 있는데 발음 지도 방법에는 차이가 있다. 조음점 지시법을 사용한 중재의 예는 〈표 7-8〉에 제시하였다.

표 7-8 특정 음소 조음점 지시법의 예

| 음소 | 조음점 지시법을 이용한 활동 |
|---|---|
| 치경마찰음<br>/ㅅ, ㅆ/ | 가장 많은 아동이 늦게까지 발달하지 않거나 오류를 보이는 음소다. 혀끝은 치조에 올려서 대고 가운데 부분에 작은 틈을 만들어 이 공간으로 공기를 내보내도록 한다. 혀의 가장자리들은 윗니에 대고 옆으로 바람이 새지 않게 막아 주어야 한다. 빨대를 혀로 잡도록 하고 컵에 있는 물을 불면서 조음 방법의 감을 익히도록 유도하거나 휴지를 앞에 대고 소리를 내면서 공기 유출을 느끼도록 한다. 마찰을 잘못시키면 양순마찰, 치간마찰, 치경마찰, 성문마찰을 차례로 옮겨가며 경험하게 하는 것이 도움이 될 수도 있다. |
| 초성유음<br>(탄음) /ㄹ/ | 치경마찰음과 함께 가장 늦게 발달되고 많은 오류를 보이는 음소다. 혀의 전체를 편 상태에서 넓게 앞쪽 혀 끝부분을 치경 혹은 치경경구개 부분에 잠깐 순간적으로 대었다가 내리면서 산출하는 소리다. |
| 종성유음<br>(설측음)/ㄹ/ | 혀끝을 치경에 접촉하고 혀의 측면으로 공기를 내보내어 산출한다. |
| 경구개 파찰음<br>/ㅈ, ㅊ, ㅉ/ | 혓날을 경구개 앞쪽에 대고 소리 내면서 약하게 기식화하도록 유도한다. 윗니와 아랫니를 다문 상태에서 혀 전체를 입천장에 압착시켜 바람을 빨아들이거나 내쉬면 '쯧쯧'과 같은 소리가 나는데, 이런 움직임을 통해 조음 위치를 확인해 보도록 한다. |
| 연구개 파열음<br>/ㄱ, ㅋ, ㄲ/ | 가글링이나 기침을 통해 위치를 알려 준다. 치경파열음으로 대치하는 경우에는 설압자나 손으로 혀의 앞부분을 누르고 발음하도록 하거나, 거울을 통해 시각적 피드백을 함께 제공한다. 연구개마찰이나 인두마찰로 대치하는 경우에는 치경파열음 등을 통해 막았다가 바로 터뜨리는 것의 감각을 익히도록 할 수 있다. |

출처: 김수진, 신지영(2015: 243)에서 인용.

감각 운동법은 음소가 아닌 음절 단위에서 중재를 시작한다. 음접근법(점진적 접근법, 말소리 수정법)에서는 아동이 습득한 음 중 표적음소와 가장 가까운 음을 이용하여 중재하는 방법이다. 예를 들면, /ㅅ/는 비교적 늦게 발달하는 음이지만, 육아에서 자주 사용하는 /쉬/(소변 가릴 때 쓰는 말)는 일찍 발달한다. 이에 한국어의 표준음소에서 사용되지 않는 /ʃ/를 이용하여 /ㅅ/의 습득을 도울 수 있는데, 이를 음접근법이라 한다. 중재의 예는 〈표 7-9〉에 제시하였다.

**표 7-9** 점진적 접근법을 이용한 /ㅅ/ 중재의 예

| 아동 상태 | • /ㅅ/가 포함된 어떤 음절에서도 정확한 발음을 하지 못하며 /ㄱ, ㄴ, ㄷ, ㄹ, ㅁ, ㅂ, ㅇ/의 발음이 정확하다. |
|---|---|
| 치료방법 | 1. 아동의 음소 목록에 있는 /ㄷ/를 발음한다.<br>2. 이를 물고 입술 양끝을 귀 쪽으로 보내어 /ㄷ/를 발음한다.<br>3. 이를 물고 입술 양끝을 귀 쪽으로 보낸 상태에서 /ㄷ~~/를 길게 발음시키면서 /ㅈ~~/를 유도한다.<br>4. /ㅈ~~/가 길게 산출되면 혀의 모양과 공기 흐름에 주의하도록 한다.<br>5. /ㅈ~~~~/를 길게 산출하여 혀의 끝이 올라가는 움직임을 없애면서 /ㅅ~~/ 유도한다.<br>6. /ㅅ~~/를 발음한다.<br>7. /ㅅ/를 발음한다.<br>8. /ㅅ으/를 발음하여 /스/를 유도한다.<br>9. /스~아/를 통해 /사/를 유도한다.<br>10. /사/를 발음한다. |
| 비고 | • 아동의 음소 목록에 있는 'ㄷ'를 중재의 시작점으로 하고 'ㅈ' 'ㅅ'를 습득하게 한 후 'ㅅ'를 확립시켜 점진적으로 목표음소에 근접하도록 한다. |

출처: 신혜정 외(2020).

## (3) 음의 안정화

이 단계에서는 목표음을 쉽게 빨리 그리고 자발적으로 발음할 수 있다. 독립음 수준에서는 표적음을 길게 발음하기, 주어진 시간에 발음되는 음절 수 변화하기, 발음의 강도 변화하기, 음을 조용히 말하기, 교사의 신호에 따라 발음을 시작하거나 멈추기, 말하면서 쓰기, 글자의 크기에 따라 크게 말하거나 작게 말하기로 연습할 수 있다. 무의미 음절 수준에서는 광범위하고 다양한 전후 관계에 표적음 배치, CV(C: 자음, V: 모음), VC, VCV, CVC(어두), CVC(어말), 무의미군을 음소 배치표로 작성하여 연습할 수 있다(C: 자음, V: 모음). 음소 배치표는 무의미 음절 수준에서 활용이 가능하다. 특히 오류 음소가 지속되어 습관이 된 경우 새로운 발음을 학습하기 위해 유용하게 사용할 수 있다. 다양한 무의미 음절 문맥에서 연속적으로 바르게 발음하도록 하는데 CV, VC, VCV, CVC, CVCV 구조의 순으로 진행하는 것이 바람직하다. 또한 자음에 연결하는 모음은 그 자음과 조음 위치가 유사한 것부터 하는 것이 좋다.

단어 수준에서는 모든 전후 관계에서 자발적으로 발음이 가능하도록 어두 1음절,

어말 1음절, 어두 2음절 등의 순으로 연습한다. 이때에는 재배열 기법을 이용하여 '복숭아 → 독숭아 → 족숭아 → 곡숭아 → 복숭아'의 형태를 유도한다. 단어는 음의 연속이므로, 조화를 잃지 않고 변환하여 연습하는 것이 필요하다. 재배열 기법은 단어 수준에서 활용이 가능하다. 단어는 음의 연속으로 이루어지며 연속은 자연스럽게 바른 발음으로 말할 수 있어야 한다.

첫 단계에서는 목표음소를 포함하는 CV 1음절 낱말로 시작해야 하며, VC, CVC, CVCV 순으로 연습한 후 점차 복잡한 낱말의 형태로 수준을 높여 연습한다. 예를 들면, 설측음 'ㄹ'이 목표음일 때 '발-말-달-갈-잘-탈-발' '놀라-몰라-달라-날라-갈라-말라' '돌멩이-골멩이-졸멩이-볼멩이-돌멩이'로 연습할 수 있다. 말하면서 쓰기에서는 교사의 신호에 따라 발음을 완성하는데, 교사가 '사'를 제시하면 아동은 '자'를 발음하도록 하는 신호하기 기법을 이용한다. 문장 수준에서는 계속된 단어의 연속에서 자발적 발음이 가능하도록 하는데, 교사와 아동이 표적 문장을 함께 천천히 읽거나 말하는 '같이 말하기 기법'을 사용한다.

동시 말하기에서는 아동이 교사의 말을 가능한 한 빨리 자동적으로 반복하여 마치 지연청각피드백기(DAF)처럼 말하도록 한다. 따라 말하기는 교사가 말을 하고 신호를 준 후에 교사가 말한 단어, 구, 문장을 따라 말하여 연습하는 방법이다.

교사 말 교정하기는 교사가 의도적으로 틀리게 말하고 아동이 교정하게 한다. 역할 놀이 중 회화 수준에서는 교실 밖으로 전이 훈련을 하기 위한 기초를 확립시킨다. 구조화된 질문은 '가방 안에 무엇이 있어요?' 등에 대한 질문에 '가방 안에 가위가 있어요.'로 대답하게 하는 구조화된 문장[운반구(carrier phrase), 틀문장]을 이용하는 방법이다. 운반구는 아동이 단어 속에서 목표음소를 쉽게 발음할 수 있게 되면 2~4개 낱말로 이루어진 구 및 문장 연습에 운반구를 이용할 수 있다. 발음하기 쉬운 구조화된 문장을 반복적으로 연습하는 방법이다. 구 수준에서 숙달되면 음성학적 문맥, 낱말의 음절 구조, 문장 내 낱말의 수 같은 요소들을 고려해야 한다. 문장에서는 목표음소의 수와 문장 길이를 고려해야 한다. 문장에서 산출이 학습되면 대화 수준에서 연습한다. 비구조화된 질문은 '오늘 유치원에서 무엇을 했어요?'와 같은 개방형 질문을 사용하여 다양한 대답을 유도하는 방법이다(석동일 등, 2013).

### (4) 음의 전이 및 유지(일반화)

전이에서는 교실에서 이루어진 목표행동이 중재가 행해지지 않은 다른 상황 조건에서 재현되는 것인데 장소 및 대화자에 대한 상황 일반화가 있다. 전이 촉진 방법으로는 구어 과제(예: 가정, 학교에서 수행할 특수 과제로 '상점에 가서 수세미를 사 오세요.' 등) 및 가정에서 녹음한 녹음 자료를 이용하여 점검하거나 오조음할 때 지적하는 방법을 사용한다. 가족들도 때때로 식사 시간에 아동의 발음 오류를 지적하고 교정해 줄 수 있다. 반대 연습, 다양한 형태로 말하기, 자기 말 점검을 사용한다.

이 단계의 목표는 학습된 목표음이 어떤 상황에서 누구와도 자발적으로 발음할 수 있도록 하는 데 있다. 우리는 목표음소에 대한 모든 문맥에서 발음 지도를 시도할 수는 없을 뿐만 아니라 실현 불가능한 일이다. 이에 아동의 일반화 능력을 촉진시키는 것이 중요한데 일반화 경향성은 개인들마다 다르게 나타나므로 각 아동에게 적합한 유도 방법을 찾아야 한다. 일반화는 기준에 따라 다음의 7가지 종류가 있다. 그러나 전통적 기법의 전이 단계는 상황 및 대화 상대자에 따른 일반화 훈련을 의미한다.

#### ① 자극 일반화

자극 일반화는 특정 자극에 의해 학습된 반응이 유사한 자극에 의해서도 학습이 촉발되는 것이다. 이 일반화에서는 강화 방법이 중요하다. 특정한 자극과 함께 강화된 행동이 새롭지만 유사한 자극만 있어도 나타날 때 그 행동은 자극 일반화된 것이다. 예를 들면, 경구개음 전방화를 나타내는 아동에게 "전철이라고 말해봐."라는 청각적 자극에 대해 낱말 수준에서 'ㅈ'를 바르게 발음하도록 지도하였다. 그런데 아동에게 나중에 전철 그림을 주면서 시범 없이 이름을 말하라고 하였다. 이 때 아동이 그림에 대해 '전철'의 'ㅊ'를 바르게 발음하였다면 자극 일반화가 나타난 것으로 볼 수 있다(김영태 외, 2013).

#### ② 반응 일반화

반응 일반화는 음소 중재와 관련이 있다. 이것은 학습된 반응이 학습하지 않은 다른 행동에서도 학습이 촉발되는 과정을 말한다. 예를 들어, '스'와 '즈' 오류를 보이는 한 아동에게 '스'에 대한 청각적인 시범을 보여 주어 정확하게 '스'를 발음하도록 가르쳤다. 학습이 일어난 후 '즈'에 대한 청각적인 시범을 보이면서 그것을 모방하도록 요구하였다. 이 때 아동이 '즈'를 바르게 발음하였다면 반응 일반화가 나타난 것이다.

### ③ 위치 일반화

교사가 대상자에게 목표음소를 어두에서만 지도하였는데, 대상자가 어중 및 어말에서도 바르게 발음한 경우처럼 학습한 낱말 위치에서 학습하지 않은 음소위치로 일반화될 때 위치 일반화라고 한다. 대부분의 경우 학습시키기 가장 쉬운 위치는 어두이다. 직접적인 지도 없이도 다른 낱말로 전이되는 형태의 일반화는 앞에서 언급한 반응 일반화의 한 형태이기도 하다. 예를 들면, 'ㅂ'를 단어 '반지'의 어두에서 가르쳤는데, 어중 '쟁반' 또는 어말 '납'에서 바른 발음을 하였다면 위치 일반화에 해당된다.

### ④ 문맥 일반화

교사가 대상자에게 목표음소를 특정 모음 앞 혹은 뒤에서만 중재하였는데, 대상자가 다른 모음과의 결합에서도 바르게 발음한 경우를 문맥 일반화라고 한다. 아동이 정확하게 발음한 문맥을 찾은 후에는 다른 문맥에서도 바르게 발음하도록 일반화를 촉진시켜야 하며 이럴 때 촉진 문맥이라고 한다. 예를 들면, 'ㅂ'를 '아' 모음 앞에서 '바지'라는 단어를 이용해 가르쳤는데, '비누, 보물, 부채' 등에서도 바르게 발음하였다면 문맥 일반화된 것이다.

### ⑤ 언어학적 단위 일반화

교사가 대상자에게 목표음소를 독립음 수준에서 중재하였는데, 대상자가 무의미 음절 혹은 단어, 구, 문장에서도 바르게 발음한 경우 언어학적 단위 일반화라고 한다. 음소를 학습하는 초기에는 이전 학습의 간섭 효과를 줄이기 위하여 낱말보다는 독립음이나 음절에서 가르치는 것을 더 선호하기도 한다. 어떤 아동들은 한 언어학적 단위에서 다른 단위로 별도의 학습 없이 일반화되지만, 어떤 아동들은 이러한 일반화를 위한 구체적인 학습 활동이 필요한 경우도 있다.

언어학적 단위의 일반화 과정에서도 다른 일반화 형태들과 마찬가지로 개인 간 차이가 나타난다. 예를 들면, 'ㅂ'를 독립음 수준에서 가르쳤는데, 독립음만을 확립한 후 '바지' '아빠 바지' '아빠 바지가 더 커요'에서도 바르게 발음한다면 언어학적 단위 일반화된 것으로 설명할 수 있다.

### ⑥ 자질 일반화

교사가 대상자에게 목표음소를 한 자질에서만 중재하였는데, 같은 음소 계열이나 음성학적으로 유사한 음소에서 정확한 발음이 산출되는 경우를 자질 일반화라고 한다. 조음위치, 조음방법, 발성 유형, 변별자질, 음운변동 등의 분석을 기초로 하여 중재 목표를 선정하였을 때 한 음소에서 다른 음소로의 일반화를 기대할 수 있다. 예를 들면, 'ㅂ'를 가르쳤더니 'ㅃ' 혹은 'ㅍ'에서도 바르게 발음하였다면 자질 일반화된 것이다.

### ⑦ 상황 일반화

교사가 교실 내에서 목표음소를 지도하였는데, 교실 밖, 가정, 유치원 등의 장소가 바뀌거나 대화 상대자가 바뀌었는데도 바르게 발음한 경우를 상황 일반화라고 한다. 상황일반화를 촉진시키기 위해서는 자기 내부 및 외부 모니터링, 구어 피드백, 스스로 교정하기, 자동화 측면을 고려해야 한다. 일반적으로 의사소통 중심법을 이용하여 일반화를 촉진시킬 수 있다.

또한 자기 모니터링을 촉진하기 위하여 외적 모니터링 및 구어적 피드백 주기, 단서와 함께 외적 모니터링 제공하기, 오류가 발생할 때 아동 스스로 교정하기, 오류가 일어날 만한 때 예측하기, 자동화된 바른 발음을 하는 과정으로 연습한다(김영태 외, 2013). 일반화 과정에서 부모들의 지원을 받기도 하는데 일반화를 위해서는 부모가 목표음에 대한 청각적 시범을 제공할 수 있고, 아동의 바른 발음을 강화할 수 있으면 좋은 촉진자로서의 역할을 할 수도 있다. 그러나 일반적으로 부모는 중재자로서보다는 모니터링 요원으로의 역할을 더 잘 수행한다. 빠른 문맥 및 상황 일반화를 위해서는 자극 반응도가 높으면서 아동의 음소 목록에 있는 음소를 먼저 목표음소로 선정한다. 그러나 일반적으로는 자극 반응도가 낮은 음소, 좀 더 복잡한 음소, 초기보다는 후기 발달 음소를 먼저 지도할 경우 일반화를 촉진시킨다는 보고도 있다.

일반화를 촉진하기 위해 어떤 순서의 낱말 내 음소 위치를 먼저 지도하면 좋은지에 대한 자료는 없지만 대부분의 경우 아동에게 가장 쉬운 낱말 내 음소 위치에서 시작한다. 상황 일반화를 촉진하기 위해서는 음소가 문장 수준에서 바르게 발음될 때까지 기다리기보다는 가능한 빨리 낱말 수준에서 연습시키는 것이 좋다. 학령전기 아동은 중재 과정에서 상황 일반화를 촉진하는 계획을 따로 세우지 않더라도 일반화를 잘하지만, 계획이 필요한 경우도 있는데, 아동의 변화를 촉진시키기 위해 부모나 아동의 주변인들을 효과적으로 활용해야 한다.

대상자가 이룰 수 있는 능력을 최대한 발휘하고 있으며, 추가적인 다른 노력 없이 현재 수준을 잘 유지할 수 있으면 중재를 종료하는데, 유지는 시간적 일반화 개념으로 볼 수 있다. 교사는 유지 단계 동안 중재 횟수를 줄이며 중재 목표를 자동화하는 데 둔다. 자동화는 음운산출이 자동적 반응으로 발전된 운동 행동이라고 볼 수 있다. 아동이 목표 행동을 유지하고 있는지를 결정하기 위해서는 대화 수준에서 아동 조음을 평가해야 하는데 3분 이야기 표본으로 오류 음소 및 정확한 발음을 살펴보는 것이 좋다. 교사는 아동이 회기와 회기 사이에 학습한 목표음소를 유지하고 있는지와 중재가 종료된 후에도 계속해서 꾸준히 그 반응을 사용하는지를 분석한다. 만약 아동이 새로 배운 반응을 습관화하지 못한 경우는 몇 달 후에 추가 지도를 받도록 한 후 중재를 종료한다. 지적장애아동들이 특히 이러한 회기 간 유지 능력이 부족하다고 지적하였다(김영태 외, 2013: 355).

유지에 영향을 미치는 요인으로는 자료가 아동에게 얼마나 의미가 있는지, 학습된 정도가 어느 정도인지, 지도의 빈도 또는 연습 시간의 배분이 어떠하였는지 등이다. 대상자의 언어학, 사회학, 심리학 측면을 고려하여 중재된 구어가 그 언어 내에서 용인되는 정도에 대한 판단도 필요하며, 용인되는 발화는 허용되는 발화로 기질적 조음장애인 경우 조음 용인도 측면에서 평가하는 것도 필요하다.

### 연구 과제

1. 말읽기 구성 요소를 예를 들어 설명해 보자.

2. 말읽기와 잔존청력과의 관계를 설명해 보자.

3. 청각장애아동의 말하기 지도 전략을 예를 들어 설명해 보자.

4. 청각장애아동의 말 명료도를 향상을 위한 구체적인 방법을 설명해 보자.

## 참고문헌

고도흥(2017). 언어기관의 해부와 생리(2판). 서울: 학지사.

고은(2018). 청각장애아교육. 서울: 학지사.

권도하, 신명선, 김효정, 박은실, 장현진, 신혜정, 황하정, 김수형, 이무경, 황보명, 박상희, 강
　　은희, 손은남, 김영은, 이명순, 이옥분, 김선희, 황영진, 황상심(2014). 언어치료 임상방법.
　　대구: 물과 길.

김병하(1989). 특수교육의 역사적 이해(개정판). 대구: 형설출판사.

김수진, 신지영(2015). 말소리장애. 서울: 시그마프레스.

김승국, 김영욱, 황도순, 정인호(2004). 청각장애아동 교육. 서울: 교육과학사.

김영욱(2007). 청각장애아동 교육의 이해. 서울: 학지사.

김영태(2010). 아동언어장애의 진단 및 치료. 서울: 학지사.

김영태, 심현섭, 김수진 공역(2013). 조음 · 음운장애(6판). 서울: 박학사.

김영태(2014). 아동언어장애의 진단 및 치료(2판). 서울: 학지사.

석동일, 권미지, 김유경, 박상희, 박현, 박희정, 신혜정, 이은경(2013). 조음음운장애 치료. 대
　　구: 대구대학교 출판부.

석동일, 박상희, 신혜정, 박희정, 이은선(2005). 청각재활. 대구: 대구대학교 출판부.

석동일, 이상희, 박상희, 김영미, 최영화(2000). 청각과 언어재활. 대구: 한국언어치료학회.

석동일, 권미지, 김유경, 박상희, 박현, 박희정, 신혜정, 이은경(2013). 조음음운장애 치료(4판,
　　치료교육총서 Ⅴ). 대구: 대구대학교 출판부

신혜정, 권미지, 김시영, 김유경, 박상희, 박현, 이은경, 이지윤(2020). 조음 · 음운 장애의 이해.
　　서울: 학지사 발간 예정.

유은정, 서중현, 서유경(2018). 청각장애아동교육 증거기반실제. 서울: 학지사

이규식(1979). 청각장애아에 대한 임상청각학적 연구. 대구: 대구대학교 대학원.

이규식, 국미경, 김종현, 김수진, 유은정, 권요한, 강수균, 석동일, 박미혜, 김시영, 권순황, 정은희, 이필상(2004). **청각장애아 교육.** 서울: 학지사.

이규식, 석동일(2003). **청각학.** 대구: 대구대학교 출판부.

이규식, 석동일, 강수균, 김영욱, 김종현, 황도순(1993). **청각장애아 언어지도.** 대구: 중문출판사.

이규식, 석동일, 국미경, 강창욱(2001). **청각장애아 언어지도와 치료방법.** 대구: 대구대학교 출판부.

이영숙(2003). 의사소통 회복전략이 청각장애아동의 문장 이해력에 미치는 효과. 대구대학교 대학원 석사학위논문.

특수교육재활과학연구소(2003). **청각장애아 교육.** 대구: 대구대학교 출판부.

Greers A., Nicholas J., & Sedey A. (2003). Language skills of children with early cochlear implantation. *Ear Hear, 24*(1), 46-58.

Jeffers, J. & Barley, M. (1971). *Speechreading (Lipreading)*. Michigan: Michigan University.

Keith, L., Judith, V. W., & Athur E. J. (2004). The Speech-Language Pathology Treatment Planner. Wiley.

# 제8장 읽기와 쓰기 지도

**학습 목표**

1. 청각장애아동의 읽기 및 쓰기 특성에 대하여 알아본다.
2. 청각장애아동의 읽기 지도 전략과 지도 방법에 대하여 알아본다.
3. 청각장애아동의 쓰기 지도 전략과 지도 방법에 대하여 알아본다.

　　청각 기능의 어려움은 문자언어의 이해와 표현에도 어려움을 보인다. 문자언어의 이해는 읽기 과정으로, 문자언어의 표현은 쓰기 과정으로 나타난다. 읽는다는 것은 단순히 활자만을 시각 단서로만 보는 것에 머무는 것이 아니라 그 활자를 이해하는 것까지를 포함하는 것이고, 쓴다는 것 역시 손으로 철자를 적는 것만이 아니라 이해하는 것까지 포함한다. 이러한 의미에서 읽기와 쓰기는 문자언어의 이해 및 표현이라고 볼 수 있다.

　　청각장애아동의 읽기 및 쓰기 능력을 향상하기 위해서는 어휘력과 문법적 지식 등과 같은 언어 능력을 향상시킴과 동시에 자신의 배경 지식을 활성화하고 의미를 재구성하는 데 필요한 기능과 전략을 지도해야 한다. 청각장애아동의 쓰기 지도에는 다양한 지도 전략이 필요하다.

　　이 장에서는 청각장애아동의 읽기와 쓰기 특성과 지도 전략 및 방법에 대하여 살펴보고자 한다.

## ⬩ 제1절 청각장애아동의 읽기

### 1. 청각장애아동의 읽기 특성

#### 1) 읽기의 특성

읽기란 일정한 규칙에 따라 문자로 기록되거나 인쇄한 상징을 해독하는 활동으로, 기록하는 사람과 해독하는 사람 사이에 이루어지는 의사소통이라고 할 수 있다(주영희, 2001). 또한 읽기는 단순히 글자, 소리, 단어를 인식하는 것뿐만 아니라 문자로부터 의미를 끌어낼 수 있는 기술을 사용하는 과정을 말한다(김영순, 2011). 읽기는 매우 복잡한 체계로서 다양한 원인 혹은 요인이 독립적으로 혹은 상호작용하면서 읽기 능력에 영향을 미친다.

읽기에 영향을 주는 요인으로는 외재적 요인과 내재적 요인으로 나눌 수 있다. 외재적 요인에는 교육 요인, 사회경제적 요인, 초기문해 경험이 포함되고, 내재적 요인에는 인지적 요인, 시각처리 결함, 신체적 요인, 언어적 요인, 사회정서적 요인이 있다(Catts et al., 2005; Gunning, 2002). 〈표 8-1〉에서 읽기에 영향을 주는 요인들을 외재적 요인과 내재적 요인으로 구분하여 정리하였다.

**표 8-1** **읽기에 영향을 주는 요인**

| | | |
|---|---|---|
| 외재적 요인 | 교육 요인 | 부적절한 교육 자료 및 교수 방법 |
| | 사회경제적 요인 | 사회경제적 지위, 부모의 학력 |
| | 가족 요인 | 가정 문해 환경(부모의 읽기습관, 공동 책읽기, 읽기 자료, 구어적 상호작용) |
| | 사회문화적 요인 | 인종, 학급의 다양성 |
| 내재적 요인 | 인지적 요인 | 지능, 기억력, 주의력, 연합학습 |
| | 언어적 요인 | 조음 문제, 음운론적 능력, 빠른 이름대기, 단어찾기 결함, 어휘, 구문 능력, 듣기이해, 표현언어 능력 |
| | 시각처리 결함 | 반전, 방향성 문제 |
| | 신체적 요인 | 신경학적 문제, 청각, 시각, 건강 상태 |
| | 사회정서적 요인 | 사회정서적 부적응, 자아존중감, 부모의 태도 |

출처: Catts et al. (2005). Gunning (2002). 허민정(2011)에서 재인용.

## 2) 청각장애아동의 읽기 발달

일반적으로 가청아동들은 자연스럽게 음성언어를 통하여 모국어를 획득하고, 그 것을 바탕으로 읽기·쓰기를 비교적 쉽게 성취한다. 그러나 청각장애아동의 경우 는 청력손실로 인해 발달 과정에서 어휘력의 부족으로 자연적인 음성언어를 습득 하는 데 어려움이 있으며, 이 음성언어의 지체는 문자언어의 지체를 초래한다(김병 하, 김옥희, 권순우, 2005).

맥아날리(McAnally, 1994)는 청각장애아동의 읽기를 학습하고자 할 때 영향을 미 치는 요소를 다음의 네 가지로 보았다(원성옥, 2001).

첫째, 청각장애아동은 읽기를 위한 학습 과업을 시작할 때 언어 기반이 부족하다는 것이다. 대부분의 청각장애아동의 읽기 기술을 발달시키려는 시기인 5~6세경까지 도 언어 기술을 획득하는 과정 중에 있다. 읽기는 배우는 과정이 매우 복잡하고 어 려운 과제다. 가청아동은 5~6세경에 읽기를 학습하기 시작할 때 이미 그 언어에 거 의 숙달한 상태다. 그리하여 그들은 쓰인 언어의 상징체인 문자가 표상하는 소리에 청각-언어 경험을 부가하고, 다른 인지 과정과 협력하여 텍스트로부터 의미를 끌 어낼 수 있다. 그러나 이러한 능력이 대부분의 청각장애아동에게는 유용하지 않으 므로 읽기를 위한 학습에 접근하는 다른 방법이 필요하다고 할 수 있다.

둘째, 청각장애아동은 청각 정보를 받아들일 수 없으므로 읽기 지도 시에 청각적 요소를 포함하지 않는 접근 방법을 사용해야 하는데, 이것이 청각장애아동의 읽기 성 취 수준에 영향을 준다. 특히 청각 요소를 이용하기 어려운 청각장애아동에게 적절한 해독 기술(decoding skill)을 개발하기 위한 전략을 채택하는 일은 매우 중요하다.

셋째, 아동이 독해를 할 때 필요한 사전 지식과 이러한 사전 지식을 읽기 과제에 적용하는 능력이다. 많은 청각장애아동이 읽기를 위한 학습을 시작하기 전에 세상 에 대한 풍부한 경험이 있다 하더라고 이러한 경험이 언어와 연결되지 않는 경우가 종종 있다는 것이다. 사전 경험은 언어와의 연결 없이는 교재에 적용하여 문자로부 터 의미를 얻어 내는 것을 도울 수 없다.

넷째, 읽기 교수 전략으로 비효율적인 교수 전략이 유창한 읽기를 개발하고자 하 는 아동의 능력을 오히려 방해할지도 모른다는 것이다. 물론 많은 교사가 다양한 읽 기교수 방법을 개발하였으나 청각장애 교육현장은 학생들의 읽기 문제를 다루는 방법에 전적으로 동의하지 않고 있는 실정이다.

### 3) 청각장애아동의 읽기 능력

대다수 아동은 학령기에 달하면 읽기에 필요한 인지 능력과 언어 능력을 가지게 되며, 주위 사람들과의 의사소통을 통하여 다양한 경험을 축적하고, 언어적 기호 체계를 확장시켜 갈 학습 전략을 내장하고 있다. 그러나 일차 언어에 대한 언어 이해 능력이 크게 결핍되어 있는 청각장애아동은 읽기 능력에 어려움을 보인다. 청각장애아동이 읽기 능력의 어려움을 보이는 이유는 청각적 정보 수용 제한으로 인한 부호화의 문제, 낮은 어휘력, 읽기 전략을 습득하기 위한 기본적인 언어 능력의 부재로 볼 수 있다. 낮은 읽기 능력을 가진 청각장애아동은 읽기 텍스트를 이해하는 데 필요한 전략, 즉 자기질문, 사전지식 활성화, 중심생각 요약하기, 이미지 구성하기, 잘못 이해한 부분에 대한 점검, 어려운 부분 다시 읽기 등 독립적인 읽기 전략을 개발하는 데 어려움을 보인다(김호정, 2011). 이러한 언어 습득의 어려움과 더불어 음운 체계의 어려움, 즉 청력손실로 인해 음운 체계와 음운처리 과정이 가청아동들에 비하여 효율적으로 사용되지 못하는 점 역시 청각장애아동의 읽기 문제에서의 원인이 된다(우정수, 2006).

### (1) 음운론적 능력

음운인식(phonological awerness)은 말소리에서 단어, 음절, 음소의 하위 단위를 의식적으로 대상화하여 생각하고 이들을 조합, 분리 조작할 수 있는 능력으로, 청각장애아동은 이러한 음운인식 능력이 가청아동에 비하여 떨어지는 특성을 보인다. 또한 청각적 구어 정보에 접근하는 데 제한을 가지기 때문에 음운적으로 구조화된 어휘의 발달에도 어려움을 가지는 것으로 나타났다(손은희, 2004). 스턴과 고스와미(Sterne & Goswami, 2000)는 청각장애아동의 음운인식 발달이 또래 가청아동에 비해 지연되기는 하지만 발달의 패턴은 유사하다고 하였다(이서옥, 2017). 일반적으로 언어습득 이전 청각장애아동의 읽기 문제는 음운부호화 결함과 지식 결함으로 설명된다. 음운부호화 결함은 주로 단어해독 문제를, 지식 결함은 읽기이해 문제를 설명한다. 먼저 음운부호화 결함은 청각장애아동의 읽기 문제를 음운부호 사용의 비효율성으로 설명한다. 청각장애아동은 단어해독을 위해 단기기억에 정보를 표상할 때 수어, 지문자, 말읽기, 구어 등 한 가지 이상의 부호화 전략을 사용한다. 청각장애아동도 읽기에서 음운부호를 사용하지만, 그보다는 시각적·철자법적 처리 과정에 더욱 의존한다. 인공와우 이식 아동의 음운론적 능력 역시 가청아동에 비해 음운인식의 발달이 느리지만, 발달의 패턴은 유사한 것으로 볼 수 있다(우정수, 2006).

청각장애아동은 초기 잔존청력과 말읽기를 기반으로 한 지각적 입력이 매우 한정되어 있기 때문에, 정확하게 음운적 표현을 사용할 가능성이 낮은 편이다. Gail(2000)은 음운인식 능력이 부족한 아동들의 읽기 문제를 해결하기 위해서는 음운인식 능력의 개선뿐만 아니라 의미론적, 구문론적 결함에 대한 개선에도 관심을 가져야 한다고 주장하였다.

### (2) 어휘력

어휘력은 읽기 이해력과 밀접한 관계를 보인다. 학령기 이후에 아동들은 대화뿐 아니라 읽기를 통해서도 어휘를 습득하고, 어휘를 많이 습득할수록 읽기 이해력이 좋고, 읽기 경험을 많이 한 아동일수록 어휘력이 좋아진다고 하였다(이혜진, 2012; Cunningham & Stanovich, 1991). 청각장애아동은 가청아동에 비하여 어휘수는 적은 편이지만 발달하면서 점차적으로 증가하는 반면, 추상적 개념이나 일상생활과 관련이 적은 어휘는 습득이 어렵고, 단어의 의미적 범위가 제약적이다(이상희, 2006). 청각장애아동은 다의어의 이해(조희은, 2006)와 접속사, 복수형, 복수형과 관련된 관계사의 사용에 어려움을 나타낸다. 청각장애아동의 어휘 특징을 살펴보면, 습득 어휘가 적고 주로 명사나 동사에 편중되어 있고, 추상적인 단어의 습득도 어려워 하나의 개념을 다른 개념으로 대용하는 경향을 보인다(김영욱 외, 2013).

### (3) 읽기 이해력

청각장애아동의 읽기 문제, 특히 읽기 이해 문제가 단어를 음운론적으로 해독하지 못하기 때문이 아니라, 텍스트의 의미를 파악하는 데 필요한 언어적 지식과 배경지식의 문제 그리고 부족한 읽기 경험으로 인한 해독의 유창성 문제 때문이라고 본다(Archbold et al., 2008; Miller, 2006; Paul, 2001). 이를 구체적으로 살펴보면 다음과 같다.

첫째, 단어 수준에서의 어려움으로 인한 읽기 이해력의 부족이다. 이러한 어려움은 단어 수준에서는 단어 해독의 어려움과 읽기 유창성의 부족에서 비롯된다.

둘째, 문장 수준에서의 어려움이다. 여기에는 어휘와 구문 능력이 중요한 역할을

하는데, 청각장애아동은 가청아동에 비해 구문 이해에서도 어려움을 겪기 때문에
읽기 이해력에서의 어려움을 보인다.

셋째, 텍스트 수준에서는 배경 지식과 초인지적 기술이 중요한 역할을 한다. 청각
장애아동은 일상적인 대화, TV, 라디오 뉴스 등의 다양한 채널을 통해 정보화 경험을
접할 수 있는 기회가 박탈되므로 배경 지식이 부족하다. 이러한 배경 지식을 텍스트
이해에 적용할 추론 및 초인지 능력이 부족하므로 텍스트 이해에 어려움을 겪는다.

인공와우 이식 아동의 읽기 전략 역시 가청아동에 비해 다양하지 못하고, 언어 내
용 지식에 더욱 의존한다(Spencer, Baker, & Tomblin, 2003).

웹스터(Webster, 1986)는 청각장애아동은 단어의 의미를 알면서도 통사에 실패한
다고 지적하면서 청각장애아동의 문장 이해는 어휘 능력보다는 통사 능력에 있음
을 시사하였다. 박근희(2000)는 청각장애 초등 저학년 학생의 읽기 능력에 영향을
미치는 요인을 분석하였는데, 읽기 능력은 학년의 증가에 따라 유의미하게 증가한
다고 밝히고 있으며, 통사 능력이 학년과 청력손실 시기와 유의미한 상관이 있다고
지적하였다. 정은희(2000)는 의미적 제약성과 서술어 유형에 따른 청각장애아동의
문장 이해 전략 검토 연구에서 청각장애아동은 의미적 제약성이 강한 문장을 이해
할 때 문법적 요소보다는 의미적 혹은 경험적 단서나 어순에 의한 문장 이해 전략
을 사용하게 되므로 사동구문과 수여구문을 이해하는 데 어려움을 나타낸다고 하
였다.

### (4) 독서 능력

청각장애아동의 독서 능력은 가청아동에 비하여 빈약한 어휘력, 낮은 수준의 읽
기 능력, 제한적인 구문 능력 등에 영향을 받는다. 청각장애아동은 글의 내용 파악
이 어려우므로 책읽기에 별로 흥미를 갖지 못하며, 심리적인 특성상 집중력이 부족
하여 책도 끈기 있게 잘 읽지 않고 시각적으로 흥미로운 것에만 호기심을 나타내어
학습하는 경향이 있다(김병하 외, 2005).

## ⑪ 제2절 청각장애아동의 쓰기

### 1. 청각장애아동의 쓰기 특성

#### 1) 쓰기의 특성

쓰기는 표현의 마지막 단계로 아동의 의사소통에 중요한 수단이다(서수현, 2008). 쓰기는 형식적 측면을 기본으로 하여 개인의 생각과 느낌을 글로 표현하는 것으로 그 과정이 인지 · 사회 · 문화적인 다양한 요인을 고려해야 하는 고도로 복잡한 사고과정 및 문제 해결 과정이라고 할 수 있다(이민영, 이성은, 2012).

쓰기 능력의 구성 요소(박영목 외, 1995)를 소개하자면, 첫째, 문자 언어로 표현하는 데 막힘이 없어야 한다. 둘째, 글의 주제와 관련되는 아이디어를 풍부하게 생성할 수 있어야 한다. 셋째, 쓰기에 대한 일반적인 규칙과 관습에 통달해야 한다. 넷째, 예상되는 독자 및 글을 쓰는 상황과 글의 주제를 적절하게 연결시킬 수 있어야 한다. 다섯째, 우수한 글에 대한 감상력과 비판력을 갖추고 있어야 한다. 여섯째, 글의 내용을 효과적으로 조직하고 적합한 언어로 표현하는 데 필요한 통합적 사고력과 통찰력을 지니고 있어야 한다(채현주, 2011). 베레이터(Bereiter, 1980)는 쓰기의 발달을 단순 연상적 쓰기, 언어 수행적 쓰기, 의사소통적 쓰기, 통합적 쓰기, 인식적 쓰기로 구분하였다. 구체적인 쓰기 발달 단계를 살펴보면 〈표 8-2〉와 같다.

**표 8-2** 쓰기의 발달 단계

| 단계 | 설명 |
|---|---|
| 단순 연상적 쓰기 단계 | • 문자 언어를 사용할 수 있는 능력과 단순 기억 및 연상적 사고를 할 수 있는 능력이 결합되어 글을 쓰는 단계<br>• 머릿속에 생각들이 떠오르는 순서대로 글을 옮겨 놓는 유형의 글쓰기로 이 단계의 필자는 생각기 더 이상 떠오르지 않으면 쓰기를 끝냄. |
| 언어 수행적 쓰기 단계 | • 단순 연상적 쓰기 단계에 표기법, 문법, 장르적 관습 등 쓰기의 규범 및 관습에 대한 능력이 더해지는 단계<br>• 기존 학교 교육에서는 주로 이 단계의 능력을 키워 주기 위한 교육을 수행함. |

| 의사소통적 쓰기<br>단계 | • 언어 수행적 쓰기 능력을 가진 필자들이 예상되는 독자에게 의도한 효과를 달성하기 위한 글을 쓰는 단계<br>• 비로소 독자를 고려한 쓰기를 하는 단계 |
|---|---|
| 통합적 쓰기<br>단계 | • 의사소통적 쓰기 능력에 미적 감별력이 부가된 단계<br>• 필자 자신의 독자가 되어 자기 글을 평가, 감상, 그 결과를 피드백함으로써 더 나은 구조, 내용의 글을 위해 수정하는 능력을 갖는 단계 |
| 인식적 쓰기<br>단계 | • 통합적 쓰기 단계에서 통찰이나 창조 능력이 부가된 단계<br>• 글 쓰는 과정에서 반성적 사고를 하게 되고, 단순히 사고의 내용을 글로써 전달하는 것이 아니라 쓰기가 사고의 도구가 되어 통합되는 단계 |

출처: 강선희(2012)에서 재인용.

### 2) 청각장애아동의 쓰기 발달

청각은 언어적 의사소통과 글을 읽고 쓰는 능력을 개발시키는 데 중요한 역할을 하기 때문에, 청각장애아동의 청각적 결함은 쓰기 발달의 어려움뿐만 아니라 학업 성취력에서의 어려움을 경험하게 하고 이후 사회생활에서의 어려움까지도 예측할 수 있다. 청각장애아동의 쓰기는 연령의 증가에 따른 어휘 발달 경향을 나타내나 가 청아동에 비해 지체되어 있고, 문장 구성에 있어서도 발달 경향을 나타내지만 기본적 단문 구조를 벗어난 문장의 구성에 어려움을 보이며, 이러한 어휘와 문장면의 어려움은 시간적 순서나 감정 표현 등에서 어려움을 나타낸다고 할 수 있다(이길용, 2002).

### 3) 청각장애아동의 쓰기 능력

청각장애아동은 음성언어에 대한 피드백의 부재와 구어 습득의 어려움 등으로 인하여 글쓰기에 어려움을 보인다. 고등학교를 졸업한 청각장애학생 중 95%만이 9세 수준의 문장 쓰기에 도달한다(Cole & Deaf Connections, 2009).

#### (1) 문장 구성 능력

청각장애아동의 문장 쓰기는 짧거나 맥락 없는 문장들을 사용하며 행동의 결과만을 나열하는 경향이 있다. 또한 배경 묘사, 감정 표현, 설명적 기술에서 부족한 면이 많다. 문장 쓰기에 나타나는 어휘 사용에서 청각장애아동은 같은 단어와 구절들을 반복적으로 사용하고, 내용어를 지나치게 많이 사용하며, 기능어의 출현도가 낮은 편이고, 같은 주제에 대해 논할 때 확인되는 제한적인 어휘 사용, 그리고 또래 가청아동에 비해 짧은 문장으로 작문을 하는 경향을 보인다(김영욱 외, 2013).

청각장애아동의 문장 쓰기에서 나타나는 특징을 살펴보면, 먼저 어휘 사용에서는 어휘가 한정되어 있고, 같은 단어와 구들을 반복하며, 내용어를 많이 사용하는 반면, 기능어의 사용은 제한적이었다. 문장 사용에서는 가청아동에 비하여 문장의 길이가 짧고, 간략하고 단순한 문장으로 작성하며, 사용하는 구절 역시 적은 편이고, 문장 표현의 형식이 제한적이고 반복적인 경우가 대부분이다. 또한 맥락 없는 문장들을 사용하며 행동의 결과만을 나열하는 경향을 보이고 배경 묘사, 감정 표현, 설명적 기술에서도 부족한 글쓰기(이영근, 2004)를 보이며, 자신의 생각을 설득력 있게 논리적으로 글로써 표현하는 것을 어려워한다(신지현, 2012).

청각장애아동은 문장 쓰기에서 보이는 어려움은 문장 구성에 있어 어휘수가 적고, 전반적으로 한정된 어휘를 사용하고 있으며 어휘 사용에 있어서도 융통성이 부족하고 연결성과 연결해 주는 어휘가 거의 없다는 데 기인한다(유정희, 2006).

### (2) 조사 사용 능력

청각장애아동의 문장에서는 조사의 오류가 많은 편이다. 청각장애 초등학생과 중학생의 쓰기 글에서 조사의 사용을 분석한 결과 오류 빈도 면에서는 주격 조사가 가장 많았고, 그다음으로 부사격 조사, 목적격 조사, 조사 탈락, 보격 조사, 보조사, 조사 첨가 순으로 오류를 보였다(김용세, 2009).

이춘섭(1978)은 농학교 초등부 5학년에서 중학부 3학년까지 청각장애아동의 작문에서 나타난 조사 오용을 분석한 결과, 주격 조사, 부사격 조사, 목적격 조사, 보격조사, 보조사 순으로 나타났으며 이러한 조사의 오용에 대하여 청각장애아동의 언어 구조 속에 문장 성분의 직능에 대한 개념이 내재화되어 있지 않을 가능성에 대해서 시사하였다. 청각장애아동이 문장을 구성할 때 가장 많은 어려움을 나타내는 부분이 조사의 올바른 사용과 어미의 활용이었으며, 그들이 갖는 문법 형태소 습득의 어려움은 수어 사용에 따른 영향도 있을 수 있겠으나, 그보다는 각각의 문법 형태소가 지니는 기능을 완전히 습득하지 못하는 데서 기인된다고 볼 수 있다(박경란, 2008).

### (3) 이야기 쓰기 능력

이야기는 아동의 일상적인 경험에 대한 접근이기 때문에 명확하고 의미 있는 자료를 제공하며(Mandler, 1984), 문장 수준을 넘어선 담화 단위를 평가하는 방법을 제공할 뿐 아니라, 아동이 아이디어를 논리적인 순서로 엮어 나가고 과거의 경험을 현재의 사건에 관련시키며 응집력 있는 텍스트를 만들어 내기 위한 적절한 언어적 장치를 사용하는 능력과 자신의 글을 읽는 독자를 고려하는지에 대한 유용한 정보를 제공해 준다(Klecan-Aker & Blondeau, 1990). 요쉬나가-이타노와 듀니(Yoshinaga-Itano & Dewney, 1992)는 청각장애아동의 쓰기를 텍스트 단위로 응집 분석(cohesion analysis)하여 이야기 쓰기의 의미적 측면을 보고하였는데, 쓰기를 인지적 과정으로 보고 그 특성을 알아보기 위하여 주로 '이야기'를 분석하는 방법이 사용된다(김민정, 김영욱, 2002).

변선영(2003)은 청각장애아동이 가청아동에 비해 담화에서 낮은 결속표지 사용률을 나타낸다고 분석하였다. 이는 청각장애아동이 이야기 속에서의 사건들을 표현할 수는 있지만 그러한 표현을 조직하고 주제를 정교화하여 텍스트를 보다 결속력 있게 구성하는 능력이 부족하는 것을 의미한다(김용세, 2009).

청각장애대학생 역시 이야기 쓰기에서 문장을 구성함에 있어 단문 위주의 짧은 문장을 사용한다. 문장을 유기적으로 응집성 있게 구성하는 결속표지를 사용해야 하는 곳에 적절하게 사용하지 못하며, 제한된 어휘의 사용으로 문장의 다양성 역시 부족하였다(박선희, 2011).

## ⁘ 제3절 청각장애아동의 읽기 및 쓰기 지도

## 1. 읽기 지도 전략 및 방법

### 1) 읽기 지도 전략

청각장애아동의 읽기 능력을 향상하기 위해서는 어휘력과 문법 지식 등과 같은 언어 능력을 향상시킴과 동시에 자신의 배경 지식을 활성화하고 의미를 재구성하는 데 필요한 기능과 전략을 지도해야 한다. 청각장애아동의 읽기 능력 향상을 위하여 유정희(2006)는 다음과 같은 읽기 지도 원리를 소개하였다.

첫째, 즐거움을 느낄 수 있는 읽기가 되어야 한다. 동화, 산문, 시 등을 읽는 즐거움을 알게 하고 아동이 학교 생활을 포함한 모든 사회생활의 즐거움으로 전이될 수 있어야 한다. 아동에게 흥미와 관심을 끌 수 있는 읽기학습 동기 형성이 중요하다.

둘째, 아동의 경험과 개념의 정도를 파악해야 한다. 특정 화제에 대해 관심을 갖고 있는 아동은 화제에 관련한 경험을 가지며, 이러한 경험에 의한 특별한 개념을 형성하고 있다. 교사는 이러한 경험이나 개념의 정도를 파악해야 한다. 이러한 경험이나 개념의 정도를 파악하는 방법의 하나로 아동이 그린 그림을 통해 간접적으로 유추하는 방법을 사용할 수 있다.

셋째, 아동의 언어 능력을 파악해야 한다. 경험이나 개념을 음성이나 문자로 어느 정도 표현할 수 있는 아동의 경우 어휘력, 문법 능력, 문맥 활용 능력 등을 평가하여야 한다. 이것은 아동에게 가장 적절한 읽기 전략을 설정하는 데 특히 중요하다.

넷째, 아동의 인지 발달 정도를 파악해야 한다. 교사는 아동의 언어적·비언어적 문제해결 능력에 대한 정보를 습득하여야 하며 동시에 지속적으로 관찰을 할 필요가 있다. 아동의 이해력은 새로운 정보가 획득되고 통합됨에 따라 변화하게 되고, 아동의 성장에 따라 사고 방법도 변화하게 된다.

## 2) 읽기 지도 방법

### (1) 발음 중심 지도법

발음 중심 지도법은 설명과 지시, 그리고 반복적인 연습 등을 핵심으로 하는 교사 중심적 성격을 가진 직접적 수업 형태에 의한 언어 수업 방식이다. 문자기호를 음성기호로 옮기도록 하는 것이고, 아동은 읽기로부터 의미를 획득하기 전에 읽기의 하위 기술을 학습해야 하는 것이다. 따라서 자음과 모음의 발음, 자음과 모음이 결합하여 글자가 이루어지는 원리를 체계적으로 가르친다(송혜경, 2009). 이 접근법에서 음성언어는 특별한 교수가 없이도 자연스럽게 습득되는 일차적인 언어로 간주하지만, 문자언어는 직접적인 교수를 통해 습득되는 이차적인 것이므로 읽기와 쓰기는 별도의 교수가 필요하다고 본다. 따라서 문자기호를 음성기호로 옮기기 위하여 글자의 자음과 모음이 발음되고, 자음과 모음이 결합하여 글자를 이루는 원리를 가르친다. 발음 중심 지도법은 낱자의 소리에 대한 식별과 그 소리들이 결합되어 단어가 된다는 음운인식의 원리에 근거하여 철자법과 음소 구성의 원리를 체계적이고 직접적인 방법으로 가르친다(송혜경, 2009). 발음 중심 지도법은 문자라는 집합체를 구조적으로 분석, 인지할 수 있는 성인에게 효과적인 방법으로 초기 문자를 접하는 아동에게는 매우 어려운 방법이며 흥미를 잃게 할 위험이 있다(고은주, 2009).

### (2) 총체적 언어접근법

굿맨(Goodman, 1986)은 총체적 언어접근법은 언어학습에서 작은 단위를 학습하여 그것이 모여서 전체를 알아 가는 것이 아니라, 의미를 이루는 큰 부분을 먼저 이해하고 싶은 욕구에서 출발하여 예측하고 수정해 나가면서 지속적인 학습 동기를 유발시켜 작은 단위까지 학습하게 된다고 하였다(박경란, 2008). 총체적 언어접근법은 기본적으로 읽기, 쓰기, 말하기, 듣기를 분리하기보다는 결합하여 같이 교육하는 것을 강조하며, 읽기는 다양한 언어 활동 측면과 분리될 수 없는 영역이고, 네 가지 언어 영역인 듣기, 말하기, 읽기, 쓰기는 반드시 통합하여 가르칠 것을 강조한다. 하위 단위 언어 기능을 의미 없이 기계적으로 반복 연습하는 것을 지양하고, 다양한 일상생활에서 사용되는 언어나 유명 문학작품에 나오는 내용을 강조한다. 석동일(2007)은 총체적 언어접근법의 원리를 다음과 같은 여섯 가지로 소개하였다. 첫째, 언어교수는 전체에서 부분으로 진행한다. 둘째, 학습자 중심으로 진행한다. 셋째, 의미와 목적이 있어야 한다. 넷째, 사회적 상호작용을 증진시켜야 한다. 다섯째, 읽기, 쓰기, 말하기, 듣기의 네 가지 형태를 모두 포함하여야 한다. 여섯째, 학습자에 대한 교사의 신념을 반영해야 한다.

총체적 언어접근법을 통하여 문해 능력의 향상과 더불어 문자언어에 대한 청각장애아동의 흥미를 이끌어 낼 수 있다. 그러나 총체적 언어접근법은 의미 있는 맥락에서 실제 발화 환경에서 통용될 수 있는 의사소통 기능을 이끌어 내는 것을 목표로 삼고 있기 때문에 문법 형태소와 같은 언어의 작은 요소들의 습득은 간과되는 경향이 있다(박경란, 2008).

### (3) 언어경험 접근법

의미 중심적 지도 방법은 언어경험적 방법, 하향식 모델, 기술 모델 등의 용어와 같은 의미로 사용되며, 읽기·쓰기 지도를 학습자와 언어와 경험에 근거한 의미 중심의 비구조적인 언어 지도 방법이다. 의미를 지니는 단어나 문장 형태로 아동에게 제시하고 의미를 이해하는 것에 중점을 두고 그 속에서 자연스럽게 글자를 익힐 수 있도록 하자는 것이 의미 중심적 지도 방법이다(고은주, 2009). 읽기란 단순히 적혀 있는 문자를 발음하는 데 그치지 않고 글이 나타내는 직접적 또는 그 이외의 의미까지도 포함하여 이해하는 것을 말한다. 의미 중심적 방법은 읽기란 인쇄된 언어로 들어오는 자극을 즉시 사고의 단위로 이해하기 위한 인지 과정이기 때문에 전체 단어 형태로 보는 것과 그 단어 의미 간 연합은 직접적으로 확립될 수 있다고 본다. 그리고 단어 재인은 언어 경험에 기초한 단어 친숙성 빈도에 의해서 촉진되고, 파지는 시각단어 음과 의미 연합을 다양한 문맥에서 출현시킬수록 잘 된다는 것이다. 따라서 의미 중심적 지도 방법에서는 전체 단어 방법과 문장 문맥을 이용한 지도를 강조한다(유정희, 2006).

언어경험 접근법(Language Experience Approach: LEA)은 아동들의 아이디어나 경험을 말하게 하고, 교사는 그들의 경험을 이야기 형식으로 기록하며, 그 이야기는 아동들의 읽기 자료가 되는 읽기 접근법이다. 아동의 경험을 통한 의미 중심적 접근은 아동 자신의 독특한 경험과 언어가 학습 매체가 되어 흥미가 있고, 자신의 어휘와 언어 구조를 통제하기 때문에 아동의 사기를 높여 줄 수 있다는 데 높은 가치가 있다. 의미 중심적 방법은 현재 교육현장의 교육과정 편성에도 활용되고 있는데, 읽기·쓰기 자체가 아동의 흥미나 관심과 관련되기 때문에 동기를 유발한다는 점과 아동에게 자신감과 긍정적 자아 개념을 형성토록 한다는 점에서 호응받고 있다. 그러나 일상 경험을 토대로 하는 교수법이기 때문에 다양성이 부족하고, 학습의 전이가 낮다는 점, 배우지 않은 단어나 문장은 어렵다는 점을 지적받고 있다(유정희, 2006).

### (4) 균형적 문해 접근법

균형적 문해 접근법은 발음 중심 지도법과 총체적 언어접근법을 병행한 것으로 개별 학생들의 학습 양식, 발달 수준, 흥미 및 필요에 따라 기능과 의미의 균형적인 지도를 포함하여 독자의 배경 지식이나 읽기 전략 등 인지적 측면뿐만 아니라, 동기와 태도와 같은 정의적 측면, 사회적 상호작용과 같은 사회적 측면도 함께 중시하는 포괄적이고 통합적인 지도 방법이다. 아동들의 환경과 일상생활을 고려하여 아동들에게 적합한 총체적 언어 교수뿐만 아니라 읽기에 대한 명확한 기술을 가르치는 접근법이다(송혜경, 2009). 구체적으로 매일 좋은 글들을 선택하여 읽어 주고 자연스럽게 글의 의미를 이해하고, 의미를 구성하는 경험을 하게 하는 것과 함께 명시적이고 체계적으로 자음과 모음 체계의 구조, 자음과 모음의 결합 원리, 글자와 말소리의 대응 관계를 지도하여 글자해독과 단어재인을 효과적으로 할 수 있도록 병행하여 지도하는 방법이다(문두성, 2011). 그러므로 활동은 아동에게 의미 있는 것이어야 하고 '아동에게' '아동과 함께' '아동 스스로'라는 방법이 균형 있게 이루어지는 활동으로 구성되어야 한다. 이러한 접근법의 적용으로 청각장애아동의 읽기에 대한 흥미와 긍정적인 태도 발달에 긍정적 영향을 보이는 것으로 나타났다.

### (5) 어휘 지도

청각장애아동의 어휘 지도는 학습 활동을 활발히 할 수 있도록 하기 위한 언어 사용을 높이기 위해 필요한 영역으로 어휘는 독해력 및 문장 능력을 향상시킬 수 있는 기초적인 요소(김희연, 2014)이고, 어휘 지도를 통하여 어휘력을 확대하고 단어의 의미 이해를 효과적으로 지도할 수 있다. 어휘 증진을 위해서는 해당 언어를 다양한 맥락에서 활용하는 연습을 하는 것이 효과적이다. 이를 위해서 문맥을 활용하여 어휘 정의하기, 어휘 의미를 발견하는 연습하기, 해당 어휘를 활용하여 문장 작성하기를 연습하도록 할 수 있다(이대식 외, 2006). 이상희(2006)가 제안한 청각장애아동의 어휘력 향상 방안을 살펴보면 다음과 같다. 첫째, 지도 어휘의 선정으로, 일상생활에 있어서 사용빈도가 높은 어휘를 선정해야 한다. 둘째, 유추와 문맥의 원리다. 문맥적 의미를 이해하고 유추하고 연상하며 어휘를 습득해 나가도록 지도한다. 셋째, 경험의 원리다. 실물을 보거나 행동을 직접 경험하는 직접 경험의 확대 및 학교에서의 간접 경험 기회를 많이 제공하여 어휘의 개념을 명료하게 습득하도록 지도한다. 넷째, 반복의 원리다. 지도하고자 하는 어휘를 문장, 대화 등에서 반복 사용하여 어휘에 대한 개념을 학습하고 짧은 글짓기, 일기, 편지쓰기 등에서 반복 지도한다. 다섯째, 활용의 원리다. 이해한 단어를 문맥에서 다른 단어와 비교·대조해 봄으로써 다양하게 활용하도록 하는 방법으로 경험의 원리와 연관하여 지도하는 것도 효과적이다.

### (6) 독해력 지도

독해력은 추리력, 요약 능력, 주제 찾기 능력, 사건의 순서 파악 능력 등 여러 가지를 종합적으로 요구하는 고등 사고 능력이다. 흔히 고등 사고 기능은 명시적으로 가르치지 않고 학생 스스로 형성해 나가도록 하는 경우가 많다. 그러나 고등 사고 기능일수록 독해에 어려움을 겪는 학생에게는 명시적이고 구체적으로 지도해야 한다. 예를 들어, 추론이나 요약 능력 같은 것은 교사가 먼저 효과적인 전략을 활용하는 방법을 명료하게 시범을 보인 다음 학생들에게 이를 숙달할 때까지 연습하게 한다(이대식 외, 2006).

킹과 퀴글리(King & Quigley, 1985)는 청각장애아동의 읽기 기술을 향상시키기 위해 필요한 조건 중 하나는 청각장애아동을 가청인의 사회와 지식과 언어 기술에 보다 가까이 접근시킬 수 있는 독서 자료를 개발하는 것이라고 하였다. 청각장애아동을 포함한 읽기 문제를 가진 사람들을 위한 자료 준비 방법은, 첫째, 기초 자료를 '보다 쉬운' 수준으로 재서술하는 방법으로, 원안보다도 어려워지거나 재미없어질 수 있다는 단점이 있다. 둘째, 기존 자료를 사용하여 교수 기법을 수정하는 방법이다. 셋째, 특수한 학습자의 요구에 맞추어 자료를 제작하는 방법이다. 독해력 지도를 위해서는 청각장애아동이 쉽게 접근할 수 있는 방법으로 독서 자료와 내용을 제시하여야 한다.

## 2. 쓰기 지도 전략 및 방법

쓰기란 자신의 의사(message)를 다른 사람에게 문어적으로 표현하는 방법이다(박선희, 2010). 또한 쓰기는 학교교육에서 이루어지는 교과 수업에서 중요한 역할을 한다. 여기에서는 청각장애아동의 쓰기 지도를 위한 지도 전략을 중심으로 살펴보고자 한다.

### 1) 쓰기 지도 전략

쓰기를 배우기 위해서는 필요한 단어를 선택하고 문장을 조직하는 기술이 필요하고 상징과 기호를 의도적으로 만들어야 한다(윤진수, 김영식, 함은숙, 2007; 조은호, 2009). 효과적인 쓰기를 위하여 학생들이 주제를 선정하고 글을 쓰고자 하는 목적 등을 파악하는 능력을 길러 주는 역할을 교사가 담당해야 한다. 트로이아(Troia, 2012)는 효과적인 쓰기를 위하여 다음과 같은 몇 가지 전략을 제안하였다.

- 학생들에게 계획하기, 수정하기, 편집하기 전략을 지도한다. 교사가 목표로 하는 전략을 사용하는 방법에 대해 시범을 보이고, 학생들이 그 전략을 사용할 수 있을 때까지 도움을 제공한다. 전략에는 브레인스토밍과 같은 일반적인 절차에서부터 설명문이나 서사문 같은 특정 쓰기 유형의 전략을 포함한다.
- 읽은 내용에 대한 요약하기 전략과 절차를 가르친다. 이러한 지도는 학생들이 습득한 정보를 글로 간결하고 정확하게 표현할 수 있는 능력을 길러 준다. 요약하기 지도는 학생이 자료 글의 내용을 요약하는 것에서부터 좋은 요약문의 사례를 제시하여 요약하기 전략을 포함한다.
- 학생들이 계획하기, 초고쓰기, 수정하기, 편집하기를 또래들과 함께 협력할 수 있도록 지도 내용을 제시한다.
- 학생들이 쓰기를 하면서 달성해야 할 목표를 분명하고 구체적으로 설정한다.
- 쓰기 도구로 워드프로세서를 사용하도록 하는 것은 학생들의 글쓰기에 긍정적인 영향을 준다.
- 복잡한 문장 쓰는 방법은 점진적으로 복잡한 문장으로 나아가도록 지도한다. 복잡한 문장과 상대적으로 간단한 문장을 결합하게 하는 지도는 학생들이 작성한 글의 질을 높이는 데 기여할 수 있다. 문장 결합을 지도할 때에는 일반적으로 교사가 둘 혹은 그 이상의 문장을 하나의 복잡한 문장으로 결합시키는 방법에 대해 시범을 보여야 한다. 학생들은 시범을 통해 본 것과 동일한 유형의 문장을 작성하기 위해 연습한다.
- 과정 중심 쓰기 지도 방법을 실시한다.
- 탐구를 통해 쓰기 기능을 기를 수 있도록 설계된 쓰기 활동에 학생들을 참여하게 한다. 쓰기에서의 효과적인 탐구 활동은 분명하고도 구체적인 목표, 구체적이고 직접적인 자료 분석, 이러한 분석을 수행하기 위해 구체적인 전략을 사용하는 것, 학습한 것을 적용하는 것 등으로 특징지을 수 있다.
- 학생들이 초고를 쓰기 전에 아이디어를 모으고 조직하는 것을 돕는 활동에 참여하게 한다.

- 학생들에게 쓰기를 지도할 때 각 쓰기 유형의 모범적인 글을 예시한다. 예시된 모범적인 글은 학생들이 스스로 분석하게 하고, 교사는 학생들이 그 글이 포함하고 있는 주요 요소들을 모방하도록 격려한다.
- 발화 분석 활동이나 문장 분석 활동 등과 같은 형식적인 방법을 사용한 문법 지도는 피한다.

## 2) 쓰기 지도 방법

### (1) 과정 중심 접근법

학습자에게 결과보다 쓰기 과정에 초점을 두고 교수하는 역동적인 교수 방법이다. 교사들은 아이디어의 생성에서부터 이야기 완성까지의 아동의 사고 과정에 초점을 두고 교수하여야 하고, 아동은 자신이 직접 선택한 주제에 대하여 쓰고, 작문을 완성하기까지 쓰기의 모든 단계를 거치도록 한다. 과정 중심 접근법은 학생들의 글 속에 풍부한 정보를 담을 수 있고, 이야기의 질적 내용이 향상되고, 주제의 성숙과 어휘 수준에서의 향상을 보인다는 장점이 있다. 고혜정(2003)은 쓰기 과정 단계를 계획하기, 글 작성하기, 수정·교정하기 단계로 구분하였다. 구체적으로 살펴보면, 첫째, 계획하기 단계다. 쓰기의 첫 단계로 글을 쓰기 시작하기 전에 아동 스스로 사고하고 글에 대한 느낌을 자유롭게 표현하는 과정으로 창조적인 활동 단계다. 이단계에서는 사고하기, 구조화하기, 논의하기 등의 활동을 초점을 둔 인지 활동이 이루어진다(Scardamaha & Bereiter, 1986). 교사들은 학생들이 주요 아이디어를 생성하도록 연상하기 활동이나 아이디어 논의하기 등의 기술을 사용할 수 있고, 이야기 지도 등의 이미지 도구를 활용할 수 있다. 구체적으로는 글을 쓰기 위한 목적, 주제 및 소재, 내용, 관점, 독자에 대하여 초점을 두고 글을 쓸 계획을 해야 한다.

둘째, 글 작성하기 단계다. 이는 초안 단계에 해당하고, 학생들은 자신이 나타내고자 하는 의미를 표현하기 위하여 실행적인 운동 기술을 사용하여 적절한 단어를 선택하고, 정확한 문법, 문장 부호의 철자법을 사용한다. 교사들은 학생들이 기계적인 면보다는 아이디어에 초점을 맞추도록 선택한 글의 재료로부터 생각나는 것을 쓰도록 지도하고, 정확한 표현을 위한 단어 목록을 지원하거나 유창성을 향상시키도록 지도한다.

셋째, 수정ㆍ교정하기 단계다. 이 단계에서는 글의 목적에 맞게 주제가 명확하게 드러나 있는지, 흐름을 방해하는 내용은 없는지를 살펴보면서 문법적인 오류를 수정하는 단계다. 학생들은 그들의 생각을 표현하기 위해 선택한 단어와 그 단어들의 조화를 위해 삭제, 첨가, 고쳐 쓰기, 단어의 재배열을 통해 수정ㆍ교정한다.

### (2) 컴퓨터 활용 글쓰기

요즘 학생들은 손으로 글을 쓰는 경우보다는 컴퓨터를 이용한 글쓰기를 많이 하고 있다. 학생들의 동기나 시간 활용, 다양한 표현 방법과 피드백 등이 적용되는 웹 활용 글쓰기를 청각장애아동에게 적용할 수 있다. 다음은 트로이아(Troia, 2012: 19-20)의 컴퓨터 및 웹 활용 글쓰기를 정리한 것이다.

컴퓨터를 사용하는 워드프로세서는 키보드로 입력하고 모니터로 출력하는 시스템으로 글쓰기, 작성한 글 읽기, 쓴 글과 그래픽 교정하기를 통합하여 작업할 수 있는 도구다. 워드프로세서는 계획하기, 수정하기, 글의 길이와 질 등이 향상되고, 이러한 워드프로세서의 활용 전략은 가청학생보다 쓰기 부진을 보이는 학생에게 효과가 더 큰 것으로 나타났다. 웹 기반 글쓰기를 살펴보면, 전통적인 쓰기와 비교해서 더 빠른 시간 내에, 더 간단하게 글을 생산하는 경향이 확인된다. 또한 편집에서 요구되는 필자의 자기점검 역할이 줄어들고, 그것이 작성되는 선행 맥락과 관계없이 전송되는 경향이 있다. 웹 기반 글쓰기에서는 사진이나 그래픽 같은 다양한 시각적 표현이 더욱 높은 비율을 차지하고, 글 속에 포함되는 시각적 표현이 증가할수록 쓰기의 인지 과정에도 효과적이다.

### (3) 문장 지도

청각장애아동의 문장 지도에서는 어떤 일과 다른 일과의 어떤 연관을 써서 연상 빈도가 높은 어휘를 활용하여 확장해 가는 연상을 통한 접근 방법, 문맥 속에서 어떤 암시나 단서를 찾아 어휘의 의미를 추출해 내는 방법으로 이미 습득된 어휘의 개념을 명확히 할 수 있는 문맥 유추를 통한 접근 방법, 한글 문자는 한자의 결합이 강하고 국어 어휘의 과반수 이상이 한자어이므로 한자를 유형화하여 지도하는 한자어 형상 구조에 따른 접근 방법, 동일한 혹은 반대의 그것과 관계되는 다른 어휘와 관련시켜 전체 문장 속에서 어휘의 쓰임을 분명하게 인식할 수 있는 의미집단의 형성을 통한 접근 방법, 어휘는 표현 연습을 통하여 의미 기능을 확실히 할 수 있으므로 이미 습득한 어휘를 문맥에서 다른 어휘와 환치시켜 봄으로써 어휘의 개념을 명확하게 하고 비교, 반복, 응용, 확대하는 과정을 통해 사고력의 향상과 어휘 개념에 대한 높은 이해로 문장력이 향상되는 문형 지도로써의 접근 방법 등이 있다. 쓰기 기능은 문자언어를 통하여 자신의 의사를 표현하고, 다른 사람들과 의사를 소통하며, 의미를 발견하고 창조하는 수단이 되는 대단히 중요한 기능이다(유정희, 2006).

## 연구 과제

1. 청각장애아동의 어휘력에 대하여 알아보자.
2. 청각장애아동의 조사 사용 능력에 대하여 알아보자.
3. 청각장애아동의 지도 전략 중 총체적 언어접근법에 대하여 알아보자.
4. 청각장애아동의 쓰기 지도를 위한 과정 중심 접근법에 대하여 알아보자.

## 참고문헌

강선희(2012). 설명적 텍스트 구조 학습이 쓰기 학습부진아의 쓰기 능력에 미치는 영향. 서울교육대학교 교육대학원 석사학위논문.

고은주(2009). 초등학교의 균형적 읽기 지도 실태와 프로그램 실행 연구. 가톨릭대학교 대학원 석사학위논문.

고혜정(2003). 이야기문법 자기평가 교수 전략이 초등학교 고학년 쓰기표현장애학생의 쓰기 표현력에 미치는 효과. 이화여자대학교 대학원 석사학위논문.

김민정, 김영욱(2002). 청각장애아동과 가청아동의 쓰기 능숙도에 따른 이야기 문법, 쓰기 전략, 텍스트 지식 비교. 특수교육학연구, 37(3), 143-170.

김병하, 김옥희, 권순우(2005). 청각장애학생에게 있어서 읽기의 의미와 가정에서의 지원 활동. 특수아동교육연구, 7(1), 337-357.

김영순(2011). 읽기 활동이 유아의 의사소통 능력 향상에 미치는 효과. 한국국제대학교 대학원 석사학위논문.

김영욱, 김지숙, 김선영, 이윤선, 이현정(2013). 청각장애 초등학생의 철자쓰기 특성 분석. 특수교육, 12(3), 43-60.

김용세(2009). 인공와우 이식 청소년과 가청 청소년의 쓰기에서의 조사 사용 비교.이화여자
대학교 대학원 석사학위논문.

김호정(2011). 텍스트 상세화가 청각장애아동의 내용교과 텍스트 읽기 이해에 미치는 효과.
단국대학교 대학원 박사학위논문.

김희연 (2014). 동화 듣고 다시 말하기 언어지도 프로그램이 청각장애아동의 어휘력 향상에
미치는 효과. 창원대학교 대학원 석사학위논문.

문두성 (2011). 균형적 문해 접근법에 기초한 책만들기 활동이 유아의 쓰기 인식 및 쓰기 능
력에 미치는 영향. 한국교원대학교 교육대학원 석사학위논문.

박경란(2008). 의미구조형성 문장지도가 청각장애학생의 문법형태소 사용과 문해능력에 미
치는 영향. 대구대학교 대학원 박사학위논문.

박근희(2000). 청각장애 초등 저학년의 읽기 능력에 영향을 미치는 요인 연구. 가톨릭대학교
교육대학원 석사학위논문.

박선희(2010). 지적장애학생의 생활문 쓰기 표현 비교 분석. 지적장애연구, 12(3), 193-211.

박선희(2011). 청각장애대학생의 이야기 쓰기 분석. 특수교육재활과학연구, 50(3), 53-70.

박영목, 한철우, 윤희(1995). 국어과 교수 학습 방법 탐구. 서울: 교학사.

변선영(2003). 이야기 쓰기에 나타난 가청아동과 청각장애아동의 결속표지 비교. 단국대학교
특수교육대학원 석사학위논문.

서수현(2008). 요인 분석을 통한 쓰기 평가의 준거 설정에 대한 연구. 고려대학교 대학원 박
사학위논문.

석동일(2007). 총체적 언어접근법의 이념적 및 실천적 본질 탐구. 난청과 언어장애연구, 16(1),
1-19.

송혜경(2009). 균형 있는 문해 프로그램이 청각장애아동의 문법형태소 사용 능력에 미치는
영향. 대구대학교 대학원 박사학위논문.

신지현(2012). 조작적 시각언어를 이용한 문장지도가 청각장애학생의 문장쓰기에 미치는 효
과. 대구대학교 대학원 박사학위논문.

우정수(2006). 인공와우이식아동의 음운인식과 읽기. 연세대학교 대학원 석사학위논문.

원성옥(2001). 이해점검 읽기 지도와 어휘이해 읽기 지도가 농학생의 읽기 능력에 미치는 효
과. 단국대학교 대학원 박사학위논문.

유정희(2006). 독서지도가 청각장애 중학생의 읽기·쓰기 능력에 미치는 효과. 석사학위논
문, 창원대학교 교육대학원 석사학위논문.

윤진수, 김영식, 함은숙(2007). 유아의 이야기 말하기 능력과 이야기 쓰기 능력 간의 관계. 열
린유아교육연구, 12(2), 207-225.

이길용(2002) 멀티미디어 언어 학습 프로그램이 청각장애학생의 읽기·쓰기 능력에 미치는

효과. 우석대학교 교육대학원 석사학위논문.

이대식, 김수연, 이은주, 허승준(2006). **통합교육의 이해와 실제**. 서울: 학지사.

이민영, 이성은(2012). 초등학생의 쓰기 능력, 쓰기메타인지, 가정환경의 상관연구. **교과교육
   학연구**, 16(4), 961-980.

이상희(2006). 청각장애아동의 어휘발달에 관한 연구의 동향. 순천향 **인문과학논총**, 19(1),
   151-168.

이서옥(2017). 음운인식 중재가 청각장애유아의 음운인식 능력과 조음오류 개선에 미치는 효
   과. 공주대학교 특수교육대학원 석사학위논문.

이영근(2004). 체험학습 프로그램을 통한 쓰기 지도가 청각장애아동의 어휘력 향상에 미치는
   효과. **현장특수교육연구보고서**.

이춘섭(1978). 청각장애아의 조사 오용에 관한 연구. **숭의논총**, 3, 5-39.

이혜진(2012). 초등학교 고학년 청각장애아동의 읽기이해력 특징. 명지대학교 사회교육대학
   원 석사학위논문.

정은희(2000). 의미적 제약성과 서술어 유형에 따른 청각장애학생의 문장 이해 전략. 대구대
   학교 대학원 박사학위논문.

조은호(2009). 경도 지적장애집단과 정상아동집단의 이야기 쓰기능력 비교. 명지대학교 사회
   교육대학원 석사학위논문.

조희은(2006). 청각장애아동의 다의어 이해와 유형 분석. 단국대학교 대학원 석사학위논문.

주영희(2001). **유아언어발달과 교육**. 서울: 교문사.

채현주(2011). 초등학생의 쓰기 동기와 쓰기 능력 간 상관 연구. 경인교육대학교 교육대학원
   석사학위논문.

허민정(2011). 인공와우이식 아동의 읽기능력에 대한 음운처리능력, 언어 능력, 말소리 지각
   력의 구조적 관련성 분석. 부산대학교 대학원 박사학위논문.


Archbold, S. M., Harris, M., O'Donoghue, G., Nikolopoulos, T., White, A., & Richmond,
   H. L. (2008). Reading abilities after cochlear implantation: The effect of age at
   implantation on outcomes at 5 and 6 years after implantation. *International Journal of
   Pediatric Otorhinolaryngology, 72*, 1471-1478.

Bereiter, C. (1980). Development in writing. In L. W. Gregg & E. R. Steinberg (Eds.),
   *Cognitive process in writing* (pp.203-234). Hillsdale, NJ: LEA.

Catts, H. W., Kamhi, A. G., Clauser, P., Torgesen, J., Al Otaiba, S., Scott, C. M., Wetby, C.
   E., & Grek, M. L. (2005). *Language and reading disabilities* (2nd ed.). Boston: Allyn
   and Bacon.

Cole, L., & Deaf Connections. (2009). Deaf adults and manipulative visual language. *A Pilot Study by Deaf Connections and Glasgow Community Learning Strategy Partnership*, 1-19.

Cunninghanm, A. E., & Stanovish, E. E. (1991). Tracking the unique effects of print exposure in children: Associations with vocabulary, general knowledge, and spelling. *Journal of Eucational Psychology, 83*, 264-274.

Gail, T. G. (2000). The efficacy of phonological awareness intervention for children with spoken language impairment. *Language, Speech and Hearing Services in Schools, 31*, 126-141.

Goodman, K. (1986). *What's whole language?* Portsmouth, NH: Heinemann.

Gunning, T. G. (2002). *Assessing and correcting reading and writing difficulties* (2nd ed.). Boston: Allyn and Bacon.

King, C. M., & Quigley, S. P. (1985). *Reading and deafness.* San Diego, Calif: College-Hill Press.

Klecan-Alker, J., & Blondeau, R. (1990). An examination of the written stories of hearing-impaired school-age children. *The Volta Review, 92*, 275-282.

Mandler, J. (1984). *Stories and scripts: Aspect of schema theory.* Hillsdale, NJ: Austin, TX: Pro-ed.

McAnally, P. L., Rose, S., & Quigley, S. P. (1994). *Language learning practices with deaf education* (2nd ed.). Austin, TX: Pro-ed.

Miller, P. (2006). What the visual word recognition skills of prelingually deafened readers tell about their reading comprehension problems. *Journal of Developmental and Physical Disabilities, 18*(2), 91-121.

Paul, P. (2001). *Language and deafness.* San Diego: Singular Publishing.

Scardamaha, M., & Bereiter, C. (1986). Research on written composition. In M. C. Wittrock(Ed), *Handbook of research on teaching.* New york; Macmillan.

Spencer, L. J., Baker, B. A., & Tomblin, J. B. (2003). Exploring the language and literacy outcomes of pediatric cochlear implant users. *Ear & Hearing, 24*, 236-247.

Sterne, A., & Goswami, U. (2000). Phonological awareness of syllables, rhymes and phonemes in deaf children. *Journal of Child Psychology and Psychiatry, 41*, 609-625.

Troia, G. A. (2012). 쓰기 지도 및 쓰기 평가의 방법. (박영민 역). 서울: 시그마프레스.

Webster, A. (1986). *Deafness, development, and literacy.* New York: Methuen.

# 제9장 수어 지도

**학습 목표**

1. 수어의 특성과 구성 요소에 대하여 알아본다.
2. 수어의 발달에 대하여 음성언어 발달과 비교하여 알아본다.
3. 수어 지도 방법에 대하여 알아본다.

청각장애아동의 언어 지도 방법으로 끊임없이 구화법과 수어법에 대한 논의가 이루어지고 있지만, 어떤 의미에서는 여전히 구화를 둘러싼 학습 방법이 많은 부분을 차지하고 있는 것 같다. 그럼에도 청각장애아동에게 수어법은 언어 지도를 위한 하나의 방법임에는 틀림없고, 청각장애 부모를 가진 청각장애아동의 언어 능력이 가청부모를 가진 청각장애아동에 비해 좋은 편이라고 수어교육의 당위성에 대하여 소개하고 있다. 이러한 이유로 이 장에서는 수어 지도를 위한 기초적 이론 개념으로 수어의 특성, 구성 요소, 그리고 수어의 언어적 성격에 대하여 알아보고자 한다. 또한 수어의 발달 단계와 수어 교육 방법론에 대하여 설명하였다.

2016년 2월 3일 제정된 「한국수화언어법」이 2016년 8월 4일에 시행되었다. 이 「한국수화언어법」에서는 한국 수화언어가 국어와 동등한 자격을 가진 농인의 고유한 언어임을 밝히고, 대한민국 농인의 공용어임을 기본 개념으로 명시하였다. 또한 '한국수어'란 대한민국 농문화 속에서 시각·동작 체계를 바탕으로 생겨난 고유한 형식의 언어이며, 농문화란 농인으로서의 정체성과 가치관을 기반으로 하는 생활양식의 총칭으로 명시하였다. 이 장에서는 이러한 법적 배경과 시대적 흐름을 고려하여 수어라는 용어로 기술하고자 한다.

## 제1절 수어의 개념

수어는 청각장애인의 모국어로 수어를 의사소통 수단으로 하여 사회언어학적 문화를 창조하고(윤병천, 김병하, 2004), 그 언어를 공유하는 다른 청각장애인들과 청각장애 사회를 이루면서 성인으로 성숙하도록 하는 기반이 되며 세대를 이어 문화를 전승한다. 또한 수어는 청각장애인 사회에서 가장 보편적으로 통용되는 의사소통 수단이다(이정옥, 2005). 수어는 청각으로 이해되고 음성으로 표현되는 청각-음성 체계의 음성언어와 달리, 시각으로 이해되고 손 운동으로 표현되는 시각-운동체계로, 형태와 의미는 가지고 있으되 태생적으로 특성상 문자언어 체계를 갖고 있지 않은 독특한 언어다. 수어는 청각장애인이 가장 자연스럽게 사용하는 시각적인 언어로 손과 함께 눈, 얼굴, 머리와 같은 특별한 신체 부분의 위치, 모양, 움직임으로 구성되며, 청각장애인에 의해 자연스럽게 형성된 공식적이고 사회적이며 합의적이고 규칙적인 지배를 받는 기호 체계다(이서진, 2013).

### 1. 수어의 특성

#### 1) 수어의 일반적 특성

음성언어가 음향적 신호의 발신과 수신에 의존하는 청각 의존적 언어라면, 수어는 시각적 신호의 발신과 수신에 의존하는 시각 의존적 언어다(이영재, 2010). 수어는 공간에 대해 언어적으로 이용한 것이고 어휘적 · 문법적 · 문장론적 차원에서 공간을 언어적으로 이용한다. 또한 음성언어가 일차적이고 또 시간적인 순서에 따라 표현되는 것에 비해 수어는 동시다발적이며 입체적이라고 하였다.

수어 역시 언어의 체계를 갖고 있을 뿐 아니라 수어만의 독특한 언어성을 가진다. 김희섭(1996)은 수어의 자연 언어성을 자의성, 양면성, 창조성, 상호 교환성, 전위,

문화적 전승으로 구분하고, 다음과 같이 정리하였다.

첫째, 수어의 자의성(arbitrariness)으로, 문자언어와 동일하게 수어에서도 손 모양과 그 의미에 필연성이 없다.

둘째, 수어의 양면성(duality)으로, 수어는 모양과 움직임이라는 2개의 단어로 이루어져 있다. 어떠한 의미를 나타내기 위하여 이루어지는 한 장면, 한 장면은 언어에서와 같이 수어의 하위층이라고 할 수 있다. 이러한 것들이 결합하여 의미를 만들어 내므로 수어도 일반 언어의 자질인 양면성을 가지고 있다고 할 수 있다.

셋째, 수어의 창조성(creativity)으로, 이러한 언어의 창조성 때문에 한 언어의 어휘 수는 제한이 없고, 필요에 따라 신조어를 만들 수도 있다. 수어에서도 시대에 따라 생긴 수어가 있고, 어떤 의미에서는 일반 언어보다 수어에서 신조어의 생성, 파급 효과가 더 빠르다고도 볼 수 있다.

넷째, 수어의 상호 교환성(interchangeability)으로, 언어의 전위 또는 부재 표현은 언어가 시간이나 공간과 상관없이 쓰일 수 있다는 점을 뜻한다. 이런 점에서 인간의 언어는 상호 교환성의 특성을 가지고 있다고 볼 수 있다. 즉, 동일인이 화자가 될 수도 있고, 청자가 될 수도 있다는 뜻이다. 수어에서도 수어를 사용하는 사람이 송신자이며, 동시에 수신자가 될 수 있다.

다섯째, 수어의 전위(displacement)로, 언어의 전위 부재 표현은 언어가 시간이나 공간과 상관없이 쓰일 수 있다는 것을 뜻한다. 수어는 수어자의 수어 공간을 적절히 가상적으로 나누어서 이 전위성을 표현할 수 있다.

여섯째, 수어의 문화적 전승(cultural transmission)으로, 언어는 후천적으로 습득하는 것이지 유전적으로나 생물학적으로 전승되는 것은 아니다. 이런 면에서 인간의 언어는 문화적으로 전승되고(심수현, 2010), 수어 역시 언어이므로 문화를 전승한다고 볼 수 있다.

## 2) 언어적 특성

시각 운동 체계인 수어는 나름의 독특한 언어적 특성을 갖추고 있다. 첫째, 수어는 시각언어로 시각적 단서가 주요 문법적 자질을 내포하고 있다. 구체적으로 평서문은 수어를 종결할 때 얼굴 표정에 변화가 없는 경우이고, 의문문은 눈과 눈썹이 올라가면서 종결하게 되며, 부정문은 얼굴이 찌푸려지는 것이다. 둘째, 의미의 차이의 경우 한국어에서는 어휘에 의미가 내포되지만 수어는 의미 중심의 어휘를 전달 하는 차이를 보인다. 예를 들면, 한글 중심의 문법수어는 '{식사} {하다} {-까?}(말을 함께 함)'으로, 자연수어에서는 '{식사} {끝}(눈썹이 올라감)'으로 차이를 보인다. 셋째, 수어의 능동문과 수동문은 수동의 방향과 얼굴표정으로 구분한다. 예를 들어 '개가 고양이를 물다.'는 {개}(얼굴표정 밝음) {고양이}(무표정) {물다}(얼굴표정 밝음)으로, '개가 고양이한테 물리다.'는 {개}(얼굴표정 어두움) {고양이}(무표정) {물리다}(얼굴표 정 어두움)으로 차이를 구분한다. 넷째, 한국어 문법 구조에는 조사가 활용되지만 수 어에는 조사가 없다. 수어에도 주격과 목적격을 구분하기도 하는데, 즉 몸통 안에서 인칭을 지칭할 때는 주격이 되고, 목적격을 표시할 때는 몸을 앞으로 숙이는 움직임 또는 팔을 바깥 방향으로 빼는 형태를 취함으로써 구분한다(최성규, 김정중, 유지영, 2013).

## 2. 수어의 구성 요소

수어를 구성하는 요소를 수어소로 설명한다. 스토코(Stokoe, 1960)는 수어의 어 휘를 구성하는 기본 단위에 대하여 수어소(cheremes)라는 용어를 사용하며 손의 위 치인 수위(tabulator: TAB), 손의 모양인 수형(designator: DEZ), 손의 움직임인 수동 (signation: SIG)을 제시하였고, 석동일(1990)은 수향을 첨가하여 수위, 수형, 수향, 수 동으로 수어소를 구분하였다. 리델과 존슨(Liddell & Johnson, 1989)은 수형, 수위, 수 동, 장향, 비수지신호로 세분화하였다(최상배, 안성우, 2003). 석동일(1990)과 유지숙 (2012)에 의해 정리한 수어소 내용을 살펴보면 다음과 같다.

### 1) 수형

수형은 어떤 위치에서 어떤 방향으로 어떤 동작을 하는 '두 손의 형태'를 의미한 다. 수형은 선택된 손가락의 수와 손가락들을 굽히거나 펼치는 방법에 따라 다양하 다. 수형은 고정되어 있는 것이 아니고 처음 위치에서 다음 위치로 옮겨지는 과정에 서 변화한다. 하나의 수어를 완성하기 위해 하나의 수형을 필요로 하는 경우도 있고 두 수형 이상을 필요로 하는 경우도 있다. 수형은 습득하고 처리하기 어려워서 수어 를 늦게 배우는 아동은 수형을 숙달하는 데 어려움을 가진다. 수형은 손가락이나 손목 등 손의 특정 부분으로 펴거나 오므리거나 혹은 굽히는 등의 다양한 모양을 만들어서 표현하기 때문에 이에 따른 운동적 어려움을 이유로 설명한다(유지숙, 2012).

### 2) 수동

수동은 수형의 운동을 의미하는 것으로, 신호가 표현되는 방법이다(Mann et al., 2010). 이러한 수동은 수어를 형성하는 핵심 역할을 하며 운동의 방향과 양손의 관계로 분류된다. 수동은 음성언어에서는 '모음'에 해당하는데, 이는 다른 수어소보다 두드러짐(sonority)이 높기 때문이라고 한다(Perlmutter, 1992).

### 3) 수위

수위는 수어를 하는 동안 손의 신체상 위치에 관한 것으로 머리, 몸통, 팔, 중립적 공간, 비우세 손과 같은 몸의 특정 영역뿐 아니라 3차원 평면을 포함한다. 수위는 주로 수어자의 앞이나 옆 공간인 중립적 공간에서 가장 많이 이루어진다.

### 4) 수향

수향은 수어자가 신체에 대한 손의 공간 관련으로 손바닥의 방향, 손가락의 끝 방향 등으로 결정되는 것이다.

## 3. 수어의 구성 특성

수어는 언어로서 창의적이고 규칙 지배적인 방식으로 결합되어 있으며 임의적 상징들로 이루어져 있기 때문에 의사소통의 속성을 가지며, 청각장애 사회에서 사용하는 비음성언어로서 생각이나 감정을 손의 운동으로 표현하는 언어다. 김병하 등(2008), 이규식 등(2011), 석동일(1990)은 수어의 구성 특성을 공간적 배열, 사상성과 자의성, 동시성, 가역성, 반복성, 발신의 운동량, 비수지 운동적 기능으로 구분하였다. 이를 정리하면 다음과 같다.

### 1) 공간적 배열

수어는 공간적으로 배열한다. 이는 음소를 순차적으로 배열하는 음성언어와 차이를 보인다. 예를 들면, '남자가 여자에게 말하다.'라는 문장에서 음성언어의 경우는 음소의 순차적 나열로 문장을 구성하고 있지만, 수어로 표현하자면 '남자' '여자' 동작은 좌우로 동시에 나타나서 '남자'로부터 '여자' 쪽으로 '말하다'의 수어동작을 함으로써 공간적으로 배열되어 문장을 표현하는 것이다.

### 2) 사상성과 자의성

음성언어에서는 어떤 의미와 음성은 약속된 것으로 결합되어 있다. 즉, '개'라는 기호의 표현은 '멍멍 소리 내는 동물'이라는 기호의 내용에 대하여 자의적 관계라고 할 수 있다. 수어에서는 수어의 의미에 해당하는 기호 내용과 수형과 수동에 해당하는 기호 표현에 대한 사상 관계가 강한 편이다. 구체적 사물은 사상성(도상성)이 높고, 추상적 어휘는 자의성(규약성)이 높다. 몸짓 모방, 전통적 수어, 문법적 수어와의 사상성 의존도는 몸짓모방, 자연수어, 문법수어의 순서이고, 자의성 의존도는 문법수어, 자연수어, 몸짓모방의 순서를 보인다. 수어가 발전함에 따라서 사상성보다는 자의성 의존도가 높아진다. 사상성은 상징하는 실제적 형태가 그 사물의 형태나 활동의 형태를 반영하지 않는 자의성에 비하여 상징화가 사물이나 활동의 어떤 모양을 반영하는 것을 의미한다. 사상성만으로 복잡하고 정교화된 수어 표현을 하는 것은 어렵기 때문에 수어의 어휘와 활용이 다양한 나라일수록 자의적인 수어가 많이 존재한다고 하였다. 수어가 사상적이라도 그 도상성이 사물이나 행동의 문자적인 모든 것을 나타내지 못하며 사상성을 나타낼 때 몇 가지 다양한 사상적인 특징 중에서 하나를 선택하여 사용하기 때문에 사상성으로는 조어된다 할지라고 각 나라마다 다른 수어가 사용되는 것이고 사상적으로 만들어진 수어라 할지라도 자의성이 포함되어 새로운 수어가 청각장애 문화 속에서 생성된다(허명진, 2014).

### 3) 동시성

수어는 양손을 주요 운동기관으로 하고 공간과 몸을 운동하는 장소로 하는 시각적 기호다. 수어는 동시적 분절을 지님으로써 수형, 수위, 수동이 동시에 단어를 형성한다.

### 4) 가역성

가역성은 수어만의 독특한 특성으로 음성언어에서는 존재하지 않으며, 대개 반의어에서 관찰된다. 예를 들어, '밝다/어둡다'는 수형은 같고 수향이 반대가 되기 때문에 가역성 특징을 보인다.

### 5) 반복성

의성어, 의태어 그리고 강조를 표현할 때 나타내는 것으로 '항상' '자주' 등은 반복으로 의미를 나타낸다.

### 6) 발신의 운동량

수어는 음성언어의 조음에 필요한 운동량보다도 운동량이 더 큰 편이다. 운동량이 커지면서 발신 시간도 길어진다.

### 7) 비수지 운동적 기능

비수지 운동에는 표정, 머리의 방향, 몸의 방향 등이 포함된다. 예를 들면, '찾다'는 찾는 듯한 눈의 동작이 요구되고, '늦다'는 '아직 ~않다'의 안면 표정이 수반되어 나타낸다.

## 4. 수어의 유형

수어의 유형은 수어언어의 구성 요소 및 표현 방법에 따라 자연수어와 문법수어로 나눌 수 있다. 자연수어는 청각장애인의 마음에서 생긴 관념에 따라 형성된 자연발생적 수어이고, 문법수어는 문자언어의 어순에 따라 필요한 문법적 기호와 단어의 변화를 수반하는 수어다(석동일, 1990; 이서진, 2013).

### 1) 자연수어

자연수어는 가청아동이 특별한 노력 없이 모국어를 습득하듯 청각장애아동 역시 자연적으로 습득하게 되는 수어다. 자연수어를 언어 개념으로 배우기 시작하는 영·유아기부터 체계적으로 수어를 제시하게 되면, 가청아동과 동일한 수준의 언어 능력을 나타낸다. 이렇듯 자연수어는 고유의 언어적 체계를 갖춘 것으로 볼 수 있다. 그러나 한국의 자연수어는 독자적인 속성이 강하지 못하고 문법수어와 중간 형태적 성격을 가지고 있다. 미국의 자연수어인 ASL(American Sign Language)은 음성언어나 영어의 단순한 번역어가 아닌 고유의 언어 체계를 가지고 있어서 한국의 자연수어와는 차이를 보인다.

### 2) 문법수어

문법수어는 가청인과의 원활한 의사소통을 하려는 목적으로 만들어진 자연수어와 가청인이 사용하는 구화를 결합하여 만든 인공언어다(이규식 외, 2011). 문법수어는 청각장애인 사이에 그리고 수어를 배워 사용하는 일반인 사이에 의사소통이 원활하게 이루어질 수 있게 하고, 언어 생활의 통일성과 정확성을 기하며 수어가 필요 이상으로 변화되고 분화되는 것을 막기 위해 표준화된 것이다. 이러한 표준수어는 수어 기호와 지문자를 병용하여 국어 문법에 맞게 표시하는 것을 원칙으로 한다. 수어 기호에 있는 낱말은 수어 기호로 표시하고, 수어 기호에 없는 낱말은 지문자로 표시한다(권순우, 2001).

문법수어는 조사나 어미 활용 등 국어의 문법 정보를 시각적으로 전달한다는 면에서는 가치가 있다.

이상의 자연수어와 문법수어를 내용을 〈표 9-1〉에서 정리하였다.

**표 9-1** 자연수어와 문법수어의 특성 비교

| 구분 | 자연수어 | 문법수어 |
| --- | --- | --- |
| 문법 체계 | 다소 독자적인 문법 체계 | 말의 의미, 문법이 국어와 일치 조사, 용언의 활용어미 사용 |
| 수어의 이해 | 국어를 이해하지 못하더라도 직관적 이해 쉬운 편 | 국어 미습득자에게는 이해하기 다소 곤란 |
| 지문자 사용 | 적은 편 | 음성언어와 함께 적극적 사용 |

출처: 이규식 외(2011: 394)에서 발췌하여 정리함.

## 3) 지화

지화는 문어의 철자와 숫자 등을 나타내는 수단으로 문어를 종이에 철자하는 것처럼 손가락으로 음성언어를 표현하는 시각운동 언어다. 이러한 지화를 통해 읽기를 이해하고, 쓰기를 표현하는 수단으로 활용하기도 한다.

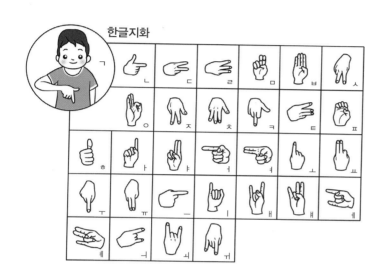

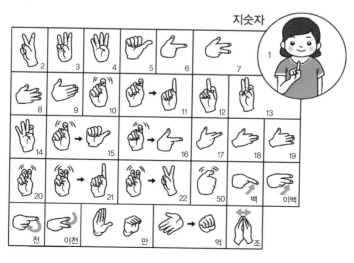

[그림 9-1] 한글 자모음 및 숫자 지화

출처: 방혜성(2001).

## ⊞ 제2절 수어의 발달

### 1. 수어 발달

전형적으로 수어 습득 과정은 음성언어의 습득 과정과 같아서 수어도 음성언어와 마찬가지로 옹알이 단계를 거쳐 한 단어 문장 시기, 두 단어 문장 시기를 거쳐 발달한다(원성옥, 강윤주, 2002).

#### 1) 언어 발달 단계

태어날 때부터 수어에 노출된 청각장애유아는 음성언어를 습득하는 가청유아들과 매우 비슷한 언어 습득의 시작, 속도, 발달 양상을 보인다(Mann et al., 2010; Morgan & Woll, 2002; Schick, Marschark, & Spencer, 2005).

수어의 옹알이 단계는 가청유아가 스스로의 소리를 즐기듯이 스스로 손이나 팔의 움직임을 즐기는 상태를 말한다. 여기에 특별한 의미가 있거나 의사소통하고자 하는 의도가 있는 것이 아닌 경우가 많다. 옹알이 단계 이후 청각장애유아는 가청유아보다 조금 빨리 한 수어 단어 시기와 두 개의 수어 단어를 이어 표현하는 시기가 나타난다. 수어에서 조음기관에 해당하는 것은 손, 손가락, 몸, 시선, 얼굴 등으로, 가청아동의 조음기관보다 비교적 통제가 쉬워 생후 1년 사이에 발달할 뿐 아니라 음성언어에서와 마찬가지로 아기식 말(baby talk)이 존재한다(원성옥, 강윤주, 2002).

첫 수어와 초기 수어 조합은 음성의 첫 단어와 초기 단어 조합 시기와 비슷하고, 구문 역시 비슷한 시기에 습득된다(권순황, 2004; Mayberry & Squires, 2006).

표 9-2 **수어 습득 발달 지표**(Luetke-Stahlman, 1998)

| 시기 | 언어적 특징 |
|---|---|
| 3개월 | 수어 옹알이 |
| 6개월 | 소리 내지 않고 입 우물거리기 |
| 9~12개월 | 수어 시작함(첫 수어 단어 출현) |

| 10개월 | 몇 개의 아기식 말을 함 |
| | 일련의 수어를 사용하고, 약 20개 정도의 수어 어휘 표현 |
| 11개월 | 30개 정도의 수어 어휘 이해 |
| 13개월 | 몇 개의 수어 연결 |
| 14개월 | 2개의 수어 연결하여 사용 |
| 16개월 | 자신의 나이에 맞는 질문에 적절하게 반응 |
| 18개월 | 수어의 위치가 항상 정확하지는 않지만 성인의 표준수어와 비슷한 수준의 수어를 산출 |
| 19개월 | 100여 개 이상의 어휘 보임 |
| 22개월 | 수어로 된 절을 산출하고, 모양이 비슷한 수어를 변별 |
| 23~24개월 | 3개의 수어를 이어 문장으로 말함(3수어 단어 발화 시기) |
| 26~30개월 | 복잡한 수어 문장 사용하기 시작 |
| 30~34개월 | 지적하기(pointing)와 참조하기(reference) 기능 가능 |
| | 의문문, 부정문 형태 표현 가능 |
| | 행위자-대상-행위의 3단어 문장 발화 |

출처: 원성옥, 강윤주(2002: 196-197)에서 발췌.

## 2) 언어 영역별 발달

청각장애아동은 가청아동이 음성을 통하여 음운론, 형태론, 구문론, 의미론 수준에서 자연스럽게 언어를 습득하는 것과 같이 시각을 통하여 음운론, 형태론, 구문론, 의미론 수준에서 언어를 습득한다(고인경, 2010; 윤병천, 김병하, 2004; 유지숙, 2012).

### (1) 수어의 음운 발달

수어에서도 음성언어의 음소와 유사한 개념으로 수어소(cheremes)로 설명하며, 이러한 수어소에는 수형, 수위, 수동, 수향 등이 있다. 수어소는 음성언어의 음소와 마찬가지로 실재적인 구성물이 아니라 추상적인 표상들로 다른 수어소와 동시에 표현되는 특성을 지닌다. 또한 수어소들은 몸의 움직임, 얼굴의 표정 등 다른 구성 요소들과 함께 유기적으로 조합되어 한 단어나 한 문장을 구성하게 된다. 수형은 수어소 중에서도 가장 늦게 숙달되고 10~11세까지 수어 처리 과정에서 어려움을 보인다. 어린 청각장애아동은 수어를 습득할 때 음운론적 형태를 단순화하여 복잡한 목표 형태는 점진적으로 배워 나간다. 아동들은 한 수어에서 틀린 수어를 산출할 때 목표 수형을 대체하는 수형으로 현재 습득 단계 혹은 초기 습득 단계에 포함되는 수형을 사용한다. 청각장애아동의 연령이 증가할수록 수형 산출 정확성에서 향상을 보이고 아동들의 수형 산출 정확성은 어휘의 크기가 증가함에 따라 향상된다. 수동은 때때로 각각의 손으로 다른 수동을 산출해야 하기 때문에 부호화가 어렵다. 그럼에도 연령이 증가하고 어휘 크기가 커짐에 따라 증가하고 산출하는 수동의 복잡성도 증가하는 경향이 있다. 수위는 수어에서 청각장애아동이 습득하기 가장 간단한 영역으로 초기에 적은 오류를 보이며 정확하게 산출할 수 있는 영역이다(유지숙, 2012). 특히 성인 어휘에서 빈번하게 사용되며 다른 수위보다 산출하기 쉬운 어휘들이 초기에 습득되고, 몸에 접촉하는 수위를 포함하는 수어를 많이 산출하는 경향을 보인다(유지숙, 2012).

음운 발달에서는 수형과 운동은 동시적으로 결합하는 것인데, 수형이 먼저 출현하고 이후 손의 운동과 결합한 형식이 출현한다. 또한 표정 발달에서도 표정과 수지 동작이 계기적으로 출현하므로 수어도 음성언어처럼 체계적이고 순차적인 구조가 존재한다는 것이다. 이러한 이유로 수어는 발달의 어느 단계에서 일부 동시적 구조로 바뀌는 것임을 알 수 있다(권순우, 2001).

### (2) 수어의 구문 발달

한국수어는 한국어에 영향을 받고 있으며, 한국어와는 다른 한국수어의 독특한 문법을 가지고 있다(윤병천, 2003). 구문론적 관점에서 구문론의 평균 발화 길이(Mean Length of Utterance: MLU)를 살펴보면, 가청인의 평균 발화 길이와 수어의 평균 발화 길이가 거의 유사하여 언어 발달에 있어서 청각장애인의 수어 발달은 일반 아동의 구문 발달과 유사함을 알 수 있다. 수어 문장은 개별 의미 형태소들의 의미를 서로 긴밀하게 통합하여 구문 규칙을 실현하였다. 즉, 수어는 안면 표정을 많이 사용하여 그 구문을 이해시키는 문법 체계를 구성하고 있다. 엄미숙(1996)은 한국수어는 어휘 형태소를 중심으로 의미 구조가 통합되어 문장을 생성해 내고, 어휘 형태소와 비수지적 보조 언어가 함께 문법 범주를 실현한다고 하였다. 수어의 통사적 특징은 한국어의 통사적 특징과 다르다고 하였으며, 한국수어에는 문법적인 관례를 나타내는 형태소의 발달이 거의 없고, 각각의 낱말이 독립되어 어순에 따라 문법적인 기능을 하는 고립어(isolated language)와 유사하다고 하였다(심수현, 2010).

한국수어는 한국어와 기본적으로는 유사하지만, 한국어가 의미 형태에서 조사·어미와 같은 형식 형태소가 붙어 문법적 기능을 하게 되는 교착어(agglutinative language)인 반면, 한국수어는 문법적인 관계를 나타내는 형태소의 발달을 거의 찾아보기 힘들고 각각의 말이 독립되어 일반적으로 어순에 따라 문법적인 기능을 하는 고립어(isolated language)와 유사하다(엄미숙, 1996).

음운론적 관점에서는 수어도 음성언어의 음운론처럼 수어소를 음소와 동등한 단위로 보고 수어소가 이어지는 규칙을 다룬다(유지숙, 2012).

## 제3절 수어 지도

청각장애아동의 수어 습득 단계와 습득 발달이 가청아동의 언어 습득과 유사하다는 점과 청각장애부모를 둔 청각장애아동이, 가청부모를 둔 청각장애아동보다 학습 능력, 사회성숙도, 자주성, 사교성, 적응력 등 발달 영역에서 뛰어나다는 점 등이 많은 연구를 통해 밝혀지면서 수어의 언어로서의 가치뿐만 아니라 수어 사용의 효과성까지 입증되었다. 수어는 청각장애아동에게 음성언어를 보완해 주므로 구어만 활용하였을 때보다 효과적임을 알 수 있다(권순우, 2001).

### 1. 수어의 교육을 위한 언어교육 탐색

수어를 지도하기 위하여 언어교육의 이론적 기초를 탐색해 보았다. 원성옥과 강윤주(2002)는 언어교육의 관점에서 수어 교육을 언어 발달에 구조적으로 접근하는 방법(structured approaches)과 자연적인 접근법(natural approaches), 그리고 제2 언어 교육 방법으로 구분하여 소개하였다. 이에 대하여 다음과 같이 정리하였다.

#### 1) 구조적 접근법
구조적 접근법(structured approaches)은 과학적이고 객관적이며 경험-분석적 교수 모형을 사용하는 접근법이다. 이 방법은 언어의 수행적인 면을 강조한다. 따라서 모국어 습득의 경우는 성인이 구사하는 말이 최종 목표가 되고, 제2 언어나 외국어 학습의 경우는 그 언어를 모국어로 사용하는 사람들의 말이 최종 학습 목표가 된다. 발음, 단어, 문장의 순서대로 학습하여 새로운 언어 습관을 이루도록 하는 것을 목표로 한다. 구조적 접근법의 장점으로는 습관 형성과 규칙의 내재화, 구조의 이해, 의사소통 능력의 획득을 보이는 반면, 단점으로는 교사의 철저한 음성 지식을 갖추기 위한 시간이 오래 걸리고, 교실에서 모국어 제공자와 언어학자에 의한 언어 지도를 필요로 한다는 점이다.

### 2) 자연적 접근법

자연적 접근법(natural approaches)은 가청아동의 언어 획득 순서와 같은 순서로 언어를 발달시키고자 하는 접근법으로, 학습자가 암기나 언어 지도 없이 노출, 모방, 확장 등을 통해 규칙들을 무의식적으로 학습할 것으로 보는 입장이다. 자연적 접근법의 장점으로는 제2 언어 구조 연습에 시간을 낭비하지 않아도 되고, 수업 후 스스로 많은 연습을 할 수 있으므로 학습과 의사소통 활동이 결합되어 효과적인 학습을 이끌 수 있다는 점이다. 반면, 단점으로는 제한된 구조 내에서 어휘를 많이 사용하므로 부정확한 의사소통이 될 수 있고, 교사가 오류를 수정하지 않기 때문에 학습자의 철저한 연습이 요구된다는 점이다.

### 3) 제2 언어교육으로서의 수어교육

수어교육을 위해 제2 언어교육에서 소개되는 교수 방법을 다루고자 한다. 수어교육에서 제2 언어 교수 전략을 적용할 때 교사에게 필요한 실제적인 제안점을 정리하였다(원성옥, 강윤주, 2002).

첫째, 언어교육의 궁극적 목적은 학생이 창의적이고 목적적으로 그 언어로 의사소통할 수 있는 능력을 계발시키는 것이므로 대부분의 언어는 듣기, 말하기, 읽기, 쓰기의 네 가지 영역에서 의사소통하는 능력을 요구한다. 언어는 그 언어를 사용하는 사람들의 사회문화적 가치에 영향을 받으므로 수어교육에서도 청각장애 사회에 대한 정보를 정확하게 이해하고 교육하여야 한다.

둘째, 어떤 목표 언어의 교수에서 가장 결정적인 요소는 학생들이 목표 언어에 적절하게 노출되는 것이므로 교사는 그 언어의 문법보다는 가능한 많은 언어 환경을 제공하는 것이 중요하다. 수어 교사들은 학생이 들을 수 있기 때문에 이해를 돕기 위해서 음성언어의 사용이 필요하다고 생각하여 음성언어와 일대일로 대응하는 수어를 제공하는 것은 바람직하지 않으므로 가능한 한 수어에 최대한 많이 노출하여 수어를 배울 수 있게 해야 한다.

셋째, 학생은 목표 언어로 의사소통할 욕구와 기회를 가져야만 한다. 교사는 학생들이 수어로 의미있는 상호작용을 할 수 있도록 잘 구조화된 활동을 마련해야 한다.

넷째, 대화, 학습, 의사소통 활동 그리고 게임의 사용은 목표 언어에 대한 의미 있는 노출을 위해 필요한 것이다. 잘 개발된 대화나 의사소통 전략으로 학생들과 수어의 다양한 문법 형태에 최대한 많이 노출시켜 주어야 한다.

다섯째, 학생들은 그들이 하는 수어에 대한 분명한 개념을 가지고 있어야 한다. 수어를 실제로 연습하여 수어의 규칙이나 개념을 분명하게 제공해야 한다.

여섯째, 언어교육의 제재와 활동은 목표 언어의 자연스러운 사용에 초점을 맞추어야 한다. 학생들이 교실에서 배우는 것이 실제 목표 언어를 유창하게 사용하는 사람들의 방법을 반영해야 한다는 것이다. 수어 교육에서도 청각장애 사회 구성원들이 실제로 사용하는 언어 형태와 어휘에 초점을 맞춘 제재와 활동으로 구성되어야 한다.

일곱째, 학습과정에서는 오류가 있을 수 있으므로 교사는 학생들의 실수와 원인을 분석해야 한다. 이러한 과정을 통해 교사는 학생의 발전 정도를 알아볼 수도 있고, 좀 더 집중적인 지도가 필요한 것인지도 알게 되는 것이다.

## 2. 수어교육 방법

### 1) 직접 교수법

직접 교수법(The Direct Method)은 교실에서의 교수자의 모든 행위는 목표어로만 수행하여야 하고, 일상생활에서 사용하는 어휘와 문장만을 가르치는 것이 직접 교수법의 원리다. 제1 언어를 거치지 않고 목표 언어로 직접 교수-학습이 이루어지고, 학습자의 모국어를 사용하지 않고 목표 언어로 목표 언어 자체와 목표 언어에 대한 지식을 깨우쳐 가는 것이 직접 교수법의 중요한 특징이다. 이는 지금 수어교육에서 많이 적용되는 교수법 중에 하나일 것이다. 원어민인 농인 강사의 강의는 자연스럽게 학생의 모국어를 사용할 수 없게 되므로 농인 강사는 목표 어휘에 관련된 자료를 수집하여 수강생에게 보여 주고 몇 번 반복하여 시범을 보이고 수강생이 따라 하게 하는 방식으로 진행된다. 수강생이 반복할 때 정확한 수어 동작으로 수정해 준다. 소수의 수어 지도에서는 효과적인 방법이 될 수 있다(정수연, 2016).

## 2) 종합적 의사소통법

종합적 의사소통(total communication method), TC법이라고 불리는 이 방법은 청각장애인끼리든 청각장애인과 일반인 간이든 의사소통의 모든 수단을 활용하는 것을 의미한다. 동시법(simultaneous method) 또는 결합법(combined method)이라고도 하는 것으로 의사소통에 사용할 수 있는 모든 수단, 즉 말읽기, 발화, 수어, 지문자, 몸짓, 기타 등을 동시에 사용하거나 그러한 것들 중에서 의사소통에 적절한 어떤 한 수단을 사용하는 것이다(김승국 외, 2007: 27). 1976년 미국농학교 실행협의회(The Conference of Executives of American Schools for the Deaf) 제48차 회의에서 토털 커뮤니케이션에 대하여 '토털 커뮤니케이션은 청각장애인과 일반인 간에 그리고 청각장애인끼리의 효과적인 커뮤니케이션을 확립하기 위해 청각적 · 구화적 · 수어적 커뮤니케이션 양식을 적절히 융합하고자 하는 철학'이라고 정의하였다(김삼찬, 2004).

종합적 의사소통은 의사소통 방법에서는 청각장애아동이 조기부터 이용할 수 있는 청능, 발어, 말읽기, 지문자, 몸짓, 그림, 읽기, 쓰기 등을 배우도록 한다. 의사소통에서 아동의 요구, 능력에 따른 최적의 이해 · 표현을 보장하는 것은 청각장애아동에 대한 도덕적 권리를 보장하는 것이며, 극단적인 구화주의는 청각장애 자체를 부정하는 것이다. 의사소통은 인간관계의 과정에서 발달하는 것이므로 부모와 자녀와의 의사소통을 보다 용이하게 하고 가청아동과 함께 조기부터 수용 · 표현 상징체계를 도입하고 확립하는 것을 가능하게 한다. 구화법에서 모든 청각장애아동을 가청인의 사회에 통합시켜 가는 것을 목표로 하고 있다. 이러한 의미에서 기존의 구화-수어 논쟁 측면에서 토털 커뮤니케이션을 받아들일 것이 아니라 구화법과 수어법의 결합으로 파악해야 한다(김병하, 강창욱, 최영주, 2008; 이규식 외, 2011).

종합적 의사소통법 철학이 청각장애인을 위한 최적의 선택을 지지하는 것이라면 언어적 측면에서 체계화된 지도가 수반되어야 한다. 조기에 시각적으로 제시되는 양식에 의존해 온 청각장애아동은 청각으로 부호화된 언어를 수용해 본 경험이 없으므로 수어가 일차적 언어를 수행하는 매체가 될 것이다(김병하 외, 2008).

### 3) 이중언어 · 이중문화 접근법

이중언어 · 이중문화 접근법(bilingual · bicultural approach)은 '두 가지 언어와 두 가지 문화를 배우는 것'을 의미하는 것으로 교실에서 교수를 위한 1차 언어로 그들이 자유롭게 구사하는 수어를 채택하여 가르치는 것을 말하며, 국어를 읽기와 쓰기를 위한 2차 언어로 가르친다. 2개 이상의 언어를 구사하는 능력과 그 언어를 배경으로 한 문화의 차이를 이해하는 것으로, 청각장애인 사이의 문화를 제1 문화로 보고 수어를 의사소통과 사고 활동을 위해 사용하는 지배적인 문화로 인정하고 가청인의 문화를 제2의 것으로 학습하는 것이다.

이중언어 접근에서는 시각이 청각장애아동 언어를 배울 수 있는 최선의 통로이고 자연수어가 시각적이고 완전한 언어이므로, 자연수어를 1차 언어로 습득하게 하고 그를 통해 2차 언어인 문어를 획득하게 할 것을 주장하고 있다(Pickershill, 1998; Tony, 1997).

이중언어 · 이중문화 접근법의 목적은 청각장애인의 사고에 필요한 도구를 발달시키고 다른 청각장애인과의 관계를 통해 건강한 자아의식을 발달시키기 위해 강력한 시각적 1차 언어를 갖도록 하는 것이다. 또, 농인 문화 속에서의 교수를 지지하고, 청각장애인 교육에 농인 사회(Deaf Community)의 역사와 기여, 가치, 전통을 포함시키며, 가청인 부모가 다양한 프로그램을 통해 농인과 수어를 포함한 농인 문화를 만날 수 있는 기회를 제공한다(배성규, 2006). 청각장애교육의 근간에는 청각장애인 문화의 실체를 이해하려는 노력이 우선해야 한다. 이중언어 · 이중문화 접근법은 청각장애인의 문화를 가청인과 동등한 문화로 인정하고 출발하기 때문에 청각장애인이 함께 공유하는 문화를 가청인의 문화와 동등하게 인정해 준다. 또한 청각장애인을 위한 이중언어 교육이라는 말 속에서는 두 언어를 사용하여 공부한다는 의미의 이중언어(Bilingual)와 두 언어 모두에 능통함을 목적으로 한다는 의미를 함축하고 있다. 이중언어 · 이중문화 접근법은 청각장애인 중심이 사회, 교육, 문화를 인정하는 교육의 본질에 초점을 둔 철학이다. 이중언어 · 이중문화 접근법이 지지받는 이유는 그것이 무엇보다도 청각장애학생의 자아실현과 학업성취도 및 언어 발달을 촉진시킬 수 있다고 믿기 때문이다(송혜경, 2006).

　김병하 등(2002)은 청각장애인의 이중언어·이중문화 접근법의 지침 원리에 관하여 다음과 같이 정리하였다(정미아, 2009).

- 가청인이 청각장애인에게 학습시키고자 하는 것을 청각장애인이 스스로 수용할 수 있다면 청각장애인은 잘 배울 수 있게 될 것이다.
- 청각장애인의 1차 언어는 자연수어이이어야 한다. 그들은 태어날 때 어떠한 자연 언어를 학습할 수 있는 소질을 타고 난다.
- 자연수어의 습득은 언어 획득의 결정적인 시기를 놓치지 않기 위하여 가능한 한 조기에 시작해야 한다.
- 청각장애인의 자연수어 습득과 사회적 정체감의 발달 그리고 자아존중감을 고양시키기 위해서는 언어를 능숙하게 구사하는 청각장애 수어자가 가장 좋은 모델이 되어야 한다.
- 청각장애인이 획득하게 되는 자연수어는 교육 내용을 가장 잘 수용하게 해 준다.
- 수어와 구화는 동일하지 않으며 그것의 사용은 교육과정 운영에서 모두 분리해서 유지되어야 한다.
- 청각장애인이 음성언어를 배우게 되는 것은 읽고 쓰는 능력을 통해 2차 언어를 배우게 되는 하나의 과정이다.
- 말이 청각장애인의 음성언어 학습을 위한 1차적 매체로 채택되어서는 안 된다.
- 청력손실 원인과 정도가 특별히 조화를 이루도록 설계되어 다양한 접근에 의한 프로그램을 통해 구어 관련 기능의 발달이 이루어지도록 해야 한다.
- 청각장애인은 가청인에 대한 '결함의 모형'으로 간주되어서는 안 된다.
- 청각장애인교육위원회 보고서의 관찰 중의 하나인 '청각장애라는 상태에는 아무런 문제가 없다'라는 것에 대해 동의한다.
- 청각장애인들에게 '제한적 환경의 최소화'는 자연적인 수어를 획득하고 그것을 통해 음성언어와 학교 교육과정의 내용을 수용하도록 하는 것을 말한다.

## 3. 수어교육과 교육과정

청각장애학생의 학교교육에서의 수어 교육이 어떻게 이루어져 왔는지에 대하여 교육과정의 변화 과정을 중심으로 살펴보았다(원성옥, 김경진, 허일, 2013).

우리나라 농학교 교육과정은 1967년에 처음으로 제정되었고, 1979년에 부분 개정 고시되었으며, 1983년 농학교 교육과정이 전면 개정되었다. 이 교육과정에는 교육 활동이 새로이 편성되어 농학생의 언어 지도 방법을 수어나 지문자 등으로 교육하는 방법을 제시하였다. 교육 목표와 내용에서는 감각훈련, 청능훈련, 말읽기, 발성과 말하기 등 구화교육을 강조하였고, 국어과 교육과정에서도 잔존청력의 활용과 말읽기 등 구화교육과 관련된 내용을 강조하였다. 수어를 언급한 부분으로는 고등부 국어 I의 지도상의 유의점에서 수어, 지문자, 토털 커뮤니케이션 등 의사전달을 위한 방법을 동원한다는 내용이 기술되어 있다.

『농학교 요육 활동 교사용 지도서』(문교부, 1985)에서는 언어 표현 활동 영역을 발성 지도, 말하기 지도, 수어 지도로 나누어 제시하고 있다. 그러나 수어 지도는 중 · 고등부 학생 중 구화 표현력이 형성되기 힘든 중증이나 중복장애학생을 위해서 보상적인 수단으로 지도해야 한다고 기술하고 있다. 따라서 이 교사용 지도서에서는 우리나라 지문자와 토털 커뮤니케이션에 대해 간단히 소개만 하고 있다. 이후 『언어 표현 활동 교사용 지도서』(문교부, 1987)는 중학부와 고등부에서 수어 및 지화의 능력을 향상시키는 활동 영역을 따로 설정하고 있다. 중학부 1학년부터 말읽기와 말하기에 의한 의사소통이 어려운 경우에는 수어와 지문자를 사용할 수 있도록 지도하되, 말하기 지도 과정에서 지도할 수 있도록 하였다. 1989년 청각장애 특수학교 교육과정 기준에서는 처음으로 초등부 교육 목표에서 말, 수어, 지문자, 글 등의 기본적인 언어 능력을 기를 것을 제시하면서 요육 활동의 목표에 지문자 및 표준수어를 바르게 사용할 것을 제시하고 있다. 국어과 지도의 유의점에서 초등부 1학년과 2학년의 말하기 활동은 발성과 발어를 중심으로 하되 필요에 따라 지화 및 수어의 기초 단계를 지도할 것을, 중학부에 와서는 국어과 목표와 내용에서 수어와 지문자의 사용을 제시하고 있다.

1998년 제7차 특수학교 교육과정에서 청각장애학교는 국민공통기본교육과정에 따르며, 다만 청각장애 특성에 적절한 교육 목표가 추가되었다. 교육 목표로 청각장애학생 개인에게 적합한 의사소통 양식의 활용을 제시하고 국어과에서는 청각장애로 인한 언어 능력 발달의 결손을 최대한 보상하기 위해 다양한 의사소통 양식을 개방적으로 활용할 것을 제시하였다. 특히 그 전 교육과정에서는 중학부에 들어와서 국어과의 목표나 내용에서 수어의 사용을 제시한 것에 비해 이 교육과정에서는 초등부 1학년부터 국어과의 내용에 수어와 지문자의 활용을 제시하였다. 즉, 수어ㆍ지문자하기가 정보 전달의 중요한 수단임을 알고 구화와의 차이점에 유의하면서 수어하기를 제시하였다.

2008 개정 특수학교 교육과정 국어과에서는 1학년부터 다양한 의사소통 양식을 활용하도록 하고 있다. 다만, 교육과정의 내용에서 '내용 요소의 예'를 상세화하여 수어 지도를 보다 체계적으로 지도할 수 있게 되었다. 특히 해설서에서 수어 읽기와 수어하기는 반드시 말을 하면서 수어를 한다는 것을 의미하는 것이 아니라고 제시하였다. 이는 이전까지 교육과정에서 국어 어법에 맞춘 수어의 사용을 제시한 것과는 달리 수어를 국어의 보조 도구가 아닌, 하나의 의사소통 양식으로 인정하고 수어 언어 능력의 향상도 목적으로 하고 있음을 의미한다.

제7차 교육과정의 후속 자료로 청각장애학생을 위한 언어 지도 교과서인 『언어』(교육부, 2000)에는 국어 어법에 맞게 수어 문장을 구성하도록 제시하면서 한국수어와 미국수어를 부록으로 제시하고 있다. 이때까지 언어교육에서의 수어의 활용은 주로 구화의 보조 수단으로 보다 원활한 의사소통을 위해 이루어져 왔다. 2009년에 발간한 『언어』(교육과학기술부, 2009) 교과서는 언어 표현 활동 안에 수어언어 능력을 향상시키기 위한 활동을 체계적으로 제시하고 있다. 제재별로 수어언어 능력을 향상시키기 위한 활동과 각 교과를 지도하는 교수용 언어로 수어를 사용할 수 있도록 구성하였다. 이것은 우리나라에서도 이중언어 접근에 대해서 이론적 입장뿐 아니라 실제 현장에서도 언어로 수어를 받아들이고 청각장애학생의 내적 언어로 수어언어 능력의 향상을 위한 언어 지도와 이를 이용한 국어 지도를 해야 한다는 것을 처음으로 공식화한 것으로 볼 수 있다.

이상에서와 같이 청각장애아동의 교육과정에서 수어 교육의 흐름에 대하여 살펴보았다. 청각장애아동의 언어교육에서 구화를 보조하기 위한 수단으로의 수어가 아니라 그들의 언어를 인정하고 수어를 통한 교육이 이루어질 수 있는 교육과정이 절실히 요구되는 시점이기도 하다.

1. 수어를 구성하는 수어소에 대하여 알아보자.

2. 자연수어와 문법수어에 대하여 비교하며 알아보자.

3. 이중언어-이중문화 접근법의 정의 및 지침 원리에 대하여 알아보자.

## 참고문헌

고인경(2010). 한국과 뉴질랜드의 수어 관련 정책 고찰. 나사렛대학교 재활복지대학원 석사학위논문.

교육과학기술부(2009). **청각장애 언어**. 서울: 대한교과서.

교육부(2000). **특수학교(청각장애) 언어**. 서울: 대한교과서.

권순우(2001). 청각장애학생의 수화습득 과정에 대한 질적 연구. 대구대학교 특수교육대학원 석사학위논문.

권순황(2004). 농문화 인식에 따른 농학생의 이중언어 선호 연구. **난청과 언어장애연구**, 27(1), 19-38.

김병하, 강창욱, 최영주(2002). **청각장애와 언어**. 경기: 한국학술정보(주).

김병하, 석동일, 원영조, 이규식(2008). **청각장애아교육**. 대구: 대구대학교 출판부.

김삼찬(2004). 청각장애학생의 이해와 수화의 세계. **직무연수**, 12.

김승국, 김영욱, 황도순, 정인호(2007). **청각장애아동 교육**. 경기: 교육과학사.

김희섭(1996). 한국 표준수화의 자연언어성 고찰: 음운론 중심으로. **언어과학**, 3, 25-42.

문교부(1985). **농학교 요육활동 교사용 지도서**. 충남: 국정교과서.

문교부(1987). **농학교 초·중·고등부 언어표현활동 교사용 지도서**. 충남: 국정교과서.

방혜성(2001). **자비의 수화교실**. 서울: 불광출판부.

배성규(2006). 청각장애인의 이중문화정체성 형성에 영향을 미치는 요인에 관한 질적 연구. 대구대학교 대학원 석사학위논문.

석동일(1990). 한국수화의 언어학적 분석. 대구대학교 대학원 박사학위논문.

송혜경(2006). 수화-구화 이중언어 사용 청각장애아동과 구화 사용 청각장애아동의 격조사 사용 비교. 대구대학교 대학원 석사학위논문.

심수현(2010). 한국 수화의 강조표현 특성 연구. 단국대학교 대학원 석사학위논문.

엄미숙(1996). 한국수화의 통사론적 특징 분석. 대구대학교 대학원 석사학위논문.

원성옥, 강윤주(2002). **수화교육개론**. 서울: 농아사회정보원.

원성옥, 김경진, 허일(2013). 청각장애학생 교육에서의 수화 적용 방안. **특수교육저널: 이론과 실천**, 14(4), 113-132.

유지숙(2012). 고·심도 난청 아동의 수화 이해 및 무의미수화 따라하기에 나타난 수화 산출 특성. 대구대학교 대학원 석사학위논문.

윤병천(2003). 한국수화의 비수지신호에 대한 언어학적 특성 연구. 대구대학교 대학원 박사학위논문.

윤병천, 김병하(2004). 한국수화의 비수지신호에 대한 언어학적 특성 연구. **특수교육저널: 이론과 실천**, 5(1), 253-277.

이규식, 국미경, 김종현, 김수진, 유은정, 권요한, 강수균, 석동일, 박미혜, 김시영, 권순황, 정은희, 이필상(2011). **청각장애아 교육**. 서울: 학지사.

이서진(2013). 이중언어로써 수화를 사용하는 청각장애인의 쓰기에 나타난 문법오류특성. 대구대학교 재활과학대학원 석사학위논문.

이영재(2010). 한국 수화언어의 재귀대명사 연구. **텍스트언어학**, 28, 151-172.

이정옥(2005). 한국 수화 관용표현에 관한 탐색적 연구. 나사렛대학교 재활복지대학원 석사학위논문.

정미아(2009). 청각장애인의 읽기 능력 향상을 위한 2Bi 접근 모형을 활용한 모바일 학습 시스템의 설계 및 구현. 서울교육대학교 교육대학원 석사학위논문.

정수연(2016). 한국수어언어 교육과정 구성 특징과 실현 환경. 강남대학교 대학원 석사학위논문.

최상배, 안성우(2003). **한국수화의 이론**. 서울: 서현사.

최성규, 김정중, 유지영(2013). **수어회화**. 경기: 양서원.

허명진(2014). 청인과 청각장애학생의 수어어휘 이해력 분석을 통한 수어언어 특성. **한국청각·언어장애교육연구**, 5(2), 37-46.

Liddell, S. K., & Johnson, R. E. (1989). American Sign Language: The phonological base. *Sign language Studies, 64*, 195-277.

Mann, W., Marchall, C. R., Mason, K., & Morgan, G. (2010). The acquisition of Sign Language: The impact of phonetic complexity on phonology. *Language Learning and Development, 6*, 60-86.

Mayberry, R. I., & Squires, B. (2006). Sign language: Acquisition. In Keith Brown, (Eds. in Chief). *Encyclopedia of Language and Linguistics, Second Edition, 11*, 291-296. Oxford: Elsevier.

Morgan, G., & Woll, B. (2002). *Directions in sign lanaguge acquisition*. Amsterdam: John Benjamins.

Pickershill, M. (1998). Bilingualism; Current policy and practice. In S. Geregory, P. Knight, W. McCracken, S. Powers, & L. Watson (Eds.), *Issue in deaf education*. London: David Fulton.

Perlmutter, D. (1992). Sonority and syllable structure in American Sign Language. *Linguistic Inquiry, 23*(3), 562-569.

Schick, B., Marschark, M., & Spencer, P. E. (2005). *Advances in the sign language development of deaf children*. New York: Oxford University Press.

Stahlman, B. (1998). *Language issues in deaf education*. Hillsboro, OR: Butte Publications, Inc.

Stokoe, W. C. (1960). *Sign language structure: an outline of the visual communication system of the American sign deaf studies in linguistics*. Washington, D. C.: Gallaudet College Press.

Tony, C. (1997). Educating for bilingualism in different contexts; Teaching the deaf and teaching children with English as an additional language. *Educational Review, 49*(2), 1515-158.

제 **3** 부

# 청각장애아동교육의 실제

제 **10**장 **청각장애아동의 조기교육과 통합교육**

1. 청각장애아동 조기교육의 중요성과 내용을 이해한다.
2. 청각장애아동의 통합교육을 위한 지원 방법을 이해한다.

청각장애아동의 조기교육은 의사소통 기술 습득이라는 측면에서 매우 중요하다. 효과적인 언어학습을 위해서는 무엇보다도 조기발견, 조기진단이 이루어져야 하며, 각 아동에게 적합한 청각재활 프로그램을 적용하여 발달을 증진시켜야 한다. 제1절에서는 조기교육의 중요성과 조기진단에 대해 알아보고자 한다. 조기교육의 내용으로는 청각 보장구의 활용, 구어교육, 이중언어·이중문화교육, 부모교육에 대해 살펴보기로 한다.

청각장애아동의 성공적인 통합교육을 위해서는 물리적 배치뿐만 아니라 학업적인 문제, 의사소통, 사회성 측면에 관한 지원이 함께 이루어져야 한다. 이러한 지원을 위해서는 학교 및 교사, 학생, 가정 모두의 노력이 필요하다. 제2절에서는 청각장애학생의 통합교육의 동향과 배치 형태에 따른 특수교육관련서비스를 알아본다. 또한 청각장애학생 통합교육의 장·단점과 성공적인 통합교육을 위해 필요한 요소들에 대해 알아보고자 한다.

## ⫶ 제1절 조기교육

### 1. 청각장애아동 조기교육의 중요성

사람은 태어나면서 주위의 여러 자극과 관심 속에서 일상생활 기술을 배우고 의사소통 능력을 길러 간다. 생애 초기인 영유아기의 발달과 학습은 매우 급속도로 이루어지기 때문에 이 시기에 이루어지는 교육적 중재는 아동의 발달에 매우 큰 영향을 미칠 수 있다.

조기교육의 중요성은 특히 다음과 같은 측면에서 강조되고 있다.

첫째, 조기교육의 중요성은 조기에 이루어진 학습이 이후에 나타나는 좀 더 복잡하고 정교한 행동을 학습하기 위한 기초가 된다는 주장(Bricker, Seibert, & Casuso, 1980)에 의하여 강조되고 있다. 특히 피아제가 언급한 발달이론에 비추어 볼 때 감각운동기의 간단한 행동 습득조차 지체되기 쉬운 대부분의 장애아동의 교육에서 체계적인 조기교육이 실시되지 않는다면 이후 더 복잡한 행동을 학습하는 것은 더욱 어려워질 것이다.

둘째, 아동의 발달 과정에는 결정적 시기가 존재하며 생애 첫 5년 전후인 이 시기(Pence & Justice, 2008)는 특정 학습 경험에 대하여 가장 민감하고 수용적이다. 장애아동의 경우 일반아동이 자연스럽게 습득하는 많은 기술을 적절한 시기에 습득하지 못하고 지나치게 되어 그 이후에 따르는 발달과 학습에 부정적인 영향을 미칠 수 있다. 따라서 발달 과정상의 결정적 시기를 신중히 배려해야 한다.

셋째, 조기교육은 장애나 장애위험을 지닌 아동에게 적절한 교육적 접근을 통해 장애가 미칠 수 있는 부정적인 영향을 최소화한다는 입장에서 중요하다. 장애아동은 그들이 지닌 장애로 인하여 환경으로부터 적절한 자극을 제공받지 못하게 되고 그로 인하여 학습 기회를 상실하여 바람직하지 못한 행동을 보이기도 하고 문제가 더 심화될 수도 있다(이소현, 2003).

아동의 초기 발달에서 가장 주목할 만한 측면 중의 한 가지는 놀랍도록 빠른 언어 습득이다. 청각은 언어 발달에 매우 결정적인 기능을 한다. 언어를 정상적으로 습득하고 발달시키기 위해서는 우선 들을 수 있어야 한다. 그런데 농아동의 경우에는 자신의 음성을 듣지 못하기 때문에 옹알이 단계에서부터 제한된 언어 발달을 보인다. 상대방의 말을 들을 수 없기 때문에 발음뿐만 아니라 어휘, 문법 규칙 등 전반적인 언어 영역에서 큰 제한을 갖게 된다. 청각장애교육에서는 청력의 손상 정도와 손상 시기에 많은 관심을 보이는데, 이것은 청력손실이 크고 일찍 발생할수록 언어에 노출되는 시간이 짧기 때문이다. 그러므로 청각손상을 조기에 발견하여 언어를 배우는 최적의 시기를 놓치지 않고 활용해야 할 것이다. 정상 청력의 아동이 첫 낱말을 시작하기까지는 대략 1년이라는 기간이 필요하다. 그 후 2세경에는 낱말을 조합하여 사용하며 곧 문장을 사용하게 된다. 일반적으로 3세가 되면 언어의 기초나 심신 발달의 기초가 확립되기 때문에 이 시기를 놓치면 교육상 큰 문제를 안게 된다.

청각장애아동의 조기교육은 특수교육 가운데서도 효과가 크게 나타나는 영역이다. 최근에는 보청기의 발달과 인공와우 이식 등으로 더 많은 아동이 소리의 세계를 경험할 수 있게 되었는데 보다 효과적인 청각재활을 위해 조기교육의 필요성이 증대되고 있다(정은희, 2004). 청각전도나 대뇌중추의 구조는 생물학적 발달과 더불어 경험 학습에 의해서 기능이 활발해진다. 그러므로 청각장애는 가능한 한 옹알이 발생 이전에 발견하여 적절한 지도를 행함으로써 청취 능력과 언어 능력 발달 및 기타 발달에 큰 효과를 기대할 수 있다. 조기의 전언어적 발달에 관해서는 오래전부터 많은 연구자들이 언급해 오고 있다. 특히 언어 발달에 대하여 청각손상의 시기, 발견 시기, 언어노출 기간과 관련하여 조기발견과 조기교육의 중요성이 강조되어 왔다. 레너버그(Lenneberg, 1967)는 선천적인 청각장애아와 언어에 짧게라도 노출된 후 뇌막염에 의해 농이 된 아동 간에 차이가 있음을 주장한다. 그는 1년 정도의 짧은 기간일지라도 구어에 노출된 경험을 가진 뒤에 청력을 잃은 경우는 이후 몇 년 후에 언어교육이 이루어지더라도 선천성 농아동보다도 모든 언어적인 기술에 있어 수월하게 교육이 이루어질 수 있다고 하였다. 너무도 유명한 헬렌 켈러의 경우를 보면 그녀가 이루어 낸 언어 기술의 성취는 경탄할 만한 것이다. 그러나 그녀는 약 2세경에 뇌막염에 의해 농과 맹 상태가 되었음에 주목해야 한다. 선천성 농맹인 아동에게 그와 같은 언어 성취는 기대하기 어렵다.

또한 뇌의 가소성 측면에서 청각장애아동 조기교육의 중요성을 설명할 수 있다. 생리학적 관점에서 보면 유아의 청각 상태는 가소성을 지니고 있는 상태이며 해부학적인 변화에 의해서뿐 아니라 청각적인 자극의 변화에 의해서도 수정될 수 있다고 한다. 중추적이거나 말초적인 청각계는 상호적인 조정을 하고자 노력한다. 환경음은 내이와 8번 청신경이 기능을 하기 시작할 때부터 중추신경계의 성숙이 이루어질 때까지, 즉 임신 5개월부터 생후 18~28개월 사이 동안에 청각 기능에 대한 영향력이 가장 크게 미치는 것이다. 이러한 생리학적 발달을 근거로 볼 때 청각장애아동의 조기교육의 중요성은 명백해진다(특수교육재활과학연구소, 2003).

이와 같이 청각장애아동을 위한 결정적인 언어학습의 시기는 매우 이른 시기임을 알 수 있으며 이 시기를 놓치지 않고 교육 성과를 높이기 위해서는 무엇보다도 조기발견, 조기진단이 이루어져야 할 것이다. 또한 각 아동에게 적합한 청각재활 프로그램을 적용하여 발달을 증진시켜야 한다. 정확한 진단과 적절한 조기교육은 아동의 청각 활용을 극대화할 수 있고, 언어 습득 및 발달을 촉진하며 사회·정서적인 발달을 돕는다.

조기교육의 중요성은 법적 규정을 통하여 책무성을 반영하고 있다. 즉, 장애영유아에 대한 교육과 관련하여 「장애인 등에 대한 특수교육법」에서는 제3조에 만 3세 이상 장애유아의 의무교육을, 만 3세 미만 장애영아의 무상교육을 규정하고 있다. 이 법에 따라 2012년부터 만 3세 이상의 모든 장애유아를 대상으로 의무교육을 실시하고 있다. 유치원 과정의 장애유아에 대한 교육을 의무화하게 된 것은 장애 발견 즉시 조기교육을 제공하여 제2차 장애 발생을 예방하고 장애 경감 효과를 증진시키며, 부모의 장애 이해 부족으로 인한 자녀 취학 기피 현상을 방지하고자 장애자녀를 둔 부모에게 자녀의 취학 의무를 부과하게 된 것이다. 아울러 장애유아 교육에 대한 국가의 책무성을 강화하여 현재 의무교육으로 실시하는 초등학교나 중학교 수준으로 교육 여건을 향상시켜야 한다는 요구에 따라 특수교육대상자의 유치원 과정 교육이 의무교육 연한에 포함되었다(교육부, 2013).

또한 동법 제14조에서는 장애의 조기발견을 위한 무상의 선별검사 실시 또는 영유아건강검진 결과를 활용하도록 규정하여 장애영아의 장애 교정과 경감, 제2차 장애의 예방 및 발달 촉진은 물론 장애자녀를 둔 가정의 가계 부담을 경감시키고 향후 사회적 비용 최소화 및 사회통합의 촉진을 도모하고자 하였다. 이로 인하여 연령 상관없이 특수교육대상자로 선정되면 특수학교, 특수교육지원센터, 가정에서 무상교육을 받을 수 있다.

## 2. 청각장애아동의 조기진단

청각장애의 발견은 빠르면 빠를수록 좋다. 그러나 더욱 중요한 것은 그 후의 치료나 교육적 조치가 충분히 이루어져야 한다는 것이다. 그렇지 않을 경우 오히려 부모에게 불안이나 고통을 줄 수 있다. 조기진단은 그 후 청각재활 프로그램에 연결될 때 비로소 의미를 갖게 된다. 난청의 발견 시기와 언어 발달과의 관계를 연구한 논문들을 분석한 연구(Pinperton & Kennedy, 2012)에 의하면 정상적인 언어 발달을 위해서는 생후 6~9개월 이전에 난청을 발견하여 청각 재활치료를 시작하는 것이 좋으며, 난청의 조기진단 후 조기재활의 효과를 볼 수 있는 최대 연령이 생후 1개월이라고 하였다. 최근에는 이비인후과학이나 소아청각학의 발달에 따라 청각장애를 조기에 발견하고 적절한 진단과 조처를 할 가능성이 커지고 있다.

유아의 청각장애는 대부분 가정에서 발견되는데, 소리에 대한 반응이 보이지 않을 때 의심을 할 수 있다. 일반적으로 빠르면 8~18개월 사이에 발견된다. 부모가 청각장애를 언어지체로 인해 발견하였을 때는 청각장애가 경도인 경우가 많고, 간단한 언어를 사용할 시기가 지났는데도 말을 하지 않는 경우는 18개월경부터 이상을 느끼는 경우가 대부분이다(Newel & Marshak, 1994). 미국 국립보건원에서는 부모가 연령별 언어 발달 체크리스트를 확인하도록 제시하고 있는데, 〈표 10-1〉은 이를 수정하여 제시한 것이다. 조기발견은 적절한 진단과 조기교육으로 이어져야 하는데, 그 과정에서 상당히 시간이 지연되는 것이 보통이다. 특히 청각 세계에 대한 제한된 경험을 가진 난청아동이나 인공와우 이식 아동의 경우 더욱 체계적이고 적극적인 청각 재활훈련이 필요하다.

청각장애아동의 재활과 교육은 조기발견과 정확한 진단에서 시작된다. 그러나 영유아는 연령이 어리기 때문에 청각검사에 제한이 따르며, 특히 특수교육대상아동은 청각장애와 함께 다른 장애를 가지고 있는 경우도 있어서 이들의 진단에 어려움이 많다. 장애아동 진단 시 강조하고 있는 것은 바람직한 평가를 위해서 진단 과정에 반드시 부모를 참여시켜야 한다는 것이다. 조기교육은 치료기관과 가정과의 연계가 중요하며 부모를 포함한 가족은 중요한 의사소통 및 상호작용 대상자들이다. 부모는 진단 팀의 어느 누구보다도 아동에 대해서 잘 알고 있기 때문에 아동의 발달 상태에 대해 정확한 정보를 수집할 수 있다. 진단 과정에 부모가 참여하는 것

**표 10-1** 연령별 언어 발달 체크리스트

- 생후 3개월까지
  - 큰 소리에 놀라는 반응을 보인다.
  - 부르면 고개를 돌린다.
  - 큰 소리에 잠이 깨곤 한다.
  - 엄마 목소리를 들으면 조용해지곤 한다.
- 생후 3~6개월
  - 새로운 소리에 반응하거나, '안 돼.'라는 소리에 행동을 멈추곤 한다.
  - 목소리를 흉내 내거나 따라 하려고 한다.
  - 노래나 음악(예: TV 광고, 동요 소리, 소리 나는 장난감 등)에 반응을 보인다.
  - '아' '오' 등의 소리를 반복하기 시작한다.
- 생후 6~10개월
  - 조용한 환경에서 이름을 부르거나 전화벨소리, 사람들 소리에 반응한다.
  - 흔하게 사용하는 단어(예: 맘마, 신발, 안녕 등)에 반응한다.
  - 아기 혼자서 재잘거리는 등의 옹알이를 한다.
  - '이리 와.' 등의 지시에 반응하기 시작한다.
- 생후 10~15개월
  - 혼자 말하고 소리 내면서 놀 수 있다.
  - 친숙한 특정 사물을 가리키라고 지시하면 그 사물을 가리킬 수 있다.
  - 단독으로 의미 있는 한 개의 단어를 말하고 흉내 낼 수 있다.
  - 까꿍놀이나 짝짜꿍, 손뼉치기 등의 소리를 이용한 놀이를 좋아하고 즐긴다.
- 생후 15~18개월
  - '공 좀 주세요.'라고 지시하면 그대로 행동한다.
  - 반향어와 의미 없이 횡설수설하는 소리들을 내거나 배운 단어를 사용하곤 한다.
  - 원하는 것을 요구하기 위해 의미 있는 2~3개의 단어를 사용한다.
- 생후 18~24개월
  - '배고프니?' '쉬 마려워?' 같은 단순한 '예-아니오' 식의 질문을 이해하고 반응한다.
  - 동화책 등을 읽어 주거나 이야기 듣는 것을 즐긴다.
  - 눈, 코, 입 등 말을 듣고 신체 부분을 가리킬 수 있다.
- 생후 24~36개월
  - '신발 신어요.' '우유 먹어요.' 등의 간단한 지시를 수행한다.
  - 두세 낱말을 이어서(예: '모두 주세요.' '책 읽어 줘.' 등) 말할 수 있다.
  - 말로 지시한 것을 대부분 이해하고 그대로 행동한다.
  - 배설 욕구를 말로 표현하거나 이름을 명명하여 물건을 요구한다.

출처: Data from http://www.nidcd.nih.gov/health/hearing/silence.htm. NIH publication No, 95-4040, 1995, 오승하(2008)에서 재인용.

은 아동에 대한 정확한 정보를 수집하는 것뿐만 아니라 아동의 교육과 가장 밀접한 관계를 갖고 있는 부모와 전문가와의 긍정적인 관계 형성을 촉진하여 교육의 질적 향상을 가져올 수 있다.

장애아동교육에서 진단을 위한 협력은 전문가와 가족 간의 협력에만 국한되지 않으며, 다양한 영역 전문가들 간의 협력은 가장 중요한 최상의 실제를 구성하기 위해서 필요하다. 미국의 「장애인교육법(IDEA)」은 장애영유아를 위한 진단 과정에 반드시 다학문적 전문가들이 참여하고 협력하도록 명시하고 있다. 다학문적이라는 용어는 평가와 진단 활동을 포함하는 통합적이고 협력적인 서비스 준비를 위해 2개 이상의 영역이나 전문가들이 포함되는 것을 의미한다.

청각장애아동의 종합적인 진단을 위해 필요한 의학적 · 교육학적 · 심리학적 검사는 다음과 같은 내용을 포함한다.

| 의학적 검사 | • 이비인후과: 수술 또는 약물치료의 가능성 검사<br>• 청력검사: 난청의 유무, 난청의 정도, 난청의 유형, 보청기 효과<br>• 소아과: 전체적인 발육상태<br>• 언어검사: 조음의 오류, 언어 이해와 표현의 정도 |
|---|---|
| 교육학적 검사 | • 지능검사<br>• 학력검사: 학력의 지체(읽기, 쓰기, 수 개념) |
| 심리학적 검사 | • 성격검사<br>• 가정 환경, 생육력 조사 |

양측 중등도 이상의 선천성 난청은 신생아 1,000명당 3~5명, 고도 난청은 신생아 1,000명당 1~2명에서 발생한다(박수경, 2015). 선천성 난청은 청각 선별검사를 시행하지 않을 경우 보통 생후 30개월이 지나서야 발견된다는 데 문제가 있다(오승하, 2008). 미국, 캐나다, 유럽 등에서는 이미 전 신생아를 대상으로 청각 선별검사를 실시하고 있으며, 국내에서는 일부 대학병원이나 분만 산부인과 및 소아과에서 산발적으로 시행 중이다. 이를 효율적으로 관리하고 분석하기 위해 보건복지부에서 2007년부터 신생아 청각 선별검사 시범사업이 실시되었고 이후 더 확대되고 있다. 2018년부터는 난청 선별검사에 건강보험이 100% 적용되었다(박수경, 2015). 신생아 청각 선별검사로 주로 사용되는 검사 방법은 청성뇌간반응검사 또는 이음향방사검

사다. 청각 선별검사는 생후 1개월 이전에 시행한다. 조용한 환경에서 시행하는 것이 좋으며, 청성뇌간반응의 경우 자연수면 중에 검사를 시행하고, 이음향방사의 경우 아기가 깨어 있어도 울지 않으면 검사가 가능하다. 출생 직후에는 외이도에 태지나 중이에 삼출액이 있어서 선별검사에서 위양성을 보일 수 있으므로 이를 방지하기 위해 적어도 생후 12시간이 지난 후에 검사를 시행하는 것이 좋다(박수경, 2015). 검사 결과는 통과나 재검으로 표시되며 최종적인 선별검사에서 반복적으로 재검 결과가 나온 경우 생후 3개월 이내에 난청 확진을 위한 정밀검사가 필요하다(오승하, 2008). 농이나 난청으로 확진을 받았을 경우 생후 6개월 이전에 조기중재를 시작하여야 한다(JCIDH, 2007).

한편, 현재 또는 장래에 청각장애 위험성이 있는 유아를 선별하여 정기적으로 실시하는 방법도 권장되고 있다. 위험성이 있는 인자로는, 첫째, 가족 중 난청자가 있는 경우, 둘째, 바이러스에 의한 자궁 내 태아감염, 셋째, 조산, 넷째, 유아기의 뇌막염과 같은 중증 감염 등을 들 수 있다.

장애의 조기발견에 대해 「장애인 등에 대한 특수교육법」 제14조에서는 장애의 조기발견을 규정하고 있다. 즉, 만 3세 미만 장애영아에 대해 장애의 조기발견을 위한 무상의 선별검사 실시 또는 영유아 건강검진 결과를 활용하도록 하고 있다. 2013년 청각장애 특수교육대상자의 장애 진단 시기를 살펴보면 만 1세까지 21.5%, 만 2~3세에 36.8%, 만 3~5세에 25%, 만 6세 이상 16.7%로 약 60% 가까운 아동이 3세 이전에 진단을 받고 있음을 알 수 있다(교육부, 2013). 조기진단을 받은 청각장애유아의 조기중재 프로그램 연결에 관한 연구(최윤희, 윤미선, 2007)에 의하면 생후 6개월 이전에 확진을 받은 아동이 조기중재를 시작한 연령은 평균 24개월로, 진단 후 평균 1.5년 이상이 걸리는 것으로 나타났다.

## 3. 청각장애아동 조기교육의 실제

청각장애아동의 조기교육은 의사소통 기술 습득, 보장구나 청능훈련을 통한 청각 활용의 극대화, 인지 및 사회·정서 발달 등을 포괄하면서 이루어져야 한다. 이 절에서는 조기교육의 내용으로 보청기와 인공와우 활용, 구어교육, 이중언어·이중문화교육, 부모교육 등에 대해 살펴보기로 한다.

### 1) 보청기와 인공와우를 통한 청력재활

청각장애아동의 청력을 보상하기 위해 사용되는 가장 일반적인 방법은 보청기 착용이며, 인공와우 이식 아동도 꾸준히 증가하고 있다.

보청기를 선택할 때는 청력 상태, 연령, 귀 모양 등을 고려하여 가장 효과적인 보청기를 선택하여야 한다. 청각장애유아의 경우 청력손실 정도를 정확히 파악하기가 어렵고 보청기를 착용하기 꺼려 하며 관리를 잘 못하기 때문에 각별한 관심과 배려가 필요하다. 보청기를 선택할 때는 양측 손상일 경우, 양쪽 모두 착용하는 것이 바람직하며, 음역과 주파수 조절 폭이 넓은 보청기를 선택하는 것이 좋다. 유아는 태어나서 한 번도 들어 보지 못한 소리와 잡음에 적응하며 그 소리의 의미를 정확히 깨닫게 되기까지는 많은 시간과 교육이 필요함을 알고 보청기에 잘 적응하여 활용할 수 있도록 하여야 한다.

인공와우는 기술공학의 발달로 가장 발전해 가고 있는 보장구 중 하나다. 인공와우는 달팽이관에 병변을 가진 고도나 심도 감각신경성 청각장애인에게 소리를 잘 듣게 해 주기 위해 와우 내에 전극을 삽입하여 청신경을 직접적으로 자극하는 방식의 인공이식 방법 중의 하나다. 보청기의 이득을 얻기 어려웠던 감각신경성 청각장애아동이 인공와우를 통해 소리를 감지하게 되면서 인공와우 이식 아동의 수도 갈수록 늘어나고 있다.

2005년부터 한쪽, 2009년부터 양측 인공와우 이식에 필요한 비용의 대부분이 의료보험 적용이 가능해졌다. 수술 대상자도 인공와우 이식술 초기에는 주로 18세 이상 성인과 언어 습득 후 청각장애인이 대상이었으나 현재는 연령이 낮아져 2세 미만의 유아까지 범위가 확대되고 있으며(정은희, 2012), 실제 임상 현장에서는 FDA의 기준과 같은 12개월까지를 이식 수술 최저 연령으로 받아들이고 있다(이상흔, 장정훈, 2013). 초기부터 현재까지 인공와우에 대한 주된 관심은 이식 후 청각 능력의 보상 혹은 청력재활과 언어 능력에 관한 것이지만 최근에는 인공와우 이식 아동의 학교 수행, 사회성, 가족지원, 학업성취 등 생태학적 변인들로 관심 범위가 확대되고 있다(박은영, 정은희, 2011).

인공와우 이식 아동이 교실 참여와 활발한 또래 상호작용을 하기 위해서는 일반교육 교사와 특수교육 교사 모두 청각장애아동의 일반적인 특성뿐 아니라 인공와우의 원리와 작동법 등에 대해서도 알고 있어야 한다. 다음에 제시하는 내용은 교실에서 학급교사가 보청기 착용 및 인공와우 학생의 수업 참여와 의사소통, 또래 상호작용을 촉진하기 위해 할 수 있는 지원 내용이다.

첫째, 매일 등교하여 보청기 및 인공와우를 점검한다(전원, 배터리, 볼륨, 민감도 등)

둘째, 말소리합성기와 마이크, 헤드셋의 습기와 외부 충격을 주의시킨다.

셋째, 교실 청취 환경(소음 통제, 교사의 입모양을 잘 볼 수 있는 앞자리 등)을 조성해 준다.

넷째, 수업 내용 이해를 지원하고 이해를 점검한다. 내용 이해를 돕기 위해 시각적 자료를 사용하고 중요한 내용을 반복하여 설명해 주며, 질문을 통해 이해를 확인한다.

다섯째, 교실 활동에 아동이 참여할 수 있는 환경을 조성한다. 수업 활동에 참여할 수 있도록 아동의 의사소통 능력에 맞는 질문과 발표 기회를 제공한다.

## 2) 구어교육

의학과 공학이 발달하면서 청각장애의 조기발견 가능성이 커지고 보청기나 인공와우와 같은 보장구를 활용하여 구어를 습득하고자 하는 기대가 커지고 있다. 이러한 기대에 부응하는 교육을 위해서는 잔존청력을 활용하거나 듣기 능력을 향상시켜 구어를 습득하는 방법에 관심을 두게 된다. 구어교육에서는 특히 조기교육이 필수다. 또한 적절한 보청기를 착용하여 소리의 증폭이 필요하고 청취 능력, 말하기 능력이 필요하다.

청능훈련이란 잔존청력을 의사소통의 목적에 맞게 최대한 활용하는 기술을 학습하도록 가르치는 절차로서, 소리의 감지, 환경음과 말소리의 변별, 말소리의 확인, 말소리의 의미를 이해하는 것을 목표로 한다(Hallahan & Kauffman, 1994). 소리 감지 단계에서는 소리의 존재 유무를 아는 것이고, 변별은 2개 이상의 소리가 같은지 다른지를 아는 것이다. 확인은, 예를 들면 들은 말소리에 적합한 그림을 지적하는 것과 같이 그 소리가 무엇인지 아는 것이다. 마지막으로 이해는 질문에 대답하기, 지시 따르기와 같은 것을 예로 들 수 있다. 청취 능력은 청각장애의 정도가 가볍든 심하든 간에 상관없이 모두에게 필요한 능력이며, 일상생활에서 보청기나 인공와우에 잘 적응할 수 있도록 한다. 많은 청각장애아동은 그들이 실제 사용하고 있는 것보다 더 많은 잔존청력을 가지고 있다. 따라서 그들의 잔존청력을 매일의 일상과 실제 의사소통 맥락에서 더 효율적으로 개발할 수 있도록 해야 한다(Ross, 1981).

　구어를 발달시키기 위해서는 환경음보다 구어 자극에 초점을 두어야 한다. 가청 아동의 언어 발달 단계에서 첫 단어를 발화하기 전에 다양한 발성과 옹알이가 먼저 나타나듯이 청각장애아동도 다양한 발성을 할 수 있도록 도와주어야 한다. 말하기 지도는 기본적으로 가청아동의 언어 발달 단계에 따라 진행한다. 정상 발달 과정에서 볼 때 12개월경에는 한 단어 발화가 나타나기 시작하는데, 이때는 아직 단어를 결합하는 능력이 없기 때문에 한 단어로 문장의 의미를 전달하게 된다. 따라서 이 시기 아동과의 의사소통을 위해서는 발화 상황과 문맥을 공유하여 단어의 의미를 파악하고자 관심을 기울여야 한다.

　이후 단어의 목록이 늘어나면서 18개월부터는 명사와 명사 혹은 명사와 동사를 연결하여 두 단어를 조합하여 표현하게 된다. 두 단어 조합 문장은 전보식 문장으로서 기능어(예: 조사, 접속사 등)가 생략된 형태이며 주로 내용어(명사, 동사)만을 사용한다. 이러한 두 단어 조합 시기부터는 의미 관계를 표현하기 위하여 어순 배열 규칙을 습득하게 된다. 즉, '아빠 가.'(행위자-행위), '밥-먹어.'(목적-행위)와 같은 단어 순서에 대한 규칙을 사용하게 된다. 만 3세경에는 여러 단어를 연결하여 문장을 산출한다. 이때부터는 내용어와 기능어가 결합된 문법 체계의 사용이 늘어나게 된다. 가끔 문법 형태소의 과잉일반화(예: '곰이' → '곰이가')와 같은 보편적인 실수가 나타나기도 하지만 점차 정확한 구문을 사용하게 된다. 만 4~5세가 되면 대부분의 기본 구문 구조를 익혀 의사소통자로서의 역할을 잘 수행하게 되고, 6세경에는 대부분의 음운을 획득하여 조음도 유창해진다.

　언어 발달의 결정적 시기에 대하여 연구자들 일부가 5세 혹은 사춘기까지라고 주장하고 있지만 이와 같은 정상 언어 발달 단계를 볼 때 5~6세가 되면 언어의 구조와 어휘가 더욱 정교해지고 조음도 유창해진다. 따라서 청각장애아동의 언어 지도 역시 언어 발달의 최적기를 놓치지 않도록 적극적인 노력이 필요할 것이다.

　언어와 의사소통의 조기발달은 후에 나타날 수 있는 교육적인 문제를 최소화할 수 있다. 손상 발견 후 조기에 적절한 보청기를 착용하면 주변에서 우연히 나온 소리나 의도를 가지고 한 옹알이, 말소리, 주변 사물의 소리를 모니터링할 수 있는 가능성이 더 커진다. 이와 같이 초기 중재가 더욱 효과적으로 이루어지기 위해서는 아동이 구어를 가장 잘 학습할 수 있는 초기 유아기에 지도를 시작하는 것이 바람직하다.

　보청기와 인공와우 사용 아동의 청각 기술의 향상과 구어 습득을 위한 지도법으로 청각구어법(auditory verbal)을 예로 들 수 있다. 청각구어법은 구어 습득을 위해 듣기를 중요시한다. 특히 가능한 한 조기에 보청기나 인공와우를 착용하고 잔존청력을 최대한 활용하여 말하기를 강조한다. 청각구어법은 말읽기 단서를 제거하고 잔존청력을 이용하여 말을 이해하도록 하며, 아동의 일상생활의 경험을 통해서 의미 있는 상호작용으로 통합되도록 한다. 이 방법은 아동이 되도록 어린 나이부터 정상적인 구어를 인식하고 점차 산출하도록 유도한다. 따라서 청각장애아동의 조기중재와 의사소통 기술의 발달에 유용한 프로그램이라고 할 수 있다(Warren, 2002). 이 프로그램이 청각장애유아에게 특히 유용한 이유는, 첫째, 이 시기가 아동의 언어 습득이 가장 활발하게 일어나는 시기이며, 둘째, 이 시기 동안 아동은 어머니와 가장 밀접한 거리를 유지하게 되는데, 이것이 말소리의 수용과 지각에 최적의 음향 상황을 제공하기 때문이다.

청각 구어 프로그램을 이용하여 중재할 때는 다음과 같은 사항을 유의하여야 한다(정은희, 2004).

- 신생아 청각 선별검사를 통해 청각장애를 조기에 발견해야 한다.
- 발견 초기에 의학적 · 청각적 조치를 적극적으로 해 주어야 한다.
- 적절한 보청기를 선택하여 착용하고, 필요하다면 인공와우를 이식한다.
- 아동에게 소리, 특히 말소리가 의미 있는 것임을 알게 하고, 언어 이전 단계의 발성과 첫 낱말, 사회 · 정서적인 면의 적절한 발달을 확인해야 한다.
- 부모가 아동 재활에 적절한 발달 상태를 확인해야 한다.
- 중재가 진행되는 동안 계속적인 진단 프로그램을 진행해야 한다.
- 아동이 정서적 · 사회적으로 정상 발달하는 아동 그룹에 참여할 수 있도록 지원해 주어야 한다.

## 3) 이중언어 · 이중문화교육

이중언어 · 이중문화 접근법(bilingual · bicultural approach: 2Bi 접근법)은 1990년대 이후 청각장애아동 언어교육 방법의 새로운 패러다임으로 관심을 모았다. 이중언어 · 이중문화적 접근법이란 청각장애아동이 청각장애인의 언어와 가청인의 언어, 그리고 청각장애인의 문화와 일반문화를 모두 습득하도록 해야 한다는 것이다

(Tumbull, Tumbull, Shank, & Smith, 2009). 이중문화는 농인 문화와 가청인 문화를 동등하게 보고 농인 문화를 또 하나의 문화로 인정하는 것이다. 또한 이중언어는 농인의 언어인 자연수어와 가청인이 사용하는 음성언어를 각각 독립된 언어로 인정하고 농인에게 있어서 수어는 그들의 모국어가 되며 가청인이 사용하는 국어(음성언어와 문자언어)는 청각장애인에게 제2 언어의 개념으로 보는 것이다. 국내에서는 2016년 8월부터 시행된 「한국수화언어법」에서 한국수어가 국어와 동등한 자격을 가진 농인의 고유한 언어이며, 농인의 공용어임을 명시함으로써 농인에게 수어의 정체성을 확립하게 하는 기반이 되었다.

2Bi 접근법은 농인의 문화와 언어를 존중하면서 이중문화나 이중언어를 습득하는 것처럼 가청인의 문화와 국어를 배우도록 해야 한다는 것이다. 일차적으로는 수어를 가르치면서 이중언어로 국어를 가르치는 방법을 사용한다. 2Bi 접근법의 가장 기본적인 교수 전략은 농문화의 이해와 존중, 제1 언어로서의 자연수어의 정착, 수어를 통한 교과수업에 있다. 따라서 2Bi 접근법이 성공적으로 정착하기 위해서는 농인의 정체성 회복과 부모의 긍정적인 지원뿐만 아니라 자연수어를 사용하는 농인 교사의 양성이 함께 고려되어야 한다(고은, 2017). 이중언어 교육과정 운영 방법으로 최성규(2007)는 수어와 국어를 분리시켜 농인 교사와 청인 교사의 협력교수 방법을 주장하였다.

### 4) 부모교육

부모는 아동의 언어 발달을 촉진시킬 수 있는 최상의 존재이자 의사소통 상대자다. 특히 부모와의 상호작용은 청각장애아동의 의사소통 중재에서 매우 중요하다. 그러나 많은 부모가 청각장애자녀의 특성을 정확히 인식하지 못하여 적절한 상호작용을 형성하는 데 어려움을 겪고 있으며, 어떻게 다루어야 하는지에 대한 지식과 기술 그리고 이에 따른 감정 소비의 반복으로 스트레스를 가중시키고 있다. 장애아동 출산으로 인한 충격과 좌절, 분노, 우울, 절망감과 같은 역기능적인 반응은 아동과 부모 모두에게 부정적이다.

부모교육의 궁극적인 목표는 부모로 하여금 자녀의 장애 및 발달 특성을 이해하고 자녀 양육에 필요한 지식이나 기술, 태도 등을 습득하여 효율적인 부모 역할을 수행하도록 돕는 데에 있다. 청각장애아동의 부모는 부모교육을 통해서 자녀와의 의사소통 방식이나 자녀와의 관계를 형성하는 법을 배워야 한다. 부모교육을 통하여 부모-자녀 간의 상호작용이 변화되고, 촉진적인 학습 상황이 만들어지며, 아동의 언어 능력과 의사소통 능력에 영향을 미칠 수 있는 기술이 효과적으로 사용될 수 있다. 청각장애아동의 부모교육이 무엇보다도 중요한 이유는 자녀의 청각장애를 인식하기 시작하면서부터 그들이 사용하는 언어와 의사소통 방식이 변화하기 때문이다. 특히 청각장애자녀를 둔 가청부모의 경우 구어 의사소통이 원활하지 못한 데서 오는 초조함과 실망감으로 인해 의사소통 단절을 초래하기도 한다. 청각장애아동은 가청아동에 비해 부모의 언어 자극에 덜 민감한 반응을 보이며 그러한 아동의 반응은 또다시 부모의 의사소통에 영향을 미친다.

청각장애아동의 부모교육은 조기교육의 측면에서도 중요하다. 청각장애아동의 부모교육은 부모의 정서적 지원, 청각장애에 대한 정보 제공, 언어 및 의사소통 체계와 발달을 촉진하는 방법 등을 포함한다.

### (1) 정서적 지지

장애아동 가족은 개별 가족의 특성에 따라 각기 다른 정서적 어려움을 겪어 나가기 때문에 정서적 지원은 개별 가족의 상황에 맞추어 적절하게 제공해야 한다. 부모교육에서 가장 먼저 이루어져야 할 일은 청각장애아동의 부모에 대한 심리적 지지다. 부모들은 자녀의 장애 진단을 거치며 충격과 비탄에 빠지게 되고 분노하기도 하며 매우 불안정한 시기를 지나게 된다. 자신의 아이가 청각장애 진단을 받았지만 청각장애가 무엇인지 구체적으로 알지 못한 상태에서 이후 겪게 될 아동의 언어 발달의 제한이나 의사소통의 어려움에 대한 해결 방법을 찾기가 어렵다. 따라서 부모들의 심리적 안정을 돕고 아동의 조기중재를 도울 수 있도록 아동의 조기중재 프로그램 실시 전에 부모에 대한 심리적 지지가 필요하다. 그러한 방법으로 청각장애아동의 부모 그룹과의 만남을 통하여 마음을 열고 자녀와 관련된 모든 이야기를 할 수 있는 지원 프로그램도 도움이 될 것이다.

### (2) 정보 제공

청각장애아동의 부모가 청각장애에 대한 정확한 지식을 갖는 것은 아동의 중재에 큰 도움이 된다. 정보는 아동의 장애를 이해하고 그 장애가 아동의 발달과 학습에 미치는 영향을 파악하여 실제적인 기대 수준을 설정할 수 있도록 해 주며, 부모나 가족 구성원이 자신의 역할에 도움이 되는 자료를 찾을 수 있도록 해 준다. 청각장애아동을 위한 정보는 아동의 연령이나 생애 주기에 따라 다르겠지만 장애 발견부터 취학 단계 동안 필요한 것으로는 다음과 같은 것들이 있다. 즉, 청각장애의 특성, 아동의 장애와 관련된 법적 지위와 복지, 특수교육관련서비스, 보청기나 인공와우와 같은 보장구 활용, 언어 발달, 청능훈련, 의사소통 방법, 통합교육 등에 관한 것이다.

### (3) 의사소통 체계의 선택

아동의 언어 및 의사소통 발달과 관련하여 가장 먼저 부딪히는 문제이면서 중요한 것은 어떤 의사소통 체계를 사용할 것인가를 결정하는 것이다. 청각장애아동의 주요 의사소통 수단은 구어와 수어, 또는 그 두 가지를 모두 사용하는 체계를 의미한다. 이 중 어느 의사소통 체계가 아동에게 적합할 것인가를 결정하는 것은 어려운 일이다.

조기중재 프로그램에 참여한 부모들은 대부분 구어를 사용하기를 원한다. 또한 조기진단 체제와 보청기와 인공와우 등의 발달로 구어 의사소통에 대한 기대가 더 커지고 있다. 따라서 아동의 청력 상태와 적절한 보청기, 인공와우 이식의 적합성 등을 신중하게 고려하여 의사소통 체계를 결정하여야 할 것이다. 한편, 부모에게 청각 보장구뿐만 아니라 언어 습득을 위한 체계적인 교육의 필요성도 안내하여야 한다.

## 제2절 통합교육

### 1. 청각장애학생의 통합교육 동향

장애아동의 일반교육 환경으로의 배치는 최근 특수교육의 큰 흐름이며 그 수는 해마다 늘어나고 있다. 통합교육은 다양한 교육적 요구와 능력을 가진 아동들이 일반학교에서 함께 교육을 받는 것으로 장애아동과 일반아동이 교수적 통합과 사회적 활동에서 의미 있는 상호작용을 할 수 있도록 하여야 한다. 현행 「장애인 등에 대

한 특수교육법」제2조 제6항에서는 "통합교육이란 특수교육대상자가 일반학교에서
장애 유형, 장애 정도에 따라서 차별받지 아니하고 또래와 함께 개개인의 교육적 요
구에 적합한 교육을 받는 것을 말한다."라고 정의하고 있다. 통합교육을 실시할 때
는 학생의 개인적·사회적·직업적 미래 준비를 위해 필요한 사회의 가치와 목표를
반영해야 한다(Hyde, Ohna, & Hjulstadt, 2005). 청각장애학생의 통합교육의 최종 목
표는 그들의 학교 생활뿐만 아니라 지역사회에 완전하게 참여할 수 있도록 교육하
여 바람직한 민주시민으로서 성장하여 올바른 사회생활을 영위하기 위한 것이다.

　최근 특수교육대상자의 교육 환경별 배치 현황을 살펴보면 일반학교에 배치되어
통합교육을 받고 있는 특수교육대상자의 수가 해마다 증가하고 있음을 알 수 있다.
일반학교에 배치되어 통합교육을 받는 특수교육대상자의 비율이 2007년 65.2%에
서 2019년 72%로 크게 증가하였다(교육부, 2019). 이와 같은 현상은 청각장애학생의
통합교육 배치에서도 동일하게 나타나고 있다. 2019년 현재 청각장애 특수교육 대
상학생은 3,225명이다. 그중 특수학교는 709명(22%), 특수학급에는 717명(22%), 일
반학급은 1,772명(55%), 특수교육지원센터 27명(0.1%)이다(교육부, 2019). 즉, 일반
학교 안에서 약 77%의 청각장애학생이 통합교육을 받고 있다. 청각장애학생이 일
반학교에서 교육을 받는 현상은 우리나라뿐만 아니라 전 세계적인 특성으로 보인
다. 미국은 6~21세 학령기 청각장애학생의 88.4%(U. S. Department of Education,
2017)가 일반학교 혹은 시간제 특수학급에 배치되어 있다고 보고되었다. 이렇게 청
각장애학생의 일반학교 재학률이 증가하고 있는 이유는 특수교육의 통합교육 지향
경향과 함께 신생아 청각 선별검사의 시행으로 조기중재와 언어기술 발달 가능성
이 높아진 점, 보청기 기술이 지속적으로 발달하는 점, 인공와우 착용 농아동이 증
가하고 있다는 점 등을 들 수 있다(Luckner, 2006). 청각장애학생을 위한 통합교육을
적극적으로 추진하고 있는 것은 바람직하다고 할 수 있지만 단순히 물리적 통합교
육만으로는 교육적 문제를 해결하기는 어렵다. 청각장애학생을 위한 최소제한환경
이 반드시 지역사회의 일반학급이 아니라는 주장도 제기되고 있다(Lane, 1992).

　통합교육이 성공적으로 이루어지기 위해서는 여러 가지 조건이 갖추어져야 한
다. 무엇보다도 통합교육이 이루어지는 일반학교 환경에서 교사, 행정직원, 일반학
생, 학부모 등 구성원의 다양성을 수용하는 문화가 공유되어야 하고 청각장애를 보
상할 수 있는 교수 환경이 조성되어야 한다.

## 2. 청각장애학생 배치 형태에 따른 특수교육관련서비스

최소제한환경이란 1975년 미국에서 처음 제정된 이래 최근까지 수차례 개정된 미국「장애인교육법」에 명시된 용어로서, 통합교육의 당위성을 제공해 주는 법적 개념이기도 한다. 최소제한환경은 장애학생을 배치할 때 장애가 없는 또래로부터 가능한 한 최소한으로 분리시켜야 한다는 원리다. 「장애인교육법」은 "장애학생들은 최대한 비장애학생들과 함께 교육받아야 하며, 만일 특수학급이나 분리된 학교 혹은 일반학급 환경에서 제외되는 환경으로 배치할 경우 장애학생의 장애의 유형이나 정도 때문에 보완 도구나 서비스의 도움을 받아도 일반학급에서의 교육이 만족스럽게 달성될 수 없는 경우로 제한한다."라고 규정하고 있다.

이렇게 장애아동을 최소한의 제한된 교육 환경에 배치한다는 것은 매우 바람직한 움직임이다. 그러나 이를 실행하는 과정은 개념을 정의하는 것만큼 단순하지 않다(Hallahan et al., 2009). 「장애인교육법」은 모든 장애아동의 교육에 최소제한환경의 개념을 적용하도록 의무화하고 있지만 실행 기준은 제시하지 않고 있기 때문에 규정을 구체적으로 해석하는 데는 논란이 있어 왔다. 실제로 최소제한환경의 실행과 관련해서 다음과 같은 구체적인 질문이 제시되고 있다(Lloyd, Singh, & Repp, 1991).

- 최소제한환경이란 무엇인가?
- 일반학급이 모든 학생을 위한 최소제한환경이라고 말할 수 있는가?
- 일반학급으로부터 분리되어 특수교육환경이 적절한 때는 언제인가?
- 일반학급이 아닌 곳에서의 교육서비스를 제공하는 것은 아동의 근본적인 권리를 침해하는 것인가?

이러한 최소제한환경의 적용과 관련하여 발생하는 문제를 해결하기 위해 옐(Yell, 1995)은 최소제한환경의 적용과 관련된 판례들을 분석하여 현장의 교사들이 배치를 결정하는 데 도움을 주는 다섯 가지 지침을 제시하였다.

첫째, 최소제한환경은 개별 아동의 필요와 상황에 따라 결정해야 한다.

둘째, 장애아동을 분리해서 교육시키겠다는 결정을 하기 이전에 통합환경에 지속적으로 배치하기 위한 의뢰 전 중재, 전문가와의 상담, 행동교정 프로그램의 운영, 학습도움실 교사의 도움, 보조교사의 활용 등의 보충 노력을 통해서 통합환경에서 최대한의 교육 혜택을 받을 수 있도록 노력해야 한다.

셋째, 개별 아동이 필요로 하는 정도로 특수교육서비스를 받을 수 있는 연계적인 특수교육관련서비스 체계가 운영되어야 한다. 통합교육이 유일한 선택이 되어서는 안 되며 아동의 필요에 따라서는 특수학급이나 특수학교 등의 기타 교육 환경이 가장 적절한 환경으로 결정될 수도 있어야 한다.

넷째, 최소제한환경을 결정함에 있어서 대상 아동의 또래들도 필요한지 함께 고려되어야 한다.

지금까지 청각장애학생은 일반학급부터 기숙제 특수학교에 이르는 다양한 교육 환경에 배치되어 왔다. 청각장애학생의 배치 형태에 따른 특수교육관련서비스는 다음과 같다.

## 1) 전일제 일반학급

일반학급에서 교육받는 형태를 말하며, 학생의 필요에 따라 지원해야 하는 특수교육관련서비스는 수어통역(수어사용자의 경우), 순회교사에 의한 학습 보조, 노트 필기, FM 보청기, 일반교육 교사와 특수교육 교사 간의 정기적인 협력 등이 포함된다.

## 2) 시간제 일반학급과 시간제 특수학급

학교에 있는 시간 중 특정 과목이나 활동 시간에는 특수학급에서 특수교육 서비스를 받고 나머지는 일반학급에서 교육받는 형태다. 이때에는 일반교육 교사와 특수교육 교사 간의 협력이 매우 중요하며, 전일제 일반학급에서 언급한 특수교육관련서비스가 필요할 수 있다.

## 3) 일반학교 내 전일제 특수학급

대부분의 시간을 특수학급에서 보내는 형태를 말하며 다음과 같은 방법으로 학업교과 시간에 참여한다.

- 학업교과의 통합: 하나 혹은 그 이상의 학업교과 시간에 참여한다. FM 보청기, 필요한 경우 수어통역이나 노트 필기를 제공한다.

- 비학업교과의 통합: 미술, 체육 등 비학업교과에 참여한다.
- 사회적 통합: 점심시간, 쉬는 시간, 조회 등과 같은 활동에 참여한다.

### 4) 특수학교

특수학교에는 통학하는 경우와 기숙사에 거주하는 경우가 있다. 두 경우 모두 일반학생과의 통합 기회는 많지 않으며 교실에 FM 보청기를 설치해야 한다. 일반학교와의 교류 기회를 제공해 줄 필요가 있다.

## 3. 청각장애학생 통합교육의 장단점

청각장애학생의 통합교육과 관련하여 많은 연구(권순황, 2010; 김선애, 최성규, 2009; 최성규, 김기생, 2004; Gaustad, 1999)가 수행되고 있다. 이 연구를 통해서 특수학교의 장단점과 통합교육의 장단점 등을 정리하면 다음과 같다.

### 1) 특수학교의 장단점

특수학교의 장점으로는 장애로 인한 부정적인 시각 없이 동료들과의 활발한 상호작용이 가능하고 청각장애와 관련한 전문적인 서비스를 받을 수 있다는 점 등이 있다. 단점으로는 가청인들과의 사회적 관계와 의사소통 기술 부족 등을 들었다. 이와 같은 내용을 〈표 10-2〉에 제시하였다.

**표 10-2** 특수학교의 장단점

| 장점 | 단점 |
|---|---|
| • 청각사나 상담가에 의한 특수교육관련서비스의 용이함<br>• 다양한 학업적, 직업적, 사회적 프로그램을 제공받을 수 있음<br>• 청각장애 동료와의 다양한 활동을 통해 긍정적인 감정 발달<br>• 장애 낙인 없이 다양한 과외 활동 가능 | • 가청 또래에 비해 낮은 사회적 기술<br>• 졸업 후 사회적응을 위한 학업, 의사소통 기술면에서의 제한성 |

## 2) 통합교육의 장단점

통합교육의 장점은 학업과 인간관계, 직업 선택에서의 다양성과 사회성 향상 등을 들 수 있다. 통합교육의 단점은 원활하지 못한 의사소통으로 인한 고립과 낮은 자존감, 상호작용의 어려움, 학업의 어려움 등이다. 이와 같은 내용을 정리하면 〈표 10-3〉과 같다.

**표 10-3** **통합교육의 장단점**

| 장점 | 단점 |
| --- | --- |
| • 가청아동 교육 프로그램에 참여함으로써 더 다양한 경험 가능<br>• 직업 선택의 폭이 다양함<br>• 가청 또래와의 상호작용을 통하여 협동심과 의사소통 능력 향상<br>• 가청 또래와의 교류를 통한 사회 소속감과 정서적 안정<br>• 연령에 맞는 사회성과 적응 능력 향상<br>• 다양한 친구들과의 상호작용을 통하여 사회성, 독립심, 자존감 향상 | • 가청아동들과 의사소통의 어려움으로 인하여 외로움, 거부, 사회적 고립 경험<br>• 자아정체성 형성에 부정적인 영향<br>• 가청아동과 동일한 기회를 부여받지 못함<br>• 수업 내용 이해 곤란<br>• 교사와의 상호작용의 어려움 |

## 3) 청각장애학생 통합교육에 대한 제언

앞에서 언급한 통합교육의 어려움 등을 고려하여 청각장애학생의 특수교육 배치를 위해 몇 가지 제언을 하고자 한다.

청각장애학생의 통합교육 학생 수는 점차 증가하고 있지만 실제로 우리나라 일반 초 · 중등학교가 청각장애학생의 교육적 요구를 효율적으로 지원할 수 있을 정도로 다듬어져 있지 않다는 의견이 많다(김병하, 2009). 특히 청각장애학생의 통합교육 선택 시기는 유치부 졸업 후 초등학교 입학 시기가 가장 많은데, 이때는 통합교육을 위한 내 · 외적 조건이 구체적으로 검토되지 않은 상태에서 부모의 강력한 통합 욕구에 의해 입급되는 경우가 많다.

청각장애학생은 듣기와 말하기에 어려움이 있어 가청 동료에 비해 언어 능력이 낮은 경우가 대부분이며, 통합학급에서 교사의 말소리를 듣기 힘들어 수업 내용을 이해하기 어려울 뿐만 아니라 가청 동료와 의사소통하는 데에도 어려움이 있다. 이런 이유로 통합교육 상황에서 청각장애학생은 가청 학생이 교사와 상호작용하는 것보다 질적으로 더 부정적이며 취약하다(Gaustad, 1999). 따라서 청각장애학생의 교육 환경 배치는 복합적인 요인이 고려되어야 하고 장애가 심할수록 통합교육보다는 특수학교가 바람직한 환경이라고 할 수 있다(Norwich, 2008). 일반학급에 배치되더라도 교육적 지원의 효율성을 보장받을 수 있는 가능성은 일반교육 교사에 의한 특수교육관련서비스의 제공이 보장될 때에 한정한다(정은영, 최성규, 2012).

마샥, 컨버티노, 그리고 라룩(Marschark, Convertino, & LaRoock, 2006)은 청각장애학생이 일반학생과 동일한 방법으로 학습하는 것이 아니기 때문에 청각장애학생이 통합교육을 받는 것이 최선이 아닐 수도 있다고 하였다. 청각장애학생 통합교육에 대한 최상배(2012)의 연구를 보면, 일반교육 교사는 청각장애학생의 사회적 통합까지는 어느 정도 가능하지만 교육적 통합은 현실적으로 어렵다고 생각하는 경향이 강하다. 반면, 청각장애학생은 수업에 참여하고 수업 내용을 이해할 수 있는 교육적 통합을 바라고 있음을 알 수 있다. 청각장애학교에서는 교사가 수어 또는 구어로 학생과 직접 의사를 교환하여 수업을 진행하며 청각장애학생의 진단과 평가, 교육, 성취도 평가, 취업과 관련된 모든 지원을 제공한다(최상배, 2012). 청각장애학생을 대상으로 하는 수업은 교과 학습의 내용을 구어로 표현하면서 수어를 동시에 표현할 때 구어 표현과 수어 표현 의미가 일치하는 것이 중요하다.

일반학교에서 특수학교로 복귀하는 사례들은 통합교육 배치에 대해 더욱 신중하여야 함을 보여 준다. 일반학급과 통합학급에 배치된 학생은 유치원 과정에 13%, 초등학교 과정에 63%, 중학교 30%, 고등학교에 35%가 재학하고 있다(교육부, 2019). 그러나 학년이 올라갈수록 통합교육을 받고 있는 청각장애학생이 일반학교에서 적응하지 못하고 다시 특수학교로 돌아오게 된다. 특수학교로 복귀하는 학생은 유치원 0%, 초등학교 50%, 중학교 28%, 고등학교 21%로 보고되고 있다(김정화, 2009). 특수학교로 복귀하는 원인은 대부분 학교생활에 대한 것으로 교수·학습의 한계, 수업에 대한 부담감과 학습된 무기력, 학급에서의 방치, 의사소통의 어려움, 일반교육 교사의 전문성 결여, 아동의 지적 문제, 사회·정서적 불안정 등을 들고 있다(김선애, 최성규 2009; 최성규, 김기생, 2004).

통합교육에 대한 만족도는 청각장애학생의 학교생활 만족도 조사 결과에서도 밝혀졌다. 즉, 수업 환경, 학습 활동, 교우 관계, 교사와의 관계 등 학교생활 전반에 걸쳐서 특수학급이나 일반학급보다 특수학교 재학생들의 만족도가 더 높게 나타났다(이영건, 정은희, 2011).

이와 같은 통합교육의 문제점 등을 보완하기 위한 방법 중의 하나로 청각장애학생들을 그룹 지어 일반학교에 배치하는 모델을 제안(Higgins, 1992)할 수 있다. 즉, 일정한 수의 청각장애학생들을 모아서 교육함으로써 필요한 특수교육관련서비스의 제공이 더 용이하며, 청각장애학생들도 일반학생들과 상호작용하며 동시에 원한다면 수어를 사용하는 작은 사회를 경험할 수도 있다.

청각장애학생의 통합교육 찬반 논쟁 속에서 새로운 시도를 보여 주는 사례도 있다. 즉, 일반학생이 청각장애학교에서 통합교육 받는 방안이다(이정우, 2011). 이 사례를 보면 청각장애학생들은 청각장애학교에서 사용하는 수어에 대해 자랑스러워했고 가청인에 대한 부정적인 인식을 개선하게 되었다. 가청학생도 청각장애학생과 지속적인 만남과 활동을 통해 장애인에 대한 막연한 거부감을 없애게 되었다. 실제로 청각장애학생들과 수어, 몸짓언어, 구어 등으로 의사소통하면서 활동하는 가운데 청각장애학생도 자신과 똑같은 인격적 존재로 인식하게 되었다.

## 4. 성공적인 통합교육을 위한 요건

일반학교에 다니는 청각장애학생을 지원하는 방법은 크게 세 가지로 구분할 수 있다. 첫째, 보청기나 인공와우 같은 보조기를 제공하여 구어로 의사소통하게 하는 방법, 둘째, 수화통역사나 필기 통역을 활용하는 방법, 셋째, 순회교사를 활용하는 방법이다. 호주는 83%의 청각장애학생이 구어 의사소통만으로 통합학급에서 교육받고 있으며(Hyde & Power, 2003), 미국에서는 필요에 따라 교육 수어통역 서비스를 제공하고 있다(Vermeulen, Denessen, & Knoors, 2012). 순회교육을 담당하고 있는 교사는 청각장애교육 전문가로서 일반학교에 다니는 청각장애학생의 다양한 교육적 요구, 예를 들면 청각장애학생을 직접 지도하거나 학교 관계자를 상담하거나 팀 교수를 하기도 한다(Lucker & Howell, 2002). 그러나 우리나라는 아직 청각장애학생을 위한 순회교육은 실시하지 않고 있기 때문에 일반학교에 다니는 청각장애학생의 지원이 거의 없는 실정이다(최상배, 2012).

청각장애학생의 성공적인 통합교육을 위해서는 물리적 배치뿐만 아니라 학업 문제, 의사소통, 사회성 측면에 관한 지원이 함께 이루어져야 한다. 통합된 청각장애학생의 개별적인 학교 적응 상황과 수행 능력을 고려해야 하고(김선애, 최성규, 2009), 이러한 지원을 위해서는 학교 및 교사, 학생, 가정 모두의 노력이 필요하다. 이현주, 박은혜(2018)는 통합된 청각장애학생에게 요구되는 지원으로, 첫째, 또래 학생들에 대한 장애공감교육, 둘째, 특수학급 교사의 정보 제공 및 지원, 셋째, 학부모의 협조와 교육, 넷째, 교실의 음향 환경 개선 등이 필요하다고 하였다.

이와 같은 내용을 포함하여 청각장애학생의 통합교육 시 고려해야 할 요소들을 청취 환경 조성, 의사소통, 일반학급 참여 촉진, 교실 수행의 평가 지원 등으로 나누어 구체적으로 살펴보고자 한다.

### (1) 청취 환경 조성 지원

청각장애학생의 성공적인 통합을 위해서는 청각 보장구의 사용과 유지에 대한 지원과 더불어 통합학급 교실의 청취 환경 개선이 필요하다. 통합교육 환경에서 학생이 말소리를 최대한 잘 듣게 하고 우연학습을 통해 구어 발달을 촉진시키기 위해서는 말소리 지각력을 최대화할 수 있는 조건이 마련되어야 한다(이현주, 박은혜, 2018). 특히 일반적인 교실 환경은 각종 실내외의 배경 소음과 잔향 등으로 인해 인공와우 이식 학생들에게는 매우 도전적인 청취 환경이다. 통합교육 환경에 있는 인공와우 이식 아동의 청각행동 특성에 대한 연구(장현숙, 윤건석, 류혜수, 2016)에서는 보통 수준의 의사소통에 어려움을 보이는 인공와우 이식 아동이 빠르고 웅얼거리는 말소리 이해를 더 어려워한다고 보고하였다.

교실은 보통 상당한 소음에 둘러싸여 있다. 보통 교실 소음은 55dB, 체육관은 85dB, 식당은 80dB에 이른다. 이러한 소음으로 청각장애학생은 의사소통에 어려움을 겪을 수 있다. 따라서 가능한 한 교실 상황에서는 신호음을 크게 해 주는 것이 좋다. 주변 소음의 방해를 줄여 주고 신호음의 청취를 도와줄 수 있는 방법으로 FM 보청기를 활용할 수 있다.

반향은 소리가 교실 안의 단단한 벽에 반사되어 되울리는 것인데, 이것은 소음과 서로 상호작용하여 청각장애학생의 말 인식을 어렵게 하는 요소다. 교실 안에서의 반향은 0.3초 이하가 되도록(English, 1995) 방음 처리를 하는 것이 좋다.

### (2) 의사소통 지원

청각장애학생이 성공적으로 통합교육을 받기 위해서는 의사소통 문제나 교사, 일반학생의 태도로 인해 고립되지 않고 모든 교육 활동에 참여할 수 있어야 한다. 통합교육 환경에서의 원활한 의사소통을 위해서는 청각장애학생의 사용 언어와 의사소통 능력을 파악하여야 한다. 필요시 수어통역사를 활용하고 교실의 청취 환경을 개선하도록 하여야 한다. 또한 급우들에게 청각장애에 관한 정보를 제공하여 효과적인 의사소통을 촉진할 수 있도록 한다.

### (3) 일반학급 참여 촉진

청각장애학생의 일반학급 참여를 촉진하기 위해서는 일반교육 교사와 특수교육 교사, 수어통역사, 가청학생, 청각장애학생 자신의 노력이 필요하다. 스틴슨과 리우(Stinson & Liu, 1999)는 다음과 같이 일반학급에 참여를 증가시킬 수 있는 활동과 전략을 제안하였다.

#### ① 일반학급 교사

일반교사의 청각장애학생에 대한 인식은 성공적인 통합교육을 위한 요건 중 가장 중요하다고 할 수 있다. 일반학급 교사는 청각장애학생의 독특한 언어적 요구를 고려한 의사소통 방법, 청각장애 수준과 유형, 인지 특성 등을 고려한 교수 방법, 보청기과 인공와우 관리 방법 등에 대한 이해가 필요하다(최성규, 김기생, 2004).

청각장애학생은 가청학생과 다른 독특한 행동을 보일 수 있다. 예를 들면, 교실에서 소음이 발생할 경우 보청기를 착용한 학생은 소음의 지나친 증폭 때문에 고통을 느낄 수 있어 독특한 행동을 보일 수 있고 이러한 행동이 문제행동으로 보일 수 있다. 따라서 통합학급 교사는 청각장애학생이 지니는 어려움을 이해하고 적절한 중재를 할 필요가 있다(Antia, Stinson, & Gaustad, 2002; Iantaffi, Jarvis, & Sinka, 2003). 또한 원활한 청각장애학생의 통합교육을 위해서는 학부모와 교사가 정보를 공유하는 관계를 유지하는 것이 중요하다.

다음은 일반교육 교사가 수어를 사용하는 농학생의 학급 참여를 촉진할 수 있는 내용이다.

- 모든 수업에서 청각장애학생의 참여를 격려하는 의사소통 환경을 제공한다. 즉, 토론 전에 주제와 관련되는 유인물을 미리 읽어 볼 수 있도록 하고, 대화의 소주제들이 바뀔 때 잠깐 멈추어 주제 전환을 알려 준다.
- 청각장애학생을 구성원으로 포함하는 효과적인 소집단을 구성한다. 교사는 과제 학습을 효과적으로 할 수 있도록 소집단 구성원들을 잘 선택하고, 구성원들의 참여를 촉진할 수 있고 참여 정도를 점검할 수 있도록 배치한다.
- 교사와 수어통역사는 학생의 학급 참여와 학습을 촉진할 수 있도록 협력하며, 수업 시간에 학생이 교사와 수어통역사를 동시에 바라볼 수 있도록 자리를 배치한다.
- 청각장애학생에 대하여 긍정적인 태도를 취한다. 교사의 청각장애아동에 대한 긍정적이고 수용적인 태도는 학급 학생들의 수용적 태도를 기르는 데 영향을 미친다.
- 가능하면 교사 가까이 앉을 수 있도록 자리를 배치한다.
- 교사의 얼굴에 반사 빛이 들지 않도록 하며 말을 할 때는 학생을 쳐다보고 말한다.
- 그룹 토의할 때에는 청각장애학생이 다른 학생들을 모두 바라볼 수 있도록 자리를 배치한다.
- 수업 시간에 필요한 주요 어휘를 알고 있는지 확인하고 칠판에 미리 판서해 둔다.
- 사진이나 시각 자료를 많이 사용한다.
- 환경 소음을 최대한 줄이고 소음원에서 떨어진 곳에 자리를 배치한다.
- 교과 지도 시 친구를 지정하여 노트 필기한 내용을 빌려 주도록 한다.

한편, 난청학생의 경우에는 잔존청력이 있기 때문에 대부분 수어보다는 구어 중심의 의사소통을 필요로 한다. 난청학생을 위한 교육적 조치는 다음과 같다.

- 보청기나 인공와우를 착용하고 청각을 활용할 수 있도록 지도한다.
- 말하면서 판서할 때 가능하다면 시각 자료를 사용한다.
- 말읽기와 필기를 동시에 할 수 없는 난청학생을 위해 옆자리 친구에게 필기를

대신하게 하고 이를 보여 주도록 권한다.
- 아동이 잘 이해하지 못했다면 다시 말해 준다.
- 아동이 이해했다고 추측하지 말고 교사의 지시를 이해했는지 질문하거나 아동에게 말해 보게 한다.
- 자연스럽게 말하고, 너무 빠르게, 너무 과장되게 말하지 않는다.
- 독서 지도를 할 때에는 시각적 단서가 많은 교재를 선정한다.
- 다른 아동들에게 요구되는 행동을 난청학생에게도 기대한다(예: 올바른 매너, 학급 규칙, 과제 등)
- 보청기에 관심을 기울인다. 등교하면 보청기나 인공와우를 착용했는지, 잘 작동되는지를 항상 확인한다.

② 특수교육 교사

통합교육을 성공적으로 실시하기 위해서는 통합교육 시작 전 준비와 통합 시의 고려사항을 준수할 필요가 있다.

- 통합교육을 위해 사전 준비를 한다. 사전 준비로는 일반학급 교사들에게 통합학생들의 명단, 학생의 특기사항, 간단한 교육 자료를 전달하여 학생들의 학급 배치나 학급 지도에 참고가 되도록 한다.
- 일반학급 교사와 일반학생에게 청각장애에 관한 정보를 제공한다. 이러한 정보는 일반학급 교사에게 효과적인 의사소통을 촉진할 수 있도록 도움을 주며, 아동에 대한 이해를 증진시켜 긍정적인 태도를 갖게 할 수 있다.
- 의사소통 문제해결 방법을 알려 준다. 학급에서 학생들 간 의사소통 단절이 일어날 경우 청각장애학생과 가청학생 간 의사소통을 향상시키는 특정 전략을 제안할 수 있다.
- 청각장애학생과 가청학생을 위한 특별한 활동을 조직한다. 예를 들어, 청각장애학생과 가청학생이 함께 교외 활동이나 체험학습을 하는 것들이다.

③ 수어통역사

청각장애학생의 독립적인 의사소통을 도우며 동시에 청각장애학생과 교사, 가청학생과의 의사소통을 격려하고 촉진한다. 수어통역사가 특수교육 교사보다 일반학급에 더 많이 상주하므로 수어통역사도 교사와 같이 청각장애에 관한 정보를 제공할 수 있다.

④ 가청학생

효과적인 의사소통 기술을 갖는다. 청각장애학생의 주의를 끄는 방법을 알고 얼굴을 마주 보며 의사소통을 이끌어 간다면 청각장애학생과의 의사소통이 더 효과적으로 이루어질 것이다. 청각장애학생의 특성과 친숙해지도록 한다. 가청학생은 청각장애학생이 자신의 말을 듣지 못하여 응답하지 못할 수도 있다는 점을 알아야 하며, 이러한 문제에 대하여 적절하게 대처할 수 있는 전략을 알고 있어야 한다.

⑤ 청각장애학생

청각장애학생의 통합교육 환경 배치에서 고려해야 할 청각장애학생의 내적 요인으로는 인지 능력, 학습 동기, 학습 능력, 청력손실 정도, 청력손실 시기, 언어 구사 능력, 대인관계 기술, 원만한 성격 등이 있는데, 이 같은 여러 요인이 통합적으로 고려되어야 한다. 통합교육 환경이 결정되어도 이와 같은 변인의 특성에 따라서 교육적 지원이 이루어져야 한다.

**(4) 교실 수행의 평가**

청각장애학생의 듣기와 의사소통 문제를 돕기 위한 지원이 이루어졌다면 그에 대한 평가와 학생이 교실에서 어느 정도 수행하고 있는지에 대한 지원이 필요하다. 이러한 평가는 교실에서 학생이 어떤 방법으로 어느 정도 수행하고 있는지를 잘 관찰하는 것에서 시작된다. 〈표 10-4〉는 교사가 학생을 관찰할 때 고려해야 할 질문들이다.

**표 10-4 청각장애학생의 통합교실 관찰 시 고려사항**

| 대상 | 요소 | 내용 |
|---|---|---|
| 학생 | 활동 참여 | • 학생이 토의 내용을 이해할 수 있는가?<br>• 학생이 토의에 참여할 수 있는가?<br>• 학생이 자발적으로 대답할 수 있는가?<br>• 학생이 누가 이야기하고 있는가를 알 수 있는가?<br>• 학생이 활동을 따라갈 수 있는가?<br>• 학생이 지시에 따르거나 동료의 자료를 볼 수 있는가? |
| | 동료 상호작용<br>(언어 · 사회적) | • 학생이 지목되었을 때 그 사실을 알고 있는가?<br>• 학생이 집단의 일부인가?<br>• 학생이 사회적 상호작용을 시도하는가?<br>• 동료들이 그러한 시도를 수용하는가?<br>• 이해하지 못할 때 학생은 어떻게 하는가? |
| | 학습 전략 | • 학생이 내용을 회상하기 위해 되뇌기를 하는가?<br>• 학생이 노트 필기를 하는가?<br>• 복습 시 이해하지 못한 부분이 있을 때 질문하는가?<br>• 학생이 도움을 요청하는가? |
| | 학생–교사 간<br>상호작용 | • 교사가 말할 때 학생이 주목하는가?<br>• 학생이 적절한 방법으로 교사의 주의를 끌 수 있는가?<br>• 학생과 교사가 효과적으로 의사소통하는 방법을 가지고 있는가?<br>• 대화의 흐름이 끊어졌을 때 학생이 내용을 명확하게 하기 위한 전략을 사용하는가? |
| 교사 | 교사–학생 간<br>상호작용 | • 교사가 학생을 자주 호명하는가?<br>• 학생이 질문할 수 있도록 격려하는가?<br>• 교사가 학생의 발화를 이해하는가?<br>• 교사의 기대가 학생의 기능적인 수준에 적절한가?<br>• 교사가 모든 학생에게 유사한 반응을 보이는가? 아니면 청각장애학생에게는 특별한 주의를 기울이는가? |

출처: Ross, Brackrtt, & Maxon (1991: 152-154).

연구 과제

1. 청각장애학생의 수어와 구어 조기교육에 대해 각각의 의의를 설명해 보자.
2. 청각장애학생의 성공적인 통합교육을 위한 요건에 대해 설명해 보자.

## 참고문헌

고은(2017). 청각장애아교육. 서울: 학지사.

교육부(2013). 2013 특수교육 연차보고서. 세종: 교육부.

교육부(2019). 2019 특수교육 연차보고서. 세종: 교육부.

권순황(2010). 청각장애학생의 교육배치 환경에 관한 연구. 한국청각 · 어장애교육연구, 1(1), 23-41.

김병하(2009). 한국청각장애교육의 과제와 전망. 한국청각장애교육 100주년 기념국제학술대회, 19-34.

김선애, 최성규(2009). 청각장애아동 통합교육의 실태와 문제점 및 개선방안에 대한 연구. 특수교육저널: 이론과 실제, 10(4), 471-490.

김정화(2009). 청각장애인 통합교육의 전망과 지원방안. 한국청각장애교육 100주년 기념 국제학술대회, 219-236.

박수경(2015). 신생아 난청과 신생아청각선별검사. Hanyang Medical Reviews, 35, 72-77.

박은영, 정은희(2011). 특수교육 관련 학술지에서의 인공와우 연구동향 분석. 특수아동교육연구, 13(1), 21-43.

보건복지부(2008). 보도자료 "신생아 1,000명당 1.7명이 선천선 난청 확진." 2008. 03. 05.

오승하(2008). 신생아청각선별검사. 대한청각학회 편. 청각검사지침. 서울: 학지사.

이상훈, 장정훈(2013). Cohear implant, present and future. 제10회 동아청각심포지움 자료집, 7-24. 부산: 동아대학교 이비인후과

이소현(2003). 유아특수교육. 서울: 학지사.

이영건, 정은희(2011). 청각장애학생의 교육 배치별, 학교 급별, 학교생활만족도 비교 연구. 한국청각 · 언어장애교육학회, 2(1), 17-25.

이정우(2011). 청각장애학교에서 실시한 통합교육이 가청학생과 청각장애학생의 인식에 미치는 효과. 대구대학교 특수교육대학원 석사학위논문.

이현주, 박은혜(2018). 청각장애 초등학생을 담당한 통합학급 교사의 인식과 경험 연구. 특수교육, 17(3), 127-155.

장현숙, 윤건석, 류혜수(2016). 통합교육 환경 인공와우 착용 아동의 청각행동특성. **통합교육연구**, 11(2), 167-186.

정은영, 최성규(2012). 청각장애생의 통합교육 배치결정을 위한 퍼지 추론규칙 개발. **한국청각 · 언어장애교육학회 하계학술대회집**, 89-120.

정은희(2004). 청각장애아의 취학 전 교육과 통합교육, 이규식, 국미경, 김종현, 김수진, 유은정, 권요한, 강수균, 석동일, 박미혜, 김시영, 권순황, 정은희, 이필상 공저. **청각장애아교육**. 서울: 학지사.

정은희(2012). 인공와우. 한국청각언어장애교육학회 편. **청각장애아동교육**. 서울: 학지사.

최상배(2012). 청각장애학생 교수학습 방법의 재탐색: 청각장애학생 통합교육과 수업분석을 중심으로, **한국청각 · 언어장애교육학회 하계학술대회집**, 3-45.

최성규, 김기생(2004). 청각장애아동의 통합교육에 대한 청각장애학교 교사의 태도 및 요구 분석. **특수교육저널: 이론과 실천**, 5(2), 71-92.

최성규(2007) 우리나라 청각장애아동의 문해능력 신장을 위한 이중언어접근법의 모형 개발. **특수교육연구**, 14(1), 111-141.

최윤희, 윤미선(2007). 조기진단을 받은 청각장애아동의 조기언어중재실태에 관한 연구. **언어치료연구**, 16(2). 173-187.

특수교육재활과학연구소(2003). **청각장애아교육**. 대구: 대구대학교 출판부.

Antia, S. D., Stinson, M. S. & Gaustad, M. G. (2002). Developing membership in the education of deaf and hard of hearing students in inclusive settings. *Journal of Deaf Studies and Deaf Education, 7*(3), 214-229.

Bricker, D., Seibert, J., & Casuso, V. (1980). Early intervention. In J. Hogg & P.

English, K. M. (1995). *Educational audiology across the lifespan: Serving all learners with hearing impairment*. Baltimore, Maryland: Paul H. Brookes.

Gaustad, M. G. (1999). Including the kids across the hall: Collaborative instruction of hearing, deaf, and hard of hearing students. *Journal of Deaf Studies and Deaf education, 4*(3), 176-190.

Hallahan, D., & Kauffman, J. M. (1994). *Exceptional children: Introduction to special education* (6th ed.). Boston: Allyn and Bacon.

Hallahan, D. P., Kauffman, J. M., & Pullen, P. C. (2009). *Exceptional Learners: An Introduction to Special Education* (11th ed.). Boston: Allyn & Bacon.

Higgins, P. C. (1992). Working at mainstreaming. In P. M. Ferguson, D. L. Ferguson, & S. J. Taylor (Eds.), *Interpreting disability* (103-123).

Hyde, M., Ohna, S. E., & & Hjulstadt, O. (2005). Education of the hearing students in Australian regular school: Hearing level comparison. *Deafness and Education International, 5.* 133-143.

Hyde, M., & Power, D. (2003) Characteristics of deaf and hard of hearing students in Australian regular school: hearing level comparison. *Deafness and Education International, 5,* 133-143.

Iantaffi, A., Jarvis, J., & Sinka, I. (2003). Deaf pupils' views of inclusion in mainstream schools. *Deafness and Education International, 5*(3). 144-156.

JCIDH (2007). Year 2007 position statement: Principles and guidelines for early hearing detection and intervention programs, *Pediatrics, 120,* 898-921.

Lane, H. (1992). *The mask benevolence: Disabling the deaf community.* New York: Alfred A. Knopf.

Lenneberg, E. H. (1967). *Biological foundations of language.* New York: Wiley.

Lloyd, J. W., Singh, N. N., & Repp, A. C. (1991). *The Regular Education Initiative Alternative perspectives on concepts, issues, and models.* Sycamore, IL: Sycamore.

Luckner, J. (2006). Providing itinerant services. In D. F. Moores & D. S. Martin (Eds.), *Deaf learners developments in curriculum and instruction.* Washington DC: Gallaudet University Press.

Lucker, J., & Howell, J. (2002). Suggestions for preparing itinerant teachers: A qualitative analysis. *American Annals of the Deaf, 147*(3), 54-61.

Marschark, M., Convertino, C., & LaRock, D. (2006). Optimizing academic performance of deaf students: Access, opportunities and outcomes. In D. F. Moores & D. S. Martin (Eds.), *Deaf learners: New developments in curriculum and instruction.* Washington, DC: Gallaudet University Press.

Norwich, B. (2008). What future for special schools and inclusion? Conceptual and professional perspectives. *British Journal of Special Education, 35*(3), 136-143.

Newel, R., & Marshak, L. (1994). *Understanding deafness and rehabilitation process.* Needham Heights: Allyn and Bacon.

Pence, K. L., & Justice, L. M. (2008). *Language development from Theory to Practice* published by pearson Education, Inc., publishing as Allyn & Bacon.

Pimperton, H. & Kennedy, C. R. (2012). The impact of early identification of permanent childhood hearing impairment on speech and language outcome. *Arch Dis Child, 97,* 648-653.

Ross, M. (1981). Review, overview, and other educational considerations. In M. Ross, & L. W. Nober (Eds.), *Educating hard of hearing children* (pp. 102–116). Reston, VA: Council for Exceptional Children.

Ross, M., Brackett, D., & Maxon, A. (1991). *Assessment and management of mainstreamed hearing-impaired children: Principle and practices.* Austin, Texas: Pro-Ed.

Stinson, M. S., & Liu, Y. (1999). Participation of deaf and hard-of-hearing students in classes with hearing students. *Journal of Deaf Studies and Deaf Education, 4*(3), 19–202.

Tumbull, R., Tumbull, A., Shank, M., & Smith, S. J. (2009). *Exceptional lives: Special education in today's schools* (6th ed.). Upper Saddle River, NJ: Merrill/Prentice Hall.

U. S. Department of Education, Office of Special Education and Rehabilitative Services, Office of Special Education Programs. (2017). 39th Annual Report to Congress on the Implementation of the Individuals with Disabilities Education Act, 2017. Washington, D.C.; Author.

Vermeulen, J. A., Denessen, E., & Knoors, H. (2012). Mainstream teachers about Including deaf of hard of hearing students. *Teaching and teacher Education, 28*(2), 174–181.

Warren, E. (2002). *Auditory-verbal therapy seminar.* Cochlear.

Yell, M. L. (1995). Least restrictive environments, inclusion, and students with disabilities: A legal analysis. *Journal of Special Education, 28,* 389–404.

# 제11장 가족지원과 전환교육

장애아동의 가족은 장애 수용의 문제, 장애에 적절히 대처하는 능력 부족, 양육에 대한 어려움을 가지고 있다. 근래 가족지원에서는 가족 구성원 전체의 성장과 발달을 증진시키기 위해서 가족 역량을 강화시키기 위한 지원을 강조하고 있다(Turnbull, Turbiville, & Turnbull, 2000). 제1절에서는 가족지원의 정의와 부모교육의 필요성 및 효과를 알아보고, 부모교육의 목적과 내용, 장애아동 부모의 역할에 대해 알아본다. 또한 청각장애아동 부모교육의 내용에 대해 살펴보기로 한다.

청각장애아동 교육의 궁극적인 목표는 인간으로서의 평등성 보장과 자아실현이라고 할 수 있다. 자아실현은 사회의 한 구성원으로서 당당히 어울려 살아갈 수 있도록 하는 직업 활동을 통해서 실현된다. 제2절에서는 삶의 질 향상 측면에서 전환교육의 필요성을 살펴보고, 전환교육의 정의와 실제 학교교육에서 시행되고 있는 진로 및 직업교육에 대해 알아본다. 다음으로 전환교육계획 구성 요소와 교사의 역할과 청각장애학생의 직업교육 체제의 구성 요인에 대해 살펴보고, 지금까지 수행되어 온 연구를 바탕으로 청각장애학교의 진로 및 직업교육 현황을 알아보고 개선 방안에 대해 논의하고자 한다.

## 제1절 청각장애아동의 가족지원

### 1. 가족지원의 정의와 필요성

최근 특수교육에서는 특수교육이 아동과 전문가들의 관계에 따라서만 계획되고 실행되던 협의의 교육이어서는 안됨을 인식하기 시작하면서, 장애아동의 교육에서 가족 참여의 중요성이 더욱 강조되고 있다. 오늘날 가족지원이란 단순히 가족이 필요로 하는 욕구를 충족시켜 주는 개념이 아니라 가족 스스로가 자신의 필요와 욕구를 충족시키기 위해 환경을 구성하고 독립적으로 문제를 해결하는 능력을 갖도록 지원하는 개념이다(노진아 외, 2011). 가족지원의 목표는 가족구성원들의 역량 강화에 있다. 역량이 강화된 부모는 자녀 양육에 자신감과 효율성을 보이며, 서비스 제공자와 협력하며 중재를 계획하고 실시하는 데 적극적으로 참여하게 된다(전혜인, 2006). 이에 반하여 역량이 강화되지 않은 부모는 좌절과 스트레스, 우울, 무력감 경험, 서비스 제공자에게만 의존하려는 경향, 아동의 교육에 실질적인 도움을 제공하지 못한다(Brookman-Frazee, 2004).

가족과의 상호작용은 아동을 지원하는 중재의 모든 영역에서 매우 중요하다. 가족은 아동을 위한 서비스를 제공하기 위하여 전문가와 함께 팀 협력을 이루어 아동의 교육 효과를 극대화하는 데 중요한 역할을 한다(Lee, 2002). 특히 진단과 교수 활동 계획 시 가족은 전문가들과 동등한 구성원으로서의 역할을 한다. 이와 같은 가족의 중요성에 대한 인식 변화와 함께 최근에는 가족지원이 장애아동 교육의 주요 목표의 하나로 포함되고 있다(이소현, 2003).

가족과의 협력과 관련된 중요한 문제는 가족들의 관심, 우선순위, 다양한 자원과 가족이 서비스를 제공·계획하는 데 동반자로 참여한다는 것이며, 가족은 아동의 교육 프로그램에 대한 최종 의사결정자라는 것이다. 가족은 아동이 가진 가장 중요한 자원인 동시에 강점이다. 특히 가족과의 상호작용은 아동을 지원하는 중재의 모든 영역에서 매우 중요하다. 그러나 많은 부모가 장애자녀의 독특한 행동, 발달 특성을 정확히 인식하지 못하여 적절한 상호작용 형성에 많은 어려움을 겪고 있으며, 아동의 특정 문제를 어떻게 다루어야 하는지에 대한 지식과 기술 부족 그리고 이에 따른 감정 소비의 반복으로 스트레스가 가중되고 있다. 장애자녀의 가정에는 장애아동 양육에 따른 그들만의 독특한 요구가 있고, 따라서 부모들은 아동에 관한 교육 증대와 원만한 가족 기능을 위한 다양한 가족지원에 대한 관련 정보를 필요로 하고 있다(Brown & Snell, 2000).

「장애인 등에 대한 특수교육법」 제28조에서는 특수교육관련서비스의 하나로 가족지원 서비스를 제공하도록 되어 있다. 시행령 제23조에서는 가족지원의 방법으로 가족 상담, 양육 상담, 보호자 교육, 가족지원 프로그램 운영을 명시하고 있다. 『2013 특수교육 연차보고서』(교육부, 2013)에 의하면 지원받고 있는 특수교육관련서비스 중 가족지원 서비스는 7,370명(7.8%)에 불과하다. 이 중 가장 많이 제공받고 있는 특수교육관련서비스는 치료지원(29.3%)이다. 이 점은 장애아동의 발달 촉진과 진보를 위한 치료에 관심과 기대가 크다는 것을 알 수 있다. 하지만 아동의 교육과 치료도 가족의 역량이 강화되었을 때 효과를 더 발휘할 수 있을 것이다. 효율적인 가족지원 서비스를 제공하기 위해서는 각 가정의 상황과 특성을 고려하여 가족상담과 부모교육, 가족지원 프로그램을 개발하고 운영할 필요가 있다.

이 장에서는 가족지원의 주된 내용으로 부모교육에 대하여 살펴보고자 한다.

## 2. 부모교육의 필요성 및 효과

부모교육은 자녀의 장애 상태를 이해하고, 적절한 교육을 받기 위한 정보를 제공하며, 가족 내의 심리적인 고통을 덜어 줌으로써 장애아동의 장애 경감과 성장에 도움을 주기 위한 것이다. 또한 부모의 역할 수행에 변화를 일으키려는 것으로서 가정에서 부모의 자녀 양육의 질을 높이기 위한 것이다. 장애아동교육은 전문가의 기능과 역할에도 불구하고 부모의 적극적인 협조 없이는 교육 효과를 기대할 수 없다. 가정은 아동의 가치관과 태도 형성에 중요한 역할을 하는데, 특히 부모의 태도와 행동이 아동의 태도와 행동에 미치는 영향은 지대하다. 아동의 출생 후의 가족제도, 부모의 아동에 대한 교육적 태도나 성격, 가치관 등이 선천적인 영향보다 아동의 인성 형성에 더욱 영향을 미친다.

장애아동 부모의 교육 개입은 그 아동에게 보다 나은 교육 환경을 제공하게 되고, 장애로 인해 결손된 많은 부분을 능력껏 보충할 수 있도록 교육기관, 아동, 부모의 삼위일체로 교육의 효과를 한층 높이도록 노력해야 할 것이다(박석돈, 1990). 이 절에서는 부모교육의 필요성과 효과에 대하여 살펴보기로 한다.

## 1) 부모교육의 필요성

### (1) 교육 효과의 일반화

장애아동에 대한 전문적 진단 및 교육과정을 계획하고 실시하고, 또 적절한 지도·감독을 하는 것은 특수교육 담당자의 역할이다. 그러나 이들만의 힘과 노력으로는 장애아동에 대한 교육의 효과가 지속되지 못한다는 데 문제가 있다. 다시 말해, 장애아동이 전문 교육기관에서 아무리 좋은 내용을 많이 그리고 열심히 배웠다 하더라도 배운 것을 교육기관 이외의 상황에서, 예를 들어 가정이나 실제 생활에서 적절하게 활용하고 일반화시킬 수 없다면 교육의 효과는 당연히 줄어들고 만다. 그로 인해 장애자녀는 장애를 극복하는 데 필요한 여러 능력을 키워 나갈 수 없다(정은희, 2004).

이러한 결과는 장애아동의 교육에 대한 책임을 전부 교육기관에다 맡겨 둘 경우나 교육기관에서 배운 내용을 가정에서 실제 적용해 보고 익숙해지도록 하는 데 관심을 보이지 않는 경우, 아니면 어떻게 도와주어야 하는지를 모를 때, 혹은 장애자녀를 도와준다 해도 가정 지도 방법이나 내용 면에서 교육기관에서 배웠던 것과 서로 반대가 될 때 많이 나타난다. 그러한 점에서 장애아동의 부모는 장애아동의 교육 내용과 방법에 대해서 알아야 할 필요가 있다. 그러기 위해서는 우선 장애아동의 부모가 장애자녀를 수용하고 충분히 이해하여 교육 프로그램에 적극 협조하거나 참여하는 자세를 갖고 있어야 할 것이다(정은희, 2004).

### (2) 협력자로서의 역할

부모에게 가능한 한 장애자녀를 가정에서 직접 지도할 수 있도록 권장하고, 이를 위해서 부모를 교육기관의 프로그램에 참여시키고 협력자로서의 역할을 갖도록 하여야 한다. 장애아동은 하루 일과 중 가정에서 보내는 시간이 가장 많다. 이는 가정에서 연계할 수 있는 교육 활동이 많다는 뜻이다(정은희, 2004). 협력자로서의 역할은 부모가 가정에서 장애자녀에 대한 적절한 교육을 할 수 있는 자질을 갖추도록 하여 궁극적으로는 독립적으로도 장애아동의 교육을 수행해 나가도록 하는 것이다. 교육기관에서 부모가 보조교사로 활동하는 경우가 대표적인 예다. 물론 그렇게 하기 위해서는 고려해야 할 방법상의 문제들이 여러 면에서 검토되어야 할 것이다. 예컨대, 무엇보다도 부모의 참여 자세와 욕구 그리고 참여에 필요한 시간적·정신적인 면 그리고 다른 가족들의 협조가 전제되어야 할 것이다(조윤경, 1996).

### 2) 장애아동 부모교육의 효과

최근 부모교육의 효과는 다음 몇 가지 아동의 인지적·정서적 측면에서 두드러진다. 즉, 장애아동 부모교육은, 첫째, 아동의 인지 능력이나 정서 발달에 미치는 부모 역할의 중요성을 알고, 이것이 장애자녀의 교육적 변화 가능성에 따른 환경 조성의 주요 요인임을 알게 한다. 둘째, 가족 간의 유대와 기능 강화를 통한 장애자녀의 인지 및 정서적 교육·재활 가능성을 부여해 준다. 셋째, 인지 능력 발달과 연계된 언어교육과 재활에 대한 부모 역할과 기능 습득의 기회를 증가시켜 준다. 넷째, 장애자녀의 인지 및 정서 발달 수준에 맞는 가정교육 환경 조성과 자녀의 특성을 파악할 수 있는 부모의 교사 기능 향상 등을 가능하게 해 준다는 점 등에서 장애인 교육·재활의 중요한 부분이라고 할 수 있다. 따라서 현대의 장애아동 부모는 보다 적극적인 자세로 장애자녀의 특성을 파악하고, 그에 적절한 교육적 조치를 취할 수 있는 부모교육을 필요로 한다.

## 3. 부모교육의 목적 및 내용

장애아동 가족은 장애 수용의 문제, 장애에 적절히 대처하는 능력 부족, 매일 경험하는 양육 부담 등의 어려움을 가지고 있다. 또한 장애아동 가족은 자녀의 전 생애 동안 함께하기 때문에 문제 상황에서 발생되는 여러 가지 정서적·심리적 문제에 직면하여 대처할 수 있는 자원이 절대적으로 필요하다. 석동일(1997)은 파인(Fine)의 이론을 근거로 부모교육의 목적 및 내용에 대하여 〈표 11-1〉과 같이 정보

**표 11-1** 부모교육의 목적 및 내용

| | 목적 | 내용 | 방법 |
|---|---|---|---|
| 정보 나누기 | 부모에게 도움이 된다고 판단되는 지식이나 경험한 사실을 알려 주는 일 | • 장애 특성<br>• 아동 양육 및 관리<br>• 자녀의 교육, 취업, 결혼<br>• 또래와의 상호작용<br>• 중재 방법이나 내용 | • 강연<br>• 집단 토의<br>• 관련 서적 읽기<br>• 부모 집단 모임 |
| 부모의 자기인식 | 부모가 자기인식 증진을 통해 전통적인 자녀교육관을 변화시켜 양육 태도를 개선시키는 것 | • 장애인관의 개선<br>• 장애수용 자세의 확립<br>• 장애아에 대한 벌의 감소<br>• 부모의 부정적 정서의 감소<br>• 적극적·능동적 대처 능력 신장<br>• 바람직한 부모-교사관계 형성 | • 집단 토의<br>• 일기 쓰기<br>• 자기분석 연습 |
| 기술훈련 | 구체적인 부모훈련 프로그램을 통하여 자녀 양육을 위한 부모 역할을 배우는 것 | • 중재 시범보이기<br>• 치료교육하기<br>• 동기유발하기<br>• 가족교육하기 | • 참관<br>• 실습<br>• 피드백<br>• 관련 서적 읽기<br>• 토의 |
| 문제 해결 하기 | 자녀 양육과 관련된 문제를 해결하는 기본 방법을 가르쳐주고 중재할 수 있는 능력을 지도하는 것 | • 문제 파악하기<br>• 문제의 소유자 발견하기<br>• 가능한 개입 방법 탐색하기<br>• 개입 방법에 따른 결과 예상하기<br>• 개입 방법을 결정하여 시행 계획 세우기<br>• 시행된 계획의 효율성 평가하기 | • 숙제<br>• 피드백<br>• 체계적인 관찰 피드백<br>• 토의<br>• 추후 검토 |

나누기, 부모의 자기인식, 기술훈련 그리고 문제 해결하기 등으로 나누었다.

## 4. 장애아동 부모의 역할

일반적으로 부모는 자녀 양육에 대한 책임이 요구되며, 이에 따른 신체적·심리적 에너지를 필요로 한다. 부모는 가정의 중추적인 역할자로서 가정의 행복, 건강, 심리적 안정, 예의범절, 사고방식, 생활 습관, 인간관계 등을 교육해야 할 책임이 있으므로 자녀의 교사, 친구, 상담자, 인생의 선배 등으로서 행복한 가정을 꾸리는 역할을 해야 한다. 부모의 역할은 회의에 참여하는 것만이 아니라, 학령기에는 주변인으로부터의 실패감을 격려해 주고, 심리적 안정, 합리적 사고, 학습 경험 제공 등과 같이 자녀의 교육 수행에서 부모가 잘 가르칠 수 있는 방법을 아는 것이 중요하다 (정은희, 2015a).

그러나 장애아동의 부모는 일반적인 부모 역할 이외에 아동의 신체적 · 정서적 문제와 경제적 문제로 야기되는 스트레스를 부가적으로 경험한다. 장애나 만성질환 혹은 심각한 문제 행동을 가진 아동의 부모가 아닌 사람들은 부모로서의 그들의 하루나 일주일이 실제로 어떠한지에 대해 알기 어렵다(Fox et al., 2002; Hutton & Caron, 2005). 그렇지만 교사는 장애아동이 가족 체계에 어떤 영향을 미치는지, 그리고 무엇으로부터 영향을 받는지에 대해 이해하도록 노력해야 한다.

장애아동의 부모에게는 다음과 같은 역할이 요구된다(Heward, 2009).

### 1) 양육자

양육은 어떤 아동이든 부모에게 힘든 일이지만, 장애아동의 양육은 부가적인 스트레스를 줄 수 있다. 특히 자녀가 중증장애나 만성적인 문제를 가진 경우는 부모가 휴식 시간을 가지기 어렵다. 많은 부모가 가족이나 친구들에게 도움을 받고 있지만 충분하지 않다. 그런 의미에서 주간단기보호센터와 같은 단기간 장애아동 보호 시스템인 양육 안식(respite care) 프로그램은 자녀 양육의 책임으로 생긴 부모와 가족의 정신적 · 육체적 스트레스를 감소시켜 줄 수 있다.

### 2) 부양자

일반적으로 자녀가 출생하여 성인이 될 때까지는 의식주와 활동에 많은 비용이 든다. 더욱이 자녀가 신체적 장애를 가졌거나 만성적인 건강 문제를 가졌을 경우, 추가 경비가 부가적으로 들어가며, 더 나아가 부모 중 한 사람은 가정에서 장애자녀를 돌보기 위해 직장을 시간제로 바꾸거나 그만두게 되어 수입이 줄어들면서 경제적 부담이 가중된다.

### 3) 교사

대부분의 아동은 특별히 가르치지 않아도 스스로 많은 기술을 자연스럽게 습득한다. 그러나 장애아동은 독립적으로 새로운 기술을 습득할 수 없다. 따라서 부모는 가정에서 아동을 가르치는 기술을 배워야 하고, 보청기나 인공와우 등과 같은 청각 보조장치의 사용법을 아동에게 가르쳐야 한다.

### 4) 상담가

부모는 자녀의 정서, 감정, 태도 변화 등을 다루어야 한다는 점에서 상담가다. 부모는 아동과의 상호작용을 통하여 아동에게 자신감을 부여하고, 부정적이고 고립된 아동을 긍정적으로 변화시킬 수 있다.

### 5) 행동지원 전문가

아동의 과도한 행동과 바람직하지 않은 행동이 심할 경우 가족들의 일상생활을 어렵게 할 수 있다. 특히 공격성과 파괴성, 자해 행동, 이식증과 같이 위험한 행동을 보일 경우 전문적 기술과 일관된 처치가 필요하기 때문에 부모는 이에 대처하기 위한 행동지원 기술을 습득해야 한다.

### 6) 비장애 형제자매들의 부모

장애아동의 형제자매는 장애와 관련된 많은 문제를 가질 수 있다. 즉, 장애가 자신에게 미칠 영향에 대한 불확실성, 친구들이 보이는 반응에 대한 부담감, 자신은 방치되었다는 느낌, 장애 형제나 자매를 위해 많은 것을 해야 한다는 부담감 등이다. 따라서 장애아동과 그 형제자매가 좋은 관계를 유지하는 데는 부모의 역할이 크다.

### 7) 배우자

가정에 장애아동이 있는 것은 결혼 생활에 스트레스를 가져올 수 있다. 배우자 간 서로의 행동에 대한 기대 불일치, 장애아동에게 시간과 돈, 에너지를 지나치게 많이 사용하는 것에 대한 부담감과 같은 부정적인 영향이 있을 수 있다. 반면에, 자녀에 대한 문제를 분담하기 때문에 부부 관계를 한층 강화한다는 긍정적인 면도 있다.

### 8) 대변자

자녀의 교육에 관여하는 것이 모든 부모에게 바람직한 일이지만 장애아동의 부모에게 대변자 역할은 필수적인 것이다. 그들은 장애아동을 위한 특수교육관련서비스에 대한 전문지식을 배워야 하고, IEP에 효과적으로 참여하는 방법에 대해서도 알아야 하며, 자녀의 학습 목표와 배치 등에 대해 자신의 의견을 확실하게 제안해야한다. 또한 자녀의 평가나 교육, 자녀와 관련된 권리나 사회 참여 등에 관한 의사결정을 수행해야 한다.

## 5. 청각장애아동 부모교육의 내용

여러 장애 영역 중에서 특히 청각장애의 경우에는 그 장애의 특성을 이해하기에는 전문적이고도 복잡하며 또 어려운 내용이 많아서 청각장애아 부모들은 자신의 자녀가 가진 문제의 본질과 해결 방법에 대해 알기를 미리 포기하는 경우가 많다. 따라서 교사는 다음의 내용에 대해서 기본적인 내용을 부모교육을 통해 부모들과 공유하여 아동의 문제 해결에 도움이 되도록 하여야 한다. 청각장애아동 부모교육은 조기교육이라는 측면에서 생각해 볼 때 가장 중요한 부분이 잔존청력을 적극적으로 활용하는 데 있다고 생각된다. 이것은 증폭장치의 적절한 사용과 청각 활용의 훈련(예: 청능 훈련)으로 설명된다. 따라서 여기에서는 정은희(2004)의 내용을 참고하여 증폭장치와 조기교육에 초점을 맞추어 기술하기로 한다.

### 1) 청각장애아동 부모교육의 내용

#### (1) 청각장애아동의 의사소통 이해

청각장애아동의 의사소통은 크게 구어와 수어로 나누어 볼 수 있으며, 구체적으로 다음과 같은 방법이 있다.

- 청각법: 보청기나 인공와우 등을 활용하여 청각을 통하여 소리나 말을 듣도록 한다.
- 말읽기: 입술의 모양이나 움직임, 얼굴 표정 등을 읽어서 상대방의 말을 이해 한다.
- 촉지법: 상대방의 입에서 나오는 입김이나 공명, 얼굴이나 목에서 소리의 음향

을 손가락으로 만져서 느끼고 자기 발성을 조절한다.

- 문자법(필담): 문자를 사용하여 자기의 생각이나 의사를 전달하고 서로의 생각이나 감정을 문자에 의해 이해한다.
- 수지법: 큐드 스피치(cued speech), 지문자, 수어
- 기타: 몸의 움직임, 장면이나 사물의 지시 등

### (2) 청각 활용의 효과

청각을 최대한으로 활용하여 자란 아동들의 경우를 사례로 들어 설명함으로써 증폭장치를 통한 잔존청력 활용의 중요성을 알게 한다.

### (3) 청각장애와 듣기

청각장애와 관련하여 귀의 구조와 기능, 손상 부위에 따른 장애 등에 대해 이해하고, 청각 평가의 필요성과 듣기의 중요성을 알게 한다.

- 듣기의 구조: 외이, 중이, 내이의 구조와 기능에 대한 간략한 이해로 전음성 청각장애와 감각신경성 청각장애의 차이를 알게 한다.
- 청력도 보는 방법: 청력도 기입 방법을 알고 기도청력검사와 골도청력검사에 의한 청력도를 보며 전문가의 설명을 이해할 수 있도록 한다.
- 청각장애와 듣기: 듣기의 정도(dB), 보충현상, 일상생활 장면에서의 여러 소리의 크기 등을 알게 한다.

### (4) 증폭장치 활용의 준비

① 보청기 선택
- 보청기 착용을 위한 검사: 전문가에 의한 청각 검사, 일상생활의 관찰
- 보청기를 착용할 귀의 선택: 한쪽 귀 혹은 양쪽 귀의 보청에 대해 알게 한다.
- 보청기 기종의 선택: 전문가와 유대를 가지면서 다음과 같은 점을 기초적으로 고려하여 보청기 기종을 선택하도록 한다.
  - 쾌적하게 착용할 수 있는 것

　　　－말의 명료도를 높일 수 있는 것

　　　－아동이 취급하기 쉽고 고장이 적은 것

② 보청기에 대한 이해

- 보청기의 종류를 이해하게 한다.
- 보청기의 기본 구조를 이해하게 한다.
- 보청기의 기능을 이해하게 한다.
- 보청기의 건전지를 이해하게 한다.
- 보청기의 착용 방법을 알게 한다.
　　－볼륨(음량) 조절
　　－이어몰드
　　－전원 스위치

③ 보청기 관리법

- 매일 아침과 저녁 시간의 점검: 건전지, 음량, 음질, 더러워진 곳, 이어몰드 등의 점검
- 착용했을 때의 점검: 이어몰드, 음량, 음 되울림(하울링) 여부 등의 점검
- 취급상의 주의
　　－높은 곳에서 떨어뜨리지 않도록 한다.
　　－습기가 많은 곳에 방치해서는 안 된다.
　　－보청기가 물에 젖지 않도록 한다.
　　－뜨거운 곳에 방치하지 않도록 한다.
　　－각종 스위치는 거칠게 취급하지 않도록 한다.
- 보청기의 청소 방법
- 보청기의 고장 발견과 대책

## (5) 청각의 활용

- 몸과 음성으로 애정을 전달하기
- 아동이 내는 음성이나 소리에 함께 상대해 주기

- 아동과 함께 소리 듣기
- 소리와 함께 생활하기
- 소리의 이미지를 길러 주기
- 듣고 이해하는 공부하기
- 듣는 것을 즐기게 하기
- 소리나 말을 음성으로 표현하게 하기

### 2) 청각장애아동 지도 시 유의사항

청각장애아를 가진 부모들은 아동의 언어 문제에 너무 관심이 크기 때문에 그 외 행동 영역의 발달에 대해서는 등한시하는 경우가 많아서 전인격적 발달의 관점에 소홀하기 쉽다. 언어는 인간생활에서 매우 중요한 기능이기 때문에 그 지도를 소홀히 하는 것은 좋지 않으나 그렇다고 해서 그것에만 몰두하는 것도 오히려 언어 영역의 지도에 부정적인 영향을 줄 수 있다. 따라서 청각장애아를 전인격적 발달이란 측면에서 지도할 때 중요하다고 생각되는 점을 몇 가지 서술하면 다음과 같다(정은희, 2004).

#### (1) 아동의 양육은 원칙적으로 가청아동과 똑같은 방식으로 한다

청각장애아동의 양육 시 특히 언어 이외 영역의 행동, 예를 들면 기본적인 생활습관의 확립, 친구와의 교제 등에서는 가청아동과 같은 방식으로 개발시킨다. 사회에서 적극적으로 생을 꾸려 나가고 자립하는 아동으로 양육하기 위해서는 반드시 모든 행동 영역의 발달을 충분히 고려해야 한다.

#### (2) 가청아동과 잘 어울린다면 적극적으로 독려할 필요가 있다

가청아동과의 공동 활동을 통하여 언어 자극을 충분히 받고, 놀이를 통해 풍부한 인간관계를 만들어 나가고, 감정이 풍부해지며, 사회 적응력도 높아지기 때문에 아동 자신이 자신감을 가지고 사회를 적극적으로 살아가는 기본적인 태도를 몸에 익히게 된다.

#### (3) 아동의 생활 속에서 놀이 분위기를 조성하여 언어를 습득하도록 한다

일반적으로 부모는 청각장애아동에게 말을 하도록 강요하는 경우가 많다. 이것

은 아동의 학습 의욕을 저해하고, 부모 자신도 욕구 불만의 상태가 되기 쉽다. 학습
이론이나 아동의 언어 학습 과정을 살펴볼 때, 놀이는 학습에 중요한 동기가 되며
자발성과 반복성을 겸하고 있어서 놀이를 통하여 언어를 습득할 수 있도록 하는 것
이 대단히 효과적이다.

### (4) 아동이 표현한다는 사실 그 자체의 가치를 인정하고 존중한다

아동의 표현하는 수준이 일반적인 기준으로 보면 비록 유치하고 틀린다 하더라
도 아동이 표현한다는 사실 그 자체의 가치를 인정하고 존중해 주는 자세를 가져야
아동은 말하고자 하는 의욕을 가지며, 또한 듣는 사람에 대해 인간적인 애착을 느끼
게 된다.

### (5) 잔존청력을 최대한 활용하게 한다

잔존청력이 있을 경우, 적절한 증폭장치(보청기나 인공와우 등)를 이용하여 잔존청
력을 최대한 활용하여 음의 세계를 지각시킬 필요가 있다. 보청기나 인공와우 등의
활용에 대해서는 전문가의 지도를 받아야 하며, 부모는 매일 적절한 조건에서 증폭
장치가 이용되고 있는지를 점검하기 위해서 증폭장치에 대한 최소한의 지식을 가
질 필요가 있다.

### (6) 가정에서의 지도와 학교에서의 지도가 유기적으로 관련되도록 한다

학교에서의 지도와 가정에서의 지도가 연계되도록 하고 각 상황에서 장점과 특
징이 있음을 고려한다. 가정은 원래 아동에게 긴장이 없는 곳이며, 이러한 분위기에
서 의사소통이 활발하게 일어난다. 장애아동이 있는 가정의 경우, 가정의 분위기가
무겁고, 훈련의 분위기가 강하여 가정에서도 학교에서와 같이 행하는 수가 있어서
학교에서의 지도 효과를 오히려 감소시키는 경우가 많다. 학교라는 긴장 장면에서
의 지도 효과는 긴장이 없는 가정이라는 장면이 있기 때문에 더 큰 의미가 있는 것
이다. 즉, 가정이라는 특징을 살린 지도가 큰 효과를 발휘한다는 것이다. 가정 내의
분위기가 안정된 상황일 때 거기서 당연히 말도 생겨나고, 아동도 건전하게 자라는
것이다.

## 제2절 청각장애학생의 전환교육

### 1. 삶의 질과 전환교육의 필요성

사회적인 존재로서의 인간은 직업과 불가분의 관련성을 지니고 있다. 현대사회에서 직업은 물질적 자원을 획득하는 생계유지의 수단이 되는 경제적인 의미와 사회 구성원으로서의 사회적 역할 분담이라는 사회적 의미 그리고 자아실현이라는 정신적인 의미를 가지고 있다.

과거에 비해 많은 장애인이 지역사회에 통합되고 있고, 직업을 가지고 여가를 즐기고 있다. 그러나 지역사회 안에서 통합되고 직업을 가지고 있다는 것만으로 삶의 질이 더 나아졌다고는 볼 수 없다. 지역사회 안에서 함께 사는 것뿐만 아니라 장애인지원 서비스가 실제적이고 의미 있는 것일 때 그들의 삶의 질을 향상시킨다. 삶의 질은 신체적·물질적·정서적·사회적·생산적 영역을 고려해야만 한다. 성인으로서의 역할을 수행한다는 것은 지역사회 적응, 지역사회 통합, 독립생활과 상호 의존적인 생활 등 환경과 건강하게 상호작용하는 것을 의미하며, 이러한 성인의 역할을 완전하게 수행했을 때 삶의 질이 향상될 수 있다. 따라서 가정과 학교, 지역사회, 국가 차원에서 전환교육 서비스를 위한 많은 시간과 노력, 지원이 지속적으로 제공되어야 한다. 학교를 졸업하고 성인 역할을 하게 될 학생들을 준비시키는 생활교육은 실생활의 지역사회 기반 기술과 학습의 일반화 경험에 따라 좌우된다. 학생들의 고용과 중등 이후의 교육과 독립생활의 요구에 대하여 직접적으로 관련된 교육과정 기회를 제공해야 할 것이다.

일반적으로 고등학교를 졸업하고 성인 사회로 나아갈 때 학생이었던 때와는 다른 성인으로서의 위상에 맞는 역할이 요구된다. 고등학교를 졸업한 성인의 경우 지역사회에서 사람들과 관계를 맺고, 직업을 가지거나, 이사를 가거나, 시민단체에 가입하는 등 지역사회의 소속감을 경험하고 누리게 된다. 성인 생활은 정지된 상태라기보다 변화로 특징지어지며 모두에게 어려운 일이 된다. 특히 장애아동에게는 이러한 전환이 더욱 어렵다. 부족한 기술, 낮은 기대와 차별에 따른 제한된 기회, 필요한 지원의 결핍 등은 장애아동의 성공적인 전환에 장애물로 작용한다(Heward, 2009).

지역사회 시민으로서 특권과 책임을 누리고 경험할 수 있도록 그들의 능력과 잠재력을 자원으로 활용하기 위해서는 잠재력에 대한 믿음과 확신이 필요하고, 많은 시간과 노력, 지원이 필요하며, 교육적 지원이 지속적으로 제공되어야 한다. 직업 활동과 사회 구성원으로서의 참여 등 장애인의 삶의 질을 향상시키기 위해서는 장애인 진로교육의 총체적인 서비스 활동이라고 할 수 있는 전환교육이 필요하다.

비록 장애아동에게 심신의 장애가 있지만 비장애아동과 마찬가지로 높은 삶의 질을 추구하고 만족하기를 희망한다. 따라서 가장 효과적인 교육은 학교생활 중에 얻은 교육 경험을 졸업 후 자신의 사회생활에 연결시키는 주체적인 역할을 할 수 있도록 교육하는 것이다(조인수, 2005). 특수교육의 궁극적인 효과 중의 하나가 전환교육일 것이다.

## 2. 전환교육의 정의

전환교육은 직업훈련의 성격이 강한 직업교육에서 시작되어 진로교육에서 전환교육으로 패러다임의 변화와 함께 개념이 변화되어 왔다(Sitlington, Clark, & Kolstoe, 2000). 특수교육에서 사용하는 전환교육이라는 용어는 1980년대 중반 미국에서부터 사용되기 시작했는데, 전환, 전환적 서비스, 학교로부터 사회로의 전환 등 다양한 의미로 사용되었다(Wehman, Kregel, & Barcus, 1985). 휘먼 등(Wehman et al., 1985)은 전환교육에 대해 '학교와 지역사회의 다양한 인사 및 부모나 본인의 참여로 전환 계획이 수립되고 학령기 동안에 적절한 자격을 갖출 수 있도록 구안된 체계적인 과정'으로 보았다.

1990년대 중반부터는 '전환교육'이라는 용어와 더불어 전환 과정, 직업 전환, 전환 서비스, 전이, 전이 서비스 등의 용어로 사용되기 시작하였다. 미국 「장애인교육법」(1990; 2004)에서는 '전환서비스'라는 용어를 사용하여 서비스 제공 체계로서의 전환서비스를 정의할 때 전환서비스의 생활 중심 성과의 초점을 규정하였다. 즉, 전환서비스는 장애아동을 위한 종합적인 교육 활동을 의미하며, 성과 중심의 교육 과정 안에서 고안되었고, 학교에서 학교 이후의 활동으로의 이동을 촉진하는 것으로, 중등 이후 교육, 직업훈련, 지원 고용을 포함한 통합 고용, 평생교육, 성인 서비스, 독립생활 혹은 지역사회 참여를 포함한다고 규정하였다. 미국의 경우는 16세부터 학생의 개별화교육계획에 전환서비스계획에 대한 진술이 포함되어야 한다고 명시하고 있다. 개별화전환교육계획에는 장애학생이 학교에서 성인 사회로 전환하는 것을 지원하는 교육 활동이나 지원 자료 또는 특수교육관련서비스 등이 기술되어야 한다.

한편, 우리나라에서는 근대 특수교육의 효시라고 할 수 있는 홀(Hall) 여사가 직업훈련 교육을 실시하였고, 교육과정에 직업 교과 교육과정이 도입된 것은 1983년 말(문교부 고시 제83-13호)에 고시된 교육과정부터다.

현재 우리나라 교육현장에서는 전환교육이라는 용어가 흔히 쓰이고 있으나 법적 용어로는 사용하지 않고 있다. 우리나라의 직업교육에 대해서는 「특수교육진흥법」에 명시되어 있었으나 개정된 「장애인 등에 대한 특수교육법」(2008)에서는 '진로 및 직업교육'이라는 용어를 사용하고 있으며, 장애아동의 학교 졸업 이후의 폭넓은 삶을 고려하고 있다. 동법 제2조에서는 '특수교육대상자의 학교에서 사회 등으로의 원활한 이동을 위하여 관련 기관의 협력을 통하여 직업재활 훈련·자립생활 훈련 등을 실시하는 것'이라고 정의함으로써 '진로 및 직업교육' 용어에 전환교육의 의미를 부여하고 있다. 또한 전환교육 지원에 대한 것은 동법 제23조에 규정되어 있다. 즉, 중학교 과정 이상의 각급학교의 장은 특수교육대상자의 특성 및 요구에 따른 진로 및 직업교육을 지원하기 위하여 직업 평가·직업교육·고용 지원·사후 관리 등의 직업재활 훈련 및 일상생활 적응훈련 등의 자립훈련을 실시하고, 자격 있는 전문 인력을 두고, 진로 및 직업교육을 실시하는 데 필요한 시설과 설비를 마련해야 하며, 특수교육지원센터는 관련 기관과의 협의체를 구성하도록 하였다.

이에 따라 특수교육대상자가 학교를 졸업하고 사회 등으로 원활하게 이동할 수 있도록 하기 위해 중학교 과정 이상 각급학교의 장은 관련 기관과의 협력을 통하여 직업재활 훈련 및 자립생활 훈련을 실시하는 진로 및 직업교육을 실시하도록 하고 있다. 교육부는 학생들이 자신의 적성과 미래에 대해 탐색하고 학습의 즐거움을 경험하여 스스로 공부하는 자기주도적 학습 능력과 태도를 기를 수 있도록 자유학기제를 운영하도록 하였다(교육부, 2015). 이에 따라 특수학교 중학교 역시 자유학기제를 시행하여 진로체험 활동을 지원하고 있다. 또한 「장애인 등에 대한 특수교육법」 제24조에 따라 특수교육기관에는 고등학교 과정을 졸업한 특수교육대상자에게 진로 및 직업교육을 제공하기 위하여 전공과를 설치·운영할 수 있게 되었다. 이로써 고등학교과정 이상 특수교육대상자의 현장실습, 지원 고용 실시 등 직업교육 활성화를 위한 직업교육과정을 탄력적으로 운영할 수 있게 되었다(교육부, 2013).

우리나라의 경우「장애인 등에 대한 특수교육법」에서 개별화교육계획의 작성은 의무화하고 있지만 개별화전환교육계획에 대한 구체적인 언급은 하지 않고 있다. 하지만『2011 특수교육실태조사』를 보면 중학교의 84%, 고등학교의 86.6%의 교사들이 개별화교육계획 작성 시 개별화전환교육계획을 포함시키고 있는 점을 볼 때 개별화전환교육계획에 대한 법적 규제는 없지만 교육 현장에서는 전환교육이 진로 및 직업교육의 형태로 운영되고 있음을 알 수 있다(노선옥 외, 2011).

직업에 대한 관심은 유아기부터 싹트기 시작하여 성장함에 따라 고조되어 현실적인 상황의 인식과 함께 직업의식으로 발전하게 된다. 즉, 개인의 직업에 대한 관심은 성장함에 따라 변화된다. 직업교육이란 용어는 취업을 위한 직업준비교육의 성격이 강하므로 최근에는 진학할 학생에게도 적절한 직업관 및 직업적 기초소양을 가르친다는 점에서 좀 더 포괄적인 의미를 가지는 진로교육으로 바꾸어 부르기도 한다. 현재 우리나라 학교교육에서는 진로 · 직업교육이라는 용어를 사용하여 학교 졸업 이후의 폭넓은 삶을 고려하고 있다. 따라서 이 장에서는 청각장애학생의 전환교육을 진로 · 직업교육의 측면에서 살펴보기로 한다.

## 3. 청각장애학생의 전환교육계획과 교사의 역할

### 1) 청각장애학생의 전환교육계획

특수교육 현장에서 작성되고 있는 개별화전환교육계획에는 장애학생이 학교에서 성인 사회로 전환하는 것을 지원하는 교육 활동이나 지원 자료 또는 특수교육관련서비스 등이 기술되어야 한다. 개별화교육계획의 구성 요소는 특수교육대상자의 인적 사항과 특별한 교육 지원이 필요한 영역의 현재 학습 수행 수준, 교육 목표, 교육 방법, 평가 계획 및 특수교육관련서비스의 내용과 방법 등이다. 전환교육과 관련해서는 학교교육을 마치고 성인으로서 지역사회에 잘 적응하며 살 수 있도록 학업적인 목표 외에도 일상생활, 지역사회 참여, 자기결정, 여가, 고용 기술 등에 대한 목표가 포함되어야 한다(정은희, 2015b).

청각장애학생이 학교에서 사회로 성공적으로 전환하기 위해서는 앞에서 언급한 일반적인 구성 요소 외에 다음과 같은 요소를 고려하여야 한다(Moores & Martin, 2006).

첫째, 전환교육계획은 장기적으로 수립해야 한다. 전환교육은 초등학교 과정에서부터 고등학교 과정까지 계속적으로 이루어지는 과정이어야 한다. 가능한 한 이른 시기부터 교육과정에 진로 및 직업교육의 내용을 포함시키고 학령기가 끝날 때까지 지속될수록 긍정적인 결과를 얻게 될 것이다.

둘째, 청각장애라는 명칭보다는 진로에 대해 집중한다. 청각장애라는 명칭에 제한을 두면 할 수 없다는 점이 두드러지므로, 진로·직업 과목에 집중하여 학생의 능력을 개발할 필요가 있다.

셋째, 직업 기반 학습 활동을 포함한다. 전환교육은 학교에서의 직업 탐색, 진로상담 등의 활동뿐만 아니라 실제 작업 경험을 포함하도록 한다. 직업 기반 학습 활동은 실제로 작업장에 나가서 직업을 탐색하고, 직업 사정, 직업 관찰, 인턴십, 실제 급여를 받으며 하는 일 등을 포함한다.

넷째, 전환교육은 지역사회 자원과 연계가 되어야 한다. 장애학생도 학교교육을 마치면 지역사회의 일원으로 살아가야 하기 때문에 학교는 지역사회의 관련 기관이나 조직 등과 협력팀을 구성하여 연계하여야 한다.

## 2) 청각장애학교 교사의 역할

청각장애인은 장애 정도가 외형적으로 뚜렷하게 드러나지 않기 때문에 다른 유형의 장애에 비해 이동 및 신변 처리, 양손 사용이 자유로우며, 작업을 수행하는 데 있어서 청력손실로 인한 의사소통의 어려움을 제외하면 가청인과 크게 구별되지 않는다. 또한 다른 영역에 비해 상대적으로 직업의 선택 폭이 넓고 취업도 용이하다.

반면, 의사소통의 문제는 직업선택 과정과 취업 후 직업 적응에도 어려움을 초래하게 된다. 의사소통 문제와 그로 인한 제한된 생활 환경은 직업을 찾고 선택하는 단계에서부터 채용을 위한 관리자와의 면담에 이르기까지 많은 어려움을 경험할 수 있다. 또한 미숙한 적응 능력과 막연한 직업 욕구, 인내심 결여로 인해 이직률은 다른 장애 유형의 장애인보다 높게 나타나고 있다. 한편, 적응 문제의 원인은 장애인 개인에게서만 비롯된 것이 아니라 기업 규모, 업종, 근로 조건, 경영관리 방침, 동료 관계 등 여러 복합적인 요인과 관련된다(한국장애인고용촉진공단, 1996).

스튜어트와 클루윈(Stewart & Kluwin, 2001)은 직업교육과 관련하여 청각장애학교 교사의 역할을 다음과 같이 제안하였다.

첫째, 교사는 의사소통 방법론, 언어적 고려사항, 미래의 고용 능력과 같은 청각 장애학생과 관련된 문제에 대해 전문가 역할을 해야 한다.

둘째, 학생이 현장실습에 참여하기 위해 직장에서 제공하는 의사소통 조정사항 에 대하여 전환교육팀에 통보하여야 한다.

셋째, 교사는 필요할 경우 자격을 갖춘 직업담당 교사를 선택할 수 있도록 도와야 한다.

넷째, 교사는 교실에서 직업 경험과 관련된 전문적인 어휘를 가르쳐서 학생들의 관심을 높인다.

다섯째, 교사는 전환교육계획과 평가 시에 학생을 포함시켜야 한다.

## 4. 청각장애학생 직업교육 체제의 구성 요건

현대사회에서 요구되고 있는 능력 있는 직업인은 단순한 기술적 지식과 능력을 갖춘 기능인이 아니라 그러한 기술적 지식·능력과 함께 인류의 미래에 대한 책임 의식을 갖고 직업 활동을 수행하는 개인이다(정기섭, 1990). 시대적인 문제에 직면해 서 내가 누구인가를 질문하고, 무엇을 위한 직업 활동인가를 생각하면서 자신의 직 업적인 삶을 스스로 형성할 수 있는 개인은 태어나면서부터 존재하는 것이 아니기 때문에 직업교육이 필요하다. 또한 직업은 소수의 엘리트를 위한 것이 아니고 누구 에게나 경제적 안정과 자아실현의 수단이라는 점이 직업교육이 필요한 또 다른 이 유가 된다. 직업은 단순한 경제적인 욕구를 충족시키는 수단이 아니라 삶의 일부로 서 이해된다. 이러한 관점에서 직업교육은 기술의 발달과 그로 인해 수시로 변화하 는 생활 세계와의 관계에서 개인이 올바르게 자신의 삶을 형성하도록 하는 평생교 육의 관점에서 논의될 수 있다. 즉, 직업교육은 인간적인 삶을 위한 토대를 안전하 게 하는 교육으로 폭넓게 해석할 수 있다. 이렇게 본다면 직업교육은 단순히 개인이 미래의 직업에 평생 종사하도록 준비하는 교육에 한정되는 것이 아니라 직업과 관 련된 개인의 삶 전체를 위한 교육으로 확대된다.

이러한 관점에서 보면 직업교육의 장은 단순히 직업교육과 관련된 학교와 작업 현장으로 한정되는 것이 아니라, 다음의 내용을 포함할 수 있다. 첫째, 작업 시간의 단축에 따른 개인이 자유 시간의 이용, 즉 개인이 자신의 직업과 관련해서 요구되는 전문적인 지식 습득을 위한 꾸준한 교육의 장도 직업교육의 장으로 포함할 수 있다. 둘째, 직업을 바꾸는 일을 자신에게 맞는 능력을 발휘할 수 있는 기회를 찾는 것으로 이해한다면, 다른 직업을 준비하기 위한 교육도 직업교육의 장으로 포함할 수 있다.

그러나 이러한 광의의 직업교육에 대한 관점도 중요하지만 원래 학교교육이 학생들이 행복한 삶을 영위할 수 있으며, 생산적인 사회 구성원으로 육성하는 데 보다 밀접히 관련되어 공헌하여야 한다고 생각할 수 있다. 따라서 학사학위 미만의 학력을 요구하는 직업에 종사할 수 있도록 청소년 및 성인의 능력을 개발하는 교육을 의미하는 협의의 관점에서 볼 때, 직업교육이란 장래에 갖고자 하는 직업 분야를 선택한 사람에게 그 특정 직업에 관한 지식·기능·태도를 학습시키기 위한 교육이라고 정의할 수 있다. 또한 각자의 소질과 능력에 맞는 직업을 선택하고 직무에 필요한 능력을 계속 개발시켜 평생 직업에 종사할 수 있도록 하는 형식 그리고 비형식 교육을 총칭하는 것이다. 이와 같은 직업교육은 학교생활에서 사회생활로의 이행을 원만하게 하는 준비교육으로서 매우 큰 의의를 가진다. 또한 직업교육은 학생에게 장래의 직업 방향을 결정짓게 하며, 가지고 있는 능력을 실제로 활용하여 생산적·건설적인 자기실현을 가능하게 한다.

가장 이상적인 직업교육 체제는 소정의 직업교육과정을 이수하거나 교육과정의 이수 기간이 종료되는 시점에 실제적인 직장에 취업할 수 있도록 하는 교육 체제라 할 수 있겠다. 즉, 의존의 생활에서 직업교육 후에는 주거 및 경제 등의 개인적인 독립생활로 적응해 갈 수 있는 교육 체제일 것이다.

이러한 교육 체제는 다음과 같은 사회, 학생, 재정 지원, 환경 등의 다양한 부문에서 여건을 고려하여 구성하여야 할 것이다(조성모, 1994).

### 1) 지역사회의 환경

바람직한 직업교육의 체제를 구성하는 데 있어서 학교에서 지역 공동사회의 환경에 따른 성인기 활동을 염두에 두는 것은 매우 중요하다. 지역사회는 지역경제에 의해 영향을 받고, 지역경제는 학교와 사회복지기관에 자금을 지원하는 데 영향을 준다. 지역사회의 직업교육 기관들의 상태, 청각장애학생 부모들의 교육 수준 그리

고 지역사회인들의 장애에 대한 인식 및 태도 등은 직업교육 체제에서 중요한 요소
다. 또한 지역사회 산업체의 실태를 파악하는 것은 직업교육의 직종을 선택하고 성
공적으로 취업하는 데 많은 영향을 준다. 이를 통해 청각장애학생에게 잠재적으로
적합한 직업의 종류를 알아볼 수 있고, 그러한 직종은 직업교육 후에 취업을 용이
하게 해 준다. 따라서 광고 등을 수집·분류하고, 관련 기관을 방문 조사하며, 특정
업체의 경영자들과 접촉하면서 청각장애학생에게 적절한 직업의 유형을 찾을 수
있을 것이다.

## 2) 학생의 특성

직업교육의 체제를 계획하는 데 있어서 학생의 특성은 매우 중요하다. 이는 학생
이 원하는 직업과 할 수 있는 직업을 찾을 수 있고, 직업교육의 방법을 결정할 수 있
다. 고려하여야 할 학생 특성의 주 항목으로, 의료 정보, 학문 기능의 정보, 흥미, 대
인관계 기술, 일의 습관과 태도, 학습하는 유형, 특기 등을 들 수 있다.

### (1) 의료 정보

학생에 대한 의료 정보는 직업을 가진 후 독립생활의 유지비를 예측할 수 있고 건
강하게 직장생활을 할 수 있는 정보를 제공해 준다. 이는 업무량, 근무시간, 환경 등
을 고려하여 직종을 선택하여 직업교육 프로그램을 진행할 수 있도록 한다. 이러한
정보는 학생에 관한 이전의 기록을 검토하고 부모 면담을 통해 얻을 수 있다.

### (2) 학문 기능의 정보

학문 기능 정보에는 읽기, 쓰기, 말하기, 계산하기 등으로 직업 기술을 매우 강조
해 왔다. 즉, 많은 직종에서 학문적 기술을 요구하고 있는데 학생의 면담, 학업성취
도, 지필검사로 학생의 학문적 기술 정도를 파악할 수 있다.

### (3) 흥미

흥미는 직업교육을 성공적으로 이끄는 중요한 요인이다. 자신이 실현해 낼 수 있
는 가능성, 일할 때의 기분, 일의 형태 등에 따라 흥미를 다르게 가질 수 있다. 흥미
를 고려하지 않으면 일에 대한 무관심과 일의 회피로 능률을 저해한다. 흥미는 학생

과 면담, 일하기 표본검사 등을 통하여 정확하게 평가하여야 한다.

### (4) 대인관계 기술

대인관계 기술은 고용을 결정하는 데 매우 중요한 요인으로 직업교육 계획 시 대인관계를 형성하는 기술이 습득될 수 있도록 해야 한다. 대인관계 기술에는 동료들과 친교할 수 있는 능력, 경영자와 협조할 수 있는 능력, 타인의 특성을 이해할 수 있는 능력, 자신을 깨달을 수 있는 능력, 자신의 기분을 조절할 수 있는 능력 등이 있다. 이러한 것은 학우들과의 관계나 학생의 교외 활동을 관찰하여 얻을 수 있다.

### (5) 일의 습관과 태도

일의 습관과 태도는 대인관계를 형성하는 것과 깊은 관련이 있고 직업교육 프로그램의 기본 목적이 된다. 여기에는 일을 계속해서 할 수 있는 일내심, 상급자로부터의 적절한 반응, 즐겁게 일을 할 수 있는 능력, 다른 업무로 이동해도 적응할 수 있는 능력 그리고 일 자체에 대한 태도 등을 들 수 있다. 일의 습관과 태도에 관한 정보는 수업 시 학습 태도와 표본적인 직무를 수행하게 하여 관찰하여 얻을 수 있다.

### (6) 학습 유형

학습하는 유형은 직업교육 교육자가 직업교육의 방법을 선정하는 데 중요한 정보이지만 얻기가 매우 어렵다. 이러한 정보는 그동안 학생이 학습했던 방법 검토, 수업 중 학습 상황 관찰, 부모 및 학생과의 면담, 이전 교사와의 의논을 통해 얻을 수 있다.

### (7) 특기

학생이 가진 특기는 많은 작업장 중에서 적절한 작업장을 선정할 수 있는 정보다. 여기에는 대소근육 운동에 의한 기술, 손재주, 큰 도구와 작은 도구의 사용 능력, 힘의 강도, 눈과 손의 협응 능력 등을 들 수 있다. 이러한 정보는 컴퓨터 활용 능력, 걸레질, 식탁 닦기, 망치질 등의 유목적적인 활동을 통해 얻을 수 있다.

### 3) 산업 현장과 학교와의 연계성

직업교육에서 직업 교육과정 및 산업 현장과 학교와의 연계는 늘 강조되고 있다. 산업 현장과의 긴밀한 관계는 청각장애학생이 현장을 경험하여 쉽게 적응할 수 있는 능력을 키워 줄 뿐만 아니라 청각장애학생도 업무를 충분히 수행할 수 있는 능력을 갖고 있다는 것을 보여 줄 수 있다. 또한 경영자와 일반 근로자가 청각장애인을 이해할 수 있게 되어 학교교육 후 바로 고용될 수 있도록 한다. 또한 직업교육 중에는 시설 지원 및 교육훈련자의 지원을 받을 수 있어 효과적인 직업교육이 될 수 있다. 그러므로 학교의 직업교육은 사업체의 고용에 가까울 정도로 산업 현장과 긴밀한 관계를 맺도록 계획되어야 한다.

이러한 관계를 갖기 위해서는, 첫째, 직업교육 계획에 앞서 지역사회에서 선정된 사업체의 산업 현장의 업무와 작업의 과정을 조사 · 분석하여야 한다. 현장의 직무 과정을 알지 못하고 직업교육을 하는 것은 취업에 실패하는 결과를 초래한다. 정확하고 면밀한 분석으로 청각장애학생에게 교육할 수 있는 내용을 찾아내어야 한다.

둘째, 학교의 일반교육 프로그램이 산업 현장에서 얼마나 유용한지를 평가받아야 한다. 현장에서 교육 프로그램의 평가는 직장에 적응하는 데 유용한 프로그램의 정보를 제공해 줄 것이다.

셋째, 직업교육 프로그램은 학교와 산업 현장과 협의하여 작성해야 할 것이다. 학생의 특성과 면밀하게 분석된 산업 현장의 직무 과정을 토대로 하여 학교의 실정과 산업 현장에 맞는 프로그램으로 작성해야 할 것이다.

넷째, 산업 현장의 전문가에 의해 직무에 대한 전문적인 교육훈련이 이루어져야 할 것이다. 직무에 대한 일반적인 교육은 학교의 특수교육 교사, 직업교육 교사에 의해 이루어지고, 직무에 대한 전문적인 부문은 현장의 전문가에 의해 훈련될 때 직업에 쉽게 적응할 수 있다.

다섯째, 산업 현장의 시설을 이용한 현장 경험 직업교육이 이루어져야 할 것이다. 현장의 직무 수행 절차, 현장의 분위기, 다른 근로자와의 인간관계 등에 적응하는 교육을 겸비해야 졸업 후 직장인으로서의 직무를 잘 수행할 수 있다.

여섯째, 졸업 후 추수 지도에 대한 대책이 마련되어야 한다. 청각장애인은 경영자나 동료의 이해 없이는 적응하는 데 어려움이 많다. 계속적인 추수 지도로 청각장애인에게는 용기를 북돋워 주고 경영자와 동료에게는 지속적인 이해를 꾀하는 것이다.

### 4) 재정 지원

직업교육을 계획하는 데 재정 부분을 간과할 수 없다. 직업교육은 충분한 재정이 지원될 때 성공할 수 있다. 그러므로 직업교육을 하는 데 드는 비용은 영속적이고 장기적으로 정부나 지역사회에서는 다음을 지원해야 한다. 첫째, 정부의 지원이 직업교육을 계획하는 단계에서부터 추수 지도에 드는 비용까지 확대되어야 한다. 둘째, 정부의 지원은 계획적이고 우선순위를 두어야 한다. 셋째, 청각장애인 부모는 고용될 수 있는 직업교육을 국가에 요구해야 한다. 넷째, 사업체는 청각장애인 고용으로 얻는 이득의 일부를 직업교육에 지원하여야 한다. 다섯째, 영속적이고 장기적인 지원을 받기 위해 꾸준한 정보의 수집, 직업교육의 효과와 효율성의 평가, 지원금의 활용에 대한 평가가 지속적으로 이루어져야 한다.

### 5) 직업교육 교사

청각장애학생의 직업교육이 성공적으로 이루어지기 위해서는 전문적인 직업교육 자질이 있는 교사가 필수적인 요건이다. 일반 직업교육 교사는 직업생활에 필요한 교육은 물론 사업체와의 밀접한 관계 유지, 직업 분석, 자료 수집, 학생의 특성 파악, 직종의 선정 배치, 추수 지도 등도 함께 한다. 또한 학생들로 하여금 지역사회 분위기에 적응하고 직장의 일을 능숙하게 처리하는 능력을 기를 수 있도록 하여야 한다. 기능교육을 지도하는 교사는 현장의 직무에 대해 잘 알고 대처할 수 있는 사람으로 사업체에서 지원을 받아야 한다.

직업교육 교사의 질적 향상을 위한 교육도 함께 계속되어야 한다. 이를 위해서 정부는 대학에 청각장애학생 직업교육 교사를 양성하는 프로그램을 설치하고, 사업체의 산업 현장에 있는 전문가가 청각장애 특성에 관한 과정을 이수하여 학교에서 기능교육을 할 수 있도록 하여야 한다. 또한, 특수교사에게는 직업에 관한 과정을 이수하게 하여 청각장애 일반직업교육 요원으로 양성해야 한다.

### 6) 시설 설비

시설은 산업 현장과 유사한 형태를 갖추어야 한다. 학교에서 자금 지원을 받아 시설 설비를 갖출 때 고용과 무관한 직무현장의 설비를 갖추면 낮은 취업률과 자금 낭비를 초래할 수 있다. 높은 고용과 현장에 적합한 시설을 설비하기 위해서는 사업체가 직접 시설을 설비하여야 한다. 즉, 정부가 지역사회에서 청각장애인의 직업 직종으로 선정된 사업체에 자금을 지원해 주면, 사업체는 직종의 직무를 수행하는 데 필요한 시설을 학교에 설비하는 것이다. 학생이 사업체의 현장과 같은 환경에서 직업교육을 받음으로써 보다 쉽게 현장에 적응하여 생활할 수 있게 된다.

## 5. 청각장애학교 진로 및 직업 교육 현황 및 개선 방안

「장애인 등에 대한 특수교육법」에서는 중학교 이상의 과정에서 진로 및 직업교육에 대하여 강조하고 있다. 『2017 특수교육실태조사』(국립특수교육원, 2017)에 의하면 특수학교에서는 91.9%, 특수학급은 85.4%가 진로 및 직업 교육을 실시하고 있는 것으로 나타나 고등학교 졸업 후의 진로에 대처하고 있음을 알 수 있다. 특수학교와 특수학급은 모두 학교 과정이 올라갈수록 진로 및 직업교육을 실시하는 비중이 증가하여 고등학교의 경우 특수학교 및 특수학급 모두 100%가 실시하는 것으로 나타났다. 그러나 청각장애의 경우 특수학교에서의 진로 및 직업 교육 실시율은 89.9%로 시각장애를 제외한 다른 장애 영역보다 낮은 편이다.

직업훈련 경험을 포함한 직업 전 교육은 취업 청각장애인과 이를 고용한 관리자 모두 중요하게 생각하고 있는(성민아, 정은희, 2008) 내용인데, 특수학교(급) 고등학교를 졸업한 미취업 학생을 대상으로 졸업 전 받은 직업교육 만족도를 알아본(정희섭 외, 2005) 결과 청각장애 졸업생의 80.5%가 취업 준비 교육이 부족하다고 하였다. 청각장애 졸업생들은 직업교육의 방향으로 직무 관련 기술과 작업 태도 및 작업 습관 형성을 요구하였고, 중점적인 취업 준비 요소로는 현실적인 직종 개발과 현장 실무 중심 훈련이라고 하였다(정희섭 외, 2005). 현장 또는 실무 중심의 교육은 진로 및 직업교육을 효율적으로 운영하기 위해서 가장 필요한 사항이다(노선옥 외, 2011). 직종 개발에 대해서는 김소연과 정은희(2007)도 문제점을 언급하였는데, 청각장애학교 직업담당 교사를 대상으로 한 연구에서 각 학교에 개설된 직업 교과의 대부분이 지역사회 특성과 현실성을 고려하지 못하였다고 하였다. 이들의 연구를 살펴보면 각 학교에서 개설 빈도가 가장 높은 과목은 컴퓨터, 도예, 제과·제빵 순이었다. 직업담당 교사들은 직업교육에서 취업을 위해 가장 필요한 내용으로는 취업에 도움이 되는 실질적인 직업 교과목의 도입과 직업 전 교육이나 직업 적응교육이 필요하다고 한다. 직업 교과 신설 희망 분야로는 정보통신 분야와 생산·기계·기능 분야를 들었다. 신설을 희망하는 이유로는 이들 분야가 청각장애 특성의 영향을 덜 받고, 학생들이 선호하며, 취업과 연계성이 높기 때문이라고 하였다. 한편, 고등학교를 졸업한 특수교육대상자에게 진로 및 직업교육을 제공하기 위해 설치한 전공과는 전체 청각장애학교 14교 중 8교에 설치되어 있다(교육부, 2019).

그러나 실제 청각장애학교에 개설된 직업 교과와 취업 직종과의 괴리는 크다. 취업 청각장애인의 직종을 보면 대부분 제조업이었고 직무는 조립 및 생산 업무였다(성민아, 정은희, 2008). 이러한 직종은 대면 의사소통이 상대적으로 덜한 업무로 청각장애 특성이 반영된 것으로 볼 수 있다. 최근 청각장애학교 전공과(교육부, 2019)에는 제과·제빵과 바리스타, 공예, 포장·조립 과정이 가장 많이 설치되어 있고 그 외에 학교에 따라 정보처리, 프로그래밍, 도예, 사무 지원, 세탁, 외식 서비스, 수어 등 직업 교육과정이 다양해졌다. 다양한 직업 교과를 운영하기 위해서는 담당 전문인력 확보와 시설 및 장비 부족 문제가 뒤따른다. 그러나 청각장애학교 직업담당 교사의 대부분이 특수교육 교사가 담당하고 있고 특수교사(직업) 자격 소지자는 극소수에 불과하다(김소연, 정은희, 2007). 특수학교(급) 교사들은 진로 및 직업교육을 효율적으로 운영하기 위해서 담당교사의 전문성 향상에 대한 요구가 크다(노선옥 외, 2011).

청각장애학생의 취업률은 다른 장애에 비해 상대적으로 높은 것으로 알려져 있지만 이직률 또한 높은 편이다. 성민아와 정은희(2008)에 의하면 취업 청각장애인의 절반 정도가 한두 번 정도 이직하였으며, 이직 사유로는 열악한 작업 환경, 휴일 근무, 상사 스트레스 등을 들었다. 직장 상사는 직무와 의사소통 등 스트레스의 요인이 되기도 하지만 어려울 때 문제를 의논할 수 있는 중요한 관계이기 때문에 청각장애학교 직업교육에서는 직업 기술뿐만 아니라 인간관계 기술도 교육해야 한다.

이와 같은 청각장애학생 진로 및 직업교육의 현황과 문제점을 요약해 보면, 청각장애학교의 진로 및 직업교육 실시율은 다른 장애 유형에 비해 낮은 편이며, 취업전 직업교육은 중요하게 생각하는 항목이지만 실제 만족도는 매우 낮다. 개설된 직업 교과는 컴퓨터, 도예, 제과·제빵 등으로 지역사회나 사회 변화 등 현실성을 고려하지 못하고 있다. 취업 청각장애인의 직종을 보면 대부분 제조업으로 조립 및 생산 업무를 하고 있어 적성이나 흥미를 고려하기보다 대면 의사소통이 상대적으로 덜

한 단순 업무들이다. 청각장애학생의 취업률은 다른 장애에 비해 상대적으로 높지만 이직률 또한 높은 편이어서 안정적인 직업 생활을 하고 있다고 보기는 어렵다.

이와 같은 문제점에 대한 개선 방안으로 다음과 같은 것들을 제안한다.

첫째, 취업에 도움이 되는 실질적인 직업 교과목의 도입이 필요하다. 직업 교과는 현실적인 직종 개발과 현장 실무 중심 훈련을 포함해야 한다.

둘째, 청각장애학생의 직업 적성과 흥미를 고려해야 한다. 청각장애학생은 가청 동료들과 의사소통 체계가 다름으로 인해 직업 선택과 유지에 많은 제한을 받고 있다. 그러나 직업 선택과 유지를 위해서 직업 교과와 직종 개발 시 각 학생별 직업 평가를 실시하여 학생들의 요구나 흥미를 반영할 필요가 있다.

셋째, 교과목을 개발하고 운영할 수 있는 담당 전문 인력을 확보해야 한다. 전공 교사의 부족은 청각장애학생의 직무 관련 기술 부족으로 직결되고 이는 취업과도 직접 연관된다. 따라서 장기적으로 직업교육 전공 특수교사의 양성이 확충되어야 하고 지역사회와 연계하여 전문 인력을 교류할 수 있는 방안도 활용해야 한다.

넷째, 직업을 경험하고 실습할 수 있는 시설과 장비를 확충해야 한다. 학교 자체적으로 운영하기 어려운 경우에는 지역 내 사업체와 연계하거나 특수학교 학교기업, 통합형 직업교육 거점학교 등과의 연계를 통하여 학생들의 다양한 요구를 수용하도록 한다.

다섯째, 직업 전 교육과 직업 적응 교육을 체계적으로 실시하여야 한다. 직업 전 교육은 취업과 직업 유지에도 영향을 미치며 사업체의 관리자들도 요구하고 있는 내용이다. 직업 전 교육에서는 직무 관련 기술, 작업 태도, 작업 습관, 인간관계 기술, 인성교육, 의사소통 기술 등을 포함하도록 한다.

한편, 최근 장애학생의 진로 및 직업교육의 내실화를 위하여 특수학교 학교기업과 특수학급을 위한 통합형 직업교육 거점학교가 운영되면서 현장실습을 강화하고 있다. 교육부는 특수교육대상학생의 지역사회 현장실습 장소 확보의 어려움을 해결하기 위해 2009년부터 '학교기업형 직업훈련실' 설치 사업을 실시하고 있다. 특수학교 학교기업은 특수학교 내에 일반 사업장과 유사한 형태의 직업교육 환경을 조성하여 학생에게 현장실습을 실시함으로써 현장 적합형 인력을 양성하는 프로그램이다(국립특수교육원, 2013). 학교기업은 2009년 5교, 2011년 8교, 2018년 29교의 특수학교를 선정하여 장애학생 현장실습 중심 직업교육 강화를 위한 내실화를 지원하고 있다(교육부, 2019). 그중 청각장애학교는 2010년 전주 선화학교에서 커피 바리스타, 도자기, 천연비누, 직업체험 등을 운영하고 있다. 또한 대구는 시각 · 청각 · 지체 · 지적장애 · 정서장애 5교 통합 형태로 커피바리스타, 사무용지, 제과 · 제빵, 세탁 등의 직종을 운영하고 있다. 2018년에는 전남소림학교에서 커피 바리스타와 직업체험이 운영되고 있다(교육부, 2019).

이와 같은 학교기업의 취지인 지역사회 현장실습은 특수교육 직업교육 분야에서 매우 중요한 개념으로 특수교육대상학생의 성공적인 취업을 준비하도록 하는 매우 효율적인 직업교육 원리(정민호, 김삼섭, 2010)라고 할 수 있다. 학교기업에 대한 실태조사 결과 장애학생들이 예전보다 훨씬 더 나은 환경에서 직업교육을 받을 수 있다는 점과 특수학교 학교기업을 통해서 실제 작업 현장과 유사한 환경에서 실습할 수 있는 기회(박영근, 조인수, 2013)를 제공하였다는 점 등의 긍정적인 효과가 보고되고 있다. 학교기업 담당 교사들 역시 긍정적으로 인식하고 있었으며 특히 청각장애학교 교사들의 인식이 높았다(정민호, 김삼섭, 2010).

학교기업이 아직은 정착된 단계가 아니지만 현재 연구를 통해 나타난 문제점으로는 학교기업 담당 교사의 업무 과중을 들 수 있다. 많은 학교에서 특수교육 교사가 학교기업을 담당하고 있는데, 이들은 기본 업무를 하면서 학교기업 업무를 수행해야 하기 때문에 업무가 과중하다는 것이다. 또한 다른 특수학교에서 훈련을 받기원할 때마다 도와주어야 하는 점도 업무 가중의 요인이 되고 있어서 전담 인력 배치가 필요한 실정이다(박영근, 조인수, 2013). 또한 학교기업의 활성화와 관련하여 적절한 사업 종목을 선정하고 사업을 수행하는 데 지역사회 사업체와 협력이 필요하다(정민호, 김삼섭, 2010)고 하였다.

한편, 특수학급 장애학생의 직업교육 전문화 및 취업률 제고를 위한 통합형 직업교육 거점학교를 운영하고 있다. 2019년 교육부 지정 35교 및 시 · 도교육청 지정 14교가 운영 중이다(교육부, 2019). 장애학생 통합형 직업교육 거점학교는 장애학생에게 현장실습 위주의 직업교육을 제공하고, 인근 특수학급 학생에 대한 직업훈련 및 컨설팅 등을 제공하여 해당 지역의 장애학생 직업교육 거점학교로서의 기능을 수행하고 있다.

통합형 직업교육 거점학교에 대한 연구(박영근, 조인수, 2013)에서는 특수학급 학생들에게 양질의 직업교육을 제공할 수 있고, 취업률도 높아졌다는 점, 학생들의 적성에 맞게 선택할 수 있는 다양한 프로그램이 운영된다는 긍정적인 보고가 있다. 문제점으로는 학교기업과 마찬가지로 담당 교사의 과중한 업무를 언급하였으며 전담 인력 배치를 필요로 하고 있다.

2019년 현재 특수학교 학교기업 31교 중 청각장애학교 3개교가 포함되어 있고, 특수학급 학생들도 거점학교에서 직업교육을 경험하고 있지만 아직은 양적으로 부족한 실정이다. 앞으로는 일반학교 청각장애학생의 진로 · 직업교육의 내실화를 위해서도 관심을 가져야 할 것이며, 장애 유형과 장애 정도를 포괄하여 더 많은 학생이 양질의 진로 · 직업교육을 받을 수 있기를 기대한다.

### 연구 과제

1. 실제로 청각장애 부모와의 인터뷰를 진행하여 청각장애부모의 현실적 · 심리적 문제는 어떤 것인지 알아보고, 그들이 가지고 있는 어려움에 대해 토론해 보자.
2. 청각장애가족과의 면담을 통하여 현재 제공받고 있는 가족지원의 내용과 실제로 필요로 하고 있는 가족지원이 무엇인지 알아보고 토의해 보자.
3. 청각장애학교 특수교육 교사와 직업전문 교사의 역할에 대해 토의해 보자.
4. 통합형 직업교육 거점학교를 방문하여 통합교육 환경에서의 청각장애학생 진로 및 직업교육의 실제를 조사해 보자.

### 참고문헌

교육부(2013). 2013 특수교육 연차보고서. 세종: 교육부

교육부(2015). 교육부고시 제2015-81호 특수교육교육과정 총론. 세종: 교육부

교육부(2019). 2019 특수교육 연차보고서. 세종: 교육부

국립특수교육원(2013). 특수학교 학교기업 및 통합형 직업교육 거점학교 담당자협의회 자료. 충남: 국립특수교육원.

국립특수교육원(2017). 2017 특수교육실태조사. 충남: 국립특수교육원.

김소연, 정은희(2007). 청각장애학교 직업교육과 사회취업과의 효율적 연계 방안. 특수교육저널: 이론과 실천, 8(1), 189-214.

노선옥, 강영택, 금미숙, 안수경, 이미선, 이영숙, 이정현, 이효자(2011). **2011 특수교육실태조사**. 경기: 국립특수교육원.

노진아, 홍은숙, 이미숙, 박현주, 정길순, 김정민, 강미애, 이나래(2011). **장애영유아 가족지원**. 서울: 학지사.

박석돈(1990). 장애아동 조기교육과 부모교육. 난청과 언어장애연구, 13(1), 7-9.

박영근, 조인수(2013). 장애학생 진로 및 직업교육 운영에 대한 특수교사 인식: 특수학교 학교기업 및 통합형 직업교육 거점학교를 중심으로. **지적장애연구**, 15(4), 137-160.

석동일(1997). **언어장애아 부모교육**. 대구: 대구대학교출판부.

성민아, 정은희(2008). 청각장애인의 근무만족도와 관리자의 고용만족도 조사. **장애와 고용**, 18(2), 83-116.

이소현(2003). **유아특수교육**. 서울: 학지사.

전혜인(2006). 부모결연프로그램이 장애아동 어머니의 양육스트레스와 양육효능감 및 가족역량강화에 미치는 영향. 이화여자대학교 대학원 박사학위논문.

정기섭(1990). 직업교육과 일반교육. **한국교육학연구**, 3(1), 187-198.

정민호, 김삼섭(2010) 특수학교의 학교기업 운영에 대한 장애유형별 특수교육교원의 인식비교. **특수교육연구**, 17(1), 101-127.

정은희(2004). 청각장애아 직업교육과 부모교육. 이규식, 국미경, 김종현, 김수진, 유은정, 권요한, 강수균, 석동일, 박미혜, 김시영, 권순황, 정은희, 이필상 공저. **청각장애아교육**. 서울: 학지사.

정은희(2015a). 교육환경의 확대. 권요한, 김수진, 김요섭, 박중휘, 이상훈, 이순복, 정은희, 정진자, 정희섭 공저. **특수교육학개론(2판)**. 서울: 학지사.

정은희(2015b). 개별화교육과 교수 방법. 권요한, 김수진, 김요섭, 박중휘, 이상훈, 이순복, 정은희, 정진자, 정희섭 공저. **특수교육학개론(2판)**. 서울: 학지사.

정희섭, 김현진, 김형일, 정동영, 정인숙(2005). **특수학교(급) 고등부 졸업생의 질 실태 및 진로지원체제 구축방안**. 경기: 국립특수교육원.

조성모(1994) 통합고용을 위한 정신지체학교 직업교육 체제. 한국특수교육학회 제58회 연구발표회 논문집, 85-106.

조윤경(1996). 장애아동 부모를 위한 교육. 서울: 서울장애인종합복지관

조인수(2005). **장애인의 삶의 질 향상을 위한 전환교육**. 대구: 대구대학교출판부.

한국장애인고용촉진공단(1996). **연구 과제발표회**. 한국장애인고용촉진공단.

Brookman-Frazee, L. (2004). Using parent/clinician partnerships in parent education programs for children with autism. *Journal of Positive Behavior Interventions, 6*(4), 195-213.

Brown, F., & Snell, M. E. (2000). Development and implementation of educational programs. In M. E. Snell & F. Brown (Eds.), *Instruction of Students with Severe Disabilities* (5th. ed., pp. 115-172). New Jersey: Prentice-Hall Inc.

Fox, L., Vaughan. B. J., Wyatte, M. L., & Dunlap, G. (2002). "We can't expect other people to understand": Family perspectives on problem behavior. *Exceptional Children, 68*, 437-450.

Heward, W. L. (2009). 최신 특수교육(8판). (김진호, 박재국, 방명애, 안성우, 유은정, 윤치연, 이효신 공역). 서울: 시그마프레스.

Hutton, A. M., & Caron, S. L. (2005). Experience of families with children with autism in rural New England. *Focus on Autism and Other Developmental Disabilities, 20*, 180-189.

Lee, B. I. (2002). A study of family supports for young children with developmental delay in early childhood special education. *Korean Journal of Special Education, 37*(1), 319-340.

Moores, D. F., & Martin, D. S. (Eds.) (2006). *Deaf learners: Developments in curriculum and instruction*. Gallaudet University Press.

Sitlington, P. L., Clark, G. M., & Kolstoe. O. P. (2000). *Transition education and services for adolescents with disabilities* (3rd ed.). Pearson Education, Allyn and Bacon.

Stewart, D. A., & Kluwin, T. N. (2001). *Teaching deaf and hard of hearing students: Contents, strategies, and curriculum*. Boston: Allyn & Bacon.

Tumbull, A. P., Turbiville, V., & Tumbull, H. R. (2000). Evolution of famil-professional partnership: Collective empowerment as the model for the early twenty-first century. In J. P. Shonkoff, & S. J. Meisels (Eds.), *Handbook of early childhood intervention*. New York: Cambridge University Press.

Wehman, P. Kregel, J., & Barcus, J. M. (1985). From school to work: A vocational transition model for handicapped students. *Exceptional Children, 52*(1), 25-37.

제**12**장 **청각장애아동의 교육과정**

1. 우리나라 청각장애 교육과정의 변천 과정과 특징을 이해한다.
2. 현행 청각장애아동을 위한 교육과정의 특징을 이해한다.
3. 청각장애 교육과정의 과제와 전망을 이해한다.

    교과를 잘 가르치기 위해서는 가르치고자 하는 내용이 청각장애아동에게 무엇을 의미하고, 그 의미를 학습자에게 어떻게 전달할 것이며, 어떻게 확인할 것인지 이해하는 것이 중요하다.

    청각장애아동을 위한 교과교육은 기존 교과교육에 청각장애아동을 어떻게 참여시키는지보다 교육과정을 어떻게 재구성하여 청각장애아동에게 적용할 것인가에 초점을 맞추어야 할 것이다. 이를 위해 특수교사는 교육과정의 변천 과정을 이해하고 현재의 교육과정에서 강조하는 것이 무엇인지 바르게 이해하여야 한다.

    이 장의 제1절은 청각장애아동의 교육과정으로 교육과정의 개념과 교육과정 모형, 청각장애아동의 교육 내용 선정 및 조직의 원리를 다루었으며, 제2절은 우리나라 청각장애 교육과정의 변천 과정으로 공통교육과정 이전의 청각장애 교육과정 변천사, 제7차 청각장애학교 교육과정 운영, 개정 청각장애 특수교육 교육과정으로 우리나라 교육과정의 변천사를 구분하여 기술하였고, 제3절은 청각장애 교육과정의 과제 및 전망으로서 청각장애 교육과정의 과제, 청각장애아동을 위한 수요자 중심의 교육과정 개발, 청각장애아동을 위한 교육과정의 내용 요소와 성취기준 적합성을 다루었다.

## 제1절 청각장애아동과 교육과정

### 1. 교육과정의 개념과 교육과정 모형

교육과정은 'curriculum'이라고 하며 그 어원은 라틴어에서 유래하는데, 'currere'는 동사의 '달린다'는 뜻과 명사로서 '달리는 코스'를 의미한다. 교육과정이 교육학의 전문분야로 등장한 배경은 1918년 보비트(F. Bobitt)가 저술한 『교육과정(The Curriculum)』에서 유래한다. 이를 교육 활동과 관련지어 보면 'course of study'라는 의미로서 'course'는 학습 과정이며 '경주'는 학습 내용 그 자체를 의미한다.

넓은 의미에서 교육과정은 설정된 교육 목적을 달성하기 위해 선정된 교육과정으로 학습 경험을 조직하는 것이며, 교육이 목표하는 (바) 인간을 길러 낼 수 있도록 하는 학교와 교사들의 조직적인 계획이다. 교육과정은 교육 목적 및 목표의 설정, 교육 내용의 선정과 조직, 교수 · 학습 지도 및 생활 지도, 교육 평가로 세분화할 수 있다. 협의적으로 교육과정은 설정된 교육 목적이나 목표를 달성하는 데 필요한 교육 내용을 선정, 조직한 것으로 교육과정은 곧 교과 과정을 의미한다.

타일러(R. W. Tyler)는 교육과정과 수업은 하나의 과정이며, 그의 교육과정 개발 모형은 목표 달성에 가장 도움이 될 만한 활동과 조직의 종류를 선택하고, 선정 · 조직된 학습 경험이 어떤 결과를 낳는지 평가함으로써 효과적인 학습이 이루어지기 위한 단계를 제시하고 있다. 타일러의 교육과정 모형은 합리적 모형, 목표 중심 모형, 평가 중심 모형 등으로 불린다. 교육과정 모형은 구체적인 목표를 정하고 학습 경험을 선정하여 학습 경험을 조직하고 마지막으로 평가하는 순으로 [그림 12-1]과 같이 구성된다.

보비트의 저서
『교육과정(The Curriculum)』

[그림 12-1] 타일러의 교육과정 모형

먼저 구체적 목표에서 목표 추출의 원천을 학습자, 현대사회, 교과에 둔다. 이때 학습자는 학습자의 보편적인 필요와 흥미에 기초하고, 현대사회는 사회적 요구를 교육 목표에 반영하며, 교과는 각 교과가 갖고 있는 교육적 기능을 반영한다. 또한 목표 선택의 준거는 교육철학과 학습심리의 원리를 활용한다. 교육철학은 논리적으로 타당하고 일관성이 있는 주요 목표를 선택하고, 학습심리의 지식과 원리를 활용한다.

학습 경험의 선정은 학습자와 그를 둘러싸고 있는 환경 속의 여러 외적 조건 사이에서 벌어지는 상호작용으로, 학습 경험 선정의 일반 원칙은 〈표 12-1〉과 같다. 예를 들면, 〈표 12-1〉과 같이 지식과 관련된 학습 경험은 어떠한 문제의 해결이나 새로운 지식 습득에 도움을 주는 학습 경험이어야 하며, 사고력과 관련된 학습 경험은 사고를 자극하는 내용을 선정하여야 한다. 또한 수업 시간에 경험하는 것은 일상생활에서도 경험할 수 있는 것을 선정한다.

한편, 학습 경험의 조직은 학습 경험이 밀접하게 관계되어 학습 경험이 누적되면 효과를 기대할 수 있도록 조직하는 것으로서 조직의 원리, 조직의 요소, 조직의 구조로 구분할 수 있으며 다음과 같다.

표 12-1  학습 경험 선정의 일반 원칙과 내용

| 일반 원칙 | 내용 |
| --- | --- |
| 기회의 원칙 | 학생에게 목표 달성에 필요한 경험을 할 수 있는 기회를 제공 |
| 만족의 원칙 | 학생이 목표와 관련된 학습을 하는 데 있어서 만족을 느끼는 경험을 선정 |
| 가능성의 원칙 | 학생의 수준에서 경험이 가능한 것을 선정 |
| 다경험의 원칙 | 하나의 교육 목표를 달성하는 데 여러 가지 다른 학습 경험이 활용되는 것을 선정 |
| 다성과의 원칙 | 교육 목표 달성에 도움이 되고 다른 영역으로 전이가 가능하고 활용성이 높은 학습 경험을 선정 |

324 제12장 청각장애아동의 교육과정

첫째, 조직의 원리다. 조직의 원리는 계속성, 계열성, 통합성을 둔다. 계속성은 중요한 경험 요소가 어느 정도 계속해서 반복되도록 조직하는 원리다. 계열성은 점차 경험의 수준을 높여서 더욱 깊이 있고 폭넓은 학습 경험을 할 수 있도록 조직하는 원리이며, 통합성은 학습 경험을 횡적으로 상호 조화롭게 연결을 지어 조직하는 원리다.

둘째, 조직의 요소다. 조직의 요소는 학습 경험을 연결시켜 주는 것으로서 공통적인 요인과 기본적인 요인으로 개념, 원리, 기능, 태도 등이 있다.

셋째, 조직의 구조다. 조직의 구조는 교육과정을 편성·조직하는 '기본 틀'이다. 여기에는 최고 수준 구조, 중간 수준 구조, 최저 수준 구조로 구분할 수 있다.

먼저, 최고 수준 구조는 교과 구조, 광역 구조, 중핵 구조, 활동 구조가 있다. 교과 구조는 구체적인 교과목으로 교육과정을 묶는 구조로서 교과 중심 교육과정이 이에 해당하고, 광역 구조는 교과를 세분하지 않고 넓게 묶어 그 속에 포함된 여러 분야의 내용을 통합시키는 교육과정 조직 형태다. 중핵 구조는 학생들에게 의미가 있는 공통 문제를 중심으로 중핵적인 경험을 갖도록 교육과정을 구조화하는 구조이고, 활동 구조는 학생들의 흥미나 활동을 중심으로 학습 경험을 조직하는 이른바 미분화 교육과정이 이에 해당한다.

다음으로 중간 수준 구조는 계열 구조와 비계열 구조가 있다. 계열 구조는 계열적이고 통합적인 조직 요소를 찾아 교육과정을 계열성 있게 배열하는 구조다. 반면, 비계열 구조는 학기나 학년과 같이 일정 기간에 맞추어 교과목을 비연속적으로 배열시키는 구조다. 또한 최저 수준 구조는 학습 내용을 가장 작은 단위로 조직하는 구조다.

마지막 단계로, 학습 성과의 평가는 다음과 같다.

평가는 교육과정의 장점과 개선될 점을 사정하는 데 의의를 지니며 평가의 기준은 교육 목표이고 평가를 통해서 교육 목표의 달성 정도를 밝히는 것이다. 평가의 절차는 교육 목표를 확인하고, 교육 목적에 나타난 행동을 제대로 평가할 수 있는지를 선정한 다음 평가 도구를 제작한다. 또한 평가 결과는, 첫째, 학생들의 변화 정도나 교육의 성과를 확인하는 데 활용하고, 둘째, 평가 결과의 원인을 알아내고 평가하는 데 활용되며, 셋째, 교육과정과 학습 지도 개선을 위한 자료로 활용하고, 넷째, 목표-내용-방법-평가의 순환 과정을 통하여 교육의 질을 개선하는 데 활용한다.

## 2. 청각장애아동의 교육 내용 선정 및 조직의 원리

교육 내용은 설정된 교육 목적이 달성될 수 있는 교재나 교과 또는 경험과 활동 내용을 선택하여 교육 내용의 범위를 결정하여 선정한다. 이때 교육 내용이나 학습 경험의 범위(scope)는 '무엇을 가르칠 것인가?'에 대한 의미이기도 하다. 반면, 교육 내용을 횡축으로 설정할 때의 선정 기준은 목표의 달성 가능성, 사회가 요구하는 객관적 기준, 학생의 발단 단계의 주관적 기준 및 최저요구 기준(minimum essentials)을 따른다. 이와 같은 준거에 따라 청각장애아동을 위한 교육 내용을 선정함으로써 〈표 12-2〉와 같은 교육 내용을 재구성할 수 있을 것이다.

**표 12-2 청각장애아동을 위한 교육 내용 선정의 원리**

| 선정 원리 | 선정 가능한 청각장애아동을 위한 교육 내용 |
|---|---|
| 동기유발 (흥미의 원리) | 청각장애아동이 교과의 교육 목적을 달성할 수 있는 흥미를 줄 수 있는 내용으로 재구성 |
| 기회 | 청각장애아동이 교육 목적을 달성할 수 있는 행동을 수행하고 경험할 수 있는 기회를 제공하는 내용으로 재구성 |
| 가능성 | 청각장애아동의 능력과 경험적 배경 및 현상적 사고로 이해하여 성취할 수 있는 내용으로 재구성 |
| 다목적 달성 | 청각장애아동이 교육 목적과 관련하여 여러 가지 순기능을 달성할 수 있는 내용으로 재구성 |
| 전이 가능성 | 청각장애아동이 하나의 교육 목적을 달성함으로써 여러 가지 전이 활동이 가능한 내용으로 재구성 |
| 탐구 학습 강조 | 교육 내용이 탐구학습을 할 수 있는 내용으로 재구성 |
| 지역성 | 청각장애아동이 지역사회에 적응할 수 있는 내용으로 융통성 있게 재구성 |

교육 내용 조직의 원리는 언제 가르칠 것인가의 의미로서 교재 배열의 순서다. 국가 수준의 교육과정은 내용 영역과 내용 요소에 교육과정의 목표, 내용, 방법, 평가, 운영 등에 관한 기준 및 기본 지침이 포함된다.

다음 〈표 12-3〉은 청각장애아동을 고려하였을 때의 교육 내용 조직의 원리에 따라 교육 내용을 조직하는 방법이다.

**표 12-3** 청각장애아동을 위한 교육 내용 조직의 원리

| 내용 조직의 원리 | 청각장애 교육 내용 조직 | 비고 |
|---|---|---|
| 계속성 | 중요한 교육 내용은 반복, 조직화함으로써 강화되는 효과를 얻도록 조직 | • 종적인 교육 내용 조직에서 강조 |
| 계열성 | 교육 내용은 점진적으로 깊이와 넓이를 축적해 나갈 수 있도록 조직 | |
| 통합성 | 교육 내용 사이에 상호보완적 관계를 유지하도록 조직 | • 횡적인 교육 내용 조직에서 중요 |
| 균형성 | 교육 내용 간의 균형과 조화가 있도록 조직 | |
| 다양성 | 청각장애아동의 개별적 특성이 반영될 수 있도록 다양하고 융통성 있는 학습 활동이 전개될 수 있도록 조직 | |

청각장애아동을 위한 교육과정은 학생의 학업 능력과 동시에 공통교육과정에서 추구하는 성취기준을 고려한다. 이는 교육과정의 현장 적합성과 관련이 깊은 것으로서 내용 성취기준(content standards)의 적합성을 높이기 위한 교육과정의 분석이 요구된다. 특히 현장 적합성은 내용 타당성, 진술 명료성, 수준 위계성 등을 고려하게 되는데, 이는 교육을 통해 청각장애아동이 성취해야 할 것으로 기대되는 지식과 기능을 성취기준으로 명시한다.

성취기준은 성취해야 할 것과 성취한 것으로 나뉘는데, 성취해야 할 것이 교육과정에서 규정하는 성취기준이 되며 성취한 것이 교육과정의 실행 결과로서 학생들이 도달하게 되는 성취 수준이 된다. 이와 같이 성취기준은 내용기준과 수행기준으로 구분할 수 있다(한국교육과정평가원, 2013 재인용). 이에 따라 내용기준이 청각장애아동이 학습해야 할 지식과 기능이라면 수행기준은 청각장애학생들이 실제로 알고 할 수 있어야 하는 바를 구체적으로 정의한 것이 된다. 따라서 청각장애아동을 위한 국가 수준의 교육과정 개발은 국가 수준의 기본 지침인 보편성과 청각장애학생의 교육적 요구를 반영한 특수성이 내용기준과 수행기준에서 조화를 이룰 때 교육과정 재구성의 의미를 지닌다.

## ⫶ 제2절 우리나라 청각장애 교육과정의 변천 과정

교육과정은 시대가 요구하는 인간상은 무엇이며 교육을 통해 인간상을 육성하는데 요구되는 교육 내용과 방법은 어떠해야 하는지를 제시하고 있다. 이러한 교육과정은 새로운 시대상이나 세계관의 변화, 국내외의 정세 변화, 새로운 교육과정 이론의 출현 등으로 인해 지속적으로 개선되어 나간다.

우리나라 일반학교 교육과정은 1955년 문교부령으로 교과 과정을 제정·공포한 이래 여섯 번의 개정을 거쳐 현재 제7차 교육과정이 적용되고 있으며, 특수학교 교육과정은 1967년 문교부령으로 맹학교와 농아학교 교육과정을 제정·공포한 이래 여러 차례의 개정과정을 거쳐 현재 제7차 교육과정이 적용되고 있다.

다음은 청각장애학교 제1차 교육과정 이전의 교육과정 관련 문서와 이후 차시별 교육과정 변천 과정과 특징에 대해 살펴보고자 한다.

## 1. 공통교육과정 이전의 청각장애 교육과정 변천사

### 1) 일제강점기 및 미군정기 아래 청각장애아동 교육과정 운영

1912년 조선총독부는 제생원 규칙을 제정하였다. 농아인에게 보통교육을 실시하고, 실생활에 적합한 기능을 지도한다는 규정에 따라 당시 조선총독부는 1913년 제생원 맹아부를 설치하고, 농아인을 대상으로 보통교육과 직업교육을 실시하였다. 교과목은 수신, 국어(일본어), 조선어, 산술, 수예 및 체조로 구성되었으며 수업 연한은 5년이었다.

1945년 일본이 패망하고 제생원 맹아부는 국립맹아학교로 개칭되어 6년제 초등교육을 실시한다. 교육과정은 학교장의 재량에 의해 학생의 장애 특성과 학교 실정에 따라 운영되었지만, 제생원 시기의 보통교육과 직업교육 내용을 유지하고, 도덕 과목과 특별활동이 추가된다.

1949년 대한민국 정부 수립과 더불어 교육법이 제정·공포되고, 문교부는 교육법의 규정에 따라 교육과정제정합동위원회를 구성하여 초등학교, 중학교, 고등학교 교육과정 시간배당 기준령을 문교부령으로 제정·공포한다. 이에 따라 농학교

교육과정은 일반 초 · 중학교 교육과정에 준하도록 규정되고, 교육과정 운영은 학교장의 재량에 의해 운영되어 농학교는 별도의 교육과정 없이 학교장 재량에 따라 교육이 이루어진다.

### 2) 제1차 청각장애학교 교육과정(1967~1978년)

1963년 제3공화국이 출발하면서 정치 · 사회적 변화와 진보주의 교육철학에 의한 경험 중심 교육과정의 특징을 교육과정에 반영하기 위해 초 · 중등학교 교육과정을 개정하였다. 이 시기 청각장애학교는 청각장애학생을 대상으로 한 특수성을 살리지 못하고 일반교육의 교육과정을 차용하여 지도하게 된다.

문교부는 심신장애학생들의 교육 정상화를 위해 일반학교 교육과정을 준용하여 학교별로 운영되어 왔던 폐단을 개선하기 위해 1967년 4월 15일 문교부령 제181호, 별책6으로 농아학교 교육과정을 제정한다.

제1차 청각장애아동 교육과정의 구성 방침은, 첫째, 일반성과 특수성의 조화, 둘째, 전인성의 강조, 셋째, 자기실현의 강조, 넷째, 자주성의 강조, 다섯째, 유용성과 생산성을 강조한다. 조직 및 운영은 일반학교 제2차 교육과정에서 강조되던 합리성을 강조하고 교육과정 운영상의 융통성 이외에도 청각장애아동의 이차적 장애를 보상하며 개인의 독특한 교육적 욕구에 부응한 교육을 실시하기 위해 개별성을 강조한다.

교육 목표는 총괄목표 이외에 초 · 중 · 고등부별로 일반 목표와 특수 목표를 두고 있다. 특수 목표는 청각장애 및 이에 기인하는 심신 발달상의 결함을 보충 · 보상하기 위한 목표로써, 초등부는 첫째, 구김살 없는 품성, 둘째, 언어에 의한 사고력, 셋째, 사회생활 적응 능력, 넷째, 잔존청력의 활용, 다섯째, 잔존 신체 기능의 보호와 활용을 위한 예방 · 치료 대책을 강조한다. 중학부는 첫째, 직업사회에 대한 일반적인 지식과 기능 및 근로를 존중하는 태도, 둘째, 장애를 스스로 선택하여 자활할 수 있는 능력, 셋째, 기초학력의 충실, 넷째, 안전교육을 강화하여 신체 기능을 조화 있게 활용하고 보존하는 능력을 강조한다. 고등부는 첫째, 건전한 인생관과 세계관 확립, 둘째, 행복한 사회건설을 위한 헌신 태도, 셋째, 자립적 생활을 설계하고 영위할 수 있는 능력과 태도를 특수 목표로 설정하고 있다.

편제는 일반학교 교육과정의 전체 구조에 따라 초 · 중학부는 교과 활동, 반공 ·

도덕생활, 특별활동으로 구분하고, 고등부는 교과 활동으로 보통 교과와 직업 교과로 구분하고 특별활동을 두었으나 청각장애학생의 자립생활에 필요한 언어훈련과 같은 생활적응활동에 대한 언급은 없다.

### 3) 제2차 청각장애학교 교육과정(1979~1983년)

1968년「국민교육헌장」을 선포하고 1971년부터 연차적으로 각급학교의 교육과정을 개정하기 시작한다. 초·중학교에 한자교육을 폐지하고 국사교육을 강화하며, 실과교육을 필수화한다. 청각장애학교 교육과정 역시 전국의 청각장애학교와 대학의 특수교육연구기관의 협조 아래 개정 작업을 착수하여 1979년 3월 1일 문교부고시 제424호로 부분 개정·고시한다.

개정된 제2차 청각장애학교 교육과정은 국민교육헌장 이념 아래 국민적 자질의 함양, 인간교육의 강화, 지식·기술교육의 쇄신을 구성 방침으로 삼고 교육과정을 개정하였으나, 교육 목표가 학급별로 설정되지 못하고 일반학교 교육과정과 동일하게 일반 목표만 설정되어 청각장애를 보상하기 위한 목표나 내용이 달리 편성되지 않았다. 이에 따라 대부분의 청각장애학교는 학교 재량에 따라 청각장애를 보상하기 위한 치료교육활동을 별도로 운영하고도 이러한 활동이 교육과정 운영 면에서 명시되지 않았다.

교육과정 편제는 초·중학부의 경우 교과 활동과 특별활동으로 구분되어 종전의 반공·도덕생활이 도덕으로 바뀌면서 정규 교과로 채택된다. 초등부의 교과는 도덕, 국어, 사회, 산수, 자연, 체육, 음악, 미술, 실과 등 9개 교과로 구성되고, 중학부의 교과는 종전의 국어, 사회, 수학, 과학, 체육, 음악, 미술, 외국어, 실업·가정 9개 교과에서 도덕, 국사, 한문이 추가되어 12개 교과로 늘어난다. 고등부는 종전과 마찬가지로 교과 활동과 특별활동으로 편제하고, 교과 활동은 보통 교과목으로 국민윤리, 국어 I , 국사, 정치경제, 수학 I , 과학, 체육, 미술, 기술·가정 등 필수 교과와 사회문화, 세계사, 지리, 과학, 수학 II , 국어 II , 음악, 한문, 외국어, 기타 등의 선택 교과와 농업, 공업, 상업, 수산업, 가사 등의 직업 과목으로 구분하여 편성된다.

### 4) 제3차 청각장애학교 교육과정(1984~1989년)

청각장애학교 제3차 교육과정은 제5공화국의 출범과 함께 1981년 개정·공포된 일반 초·중·고등학교 교육과정의 개정을 배경으로 제정되었다. 교육과정의 적합성 측면에서 교과 내용의 정선 및 수준의 적정화가 강조된다. 이러한 배경에 따라 특수학교 교육과정 개정을 위한 기초 연구 및 새로운 교육과정 시안 개발을 대구대학교가 위탁받아 수행하였다. 대구대학교가 개발한 시안은 1983년 12월 31일 문교부고시 제83-13호로 새 교육과정을 고시한다.

이 교육과정은 개정의 목표를 사회 변화에 부합되는 교육 내용의 정선, 장애 극복의지와 능력의 신장, 국민정신교육의 강화 및 교육의 질 개선에 두고, 이를 달성하기 위한 기본 방침을 일반 초·중·고등학교 새 교육과정 정신의 반영, 장애 특성에 따른 교육 내용의 수준과 양의 조정, 장애 보상교육의 실시, 적성·직업교육의 강화에 두고 있다.

교육 목표는 학교급별 총괄 목표와 교과별 목표, 학년 목표로 구분하여 제시하고, 초·중·고등부 교육 목표 모두 제1항마다 장애 보상교육과 관련된 특수 목표를 제시하고, 제2항 이하의 항목은 일반 초·중·고등학교 교육과정의 일반 목표를 그대로 제시하고 있다.

청각장애학교 학교급별 특수 목표로는 초등부는 청각장애로 인한 발달 지체 현상을 보상하여 민주시민으로서 갖추어야 할 자질을 함양하게 하는 기본 교육의 성격을 명시하고 있다. 중학부는 보상교육적 의미를 강조하여 인성 발달의 바탕이 되는 의사소통 능력의 신장에 힘쓰며, 자립 능력을 기르기 위한 소질과 기술 개발에 역점을 두고 있다. 또한 고등부는 장애를 극복하고 자립심을 가지고 자신의 진로를 개척하며, 사회성원으로서의 품성을 갖춘 인격인 양성에 목표를 두고 있다.

교육과정의 편제는 초·중·고등부 모두 과거에는 없던 청력 진단·평가, 감각훈련, 청능훈련, 언어 지도, 생활적응 훈련 등 장애를 보상하기 위한 교육 활동이 별도로 추가된다. 고등부는 과거 단일과정에서 인문·사회, 자연, 직업으로 세분화되었고 전문 교과목도 크게 늘어난다.

### 5) 제4차 청각장애학교 교육과정(1990~1998년)

제3차 교육과정이 학교 현장에 적용되면서 현장 교사, 학부모 및 전문가로부터 특수교육의 질적 변화에 대한 요구가 표면화되었다. 또한 장애학생의 조기교육에 대한 요구, 교육과정 운영의 내실화를 위한 요구, 학교의 자율적 운영 기능의 강화,

학생 요구의 증대 등 새로운 요구와 문제점이 노출됨에 따라 일반학교 교육과정 개정에 발맞추어 개정의 필요성이 제기된다.

개정의 필요성에 따라 대구대학교 특수교육연구소에서 개정안을 연구 개발하여 1989년 12월 29일에 문교부고시 제89-10호로 새 교육과정을 개정·고시한다.

제4차 청각장애학교 교육과정 특징은 국가 수준의 교육과정 기준을 명시한 것으로 지역 수준의 교육과정 편성·운영 지침이나 각 학교의 학교수준 교육과정 편성·운영의 공통적·일반적 기준의 역할을 하도록 성격이 재정립되었다.

교육 목표는 1987년 개정·공포된 유·초·중학교 교육과정, 1988년 개정·공포된 고등학교 교육과정의 교육 목표를 그대로 적용하고, 단지 장애를 극복하는 데 필요한 성취 목표를 추가하였다. 이는 청각장애학생도 청각장애로 인한 발달상의 제반 문제를 보상해 주면 비장애학생과 다름없이 학습할 수 있다는 전제하에 취해진 조치다.

편제는 새로 제정된 유치부 교육과정, 초·중·고등부 교육과정 모든 교과, 요육·특별활동, 학교 재량시간이 편성된다. 유치부는 일반유치원 교육과정과 같이 신체, 언어, 인지, 정서, 사회성 발달 등 5개 영역으로 운영하고, 초등부도 일반학교 교육과정을 수용하여 9개 교과로 편성하고 1, 2학년은 통합교과로 편성·운영한다. 요육 활동은 종전의 3개 영역(언어수용 활동, 언어표현 활동, 생활적응 활동)으로 편성되어 있던 것을 언어수용 활동과 언어표현 활동 2개 영역으로 편성하고, 생활적응 활동은 교과 활동이나 평소 생활 지도에서 이루어지도록 하고 삭제된다. 또한 학교의 특성과 학생의 실태에 맞게 창의적이고 독자적인 교육 활동을 설정하여 운영할 수 있는 학교 재량시간을 신설한다.

## 2. 제7차 청각장애학교 교육과정(1998년~    )

### 1) 제7차 특수학교 교육과정의 의의

제7차 특수학교 교육과정은 청각장애학교 교육과정으로는 제5차 개정에 해당된다.

제7차 교육과정부터는 차수를 일반학교 교육과정과 특수학교 종별에 따라 별도로 제시하지 않고 일반교육과정으로 일원화하였다. 우리나라의 일반교육과정과 이에 따라 개발되어 온 청각장애학교 교육과정을 살펴보면 〈표 12-4〉와 같다.

**표 12-4** 우리나라의 일반교육과정과 청각장애학교 교육과정 비교

| 우리나라 일반교육과정 변천 | | | 청각장애학교 교육과정 변천 | |
|---|---|---|---|---|
| 구분 | 특징 | 내용 | 구분 | 주요 내용 |
| 교수요목 시기 (1946~1955년) | 미군정 | • 교육과정의 기초<br>• 각 교과, 교수 내용의 주제 또는 제목의 열거 | | |
| 제1차 교육과정 (1955~1963년) | 교과 중심 | • 각 학교의 교과목, 기타 교육 활동의 편제<br>• 지적 체계를 중시, 생활 중심 교육과정 개념의 침투<br>• 도외교육과정, 교과 활동+특별활동 | | |
| 제2차 교육과정 (1963~1973년) | 생활 중심 | • 학생들이 경험하는 모든 학습 활동<br>• 경험성, 자주성, 생산성, 유용성 강조<br>• 교과 활동+반공, 도덕생활+특별활동(한문, 교련 신설) | 제1차 교육과정 1967~1978 | • 경험 중심 교육과정<br>• 별책6 농아학교 교육과정<br>• 일반 목표와 특수 목표 |
| 제3차 교육과정 (1973~1981년) | 학문 중심 | • 지식의 구조, 기본 개념과 원리 중시<br>• 자발적 탐구를 통한 지식의 이해<br>• 국민교육헌장 이념 구현<br>• 교과 활동+특별활동<br>• 도덕과 신설 | 제2차 교육과정 1979~1983 | • 청각장애학교 교육과정<br>• 치료 교육 활동<br>• 고등부(보통 교과+직업 교과) |
| 제4차 교육과정 (1981~1987년) | 인간 중심 | • 교과, 경험, 학문을 인간 중심으로 조화<br>• 개인적·사회적·학문적 적합성의 조화<br>• 국민정신교육, 전인교육, 과학기술교육 강조<br>• 통합교과서 운영(초등 1, 2학년)<br>• 교과 활동+특별활동 | 제3차 교육과정 1984~1989 | • 교육과정 적합성<br>• 교육과정의 수준과 양 조정<br>• 장애보상교육실시<br>• 직업교육 강화<br>• 학교급별 특수 목표 제시 |
| 제5차 교육과정 (1987~1992년) | 통합적 | • 교과, 경험, 학문, 인간 중심의 조화/단일사조 지양<br>• 초등학교 1~2학년 통합적 교육과정 탄생<br>• 기초교육, 미래사회 대비, 운영의 효율성 강조<br>• 컴퓨터교육(초등 4학년 실과), 경제교육 교육자료 개발과 보급<br>• 학생 발달 단계 고려(자율학습 가능한 보조교과서 도입)<br>• 교과 활동+특별활동 | 제4차 교육과정 1990~1998 | • 조기교육, 교육과정 운영의 내실화<br>• 학교의 자율적 운영<br>• 성취 목표 추가<br>• 요육 활동<br>• 학교재량시간 추가 |
| 제6차 교육과정 (1992~1999년) | 통합적 | • 21세기 대비교육<br>• 교육과정 결정 분권화<br>• 교육의 다양화<br>• 교육과정 내용의 적정화<br>• 초등학교 3학년부터 영어교육 도입<br>• 교과 활동+특별활동+학교재량시간 운영 | | |

| 제6차 교육과정 (1992~ 1999년) | 통합적 | • 중학교: 도덕성, 창의성 강조, 컴퓨터, 환경 시설, 편성 및 운영 체제 개선<br>• 고등학교: 편성, 운영의 역할 체제 분담, 필수과목 축소: 선택과목 확대, 수준별·특성별 과목 설정<br>• 교과 활동+특별활동<br>• 단위학교 교과목 선택권 부여 | 제5차 교육과정 1998~ | • 통합교육<br>• 학생 중심, 직업교과 현실화<br>• 탄력적 치료교육 |
|---|---|---|---|---|
| 제7차 교육과정 2000 초등 2001 중학 2002 고등 | 통합적 | • 21세기의 세계화·정보화 시대를 주도할 자율적이고 창의적인 한국인 육성<br>• 학생 중심 교육과정(자율과 창의에 바탕을 둔 학습자 중심의 교육)<br>• '국민공통 기본교육과정'과 '선택 중심 교육과정' 체제 도입<br>• 목표: 건전한 인성과 창의성을 함양하는 기초, 기본교육의 충실<br>• 내용: 세계화·정보화에 적응할 수 있는 자기주도적 능력 신장<br>• 운영: 학생의 능력, 진로, 적성에 적합한 학습자 중심의 교육 실천<br>• 제도: 지역 및 학교 교육과정 편성, 운영의 자율성 확대<br>• 국민공통 기본교육과정: 교과+재량+특별(국어, 도덕, 사회, 수학, 과학, 실과, 체육, 음악, 미술, 외국어)<br>• 학생 선택권 부여 | | |

제7차 특수학교 교육과정은 학생 중심의 열린교육과정 그리고 서비스 중심의 교육과정으로 요약할 수 있다.

교육과정 편제는 다음과 같다.

국민공통 기본교육과정은 초등학교 1학년부터 고등학교 1학년까지 10학년이며, '국어, 도덕, 사회' '과학, 수학, 실과' '체육, 음악, 미술' '외국어(영어)' 10개 교과와 선택 중심 교육과정으로 고등학교 2, 3학년에 90개 과목이 있다. 특수교육은 특별활동, 재량활동 이외에 치료교육 활동으로 언어치료, 청능훈련, 물리치료, 작업치료, 감각·운동·지각훈련, 심리·행동적응훈련, 보행훈련, 일상생활훈련 등 8개 영역, 장애학생을 위한 직업교과로 공예, 포장·조립·운반, 전자 조립, 제과·제빵, 정보처리, 상업디자인, 이료 등 8개 교과가 있다.

청각장애학생을 고려하여 국민공통 기본교육과정의 교과목 가운데 국어와 영어과를 별도로 개발한다.

또한 국가 수준의 교육과정이 교육 현장에 투입되도록 학교 수준 교육과정을 강화한다. 학교 수준 교육과정은 교육의 효율성과 다양성 및 적합성, 교원의 자율성과 전문성을 높이기 위해 강조되며 학습자 중심의 열린교육·개별화교육을 지향한다.

1997년 일반학교 교육과정을 개정(1997. 12. 30.)하고, 이에 동조하여 특수학교 교육과정을 개정한다. 그 특징은, 첫째, 장애극복 의지를 가진 건전한 인성과 창의성을 함양하는 기초·기본교육의 충실, 둘째, 세계화·정보화에 적용할 수 있는 자기주도적 능력의 신장, 셋째, 학생의 능력, 적성·진로에 적합한 학습자 중심 개별화교육의 실천, 넷째, 지역 및 학교 교육과정 편성·운영의 자율성 확대, 다섯째, 모든 장애인에 대한 열린교육과정의 적용 등의 개정 기본 방향에 따라 교육부 고시 제1998-11호로 개정(1998. 6. 30.)한다.

제7차 특수학교 교육과정은 특수학교 교육과정이라는 명칭 아래 장애 영역군별로 교육 목표, 편제와 시간배당 기준 등을 제시하고 있다.

## 2) 새로운 패러다임에 따른 제7차 특수학교 교육과정의 구성 방향

제7차 특수학교 교육과정은 '적합성의 원리에 의한 평등교육'을 실현하기 위한 학습자 중심 교육을 표방하고 있다. 특수학교 교육과정 개정 기본 방향은 '자율과 창의에 바탕을 둔 학생 중심 교육과정'에 두고 21세기 세계화·정보화 시대를 주도할 자율적·창의적 한국인을 육성하기 위해 기초·기본교육 충실, 자기주도적 능력의 신장, 학습자 중심 개별화교육의 실천, 지역 및 학교 수준의 교육과정 편성·운영의 자율성 확대, 열린교육과정의 적용을 교육과정 개정의 기본 방향으로 삼고 있다.

### (1) 기본 방향에 따른 중점 사항

#### ① 통합교육을 지향하는 교육과정 구성

청각장애학생에게 일반 교육과정 체제를 도입한다. 즉, 초등부 1학년에서부터 고등부 1학년까지의 10년간에는 국민공통 기본교육과정을 구성하고, 고등부 2, 3학년의 2년간에는 학생 선택 중심 교육과정을 구성한다. 재량활동은 제6차 교육과정보다 확대하고, 시·도 교육청 및 단위학교의 교육과정 운영상의 융통성을 부여한다.

#### ② 학생 중심 교육과정 운영

학생의 개인차에 따른 개별화교육계획 구안 체제를 확립하고, 개별 학생의 학습상 문제에 부응하는 운영 체제를 확립한다.

③ 미래사회 적응을 위한 직업교육 강화

청각장애학생 자신의 적성, 능력, 흥미, 관심에 따라 배울 수 있는 현실적이고 다양한 교과를 설정한다.

④ 개별 학생의 장애 특성에 따른 치료교육활동의 강화

획일적 치료교육활동을 지양하고, 학생 개개인의 장애 정도와 특성에 따른 탄력적인 치료교육활동이 이루어지게 한다.

## (2) 구성 방침

① 사회 변화의 흐름을 주도할 수 있는 기본 능력을 길러 줄 수 있도록 교육과정을 구성한다.
② 국민공통 기본교육과정과 선택 중심 교육과정 체제를 갖추고 교육 내용의 양과 수준을 적정화할 수 있는 수준별 교육과정을 도입한다.
③ 학생의 장애 특성, 능력, 적성, 진로를 고려하여 교육 내용과 방법을 다양화한다.
④ 교육과정 편성과 운영에서 현장의 자율성을 확대한다.
⑤ 교육과정 평가 체제를 확립하여 교육에 대한 질 관리를 강화한다.

## 3) 청각장애학교 교육 목표

새 교육과정이 추구하는 인간상은 ① 전인적인 성장의 기반 위에 개성을 추구하는 사람, ② 기초 능력을 토대로 창의적인 능력을 발휘하는 사람, ③ 폭넓은 교양을 바탕으로 진로를 개척하는 사람, ④ 우리 문화에 대한 이해의 토대 위에 새로운 가치를 창조하는 사람, ⑤ 민주시민 의식을 기초로 공동체의 발전에 공헌하는 사람, ⑥ 장애를 극복하고자 하는 의지와 능력을 갖춘 사람으로 설정되어 있다. 여기서 ①~⑤의 인간상은 일반학교 교육과정에서 추구하는 인간상과 동일하며 ⑥의 인간상은 특수학교만을 위해 추가로 설정된 인간상이다.

청각장애학교는 이러한 인간상을 구현하기 위해 학교급(부)별 교육 목표를 설정하고 있다. 교육 목표는 이전의 교육과정(제4차 교육과정)에서 제시된 교육 목표와는 달리 장애 영역 구분 없이 학교급(부)별 일반 목표와 세부 목표로 설정한다. 이는 학생의 능력, 개인차에 따른 개별화교육을 강조하고, 장애학생의 다양한 교육적 요구에 부응하며, 국민공통 기본교육과정을 도입하여 일반교육과의 연계성을 강조하기 위한 것이다.

### 4) 치료교육활동 목표

치료교육활동은 장애학생 개개인의 장애 특성에 따라 언어치료, 청능훈련, 물리치료, 작업치료, 감각 · 운동 · 지각훈련, 심리 · 행동 · 적응훈련, 보행훈련, 일상생활훈련 등을 선택적으로 적용할 수 있게 하면서 수행 능력의 단계형 수준에 따라 유치부에서 고등부 과정에 이르기까지 프로그램화되도록 하고 있다. 여기서는 청각장애학교에서 주로 활용하는 언어치료 및 청능훈련의 목표만을 제시해 본다.

#### (1) 언어치료의 목표

언어치료는 장애학생에게 의사소통 능력을 기르게 하기 위한 치료교육이다. 언어치료의 목표는, 첫째, 언어가 인간의 삶에 차지하는 중요성을 이해하여 언어 수행 능력을 기르고자 하는 적극적인 태도를 가지게 하며, 둘째, 언어 수행을 위한 언어의 제반 특징들을 이해하게 하고, 셋째, 이를 상황과 장소에 맞게 사용할 수 있는 의사소통 능력을 기르게 하며, 넷째, 나아가 학습의 도구로서의 기능을 적절히 수행할 수 있도록 하는 데 있다.

이를 위한 치료 내용으로는 음의 감각 · 지각 기능, 음 확립의 기초 기능, 음의 확립기능, 음의 안정 기능, 음의 전이 기능, 음의 유지 기능을 들 수 있다.

#### (2) 청능훈련의 목표

청능훈련의 목표는 음을 수용하여 활용하는 능력을 신장시키고 언어 수용을 원활히 함으로써 의사소통을 풍부하게 하고 일반 교과의 성취와 사회 · 정서적 적응을 도모하는 데 있다. 이를 위해 음의 청각적 성질을 알게 하고, 말소리를 이해하고, 전체 의미를 정리할 수 있으며, 타인의 말을 주의 깊게 듣도록 한다. 청능훈련의 목표를 달성하기 위한 내용으로는 음의 지각 기능, 음의 변별 기능, 말의 지각 기능, 말의 변별 기능 등을 들 수 있다.

또한 교육과정 편제상의 직업 교과는 장애 영역별로 직업 교과가 제시되었던 종전의 교육과정에 비해 새 교육과정에서는 장애 영역별 구분 없이 공통으로 직업 교과를 설정하고, 특수학교의 특성에 따라 융통성 있게 활용하도록 하고 있다. 직업 교과는 공예, 포장·조립·운반, 농업, 전자조립, 제과·제빵, 정보처리, 상업디자인, 시각장애학생을 위한 이료가 있다.

## 3. 개정 청각장애 특수교육 교육과정 변천

### 1) 2008 개정 특수학교 교육과정

#### (1) 2008 개정 특수교육 교육과정의 성격

2008 개정 특수학교 교육과정은 「유아교육법」 제13조 제2항과 「초·중등교육법」 제23조 제2항에 의거하여 고시한 것이다. 이는 「장애인 등에 대한 특수교육법」 제20조에 의해 특수교육대상자가 취학하고 있는 유치원, 초·중등학교, 특수학교의 교육 목적과 교육 목표를 달성하기 위한 국가 수준의 교육과정이며, 유치원, 초·중등학교, 특수학교에서 특수교육대상자를 위하여 편성·운영하여야 할 유치원·학교 교육과정의 공통적·일반적 기준을 제시한 것이다.

2008 개정 특수학교 교육과정의 성격은 다음과 같다.

가. 국가 수준의 공통성과 지역, 학교, 개인 수준의 다양성을 동시에 추구하는 교육과정이다.
나. 학습자의 자율성, 창의성 및 사회적응력을 신장하기 위한 학생 중심의 교육과정이다.
다. 교육청과 학교, 교원·학생·학부모가 함께 실현해 가는 교육과정이다.
라. 학교교육 체제를 교육과정 중심으로 개선하기 위한 교육과정이다.
마. 교육의 과정과 결과의 질적 수준을 유지·관리하기 위한 교육과정이다.
바. 특수교육대상자의 특수성을 고려한 교육과정이다.

## (2) 2008년 개정 특수학교 교육과정 주요 내용

### ① 교육과정 개정의 중점

국민공통 기본교육과정을 근간으로 한 기본교육과정 편성·운영의 자율권을 부여한다.

### ② 유치원 교육과정

기본교육과정은 국민공통 기본교육과정과 고등학교 선택 중심 교육과정을 적용하기 어려운 1학년에서 12학년의 장애학생을 대상으로 한다. 또한 국민공통 기본교육과정은 1학년에서 10학년까지로 한다

### ③ 선택 중심 교육과정(11~12학년)

선택 중심 교육과정은 11학년부터 12학년까지로 한다.

### ④ 치료교육활동 삭제 및 재량활동 시간에 치료지원 마련

기본교육과정 및 국민공통 기본교육과정의 치료교육활동은 삭제하고 재량활동 시간에 치료지원을 하도록 지침을 제시한다.

### ⑤ 기본교육과정의 교과교육과정 구조 및 내용 개선

기본교육과정은 7개 교과에서 국어, 사회, 수학, 과학, 체육, 음악, 미술, 실과/직업의 8개 교과로 확대 개편한다. 예능은 음악, 미술로 분리하고 건강은 체육으로, 직업은 실과/직업으로 명칭을 변경한다. 또한 초등학교에 '우리들은 1학년'을 신설하고 5, 6학년에 실과/직업 교과 포함한다. 또한 기존 교육과정 I 단계를 기능적 생활 중심 내용으로 확대하고 각 교과별로 I 단계, II 단계, III 단계의 수준별 교육과정으로 구성한다.

### ⑥ 순회교육, 통합교육, 영아교육, 전공과 교육과정에 대한 교육과정 편성·운영 지침 제시

순회교육, 통합교육, 영아교육, 전공과에 대해 특수교육의 특성을 반영한 교육과

정 편성·운영의 재량권을 부여한다.

⑦ 주5일 수업제 월 2회 시행에 따른 수업 시수 일부 조정

초등학교 1, 2학년은 감축이 없고 초등학교 3학년부터 고등학교 3학년까지는 주당 1시간을 감축한다. 초등학교와 고등학교 2~3학년은 학교 자율로 교과에서 감축하고, 중학교 1학년부터 고등학교 1학년은 교과 재량 활동에서 감축한다. 학교 자율 감축 운영은 연간 220일의 1/10 범위의 자율권을 부여한다.

⑧ 교육과정 편성·운영 지침의 합리적 보완

기본교육과정과 국민공통 기본교육과정의 병행 편성·운영 가능하며, 단위학교 실정과 필요에 근거한 교육과정 선택권 개방에 따른 보완 지침을 마련한다. 국가 수준 교육과정 편성·운영 지침 체제를 도입하고 개별화교육 지침서, 장애영유아 교육과정 편성·운영 지침서, 통합교육 교육과정 편성·운영 지침서를 개발·보급한다.

## (3) 청각장애학생을 위한 지원

### ① 국어과

청각장애 학습자를 위한 국어교과는 청각장애로 인한 취학 전 언어 발달 지연을 보상하고, 학습자의 의사소통 능력과 글을 읽고 쓰는 능력의 향상에 주안점을 둔다. 이를 위해 '듣기·수어 읽기·말읽기' '말·수어하기' '읽기' '쓰기'의 네 가지 영역의 교수·학습이 상호 유기적인 관련을 맺으면서 통합적으로 운용되도록 한다. 특히 청각장애 학습자가 사용하는 의사소통 양식에 따라 언어 기능을 신장시키고, 학습 성취 수준에 따른 개별화 학습이 이루어지도록 한다.

### ② 영어과

시각·청각장애 학생을 위한 영어 교과는 일반교육과정 영어 교과 성격을 바탕으로 하되, 학생의 장애 정도 및 개별적 학습 특성과 개인차를 고려한 교수·학습을 권장한다. 특히 시각·청각장애 학생은 장애 특성상 경험의 질과 내용이 일반학생과 다르거나 제한적이므로 언어의 네 기능, 즉 듣기, 말하기, 읽기, 쓰기 등에 관련

된 자료와 경험을 풍부하게 제공할 수 있도록 고려한다. 청각장애학생에게는 청력 상태에 따라 적합한 의사소통 양식을 활용하고, 청각 결손을 보완할 수 있는 다양한 자료를 제공한다.

### 2) 2011 개정 특수교육 교육과정

#### (1) 2011 개정 특수교육 교육과정의 성격

2011 개정 특수교육 교육과정은 2010 개정 특수교육 교육과정의 성격을 그대로 계승하여 특수교육대상학생의 전반적 기능 향상을 지원하는 교육과정을 구현하여 장애학생의 교육 역량을 강화하고자 한다. 이에 따라 설정된 개정 방향 및 중점 사항은 다음과 같다.

① 일반교육과정으로의 접근성을 확장한다

기본교육과정의 학년군별 교육 내용에 일반교육과정을 반영하여 동일한 교육 경험을 공유할 수 있도록 하였다. 그리고 일반교육과정과 동일하게 5개 학년군별로 교과 교육과정을 개발한다. 5개 학년군은 초등학교 1~2학년, 3~4학년, 5~6학년, 중학교 1~3학년, 고등학교 1~3학년으로 분류된다.

② 기본교육과정 구성에 있어서 교과 교육의 본질을 강화한다

각 교과별 성격에 적합한 교육 내용을 개발하고자 개정 초·중등학교 교과교육과정의 교과별 하위 영역을 모두 반영하며, 교과별 특성을 반영한 교육과정을 개발한다. 주안점은 교과 교육의 본질을 벗어나지 않으면서 장애학생의 특성을 최대한 고려하여 내용을 구성하는 것이다.

③ 기본교육과정 구성에 있어서 개별 학생의 요구 지원을 확대한다

다양한 특수교육 선택 교과를 신설하고, 장애학생의 특성과 수준을 고려하여 모든 교과에 기초적인 내용과 생활 관련 내용을 구성한다.

④ 학교 교육과정의 자율화를 지원한다

학교의 필요에 따라 교과(군)별 수업 시수를 20% 범위 내에서 증감하여 운영 가능하도록 하며, 기본교육과정에서는 교과(군)별 수업 시수의 20% 이내에서 감축하여 선택 교과를 편성·운영하는 것이 가능하도록 한다.

### (2) 2011 개정 특수교육 교육과정 주요 개정 내용

2011 개정 특수교육 교육과정의 주요 개정 내용은 다음과 같다.

#### ① 2011 개정 특수교육 교육과정 전면 개편

2011 개정 특수교육 교육과정은 2010 개정 특수교육 교육과정 및 2009 개정 교육과정에 따른 초·중등학교 교육과정의 취지에 맞게 교과 교육과정을 개정하고 있다. 특수교육 교과 교육과정인 기본교육과정, 공통교육과정, 선택 중심 교육과정 중에서 특히 기본교육과정은 전면 개정을 전제로 개편된다. 구체적으로 개정된 내용은 다음과 같다.

첫째, 기본교육과정을 특수교육 교육과정 총론의 학교급별 편제와 시수(단위) 배당에 제시된 학년군 단위로 개발한다. 학년군은 '초등학교 1~2학년, 3~4학년, 5~6학년, 중학교 1~3학년, 고등학교 1~3학년'으로 분류되어 각 교과별 교육과정이 구성된다.

둘째, 장애 특성을 고려하여 재구성된 특수교육 공통교육과정(국어, 체육, 영어)을 2009 개정 교육과정에 따른 초·중등학교 교과 교육과정 내용을 반영하여 개정한다. 시각장애(국어, 체육, 영어), 청각장애(국어, 영어), 지체장애(체육) 특성을 반영하여 일반 교과 교육과정에 장애별 특성을 고려한 내용이 추가되는 형태로 구성된다. 단위학교에서는 관련 교과용 도서로 편찬되는 점자 익히기(시각장애), 언어(청각장애), 체육(시각장애, 지체장애) 등을 활용하여 해당 교육과정을 운영하면 된다.

#### ② 기본교육과정의 범위와 수준 확대

특수교육 교육과정 개정에서 모든 학생의 기준 교육과정인 공통교육과정 및 선택교육과정에 참여하기 어려운 특수교육대상학생을 위해 특성화된 교육과정인 기본교육과정은 장애학생의 다양한 특성과 수준을 고려하여 범위와 수준을 대폭 확대한다.

### ③ 대체·대안 교육과정으로서 기본교육과정 성격 강화

2011 개정 특수교육 교육과정에서 기본교육과정은 국가 수준에서 모든 학생에게 공통적으로 적용되는 기준 교육과정을 수행하기 어려운 장애학생을 위해서 필요한 대체·대안 교육과정으로서의 성격을 보다 강화한다. 또한 '성취기준'과 '학습 활동의 예(탐구 활동의 예, 내용 요소의 예)'를 구분하여 활동 중심의 기능적 교육과정으로 기본교육과정을 구성한다.

### ④ 장애학생의 교육 역량을 강화할 수 있는 교육과정으로 구성

2011 개정 특수교육 교육과정은 특수교육이 추구하는 방향과 목표를 최대한 구현하고자 한다. 이를 위해 통합교육 내실화, 개별화교육 내용 확충, 사회 적응 능력 신장 기회를 제공하는 교육과정으로 구성한다.

현행 제7차 특수교육 교육과정 내에서 부분 개정을 단행하였다. 그 특징을 요약하면 〈표 12-5〉와 같다.

**표 12-5 현행 교육과정 아래에서의 개정 교육과정 변천**

| 청각장애학교 교육과정 변천 | | |
|---|---|---|
| 구분 | 개정 | 특징 |
| 제7차 교육과정 | 2000 초등학교 2001 중학교 2002 고등학교 | • 21세기의 세계화·정보화 시대를 주도할 자율적이고 창의적인 한국인 육성<br>• 학생 중심 교육과정(자율과 창의에 바탕을 둔 학습자 중심의 교육)<br>• '국민공통 기본교육과정'과 '선택 중심 교육과정' 체제 도입<br>• 목표: 건전한 인성과 창의성을 함양하는 기초, 기본교육의 충실<br>• 내용: 세계화·정보화에 적응할 수 있는 자기주도적 능력 신장<br>• 운영: 학생의 능력, 진로, 적성에 적합한 학습자 중심의 교육 실천<br>• 제도: 지역 및 학교 교육과정 편성, 운영의 자율성 확대<br>• 국민공통 기본교육과정: 교과＋재량＋특별(국어, 도덕, 사회, 수학, 과학, 실과, 체육, 음악, 미술, 외국어)<br>• 학생 선택권 부여 |

| 제7차<br>교육과정 | 2008 개정<br>특수학교<br>교육과정 | • 치료교육 활동 삭제 및 재량 활동 시간에 '치료지원' 마련<br>• 기본교육과정의 교과교육과정 구조 및 내용 개선<br>　-8개 교과(국어, 사회, 수학, 과학, 체육, 음악, 미술, 실과/직업)로 확<br>　　대 개편<br>　-초등학교 '우리들은 1학년' 신설 및 5, 6학년의 '실과/직업' 교과 포함<br>　-기존 교육과정 I단계를 기능적 생활 중심 내용으로 확대<br>　-각 교과별로 'I단계, II단계, III단계'의 수준별 교육과정으로 구성<br>• 순회교육, 통합교육, 영아교육, 전공과 교육과정에 대한 교육과정 편<br>　성·운영 지침 제시(예정)<br>　-순회교육, 통합교육, 영아교육, 전공과에 대해 특수교육의 특성을<br>　　반영한 교육과정 편성·운영의 재량권 부여 |
|---|---|---|
| | 2011 개정<br>특수교육<br>교육과정 | • 특수교육 공통 교육과정 개정<br>　일반 국어과 내용에 청각장애학생의 장애 특성을 반영한 내용 추가<br>　구성<br>　-영역 성취 기준 및 내용 성취 기준 수정·보완<br>　-교수·학습 방법 및 평가 방법 개선<br>　-중복장애학생을 위한 '평가 조정' 사항 추가<br>　-청각중복장애학생을 위한 평가 조정 |

## 3) 2015 개정 특수교육 교육과정

### (1) 2015 개정 특수교육 교육과정 성격

이 교육과정은 「유아교육법」 제13조 제2항, 「초·중등교육법」 제23조 제2항, 「장애인 등에 대한 특수교육법」 제20조 제1항에 의거하여 고시한 것으로, 특수교육대상학생이 취학하고 있는 유치원, 초·중등학교 및 특수학교의 교육 목적과 교육 목표를 달성하기 위한 국가 수준의 교육과정이며, 유치원, 초·중등학교 및 특수학교에서 편성·운영하여야 할 학교 교육과정의 공통적이고 일반적인 기준을 제시한 것이다.

이 교육과정의 성격은 다음과 같다.

가. 국가 수준의 공통성과 지역, 학교, 개인 수준의 다양성을 동시에 추구하는 교육과정이다.

나. 학습자의 자율성과 창의성을 신장하기 위한 학생 중심의 교육과정이다.

다. 학교와 교육청, 지역사회, 교원·학생·학부모가 함께 실현해 가는 교육과정이다.

라. 학교교육 체제를 교육과정 중심으로 구현하기 위한 교육과정이다.

마. 학교교육의 질적 수준을 관리하고 개선하기 위한 교육과정이다.

2015 개정 특수교육 교육과정은 [그림 12-2]와 같다.

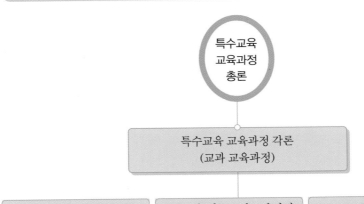

[그림 12-2] 2015 개정 특수교육 교육과정 개요

출처: http://www.ncic.go.kr

### (2) 2015 개정 특수교육 교육과정 공통교육과정 개정 방향

2011 개정 특수교육 교육과정에서 일반교육과정에 장애 유형별 특성에 따라 요구되는 내용들을 일부 추가하는 방식으로 구성되어 있는 국어(시각·청각), 체육(시각·지체), 영어(시각·청각)는 그대로 유지하고 장애 유형에 따른 특성 및 요구를 반영한 교과용 도서(보완교재)로 확대하였다.

### (3) 2015 개정 특수교육 교육과정 기본 방향

장애 특성 및 정도를 고려한 교과 교육과정 개발로 장애학생의 역량을 제고하고자 하였다. 이에 따라 공통교육과정의 수행이 어려운 중도장애학생들을 위한 대안형 교육과정인 '기본교육과정'을 지역사회 생활이나 사회통합에 필요한 역량을 중심으로 한 교육과정으로 개편하였으며, 고등학교 장애학생들을 위한 직업 교육과정인 '특수교육 전문교과 교육과정'은 기초 지식과 실무 능력을 배양하여 성공적으로 취업에 도달할 수 있는 능력과 자질을 함양하는 데 필요한 직무 능력 중심의 교육과정으로 개편하였다.

### (4) 2015 개정 특수교육 교육과정 주요 개정 내용

교과 교육과정은 장애 유형 및 정도에 따라 선택할 수 있도록 구분하였으며 별도로 개발된 특수교육 교육과정 외의 교육과정은 일반 교육과정을 적용하도록 하였다. 특수교육 공통교육과정은 일반교육과정을 기준으로 시각·청각·지체장애 학생의 특성을 고려한 내용을 3개 교과(국어, 영어, 체육)에 추가하였다. 또한 특수교육 전문교과 교육과정은 고등학교 과정의 시각·청각·지체장애 학생 및 경도 지적장애 학생을 주 대상으로 하여 직업 적응 및 기초 직무 능력 배양을 할 수 있는 특화된 내용으로 구성하였으며 선택 중심 교육과정 및 기본교육과정을 사용하는 고등학교와 특수학교 고등학교 및 전공과 과정 등에서 사용할 수 있도록 하였다.

2015 특수교육 교육과정의 주요 개정 내용은 다음과 같다.

① 핵심 역량 제시

2015 개정 특수교육 교육과정은 교과와 창의적 체험활동, 그리고 학교생활 전반에 걸쳐 학생의 실제 삶 속에서 무엇인가를 할 줄 아는 실질적인 능력을 기를 수 있

도록 일반교육과정과 동일하게 '자기관리 역량' '지식정보처리 역량' '창의적 사고 역량' '심미적 감성 역량' '의사소통 역량' '공동체 역량'의 6가지 핵심역량을 제시하였다.

### ② 공통교육과정 주요 개정 내용

일반 공통교육과정의 교과별 핵심 역량을 따르되, 시각·청각·지체장애 학생의 장애 특성과 의사소통 양식, 주요 학습매체를 고려한 목표 및 성취 기준을 제시하였다. 이에 따라 청력 수준과 언어 및 의사소통의 특성을 고려한 학생의 특성과 요구를 반영한 교수·학습 및 대안적인 평가 방법에 대한 이해를 높였다.

### ③ 선택 중심 교육과정 주요 개정 내용

장애학생의 직업 역량을 강화하기 위하여 장래 직업을 가지는 데 필요한 기초 지식과 실무 능력을 갖추도록 하는 특화된 직업 교육과정을 개발하였다. 미래 사회에 필요한 역량 함양을 위하여 교육과정의 성격, 성취기준, 교수·학습 및 평가 방법 등에 특수교육 전문 교과 핵심역량을 다각적으로 반영한 특수교육 전문 교과를 전면 개편하여 모든 장애 유형의 학생을 위한 직업 교육과정을 개발하였다.

### ④ 청각장애학생들을 위해 개선된 내용

청각장애학생이 현재 및 미래 사회(직업생활 포함)에서 살아가는 데 필요한 생활 기능 및 소양을 기를 수 있는 '농인의 생활과 문화'를 창의적 체험활동에 편성·운영할 수 있도록 하였다. 시간 배당은 초·중학교는 '교과(군)별 증감 시수를 활용'하고, 고등학교는 창의적 체험활동 시간 또는 학교 자율적으로 배정(자율 편성 단위 활용등)하도록 하였다. 또한 공통교육과정을 운영하는 초·중 특수학교에서 필요할 경우 국어, 체육, 영어에 한하여 시각·청각·지체장애 학생의 장애 특성을 반영하여 별도로 개발된 '특수교육 공통교육과정'을 활용할 수 있도록 총론에 제시하였다.

이와 같이 개정 특수교육 교육과정은 제7차 특수학교 교육과정 시작부터 추진되어 왔던 일반교육과정으로의 접근 및 통합성을 확대하려는 의지를 담고 있다. 이에 따라 청각장애아동은 공통교육과정 및 선택 중심 교육과정의 적용에 이어 학력에 어려움을 보이는 청각장애아동을 대상으로 기본교육과정으로 교육과정적 통합을 구축해 나가고 있다. 그럼에도 청각장애아동의 현장 적용성을 높이기 위해서는 청각장애아동에게 특성화된 교육과정이 요구되고 있다.

## 제3절 청각장애 교육과정의 과제 및 전망

### 1. 청각장애 교육과정의 과제

2015 개정 특수교육 교육과정은 역량 중심 교육과정으로 보편성과 특수성을 추구하고 있다. 이에 따라 특수교육 교육과정이 지나치게 일반 초·중·고등학교 공통교육과정과 선택 중심 교육과정의 기본 틀을 근간으로 운영하다 보면 청각장애아동의 특수성으로 교육적 요구가 제대로 반영되지 못하는 문제가 있다. 공통교육과정은 청각장애아동이 학습하기에는 교육 내용의 양이 많다. 청각장애아동의 수준에 맞추어 학습량을 적절하게 조절하고, 교육과정의 내용이 학생들이 따라가기 힘든 측면을 가정하여 개선이 필요하다. 즉, 청각장애아동에게 기준 교육과정인 공통교육과정이 현재 청각장애학교에 배치된 다수의 청각장애아동에게 적용하기 어려운 측면이 있다. 그러므로 청각장애아동의 특수성을 인정하여 개발된 국어과와 영어과 교육과정 이외에도 공통교육과정 전 교과에 청각장애아동의 특성을 고려한 교과서 또는 보완 교재를 자체 개발하는 것이 필요하다.

대부분의 청각장애학교가 일반학교의 공통교육과정을 학교 수준 교육과정으로 재구성하여 운영하고 있으나 어려움이 있다. 최근에는 농중복학생의 비율이 늘고 있어 이에 대한 대안으로 청각장애 교육과정을 설계해야 한다.

청각장애 교육과정이 현장에서 성과를 얻기 위해서는 교육 수요자와의 사회적 합의 과정을 거쳐 수립되어야 하며, 청각장애학생의 학습권 차원에서 과거 청각장애학교 중심으로 독자적으로 운영되었던 제4차 교육과정과 제5차 교육과정에서 얻었던 성과와 취지를 되돌아볼 필요도 있다.

## 2. 청각장애아동을 위한 수요자 중심의 교육과정 개발

청각장애아동을 위한 교육과정은 청각장애아동이 지닌 현재의 수학 능력에 기초하여 개정이 이루어져야 한다. 청각장애아동의 교육과정 접근성을 극대화하기 위한 방법은 수요자의 요구를 반영한 교육과정을 개발하는 것이다. 이에 공통교육과정의 교과 내용을 수정형으로 보완하는 노력이 필요하다.

청각장애아동의 인지 수준을 고려한다면 초등학교 4학년 이전의 학생에게는 4학년 수준에 도달할 수 있도록 대체 사고 등을 통한 개념의 정착과 의미의 명료화에 주안점을 두고 교과 내용 수준을 청각장애아동 수준에 맞춰 재구성하는 것이다.

교육과정의 현장 적합성을 높이려면 교육과정에서 제시하고 있는 내용기준을 바탕으로 수행기준을 조정하면 된다. 이는 교육과정상에서 특수교사가 의사결정을 하는 것으로서 교사의 교육과정 전문성을 기초로 한다. 따라서 청각장애아동을 위한 수요자 중심 교육과정은 특수교사가 주어진 교육과정 목표를 효과적으로 달성하기 위해 교육계획 및 교과서를 재조직화, 수정, 보완, 통합하는 일련의 활동을 의미한다.

한편, 특수교육 교육과정 또한 교육과정의 현장 적용이 주요 이슈가 되고 있다. 특수교육 교육과정은 특수교육대상학생을 위한 교육과정으로서「장애인 등에 대한 특수교육법」제20조 및 동법시행규칙 제3조의 2에 의거하고 있다(교육과학기술부, 2011). 특수교육과정 개정에서 반복되는 이슈 중 하나는 '교육과정 내용을 특수교육대상 학생에게 지도할 수 있는가?'라는 현장 적합성의 여부다. 현장 적합성은 교육과정의 분석을 통하여 제시될 수 있는 사안으로 내용기준과 수행기준을 분석의 대상으로 삼아야 한다. 특수교육 교육과정은 대상 학생의 교육적 요구를 최적으로 반영하여야 한다는 점에서 교육과정 재구성의 주체로서의 교사의 전문성 또한 분석의 대상으로 삼아야 한다.

따라서 특수교육 교육과정의 현장 적합성의 논점은 '청각장애아동을 위한 교육과정의 적합성이 무엇인가?'에 대한 명확한 개념 정립으로, 교육과정의 성취기준과 이를 반영하기 위한 교육과정 재구성 간의 상호작용이라 할 수 있다.

## 3. 청각장애아동을 위한 교육과정의 내용 요소와 성취기준 적합성 제고

청각장애아동 교육과정이 현장에서 성과를 얻기 위해서는 교육 수요자와의 사회적 합의 과정을 거쳐 수립되어야 한다. 과거 7차 특수학교 교육과정 이전의 청각장애학교 중심으로 독자적으로 운영되었던 제4차 교육과정과 제5차 교육과정에서 얻은 성과와 취지를 이해하고 반영하는 노력도 필요하다.

현재 청각장애학교에서 공통교육과정이 효과적으로 운영되지 못하는 원인은 단순 감각장애인 청각장애아동의 학업 수행 능력과 공통교육과정 간의 불일치 현상과 농중복장애아동이 청각장애학교의 교육과정 운영에 중요한 수요자로 작용하고 있음에도 국가 수준의 교육과정이 이를 반영해 주지 못하기 때문이다. 그러므로 내재적으로는 청각장애아동의 학력 발달 수준을 고려하여야 하며, 외재적으로는 사회 현상을 반영하여 청각장애아동에게 적합한 교육과정으로 개정할 필요가 있다. 특히 특수교육의 적합성 문제는 성취기준 도달을 놓고 이견이 많다. 성취기준을 도출함에 있어서 내용기준을 강조할 때 특수학생이 성취기준에 도달하기 어려운 반면, 수행기준을 강조할 경우에는 교과의 본성을 간과할 수 있는 문제를 보여 준다.

청각장애아동을 위한 교육과정의 현장 적합성의 논점은 교육과정의 성취기준과 이를 반영하기 위한 교육과정 재구성 간의 상호작용이라고 할 수 있다. 이런 점에 있어서 교육과정에 대한 적합성이 무엇을 의미하는지에 대한 명확한 개념이 정립되어야 한다. 교육과정의 현장 적합성은 연구 수행의 방향에서 교육과정의 내용기준과 학생에게 요구하는 수행기준 그리고 교육과정 재구성에 대한 의미 등이 공통적으로 겹치고 있다. 따라서 청각장애아동을 위한 교육과정으로 정착되기 위해서는 다음과 같은 노력이 요구된다.

첫째, 청각장애아동을 지도하고 있는 교사의 교육과정 요구와 청각장애아동의 요구가 교육과정에 반영되어야 한다. 청각장애아동을 위한 교과의 내용 조직 및 선정은 공통교육과정의 내용 요소들을 기반으로 내용 선정의 원리와 내용 조직의 원리에 따라 내용 요소들을 재구성하거나 필요한 내용을 적극적으로 삽입하는 방식의 수정형 교육과정 개발이 제고된다. 우리나라의 특수교육 교육과정 변천은 일반교육과정과 연동되어 발전되어 왔다. 교육과정의 개정은 기존의 기능적 · 발달적 교육과정 중심에서 내용기준, 성취기준 중심으로 이동하고 있다.

둘째, 특수교사는 가르칠 내용의 의미가 무엇인지 잘 알고 이것을 특수교육대상 학생의 독특한 교육 요구에 맞게 조정해야 한다. 가르칠 내용의 의미를 안다는 것은 내용의 목록이나 성취기준, 내용 간의 관계나 구조 등을 교사의 입장에서 아는 것만을 의미하지 않는다. 가르칠 내용의 의미를 안다는 것은 학생들이 목표 상태에 도달하기 위해 교사가 어느 길로 학생들을 이끌어야 하는지 안다는 것을 의미한다.

따라서 청각장애아동을 위한 교육과정은 기존 교과교육에 청각장애아동을 어떻게 참여시키는지보다 교육과정을 어떻게 재구성하여 청각장애아동에게 적용할 것인가에 초점을 맞추어 이해하여야 한다.

## 연구 과제

1. 교육과정의 개념과 교육과정 모형에 대해 알아보자.
2. 우리나라 청각장애 교육과정의 변천 과정을 일반교육과정의 변천 과정과 비교해 보자.
3. 현재 청각장애 교육과정을 이해하고 앞으로 우리나라 청각장애 교육과정이 지향해 나가야 할 점에 대해 알아보자.

## 참고문헌

교육과학기술부(2011). 특수교육 교육과정. 교육과학기술부.

교육부(2015a). 2015 개정 특수교육 교육과정 길라잡이. 교육부.

교육부(2015b). 특수교육 교육과정. 교육부.

권순황(2011). 학력저성취 청각장애학생의 교육적 요구와 학습자 경험중심모형 특성 연구. 특수아동교육연구, 13(3), 185-205.

권순황(2012). 청각장애학교 특수교육 교육과정 적합성에 관한 연구. 특수아동교육연구, 14(4), 465-481.

권순황(2013). 초등학교 1, 2학년 수학 '수와 연산' 영역에 대한 기본교육과정과 교과서 내용 분석청각장애학교 특수교육 교육과정 적합성에 관한 연구. 특수아동교육연구, 15(2), 267-283.

권순황(2014). 행위자 기반 모형을 통한 특수교육과정 적합성 연구. 특수아동교육연구, 16(2), 465-481.

김병하(1981). 청각장애아 교사의 전문능력 연구. 특수교육연구, 9집. 대구대 특수교육연구소.

김병하(1988). 청각장애아동의 교육 방법 개선, 특수아동의 교육 방법 개선을 위한 세미나, 한국교육개발원, 111-124.

김병하(1990). 특수학교 교육과정 자료개발의 국제비교, 특수교육학회지, 11집, 대한특수교육학회, 5-18.

김병하(2010). 한국 농교육의 과제와 쟁점. 학교교육연구, 5(2), 169-180.

김재춘, 부재율, 소경희, 채경희(2005). 예비·현직 교사를 위한 교육과정과 교육평가. 서울: 교육과학사.

김정권(1985). 특수아동의 개별화교육. 서울: 재동문화사.

김정연, 김은주(2013). 2011 개정 특수교육 교육과정에 따른 중도,중복장애학생의 학교 수준 교육과정 편성 방안 연구. 지적장애연구, 15(2), 105-128.

김혜정, 정은희(2006). 제7차 교육과정에 의한 청각장애학교 중학부 영어교육 실태 연구. 특수아동교육연구, 8(1), 225-250.

문교부(1989). 청각장애아 특수학교 교육과정 지침. 문교부.

박성익(1988). 수업 방법 탐구. 서울: 교육과학사.

박희정, 최성규(2007). 청각장애학교 직업교과 교육과정 운영에 대한 질적 연구. 특수교육재활과학연구. 46(3), 73-103.

백경선(2010). 교육과정 개발에서 사회적 요구의 교육과정적 정당성 준거 탐색에 대한 시론. 학습자중심교과교육연구, 10(1), 195-218.

서창원, 김동일(2008). 청각장애 특수학교의 평가문화를 통하여 알아본 교육과정 운영의 문제. 아시아교육연구, 9(3), 205-224.

이경섭(1990). 학교교육과정론. 서울: 교육과학사.

이종승(1991). Tyler 교육과정과 수업의 원리. 서울: 교육과학사.

이현수(2007). 청각장애학교 교육과정 실행 모형 개발 연구. 성균관대학교 대학원 박사학위 논문.

최성규, 남인수(2013). 청각장애학교 교사가 인식하는 청각장애학생과 농중복장애학생을 위한 교육과정의 구조 분석. 특수아동교육연구, 15(3), 409-426.

최성규, 정미숙(2004). 청각장애학교의 제7차 교육과정 운영 실태 및 개선방안. 특수교육학연구, 39(1), 287-310.

한국교육과정평가원(2013). 2009 개정 교육과정에 따른 초·중학교 핵심 성취기준 개발 연구: 총론. 서울: 한국교육과정평가원.

한국교육과정평가원(2014). 국가 교육과정 총론 개선을 위한 기초 연구. 서울: 한국교육과정평가원.

홍후조(2002). 교육과정의 이해와 개발. 서울: 문음사.

Decker, F. W., & Joans, F. S. (1992). 교육과정과 목적. (허숙 외 공역). 서울: 교육과학사.

Ewing, K., & Jones, T. (2003). An educational rationale for deaf students with multiple disabilities. *American Annals of the Deaf, 148*(3), 267–271.

Guardino, C. (2008). Identification and placement for deaf students with multiple disabilities: Choosing the path less followed. *American Annals of the Deaf, 153*(1), 55–64.

Moores, D., & Martin, D. (Eds.). (2006). *Deaf learners: Developments in curriculum and instruction.* Washington D.C.: Gallaudet University Press.

Tyler, Ralph. W. (1969). *Basic principles of curriculum and instruction.* University of Chicago Press.

# 제13장 청각장애아동의 교과교육

 학습 목표

1. 청각장애아동을 위한 교과교육의 개념을 이해한다.
2. 청각장애아동 교과 지도를 위한 수업 목표를 바르게 진술한다.
3. 청각장애아동 교과 지도를 위한 교수 · 학습과정안 작성을 이해한다.
4. 청각장애아동을 위한 교과별 지도 방법을 이해한다.

일반적으로 교과는 교육 내용을 학교교육의 목적에 맞게 조직해 묶어 놓은 묶음으로 국어, 수학, 과학 등과 같이 제시되는데, 학교가 가르칠 내용을 하나의 단위로 묶어 놓은 묶음을 의미한다. 따라서 교과는 교사와 학생이 학교교육의 교육 목표를 달성하는 데 필수적인 조건으로서, 지식과 경험을 상호 보완하는 입장에서 학습자에게 유용한 지식을 내용으로 하여 학습자가 지적인 과정을 경험하는 것이라 할 수 있다.

그런데 청각장애아동은 청력손실로 인하여 음성언어의 사용과 활용 경험이 부족하며, 이는 교과교육의 큰 걸림돌로 작용하고 있다. 청각장애아동의 교과교육은 단순한 청력손실 정도와 교과의 특성만으로 효과적인 지도 방법을 모색할 수는 없다. 이에 이 장에서는 청각장애아동의 교과교육의 개념, 수업 목표 진술, 교수 · 학습과정안 작성 요령 등을 살펴봄으로써 청각장애아동의 교과교육 방법을 이해하고자 한다.

## 제1절 교과교육의 개념

　일반적으로 교과는 교육 내용을 학교교육의 목적에 맞게 조직해 묶어 놓은 묶음
으로 국어, 수학, 과학 등과 같이 제시되는데, 학교가 가르칠 내용을 하나의 단위로
묶어 놓은 묶음을 의미한다. 따라서 교과는 교사와 학생이 학교교육의 교육 목표를
달성하는 데 필수적인 조건으로서, 지식과 경험을 상호 보완하는 입장에서 학습자
에게 유용한 지식을 내용으로 하여 학습자가 지적인 과정을 경험하는 것이라 할 수
있다. 또한 교과교육은 교과와 교육의 합성어로 교육 내용을 학교교육의 목적에 적
합하게 조직해 묶음 지어진 내용을 가르치는 행위 또는 활동으로 정의할 수 있다.
또한 교과교육은 학교의 교육 활동 중에서 생활 지도나 특별활동과는 구분되는 교
육을 의미한다(권택환 등, 2010).

　그러므로 효과적인 교과교육을 위해 특수교사는 가장 우선적으로 학습자인 청각
장애아동의 특성을 충분히 이해하고 있어야 한다. 또한 교과별 특성에 대한 안목을
가지고 교육 내용과 교수 방법에 대한 원리를 이해하고 개별 교과에 대한 전문적인
지식과 개별 학습자의 인성적 측면까지 포함하여 지도하여야 한다.

　교과교육의 주요 요소는 교과교육의 목표 파악, 목표 달성을 위한 내용 선정 및
조직, 효과적인 교수 · 학습, 적합한 교수 · 학습 자료 선정, 평가 등으로 이들은 서
로 밀접한 관계를 맺고 상호작용한다. 그러므로 청각장애아동의 교과 지도는 교
수 · 학습 지도 전략의 수립과 실천이 필요하다. 그러나 현실적으로 공통교육과정
이 가청아동의 언어적 · 교육적 경험 위주로 구성되어 있으므로 청각장애아동의 수
준에 알맞게 교육과정의 재구성이 요구되고 있다. 뿐만 아니라 청각장애아동의 교
과 지도는 청각장애아동의 교육적 요구를 충족시키고 전인적 발달의 최적화 및 교
육의 효율성을 극대화하는 데 목적을 두고 실천해 나가야 한다(한국청각언어장애교
육학회, 2012).

## ⁜ 제2절 수업 목표

교육 목적은 교육 활동의 방향을 제시해 주고 교육 이념과 교육 목표를 포함하고 있다. 교육 이념, 교육 목적, 교육 목표 간의 위계는 〈표 13-1〉과 같다.

**표 13-1** 교육 목표의 위계 수준

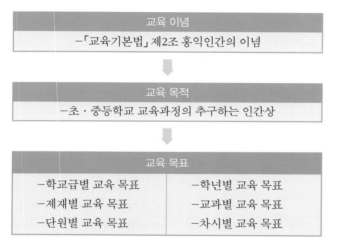

출처: 한국특수교육교과교육학회(2008: 74).

한편, 교과 목표는 실제 교육 활동이 이루어지는 내용을 교과별로 나눈 교육 활동의 핵심 목표로서 교과교육을 통해 무엇을 얼마나 달성해야 하는가를 목표로 둔다(권택환 외, 2010 재인용). 교과 목표를 달성하기 위해서는 수업 수준의 목표가 필요하다. 일반적으로 수업 수준의 목표는 단원 목표와 수업 목표로 구분할 수 있다. 단원 목표는 비교적 포괄적인 개념으로 진술되지만, 수업 목표는 세분화된 행동적인 용어로 진술되어야 한다.

교수·학습 목표는 소단원 지도 과정의 차시별 지도 내용에 따라 3~4개 정도로 하며, 단원 학습 목표를 보다 구체적으로 진술한다. 즉, 본시의 학습 목표는 학습자가 학습한 후에 도달해야 할 성취 행동으로 진술하되, 명시적 동사를 사용하여 성취 결과를 명확하게 알 수 있도록 해야 한다. 이를 구체적으로 설명하면 다음과 같다.

① 교사의 행동이 아닌 학생의 행동으로 진술한다.

（평행봉을 잡고 일어서게 한다. → 평행봉을 잡고 일어선 후 체중 이동을 할 수 있다.）

② 학습 과정이 아닌 학습의 결과로 나타나는 학생의 변화된 행동으로 진술한다.

（지하철 노선을 알게 한다. → 지하철 노선을 보고 각 역 이름을 지적할 수 있다.）

③ 학습 목표를 성취적 용어로 진술한다.

（풍선 배구 경기의 규칙을 이해시킨다. → 풍선 배구 경기를 할 때 규칙을 어기지 않는다.）

④ 성취 행동이 성공적인지 아닌지를 판단하기 위한 수락 기준을 명시해야 한다.

（평행봉을 잡고 걸을 수 있다. → 바른 자세로 평행봉을 잡고 30초 이내에 이동할 수 있다.）

⑤ 구체적이고 명료한 행동적 용어로 진술한다.

**표 13-2 성취 행동의 진술(예)**

| 암시적 진술(추상적) | 명시적 진술(구체적) |
| --- | --- |
| 안다. 이해한다. 깨닫는다. 인식한다. 파악한다. 믿는다. 감상한다. | 말한다. 설명한다. 지적한다. 구별한다. 열거한다. 비교한다. 수집한다. 그린다. 계산한다. 작성한다. 분류한다. 답을 찾아낸다. |

## 제3절 교수 · 학습과정안의 작성

### 1. 교수 · 학습과정안의 필요성

교육의 질을 높이기 위해서는 치밀한 계획이 있어야 한다. 교수 · 학습과정안은 교사의 교수와 학습자의 활동을 효과적으로 진행하기 위한 조직적이고 구체적인 수업 진행 계획을 의미한다. 그러므로 치밀하게 계획된 교수 · 학습과정안은 조직적이고 구체적인 수업을 진행할 수 있도록 도움을 주므로 수업 효과를 극대화할 수 있다. 따라서 교수 · 학습과정안은 한정된 시간 내에서 효율적인 교수 · 학습이 이루어지도록 하기 위해서 어떤 목표와 방법으로 교수 · 학습을 할 것인가를 계획하게 하므로 매우 유용하다. 교사는 학습 지도에 앞서 먼저 학생의 실태를 정확하게 파악하여야 할 것이다. 이와 아울러 학생의 실태와 맞는 적절한 목표와 내용, 그리고 지도 방법을 결정하여야 한다. 뿐만 아니라 학습 지도 과정을 효율적으로 하기 위한 시간을 적절히 배분하고 필요한 교재·교구가 무엇인지를 선택하여야 하며, 수업을 위한 다양한 준비 상황에 대한 검토 역시 해 두어야 한다. 즉, 교사는 교과 내용에 대해 잘 알아야 하고, 학습자의 능력, 흥미와 요구 등을 명확히 파악하고 있어야 좋은 교수·학습과정안을 작성할 수 있다. 이러한 지도 계획의 준비는 결국 가장 효율적인 교수·학습이 이루어지도록 하는 원동력이 되며 나아가 교사 자신의 학습 지도에 대한 자기평가 혹은 피드백을 가능하게 하므로 향후 학습 지도에 대한 개선점도 마련해 줄 수 있을 것이다. 따라서 학습 지도 계획을 수립한다는 것은 다음과 같은 관점에서 그 중요성(강문봉 외, 2006)을 강조할 수 있다.

첫째, 일관된 관점과 분명한 목표를 가지고 학습 지도를 할 수 있어 학습 효과를 높일 수 있다.

둘째, 수업에 임하기 전에 지도 내용과 지도 방법을 미리 생각해 둠으로써 지도상의 강조점을 분명히 알고 수업을 흥미롭게 시작하고 아동을 적절히 참여시킬 수 있다.

셋째, 지도 과정에서 예상되는 여러 문제에 대하여 적절히 대처할 수 있고 불필요한 반복과 시행착오를 줄일 수 있다.

넷째, 학습 내용과 교사 자신에 대한 신뢰감을 갖고 수업에 임할 수 있다.

다섯째, 학습 지도 과정을 되돌아보고 더욱 개선된 지도 방법을 추구해 나갈 수 있다.

교수·학습과정안의 필요성은 다음과 같다(고승덕, 1997).

첫째, 학습 목표와 그 달성을 위한 구체적인 절차, 방법 및 수단 등을 제시해 준다.

둘째, 교재에 바탕을 둔 교수·학습 내용을 명료하게 조직하여 제시해 준다.

셋째, 교수·학습의 효율성을 높이고 교육의 성과를 극대화해 준다.

넷째, 체계적인 교수·학습과정안은 교수·학습을 용이하게 해 준다.

다섯째, 잘 구성된 교수·학습과정안은 교수·학습 내용을 풍부하게 해 주고, 학습자의 동기를 유발하고 욕구를 충족시켜 학습자가 학습을 쉽게 하도록 도움을 준다.

교수·학습과정안의 중요성과 필요성을 바탕으로 볼 때 좋은 수업 계획을 준비하기 위한 고려 요인들은 다음과 같다(김희수, 2005).

첫째, 수업 목표나 내용에 알맞은 수업 방법은 무엇인지 분석하고 선택하여야 한다.

둘째, 수업의 대상자들을 분석하고 이들에 적합한 수업 방법을 계획해야 한다.

셋째, 수업은 여러 가지 학습 활동이 포함되므로 학습 활동에 관한 수업 계획을 수립해야 한다. 동기유발, 수행 유도, 질의응답, 모니터링 등 다양한 형태의 활동을 고려해야 한다.

넷째, 수업 계획은 수업자 자신의 자질, 능력, 선호하는 수업 방법 등을 고려하며 이루어져야 한다. 이를테면, 좋은 첨단시설과 장비가 있더라도 수업자가 실제 사용할 수 없다면 이는 무용지물과 다름없고 수업에 접목될 수 없기 때문이다.

다섯째, 수업과 관련한 현실적인 여러 여건이 고려되어야 한다. 여기에는 허용된 수업 시간의 양, 학습 활동을 할 공간과 장소, 교수·학습 자료, 시설, 예산, 안전, 이동의 문제, 부모의 동참이나 허락 등 다양한 요소가 요구된다(변영계 외, 1996 재인용).

## 2. 교수·학습과정안 작성의 원리

수업설계자가 학습 지도의 효율성을 높이려면 분명하고 확실한 수업 행동이 수행되어야 한다. 수업 행동은 학습 원리나 수업 원리에 따라 교수 결과로서 효과성과 효율성 매력도를 높이기 위한 활동이 강구되어야 한다. 따라서 수업 상황에서 학습 목표를 달성하기 위해 제공하는 교수·학습과정에서의 수업 원리를 제시하면 다음과 같다(권순황 외, 2013).

### 1) 수업 목표 명세화

새로운 단원의 학습을 시작하는 초기 단계에서 학습자들이 그 단원 혹은 그 시간의 수업 목표를 분명히 알도록 제시하여야 한다. 수업 목표는 학습자가 수업한 시간이나 혹은 한 단원의 학습 활동에 참여하여 성취해야 할 목표다.

수업설계자는 처음 단계에서 학습자가 이번 수업을 통해서 최소한 획득해야 할 목표를 분명히 인지하도록 해야 한다. 이를 위한 방법의 예로는 교수자의 구두 설명으로 수업 목표 제시하기, 칠판에 판서하여 제시하기, 유인물로 된 평가 문항의 견본 제시하기, 완성된 모범 작품 제시하기, 숙달된 학습자를 통한 시범 행동 제시하기, 수업 목표를 의문문으로 바꾸어 질문하기 등이 있다.

## 2) 학습 동기유발

학습자가 주어진 학습 과제를 수행하기 위해서는 학습에 주의를 집중하고 관심과 흥미를 갖도록 하여야 한다. 학습 동기유발이 긍정적으로 이루어지면 학습자는 자신에게 주어진 수업 시간을 자신의 학습을 위해 더 사용하게 되고 수업 시간이 지속되기를 바란다. 따라서 학습자가 주어진 학습 과제에 흥미와 관심을 갖도록 하는 것은 학습의 성패에 매우 중요한 영향을 미친다. 학습 동기유발을 조성하기 위해서는 다음과 같은 원리가 적용된다.

첫째, 학습자가 학습 과제에 주의집중하게 되면 수업 효과는 촉진된다. 이를 위해 학습 과제와 관련 있는 예화 들려주기, 학습을 성공적으로 달성했을 경우 그 결과를 적용할 수 있는 사태 제시하기, 시청각 혹은 멀티미디어 보조 자료에 의한 학습 동기유발하기 등의 방법을 사용한다.

둘째, 학습자가 수업 목표의 가치를 인식하면 학습 동기가 높아진다.

셋째, 학습자가 수업 목표 달성에 자신감을 지니도록 하면 학습 동기는 높아진다. 이를 위해 학습자의 능력 수준을 고려한 학습 과제를 해결하게 함으로써 자신감 갖게 하기, 학습자의 능력 수준을 고려한 발문을 통해 답할 기회를 제공하여 성공감 갖게 하기, 학습자의 학습 결손을 미리 발견하여 조처해 줌으로써 수업 목표에 성공적으로 도달하게 하기 등의 방법을 사용한다.

넷째, 학습자가 학습 과정에서 성공적인 경험을 제공하면 학습 동기는 강화된다.

다섯째, 학습자가 학습 과제에 호기심과 흥미를 갖도록 하면 학습 동기가 높아진다. 이를 위해 학습 과제를 구체적인 몇 개의 질문으로 진술하여 제시하기, 학습 과제의 신기성과 참신성에 관해 구두적인 설명 제시하기, 학습 과제에 관련 있는 시청각 혹은 멀티미디어 보조 자료 제시하기 등의 방법을 사용한다.

## 3) 학습결손 보상

학습자가 새로운 학습 과제를 성공적으로 학습하기 위해서는 학습 과제의 학습에 필요한 선행학습 능력이 요구된다. 그러므로 학습자가 선행학습 능력을 갖추었

는가를 알아보기 위해 교수자는 학습결손을 진단하여 결손 부분을 보완해 주어야
한다. 학습결손 보완을 위한 원리는 다음과 같다.

첫째, 학습자가 선행학습 요소를 충분히 학습하였을 때 학습 목표의 달성이 용이
하다. 이를 위해 해당 단원의 선행학습 능력을 수업 시작 전에 사전 진단검사 실시
하기, 선행학습 요소의 결손 부분을 보완하는 데 사용될 여러 자료의 제작, 방과 후
나 가정 학습 시간을 이용하여 학습결손 보완하기 등의 방법을 사용한다.

둘째, 학습자가 선행학습 능력에 대한 자신의 결손을 명확히 알고 있을 때 보완을
위한 학습은 효율적으로 이루어진다. 이를 위해 선행학습 능력을 요소별로 진단한
결과표를 학습자에게 제시하여 결손 부분을 인식시킬 수 있다.

셋째, 학습자의 선행학습 능력의 결손 부분에 적절한 보완 학습 자료나 보충학습
을 마련하면 효율적이다.

## 4) 학습 내용 제시

교수자가 학습 목표를 어떻게 제시하는가에 따라 학습 지도의 효과는 달라질 수
있다. 수업 목표에 도달하기 위해 교수자는 학습 내용별로 적절한 방법으로 제시하
고 학습자를 수업에 참여시키는 문제를 고민해 보아야 한다. 학습자에게 학습 내용
을 어떻게 조직하여 제시하고, 학습자 집단을 어떻게 구성하며, 학습자들의 개인차
를 어떻게 고려할 것인가 등이 학습 내용의 제시에서 고려되는 사항이다. 학습 내용
제시 원리는 다음과 같다.

첫째, 학습자의 학습 능력 수준에 알맞게 학습 활동을 개별화시켜 주면 학습 목표
의 달성은 촉진된다.

둘째, 학습자가 학습 활동에 능동적으로 참여하게 되면 그 학습자의 학습은 촉진
된다. 이를 위해 수시로 학습자에게 발문하기, 수업 중 학습자의 대답이나 발표 등
에 칭찬과 격려하기, 한 시간의 수업 활동을 변화 있게 실시하기 등의 방법을 사용
한다.

셋째, 수업 목표의 유형에 맞는 적절한 수업 사태를 마련하여 주면 학습은 효율적
으로 이루어진다.

넷째, 학습자의 요구와 학습 양식에 적합한 수업매체를 활용하면 학습은 효과적
으로 이루어진다.

다섯째, 수업 목표의 하위 구성 요소들을 계열적으로 순서화하여 지도하면 학습자는 보다 수월하게 학습을 할 수 있다.

여섯째, 학습자의 수업 이해력에 알맞게 학습 내용을 제시하면 학습자는 쉽게 수업 목표를 달성할 수 있게 된다.

일곱째, 새로운 개념이나 원리의 학습에서는 학습자들에게 선행 조직자를 형성시켜 주면 그 학습은 보다 유의미한 학습이 될 수 있다.

### 5) 연습 기회 제공

학습자는 연습을 통해 새로이 학습한 내용을 보다 잘 이해하게 되므로 교수자는 학습 내용 제시 과정을 통해 새로이 학습한 내용을 학습자가 연습할 기회를 제공해 줄 필요가 있다. 이때의 연습은 단순한 반복적 연습이 아니라 배운 것을 일상생활이나 이와 비슷한 환경에서 적용해 보는 일반화를 의미한다.

### 6) 형성평가와 피드백

교수자는 수업을 진행하면서 의도한 목표가 달성되어 가고 있는지 알아보기 위해 학습자의 학습 진행 과정을 수시로 확인하여야 한다. 이러한 과정은 수시로 이루어지는 평가를 통해 이루어지는데, 그 결과는 교수자뿐만 아니라 학습자도 정확하게 알 필요가 있다. 수시로 이루어지는 평가가 바로 형성평가이며, 형성평가의 결과는 학습자에게 주어지는 피드백이다. 학습자에게 제공되는 피드백은 학습 지도의 효과를 증대시킨다. 피드백에 대한 학습 원리는 다음과 같다.

첫째, 학습 결과에 대한 정보가 즉시 학습자에게 주어지고 그에 따른 강화가 있을 때 학습은 효율적으로 이루어진다.

둘째, 학습 오류에 대해 즉각적이고 구체적인 교정이 주어지면 학습 오류의 교정은 수월해진다.

셋째, 학습자 자신이 학습 결과를 평가할 수 있는 기회가 많으면 학습 효과는 높아진다.

### 7) 학습전이 및 일반화 효과

교수자는 학습자가 학습 내용을 습득한 후 이를 다양한 일상생활 상황에 적용하기를 기대한다. 또한 학습자가 학습한 내용을 후속 학습에 높은 수준으로 전이할 것 역시 기대한다. 학습전이 및 일반화의 효과를 높이기 위한 원리는 다음과 같다.

첫째, 단순한 암기나 공식에 의한 학습보다는 확실히 이해된 학습을 하면 그 학습의 파지나 전이 효과는 높아진다. 따라서 학습자가 교수자의 설명을 듣고 알아듣는 수준으로 그 수업을 종결하지 말고 학습한 내용을 비슷한 일상생활의 상황에 적용시켜 보거나 반복적으로 연습하게 해야 한다.

둘째, 학습한 행동을 익숙한 생활 주변의 문제에 적용해 보는 경험을 많이 하면 학습 전이와 일반화는 높아진다. 이를 위해 역할극이나 연습 자료 등을 활용할 수 있다.

셋째, 학습 직후 학습한 내용을 정리하면 학습의 파지, 전이 및 일반화 수준은 높아진다. 따라서 교수자는 학습이 끝난 후 주요 내용을 요약하여 설명해 주거나 학습자 스스로 요약하는 기회를 제공해 주어야 한다.

이상의 원리를 바탕으로 교수 · 학습과정안을 작성할 때 유의할 점(강문봉 외, 2006)을 요약해 보면 다음과 같다.

첫째, 목표를 명확히 한다.

둘째, 지도할 내용과 계통성을 분명히 밝힌다.

셋째, 학교 및 학생의 실태를 파악하고 거기에 맞는 적절한 활동 형태와 진행에 대한 계획을 세운다.

넷째, 수업에 대한 여러 가지 아이디어를 명확히 하고 수업 평가 및 피드백을 제대로 하기 위해 수업 계획과 반성을 기록된 형태로 남겨야 한다.

수업은 교사가 학생에게 가르치기를 원하는 것으로부터가 아니라 학생들이 이미 배운 것과 배우고 있는 것으로부터 전개해 나가는 과정으로 계획 세우기에 접근해야 한다. 교수 · 학습과정안은 수업의 방향과 흐름을 제시해 주는 지침서이자 나침반과 같은 역할을 하기 때문에 교사는 교수 · 학습과정안을 치밀하게 작성하기 위해 노력해야 하며 이때 학생들이 학습 목표에 성공적으로 도달할 수 있도록 다음과 같은 중요한 원리를 반드시 기억하고 있어야 한다(한국특수교육교과교육학회, 2012).

첫째, 교육 목적을 반영한다. 국가 수준의 교육과정, 학교교육 목표, 지역사회의 목표 등과 관련지어 일관성 있는 목표 달성을 위한 계획을 마련해야 한다.

둘째, 학생의 개인적·사회적 필요성에 연관되도록 구성해야 한다. 교사는 의미 있는 학습을 학습자 스스로 할 수 있도록 구성하는 것이 필요하다.

셋째, 될 수 있는 대로 각 교과 간의 관련을 고려해야 한다. 교과 간의 관련이 불충분하면 학생들의 학습 활동이 단편적이 되거나 공백이나 중복이 생긴다.

넷째, 학생의 생활 경험의 발전에 계기가 될 만한 것을 예상하고 이것을 계획 속에 끌어들여야 한다.

다섯째, 융통성을 지닌 것이어야 한다. 획일적인 계획으로 수업의 과정을 구성하는 것이 아니라 학습 과정에서 학생의 요구나 태도에 따라 지도 방향을 융통성 있게 이끌어 감으로써 학생이 주체적이고도 자주적으로 활발하게 전개할 수 있게 하여야 한다.

여섯째, 계속성이 유지되어야 한다. 어떤 학습 목표가 학습자의 행동 속에 실현되기 위해서는 상당한 기간을 두고 그 개념이 계속 재확인, 반복되어야만 학습자의 인성 속에 깊이 숨어들고 행동의 중요한 특징 중 하나가 된다. 따라서 학습 활동의 계속성은 지적 학습뿐만 아니라 태도나 기능 학습에서도 중시되어야 한다.

## 3. 교수·학습과정

교수·학습과정은 일반적으로 수업 계획, 수업 실행, 수업 평가와 같이 세 단계로 나눌 수 있다(박숙희, 염명숙, 2007).

### 1) 수업 계획

수업을 계획하기에 앞서 교사는 교수 설계에 대한 지식, 학습자에 대한 지식, 학습 내용에 대한 지식, 교수 방법에 대한 지식, 학습자를 오래 가르쳐 온 경험에서 나오는 묵시적 지식을 기본 지식으로 갖추고 있어야 한다. 이러한 기본 지식은 수업 계획 과정에 투입되는 요소라고 할 수 있다.

수업 계획 단계에서 이루어지는 활동은 다음과 같다.

### (1) 목적 및 목표 설정

교육 목적은 교육 체제가 포용하는 것보다 광의의 목표와 가치를 뜻하며, 학습 목표는 특정한 교수·학습 절차를 거쳐 학습자가 달성하는 성취 행동을 말한다. 따라서 학습 목표는 교수·학습 장면에서 그 목표에 도달하기 위해 보다 구체적이고 세분화된 구체적인 행동 목표로 진술할 필요가 있다. 구체적인 학습 목표 진술은 전개될 교수·학습 내용을 미리 알고 위계적인 구조를 파악하고 사고하는 데 도움이 된다.

### (2) 교과 내용의 분석

교수 내용에 관한 분석은 흔히 과제 분석이라 부른다. 과제 분석이란 가르쳐야 할 모든 종류의 지식이나 기능을 분석하는 과정이다. 즉, 과제 분석은 학습을 한 후 학습자가 습득하게 되는 수행 능력이 어느 유형에 해당되는지를 분류하고, 이를 달성하기 위해 구조화된 학습 내용의 요소나 단위를 계열화하여 절차를 정하는 것을 말한다.

### (3) 학습자의 특성 진단

학습자들은 학습자와 학습자 간 서로 능력과 특성이 다르고(개인간 차), 또 한 학습자 내에서도 다양한 능력 간에 차이(개인내 차)가 있다. 교사는 학습자의 이러한 특성을 이해하고 그 특성에 가장 부합하는 교수·학습 환경과 방법을 제공할 때 교육의 최대 효과를 얻을 수 있다.

### (4) 교수 방법 결정

교수·학습 목표를 효과적으로 달성하기 위해서는 가장 효율적인 교수 방법을 선택하여 수업계획을 세워야 한다. 교사 중심의 수업 혹은 학습자 중심의 수업을 할 것인가, 개별 학습 혹은 집단 학습을 할 것인가, 교수매체를 활용할 것인가, 어떠한 전달체제를 이용할 것인가 등의 구체적인 교수 전략을 세워야 한다.

### (5) 평가 계획 수립

교수·학습에 대한 평가의 목적은 목표에 대한 성취도를 확인하려는 것이므로 교수·학습의 계획 단계부터 평가 방법이나 평가 문항 등에 대한 계획을 수립해야 한다.

## 2) 수업 실행

학습자가 교수 목표를 성취하도록 하는 데 가장 적합한 교수 방법과 절차를 선정하고 이를 활동으로 전개하며 학습 단원에 대한 본격적인 지도 활동이 이루어지는 것이 수업 실행 단계다. 이를 교사 주도 수업과 학생 중심 수업으로 나누어 살펴보기로 한다.

### (1) 교사 주도 수업

일반적으로 우리나라 교육 현장에서 널리 적용되고 있는 교사 주도 수업의 절차는 도입, 전개, 정리의 3단계로 구분하여 진행한다.

### ① 도입 단계

본시 수업이 시작되는 단계로, 단위 수업 시간의 약 10% 이내를 사용하는 것이 좋다. 이 단계의 목적은 학생의 흥미, 관심을 유도하고 학습할 과제를 분명히 제시하는 것이다. 따라서 학습자 동기유발하기, 학습 목표 제시하기, 선행학습과 관련짓기 등의 활동이 반드시 필요하다.

첫째, 학습자 동기유발하기는 학생들이 수업에 대한 관심을 촉발하고 흥미를 높이는 것은 학업성취도를 향상시킨다는 차원에서 중요한 것이다. 학습자에게 주어진 수업 목표에 도달하였을 때 그들이 할 수 있게 되는 것을 설명하거나, 학습 과제와 관련이 있는 예화나 경험담을 들려주어 학습자의 관심을 유도하거나, 학습 과제를 설명하거나 표현해 주는 시청각 혹은 멀티미디어 자료를 사용하여 주의를 집중시키는 방법을 사용한다.

둘째, 학습 목표 제시하기는 학습자가 수업이 종료되었을 때 무엇을 할 수 있게 될 것인가를 태도로 나타내 보이도록 명세적으로 제시하는 것이다. 그러므로 학습 목표는 객관적으로 관찰 가능하고 측정할 수 있는 행동적 용어로 기술된 행동적 학습 목표로 설정해야 한다.

셋째, 선행학습과 관련짓기는 본시 수업에서 다룰 학습 과제와 관련이 있는 과거의 학습 경험을 회상시키거나 재생시켜 주는 일이다. 이전에 학습한 내용의 인출은 곧 본시 학습에서 이루어질 학습 과제를 해결하고 이해하는 데 도움을 주는데, 이를 비계 설정으로 이해해도 좋다. 따라서 교사는 도입 단계에서 선행학습을 재생 자극하는 데 관심을 가져야 한다.

### ② 전개 단계

실제 학습을 안내하는 중심 활동에 해당된다. 실제 수업 시간의 70~80% 정도를 주로 이 단계에서 사용한다. 학습 과제의 내용을 학생들에게 제시할 뿐만 아니라 다양한 수업 방법을 적용하여 수업 목표를 달성하기 위해 최적의 교수 · 학습 활동이 전개되는데, 이 단계에서 이루어지는 수업 요소는 학습 자료 제시하기, 학습 내용 제시하기, 학습자의 참여 유도하기, 다양한 수업 기법 적용하기, 시간과 자원 관리하기다.

첫째, 학습 자료 제시하기는 학습해야 할 내용이나 학습 대상에 따라 달라져야 한다. 인쇄 자료, 시청각 혹은 멀티미디어 자료, 컴퓨터 보조수업 자료 등이 활용되는데, 이는 최근 정보통신의 발달로 수업을 주도하는 주체로 바뀌어 가고 있다. 학습 자료의 계열성을 고려하지 않은 수업 전개는 자칫하면 산만하게 만들고 때로는 역효과를 초래할 수도 있다는 점을 고려해야 한다.

둘째, 학습 내용 제시하기는 학습 내용을 학습자에게 제시하기 위해 어떤 순서로 제시할 것이며, 어떠한 학습 방법을 적용할 것인가에 대한 문제다. 학습 내용을 제공하는 것은 교사가 학습자에게 정답을 가르쳐 주는 것이 아니라, 하위 개념이나 법칙을 적절하게 결합시켜 새로운 법칙을 발견하도록 유도하는 사고방식을 의미한다.

셋째, 학습자의 참여 유도하기는 의도하고 있는 학습이 일어나고 있는지를 학습자 자신이나 교사 또는 타인들이 확인하는 데 도움을 준다. 일반적으로 교사는 학습자들에게 학습 내용 제시하기를 통해 그들이 배워 습득한 것을 실제로 해 보이도록 요구한다. 이를 통해 교사는 학습자들이 학습 목표 성취에 좀 더 접근하도록 유도하며 참여를 독려한다. 일반적으로 토론, 학습 과제 부과, 노트 정리, 발표 등의 방법을 사용한다.

넷째, 다양한 수업 기법 적용하기는 설정된 수업 목표를 효과적으로 달성하기 위해 요구되는 것으로 대부분의 학습 내용은 적절한 수업 기법과 설명력에 의해 효과적으로 전달할 수 있다. 가르칠 수업 목표, 수업 상황, 수업 자료의 특성, 학습자의 특성에 따라서 다양한 기법을 사용하는 것이 바람직하다.

다섯째, 시간과 자원 관리하기는 전개 단계를 몇 개의 하위 단계 혹은 활동으로 구분하여 시간과 자원을 관리하는 것을 의미한다.

### ③ 정리 단계

정리 단계는 학습한 내용을 요약하고 정리하고 강화시키는 마지막 단계로, 수업 시간의 약 10%를 사용한다. 이 단계에서는 학습 목표를 달성했는지 여부를 판단하고 그에 따른 후속 학습 대책을 세우는 결정적인 역할을 하기 때문에 더더욱 중요하다. 이 단계에서는 특히 목표 달성 여부를 판단하는 수행 측정이 이루어져야 한다. 수행 측정은 차시 수업에도 영향을 미칠 수 있으며, 결손학습에 대한 부분을 발견하게 한다. 시간관리를 잘 하여서 수업이 종결되는 시점에서 학습 내용을 정리하고 요약할 수 있는 기회를 부여해야 한다. 이 단계의 수업요소들은 요약과 종합하기, 보충 및 차시 예고하기, 일반화하기 등이다.

첫째, 요약과 종합하기는 학습 내용을 살펴보면서 중요한 사항들을 요약하고 종합하는 것이다. 또한 수행 측정을 통해 학습 목표에 어느 정도 달성하였는지를 판단하여 차시 수업 준비가 이루어지며, 필요시 보충학습 여부를 판단할 수 있게 한다. 수업 종료 시점에서는 시간이 부족할 수도 있고 학생들의 집중력이 떨어질 수 있기 때문에 요약과 종합하기는 가급적 프레젠테이션화해서 정리하는 것이 효과적일 수 있다.

둘째, 보충 및 차시 예고하기는 제한된 수업 시간 동안 충분히 다룰 수 없었던 학습 내용이나 학습자가 더 알고 싶어 하는 주제에 대한 보충 자료나 참고도서를 알려 주어 학습자들의 지적 요구를 충족시키거나, 학습자 스스로 보완 혹은 심화시키도록 도와주는 활동과 차시 학습할 내용이나 주제를 본시 수업에서 배운 것과 관련지어 제시하는 활동을 의미한다. 차시 예고는 학습의 계열성을 유지시켜 줄 뿐만 아니라 차시 수업에 대한 학습자의 준비와 기대 효과도 유도할 수 있다.

셋째, 일반화하기는 학생들이 학습한 내용을 일상생활 속의 문제에 적용하여 그 문제를 해결해 봄으로써 학습의 전이를 가져오고 생활화하는 것을 말한다. 이는 연습의 효과와도 밀접한 관련이 있으므로 이를 이용하여 일반화의 수준을 높일 수 있다.

### (2) 학생 중심 수업

학생 중심 수업은 주의집중 및 동기유발하기, 공부할 문제 제시하기, 선행학습 점검, 학습 자료 제시, 학습 안내 제공, 학습자의 수행 유도, 피드백 제공, 수행평가, 파지와 전이의 향상 등의 단계로 나눌 수 있다.

첫째, 주의집중 및 동기유발하기는 학습자의 학습 과정의 첫 단계가 주의집중이기 때문에 수업의 첫 단계에서는 학습자의 주의를 집중시키는 활동을 해야 함을 나타내고 있다. 이는 학습자에게 수업에 대한 관심을 촉발시키고 흥미를 높이는 것은 학업성취도를 향상시킨다는 차원에서 중요하다.

둘째, 공부할 문제 제시하기는 학습자가 학습 목표에 도달하기 위해 이 시간에 해결해야 할 문제인 공부할 문제를 학습자에게 문제로 제시하는 것이다. 따라서 교사는 학생들의 특성과 요구, 수준 등을 고려하여 학생들이 흥미를 가지고 학습 활동에 적극적으로 참여할 수 있도록 공부할 문제를 제시해야 한다. 즉, 공부할 문제는 학생 개인별 발달 수준, 학습 특성 및 수준, 현재의 학습 환경 등에 적합하게 진술되어야 하며, 보통 의문형이나 권유형으로 진술된다.

셋째, 선행학습 점검은 본 수업 시간에 공부할 내용과 관련이 있는 선행지식이나 기능을 회상하도록 하는 단계다. 선행지식은 학생들이 자신이 아는 것에서부터 수업을 시작한다는 면에서 긍정적으로 작용하며, 때로는 새로운 학습을 위한 비계 설정과 유사하다.

넷째, 학습 자료 제시는 본 수업 시간에 학습할 학습 자료, 즉 교재의 내용이나 관련 자료를 학생들에게 제시하여 학습자가 학습할 내용을 지각하도록 하는 단계로, 학습 자료 제시는 학습해야 할 내용이나 학습 대상에 따라 달라져야 한다.

다섯째, 학습 안내 제공은 학습자에게 학습이 일어나서 새로운 정보가 저장되도록 학습자의 학습을 안내하는 단계다. 이는 교사가 학생들에게 학습의 결과로서의 정답을 가르쳐 주는 것이 아니라 자신이 이미 학습하여 획득한 하위 개념이나 법칙들을 결합하여 새로운 법칙이나 개념을 발견하도록 유도하는 것을 의미한다. 우수한 학습자에게는 교사가 최소한의 안내를 하거나 안내를 전혀 하지 않을 수도 있으며, 능력이 부족한 학습자에게 학습을 안내할 때는 답을 직접 말하지는 않지만 보다 많은 단서를 제시해 주는 것이 바람직하다.

여섯째, 학습자의 수행 유도는 학습자가 특정한 능력을 획득하였는지를 확인하기 위해 학습자에게 해당되는 행동을 수행하도록 요구하는 단계다. 즉, 학습자가 새로운 내용을 학습하였는지를 교사가 확인하는 기회이며, 학습자 스스로도 그것을 확인해 보는 기회다. 수행 방식은 학습 내용의 난이도 정도와 학습자의 능력 수준, 학습이 이루어지는 상황이나 환경 등에 따라 다양한 방법이 적용될 수 있는데, 토론이나 완전학습 측면에서의 학습 과제를 부과하거나 학습 내용을 정리 혹은 구두 발표하게 하는 방법 등을 고려한다.

일곱째, 피드백 제공은 학습자가 계속적으로 나타내는 성취 행동의 결과를 확인하고 교정하거나 강화하여 학습 행동을 조절하는 단계다. 피드백은 즉각적이고 자동적으로 주어지는데, 주어진 상황에서 대상 학생에게 기대하는 기준, 즉 수행 준거를 기억하게 하고 그 기준에 비교해서 얼마나 잘하고 있는지를 알려 주는 것이다.

여덟째, 수행평가는 학습 목표의 달성 정도를 평가하는 것으로 새로운 학습이 어느 정도로 안정적이고 신뢰성 있게 이루어졌는지를 평가하여 확인하는 단계다. 또한 연습의 기회를 한 번 더 제공하는 효과도 있으며, 시험이나 퀴즈 혹은 간단한 질문을 통해서 이루어진다.

아홉째, 파지와 전이의 향상은 학습자가 학습한 것을 오랫동안 기억하고 있다가 재생(파지)하거나, 학습한 내용을 새로운 상황에 활용(전이)하며, 나아가 일상생활의 문제에 적용하여 그 문제를 해결(일반화)하는 것을 강화하기 위한 활동을 하는 단계다. 특히 파지와 관련하여 모든 과제와 기능에서 반복, 부가 설명, 추가 예시, 연습, 복습이 유용하다.

## 4. 수업 평가

수업 평가는 학습자가 교수 목표를 달성하였는지 학습의 성과를 평가하는 단계로, 교육의 목표를 실현시키기 위한 교육과정과 학습에 관련되는 활동을 진단하고 평가하여 수업의 계획을 세우는 데 필요한 기초 자료를 얻을 수 있다. 평가에는 형성평가와 총괄평가가 있다. 그리고 기존의 평가 방법에 대한 문제점과 부작용이 지적되면서 제시된 평가 방법이 수행평가다(박숙희, 염명숙, 2007).

### 1) 형성평가

형성평가는 수업이 진행되는 과정에 학습자가 학습의 내용을 얼마나 잘 이해하고 있는지를 평가하는 것으로 학습 속도 조절이나 학습의 과정 진단, 교수 방법 개선 등에 유용하다. 형성평가의 가장 주된 특징은 정보의 송환과 교정에 있는데, 즉 피드백 효과의 역할이다. 형성평가는 흔히 단위 수업이 종결되는 시점인 정리 단계에서 퀴즈, 쪽지시험, 구두 질문, 미소, 고개의 끄덕임, 칭찬 등의 형태로 실시된다.

### 2) 총괄평가

총괄평가는 교수·학습이 끝난 후 성취 결과를 총괄적으로 평가하는 것으로, 학습자의 성적을 결정하고 교수 목표의 달성 여부를 확인하게 한다. 총괄평가에는 주로 지필검사가 사용되어 왔는데, 그 결과는 학습자의 성적 평가, 자격 인정, 후속 학습에의 성공 예측 및 교수 시발점 결정, 학습자에 대한 피드백, 집단 간의 비교에도 활용된다. 또한 총괄평가는 일반 수업 절차 모형의 마지막 평가 단계에서 투입한다.

### 3) 수행평가

수행평가란 교사가 학습자들의 과제를 수행하는 과정이나 결과를 다양한 방법으로 직접 관찰하고 그 결과를 통해 학습자의 능력을 전문적으로 판단하는 평가 방식이다. 그동안 학습 결과만을 평가하는 전통적인 평가 방법인 총괄평가와는 다르게 서술형(주관식)검사, 논술형검사, 실기시험, 실험·실습법, 관찰법, 토론법, 구술시험, 면접법, 자기평가 보고서법, 동료평가 보고서법, 포트폴리오법 등 다양한 평가 방법이 있다.

## 5. 교수·학습과정안의 형식

교수·학습과정안은 형식이나 양식에 일정한 틀이 있는 것이 아니라 교사의 교육관에 따라 개별적으로 다르게 작성할 수도 있다. 그러나 아무리 교수·학습과정안의 형식과 내용이 틀이 있는 것이 아니라고 하여도 학습 지도나 목적의 본연의 궤도에서 이탈하는 것은 곤란하므로 교수·학습과정안이 갖추어야 할 최소한의 내용을 포함시킨 후 독창성을 가미하는 것이 바람직하다.

대체로 다음 내용은 교수·학습과정안에 포함되어야 한다(한국특수교육교과교육학회, 2012).

① 지도 교사의 이름

② 대상 학생(학급과 학생 수)

③ 수업일시(○○○○년 ○월 ○일 ○요일 ○교시)

④ 장소(○학년 ○반 교실 또는 음악실, 운동장 등)

⑤ 단원명

⑥ 단원의 수업 목표

⑦ 단원의 성격(또는 단원 설정 취지)

⑧ 단원의 주요 학습 내용(또는 학습 과제)과 체계표(또는 구조도)

⑨ 단원의 차시별 지도 계획

⑩ 본시의 수업 목표

⑪ 본시의 수업 전개 계획

⑫ 평가 계획

⑬ 수업매체(교수 · 학습 자료)

⑭ 수업의 유의사항

이러한 내용을 바탕으로 일반적으로 사용하고 있는 교수 · 학습과정안의 형식은 다음과 같다.

## 1) 단원의 개관

### (1) 단원명

단원명은 교과에 따라 소단원, 중단원, 대단원명을 기입한다. 대단원의 지도 시수가 많지 않을 경우에는 일반적으로 대단원명을 기입하고 있으나, 학습 지도 시간이 너무 많은 경우에는 중단원이나 소단원명을 기입하는 것이 바람직하다. 가급적이면 교과서에서 제시된 단원명을 그대로 옮겨 쓰는 것이 좋다.

### (2) 단원의 개요

단원의 개관에서는 학습자 측면, 사회적 요구 측면, 교과의 특성 측면 등 세 가지 측면에서 이 단원의 정당성을 찾아서 작성한다. 즉, 단원이 학생의 어떠한 필요나 흥미에 의한 것인지, 단원이 사회적으로 어떠한 의의와 가치가 있는지, 단원이 교육과정의 내용상 범위와 계열에서 어떠한 위치에 있는지를 기술하여야 한다. 교사용 지도서를 참고한다.

### (3) 단원의 설정 이유

이 단원을 다루는 이유를 밝힌다. 일반적으로 국가 · 사회적 입장에서 본 단원이 취급되어야 할 이유(국가 사회관), 교재의 계열성(교재관), 학생 입장에서의 단원 설정 이유(학생관)을 밝힌다. 교사용 지도서를 참고한다.

### (4) 단원의 목표

단원의 목표는 단원 지도 후에 학습자가 성취해야 할 행동으로, 단원의 주요 내용과 그 내용에 대하여 학생들이 어떤 행동으로 성취되기를 바라는지가 분명하게 진술되는 것이 바람직하다. 단원 목표는 교사용 지도서에 상세하게 기술되어 있으나 학교나 학생의 특성에 맞게 조정해야 한다. 즉, 단원 목표는 중요한 내용의 영역과 그 내용을 다룸으로써 달성될 것으로 기대되는 행동의 양자를 포함하여 진술되어야 한다. 여기에는 지식, 이해, 기능, 적용, 태도의 면이 골고루 뽑혀서 진술해야 한다. 단원의 목표는 차시별 수업 목표(학습 목표)에 비하여 상대적으로 포괄적이고 종합적이다.

### (5) 단원의 지도 계획

본 단원이 어떤 위치나 위상에 있는지를 밝힌다. 즉, 단원의 교수 · 학습 주제별 주요 교수 · 학습 내용과 교수 · 학습 자료 등을 차시별로 나누어 시간을 배정하며, 본시가 단원의 어디에 위치하는가를 표시해 준다.

### (6) 단원과 관련 교과와의 연계

학습할 교과의 단원과 관련된 교과의 단원을 제시하여 교과 간 연계성을 강조한다.

### (7) 지도상의 유의점

수업을 효과적으로 운영하기 위해 필요한 학생들에 대한 제반 지식과 그에 따른 지도상의 유의점을 기술한다. 즉, 해당 단원을 지도하기 위해서는 교사용 지도서에 기록되어 있는 지도상의 유의점을 살펴보고, 각 학습 과제별 지도상의 유의점에 관심을 두어 지도 계획을 세운다. 실제 전부 고려하였다고 볼 수 없기 때문에 교사용 지도서를 참고하되 교사 자신이 본 단원 학습 내용을 분석하여 지도상의 유의점을 찾아내야 한다. 특히 발견학습, 탐구학습, 토의식이 강조되는 단원에서는 그 단원을 처음부터 어떻게 이끌어 나아갈지에 관하여 수업이론이나 모형을 참조하여 지도 방법을 탐구하고 구체적인 지도상의 유의점을 진술한다.

### (8) 단원의 평가 계획

단원의 평가 계획에서는 단원의 목표에 기반을 두고 학습 지도에 관한 전반적인 평가 계획을 진술한다. 단원의 목표를 지식, 이해, 기능, 적용, 태도 면으로 구분하였다면 평가에서도 이를 고려하여야 한다. 또한 단원의 평가 계획은 본시 교수·학습과정안에서 구체적으로 다루어지지만 여기에서는 전체적인 측면에서 평가의 관점이나 방법에 대하여 진술한다.

## 2) 본시 전개 계획

### (1) 학급 실태

전체 학급 인원 및 학생들의 인지와 학습 특성에 대해 기술한다.

### (2) 본시 관련 학생 실태

본시와 관련한 수행 수준과 행동 특성에 관해 기술한다.

### (3) 본시 관련 학생 좌석 배치

수업이 진행될 장소와 학생 좌석 배치에 관해 보통 평면도로 나타낸다.

### (4) 본시 교수·학습과정안

본시 교수·학습과정안은 단원의 지도 계획에 따라 차시별 수업을 어떻게 전개할 것인가에 관하여 좀 더 구체적이고 상세하게 나타낸 지도 계획이다. 한 차시의 수업을 어느 정도로 할 것인가를 정한 다음, 수업을 어떻게 전개하며 어떠한 활동을 통해 학습 목표를 달성할 것인가에 대한 상세한 시나리오가 되는 것이다.

본시 교수·학습과정안은 특정 시간의 수업 활동을 구체적으로 계획해 놓은 것으로, 양식은 각 교과나 단원의 성격에 따라 다양한 수업 활동 요소와 형식으로 이루어진다. 일반적으로 학습 주제, 대상 학급, 지도 교사, 일시 및 장소, 학습 목표, 교수·학습 활동, 판서 계획, 평가 계획 등으로 구성된다.

## ⋯ 제4절 교과별 지도 방법

학교교육에서 교과교육에 대한 측면이 부각되기 시작하면서 특수교육 장면에서도 기존의 교육 방법에 치우친 행태에서 벗어난 교육 내용, 즉 교과교육에 대한 관심이 증가하고 있는 것이 사실이다. 현행 특수교육 교육과정에서도 일반적으로 교과 활동에 대부분의 시간을 배정하고 있는 것으로 보아 학교교육에서의 교과의 중요성을 쉽게 알 수 있다. 또한 교과교육은 기본적으로 지식에 대한 교육을 근간으로 하고 있지만, 청각장애학교에서의 교과교육은 지식, 이해, 기능, 적용, 태도의 통합적인 측면을 강조하고 있다. 또한 교사에 의해 지도되는 지식 요소는 궁극적으로 일상생활과 관련한 활용성을 강조하고 있으며, 내용 역시 청각장애아동의 교육 요구와 필요에 따라 구성되어야 한다.

그러나 현실적으로 청각장애아동은 청력의 손실로 구어 습득에 어려움을 겪고 있으며, 이는 의사소통 능력을 기르고 정보를 습득하는 데 영향을 미치기 때문에 교과교육에서의 어려움을 쉽게 예상할 수 있다.

### 1. 국어 교과

청각장애아동이 국어과 학습에 어려움을 겪는 이유는 그들이 국어 교육을 시작하기 전에 유창한 구어 능력을 갖고 있지 못하고 있기 때문이며, 국어 교과는 가청아동이 가지고 있는 구어에 대한 지식을 기본으로 하고 있기 때문이기도 하다.

국어 교과의 경우, 국어과는 도구적 교과의 성격을 가지고 있으므로 국어 교과의 학습이 제대로 이루어지지 않으면 다른 교과 학습에도 영향을 미친다. 특히 듣기, 말하기, 읽기, 쓰기의 네 가지 중요한 기능의 습득에 유의하여야만 다른 교과의 학습 효율성을 높일 수 있다. 청각장애아동의 경우 국어 교과의 학습이 불가능한 것이 아니라 잔존청력을 활용하거나 수어를 활용하여 국어 교과의 학습이 가능하다. 따라서 학생 개개인에게 적합한 의사소통 양식을 활용해야 하며, 듣기, 수화 읽기, 말 읽기, 말·수화하기, 읽기, 쓰기 등의 여섯 개 영역을 통합적으로 지도하되, 국어 사용의 기능을 지도하는 말·수어하기, 듣기·수어 읽기·말 읽기 영역에 중점을 두어 지도한다. 또한 가능한 모든 국어 학습을 실제 활동을 통해 실시하여 언어 능력을 신장시킨다.

## 2. 수학 교과

청각장애아동은 학령기 전의 일상생활에서의 수학적 경험의 부족, 학령기 동안의 직접적인 수학 학습 경험의 부족, 단기기억의 어려움으로 인한 정보 처리의 어려움, 수학적 개념에 대한 언어적 어려움, 수학적 개념을 명확히 하기 위한 학습 시 수어 사용의 어려움 등으로 인해 수학과 학습에서 어려움을 겪게 된다.

수학 교과의 경우, 수학은 다른 교과 학습의 기초가 될 뿐만 아니라 논리적 사고의 발달을 위한 교과이기 때문에 가청아동뿐만 아니라 청각장애아동에게도 중요한 교과다. 따라서 학생의 발달적 특성과 학습 준비도를 고려한 개별화교육을 중심으로 구체물 자료 활용과 놀이 중심의 활동을 제공해 준다. 또한 수학의 기초 개념 지도 시에는 생활 주변의 현상이나 직접 경험할 수 있는 구체적 사실을 학습 소재로 선정하며, 문제해결 능력을 키워 실생활에 활용할 수 있도록 지도한다. 특히 완전학습을 시켜야 하고, 성공적인 학습을 위해 스캐폴딩을 제공하며, 구체적 조작물, 계산기, 컴퓨터 등을 적극적으로 활용한다.

## 3. 사회 교과

사회과는 다른 사람과의 관계와 환경에서 발생하는 상호작용에 대한 연구이며 언어, 과학, 수학의 요소도 포함되는 과목일 뿐만 아니라 읽기 자료의 활용이 높은 과목이므로 청각장애아동은 학습에 어려움을 겪게 된다.

이러한 관점에서 볼 때 사회과는 학습 과제가 언어 능력과 상당히 연관되어 있어 청각장애아동의 문해 능력의 발달과 촉진을 위해서도 중요한 과목이다(유은정 외, 2010). 청각장애아동에게 사회 교과를 지도할 때에는 우선 어려운 읽기 자료의 경우 자료를 수정하거나 어휘 자료를 추가하거나 영상이나 수어 자료를 추가하는 등 교과서를 수정하는 것이 필요하다. 또한 신문 활용 교육, 웹 기반 교수의 활용 등도 적극적으로 도입하여 맥락 학습, 개념 형성, 협력 학습, 수행평가의 강조 및 교육과정의 재구성을 통해 지도한다.

## 연구 과제

1. 청각장애아동을 위한 음악과 교과 지도 방법의 구체적 예를 알아보자.
2. 수업설계 이론과 수업설계 모형과의 차이에 대해 알아보자.
3. 교수 · 학습과정안을 작성할 때 과제 분석을 실시하는 이유에 대해 알아보자.
4. 청각장애아동에 대한 학습 지도 시 활용할 수 있는 실제적인 동기유발 방법을 알아보자.

## 참고문헌

강문봉, 강홍규, 김수미, 박교식, 박문환, 서동엽, 송상헌, 유현주, 이종영, 임재훈, 정동권, 정은실, 정영옥(2006). 초등수학교육의 이해. 서울: 경문사.

권순황, 박재국, 조홍중, 한경임, 박상희(2013). 최신 특수교육 교과교재 연구 및 지도법. 서울: 일문사.

권요한, 이만영(2003). 특수아동을 위한 교육과정과 수업. 서울: 도서출판 특수교육.

권택환, 강대식, 김상선, 김은주, 서혜정, 신재한, 신재훈, 이점조, 임문택, 정경렬, 하미애(2010). 특수교육 교과교육론—수업모형에 따른 지도의 실제. 경기: 양서원.

고승덕(1997). 교과교재연구 및 지도. 서울: 학문사.

김민경, 김선영, 김영표, 박세은, 신현기, 원성옥, 이병혁, 이필상, 정희선, 허일(2013). 장애학생 수학교육. 서울: 교우사

김민환(2004). 실제적 교육 방법론. 경기: 양서원.

김민환, 추광재(2012). 예비 · 현직 교사를 위한 수업모형의 실제. 서울: 원미사.

김신자(2000). 효과적 교수 설계 및 교수 방법. 서울: 문음사.

김윤옥(2001). 학습장애학생을 위한 교수 · 학습 전략. 경기: 교육과학사.

김인식, 최호성, 최병옥(2004). 수업설계의 원리와 모형 적용. 서울: 교육과학사.

김희수(2005). 예비교사를 위한 효과적인 교육 방법. 서울: 일문사.

박숙희, 염명숙(2007). 교수–학습과 교육공학(제2판). 서울: 학지사.

손애리, 이병희, 김상우, 송병호, 이필상, 김문섭(2006). 교육실습의 이론과 실제. 서울: 동문사.

윤광보(2010). 특수교육 교과 교재 연구법. 경기: 양서원.

윤기옥, 정문성, 최영환, 강문봉, 노석구(2002). 수업 모형의 이론과 실제. 서울: 학문출판.

이대식(2006). 특수아동을 위한 교과교육의 원리와 요소. 특수교육학연구, 41(2), 95-119.

이소현, 박은혜(2011). 특수아동교육. 서울: 학지사.

이승희(2006). 특수교육평가. 서울: 학지사.

전병운, 유재연(2003). 특수교육과 교과교육. 서울: 교육과학사.

정석기(2010). 좋은 수업설계와 실제. 서울: 원미사.

정용부, 오성숙(2006). 교과교재 연구 및 지도법. 서울: 학지사.

한국청각언어장애교육학회 편(2012). 청각장애아동교육. 경기: 양서원.

한국특수교육교과교육학회(2008). 특수교육교과교육론. 경기: 교육과학사.

한국특수교육교과교육학회 편(2012). 특수교육 교과 교재연구 및 지도법. 경기: 교육과학사.

# 찾아보기

## 인명

## 내용

# 저자 소개

이필상(Lee Pil-Sang) 건양대학교 초등특수교육과 교수
권순황(Kwon Soon-Hwang) 한국국제대학교 초등특수교육과 교수
김수진(Kim Su-Jin) 백석대학교 특수교육과 교수
김시영(Kim Si-Young) 대구보건대학교 언어치료과 부교수
박미혜(Park Mi-Hye) 가야대학교 언어치료청각학과 교수
박선희(Park Sun-Hee) 대구한의대학교 중등특수교육과 교수
정은희(Jung Eun-Hee) 조선대학교 특수교육과 교수

## 청각장애아동교육의 이해(2판)

Understanding and Education of Student with Hearing Loss (2nd ed.)

2015년 8월 31일 1판 1쇄 발행
2018년 2월 20일 1판 3쇄 발행
2020년 8월 20일 2판 1쇄 발행

지은이 • 이필상 · 권순황 · 김수진 · 김시영 · 박미혜 · 박선희 · 정은희
펴낸이 • 김진환
펴낸곳 • ㈜ **학지사**

04031 서울특별시 마포구 양화로 15길 20 마인드월드빌딩
대표전화 • 02-330-5114    팩스 • 02-324-2345
등록번호 • 제313-2006-000265호

홈페이지 • http://www.hakjisa.co.kr
페이스북 • https://www.facebook.com/hakjisa

ISBN 978-89-997-2151-9  93370

정가 22,000원

이 도서의 국립중앙도서관 출판시도서목록(CIP)은 서지정보유통지
원시스템 홈페이지(http://seoji.nl.go.kr)와 국가자료공동목록시스템
(http://www.nl.go.kr/kolisnet)에서 이용하실 수 있습니다.
(CIP 제어번호: CIP2020031271)

출판 · 교육 · 미디어기업 **학지사**

간호보건의학출판 **학지사메디컬** www.hakjisamd.co.kr
심리검사연구소 **인싸이트** www.inpsyt.co.kr
학술논문서비스 **뉴논문** www.newnonmun.com
원격교육연수원 **카운피아** www.counpia.com